애착과 발달

정옥분 · 정순화 · 황현주 공저

학지사

머리말

인간발달과 관련된 여러 가지 주제 가운데 가장 중요한 것이 무엇이라고 생각하느냐는 질문에 대해 많은 사람들은 '애착' 이라고 대답한다. 굳이 발달과 관련된 분야를 전공하지 않은 사람들로부터도 우리는 애착의 중요성을 강조하는 말을 종종 듣게 된다. 이는 사람들마다 애착이라는 용어에 대해 가지고 있는 개념은 차이가 있다 하더라도 어린 시절 부모와의 관계가 자신의 인생에 많은 영향을 미쳤음을 무의식중에 인식하고 있음을 보여주는 것이다.

어머니와의 분리와 이로 인해 나타나는 부적응적인 행동에 초점을 맞춘 Bowlby의 애착연구가 그처럼 많은 연구자들의 호응을 얻을 수 있었던 것은 당시의 시대적인 배경뿐만 아니라 사람들이 보편적으로 가지고 있는 이러한 생각에 크게 힘입었다고 볼 수 있다. 동서고금을 막론하고 자녀의 성장에서 부모, 특히 주양육자인 어머니와의 관계가 강조되어 왔으며, 애착연구는 특히 초기의 관계를 강조한 것이라고 볼 수 있다. 애착관계의 문제가 많은 문학작품의 주제로 등장하였던 점이나 애착과 정신병리와의 관련성에 대한 연구는 초기의 양육자와의 관계가 이후의 발달에 얼마나 중요한지를 실증적으로 뒷받침해주고 있는 것이다.

이와 같이 애착이 중요한 주제로 인식되고 있음에도 불구하고 국내에서는 애착에 대한 서적을 좀처럼 발견하기 어려울 뿐만 아니라 이에 대한 심층적인 연구자료도 상당히 부족한 실정이다. 이처럼 연구가 부족한 이유는 애착과 관련된 대부분의 저서가 애착에 대한 전반적인 내용을 다루고 있기보다는 특정한 이론적 관점만을 다루고 있어서 애착에 대한 체계적인 지식을 전달해주지 못하고 있기 때문이다. 이와 동시에 애착이 영아에게서 부모에게로 이루어지는 일방적인 과정인지 부모와 자녀 간의 양방향적인 과정인지에 대한 개념상의 혼란이나 애착의 안정성과 관련된 내적 작동모델의 개념상의 모호함, 애착측정도구의 문제, 이를 사용하는 과정에서 소요되는 시간과 비용의 문제 등과 같은 여러 가지 이유로 인해 애착과 관련된 연구가 양적으로는 어느 정도 수준에 이르지만 질적인 수준에서는 상대적으로 미흡한 실정이다.

이와 같은 이유로 현재 우리나라에서는 보육현장이나 정책입안 과정에서 애착의 문제가 거의 고려되지 못하고 있는 실정이다. 맞벌이 가족이 증가하고 자녀양육자 부재현상으로 어린 연령에서부터 보육시설을 이용할 수밖에 없는 아동의 수가 증가하고 있으며, 높은 이혼율로 인해 자녀의 친권자를 지정하는 문제나 면접교섭권을 인정하는 과정에서 애착의 문제가 충분히 고려되어야 함에도 불구하고 경제적, 법적, 외형적인 논리에 의해서만 이러한 문제가 결정되고 있다는 것은 실로 우려할 만한 일이다. 더 큰 문제는 애착의 개념에 대한 오해로 인해 애착은 자녀의 권리와 관련된 문제이며, 자녀의 권리향상은 곧 주양육자인 어머니의 권리와 상충되는 것으로 인식되고 있다는 점이다.

이러한 상황에 비추어 우리는 애착에 대한 전반적이고 체계적인 내용을 다룬 지침서가 필요하다고 생각하였다. 따라서 이 책은 애착에 대한 전반적인 내용을 담고 있으며, 총 10장으로 구성되어 있다. 제1장 애착의 본질에서는 애착 전반에 대해 개괄적으로 살펴보았고, 제2장과 제3장에서는 애착이론이 발달해온 과정, 애착이론과 발달이론과의 관련성을 살펴보았다. 제4장에서는 애착의 내적 작동모델과 전생애발달, 제5장에서는 애착을 측정하는 방법에 관해 살펴보았으며, 제6장과 제7장에서는 애착에 영향을 미치는 영아와 양육자의 특성에 관해 알아보았다. 제8장에서는 애착과 발달 및 정신병리와의 관련성을 살펴보았으며, 제9장에서는 애착의 토대가 되는 생물학적 관점과 사회문화적 관점을 살펴보았다. 그리고 마지막 제10장에서는 애착연구에 대한 전반적인 평가와 앞으로의 과제에 대해 논의하였다.

우리는 이 책이 대학과 대학원에서 발달 및 부모자녀관계와 관련된 여러 교과목의 교재와 참고서적으로 널리 사용될 수 있으리라 생각한다. 아울러 애착과 관련된 논문을 준비하는 석 · 박사과정생이나 연구자들에게도 널리 사용되기를 기대한다.

끝으로, 애착과 관련된 저서의 필요성을 느끼고 애착과 관련된 방대한 연구자료를 검토하고 정리하기까지 오랜 시간 동안 책 속에 파묻혀 있는 우리를 변함없는 애정으로 든든하게 지지해준 가족에게 감사의 마음을 전하고 싶다. 그리고 이 책이 나오기까지 많은 도움을 주신 학지사 김진환 사장님과 편집부 여러분들의 노고에 진심으로 감사드리며, 귀중한 사진자료를 수집하고 정리하는 데 많은 도움을 준 고려대학교 박사과정생 장수연 조교에게도 감사의 마음을 전한다. 여러 해 동안 흘린 우리의 땀과 노력이 독자들에게 좋은 책으로 다가가기를 기대하며, 우리를 안정애착으로 키워주신 우리의 부모님들께 이 책을 바치고 싶다.

2009년 정월에

저자 일동

차 례

1 애착의 본질

인간은 태어나는 순간부터 사회적 존재이며, 영아기에 형성되는 가장 중요한 형태의 사회적 발달은 애착이다. 애착이론의 아버지인 Bowlby는 부모와 분리된 아이들에게서 나타나는 격렬한 저항, 절망, 냉담과 부모와의 분리가 가져온 부정적인 영향력을 근거로, 부모, 특별히 주양육자인 어머니와 아이의 근본적인 유대관계를 애착이라 명하였다. 오늘날 애착이론의 주요 개념은 하루아침에 만들어진 것이 아니다. Bowlby 역시 애착이론을 발표한 이후 생존기제, 행동체계, 발달경로 등의 개념을 통해 자신의 애착이론을 지속적으로 수정하여 발전시켰다.

Ainsworth는 애착을 측정할 수 있는 '낯선상황실험' 을 고안함으로써, 애착연구의 저변확대를 가져왔다. '낯선상황실험' 은 추상적인 애착의 개념을 객관적으로 측정가능케 하고, 더 나아가 애착의 질을 구체적으로 분류할 수 있게 하였다. 특히 '낯선상황실험' 은 실험절차와 방법을 표준화하여 많은 연구자들이 이를 사용할 수 있게 하였다. 그리고 여러 종단연구를 통해 영아기에 형성된 애착의 질—안정애착 또는 불안정애착—은 이후 인지, 정서, 사회성발달에 중요한 영향을 미치고 있음이 밝혀졌다.

한편 영아가 애착을 형성했다는 증거는 낯선 사람에 대한 공포반응인 낯가림과 애착을 형성한 주양육자와의 분리에 대한 공포반응인 분리불안 행동으로 나타난다. 그러나 이 낯가림과 분리불안은 일시적인 분리에 대한 애착반응이다. 반면에 장기적인 분리와 극심한 분리 상황에서는 보다 심각한 애착관련 반응이 나타난다.

이 장에서는 애착의 개념, 애착의 형성, 애착의 유형, 안정애착과 불안정애착의 영향, 애착의 반응 등에 관해 살펴보기로 한다.

1. 애착의 개념

John Bowlby

애착이란 무엇인가? Bowlby에 의해 처음 애착이론이 소개된 이후 그 중요성으로 인해 지금까지 수많은 애착연구들이 이루어져 왔지만 애착의 개념에 대해서는 아직까지도 논란의 여지가 있다. 특히 애착은 애착행동(attachment behavior), 애착체계(attachment system), 발달경로(developmental pathways) 등 여러 가지 용어들로 표현되어 왔고, 애착의 개념은 처음 애착이론이 등장하였던 때부터 지금까지 계속 발전되고 있기 때문에 한마디로 정의하기는 어렵다. 그러나 애착을 나타내는 이들 용어들을 명확하게 정리하지 않고 애착을 연구하는 것은 바람직하지 않다. 따라서 이 장에서는 먼저 Bowlby가 생각하였던 애착의 초기 개념인 생존기제로서의 애착행동에서부터 비교적 최근의 개념인 애착의 발달경로에 이르기까지 다양한 애착의 개념들을 살펴보고자 한다.

1) 생존기제로서의 애착행동

인간은 사회적인 존재이다. 태어나면서부터 자신의 감정을 표현하고 많은 시간을 여러 사람들과 상호작용한다. 또한 인간은 매우 연약한 존재이다. 자연계에서 먹이사슬의 가장 최상층은 인간이지만 생애 초기, 즉 영아기라는 긴 시기 동안 인간은 누군가의 특별한 도움 없이는 생존 자체가 불가능한 매우 나약한 존재이다. 애착은 특별히 다른 동물들에 비해 긴 양육 기간과 양육자의 절대적인 보호와 도움이 필요한 인간의 영아기를 진화론적 관점에서 설명한 개념이다.

영아는 성인의 도움 없이는 생존할 수 없기 때문에, 선천적으로 양육자의 돌봄과 관심을 끌어내기 위한 행동을 하도록 하는 심리적 성향을 지니고 있다. 즉, 인간은 모든 시대와 문화를 초월하여 태어나면서부터 누군가에게 애착을 형성하도록 생물학적 성향이 내재되어 있다는 것이다. 배고프고 지칠 때와 같이 생존이 위협받는 상황은 영아의 애착행동을 유발하는 방아쇠와 같은 작용을 한다. 이와 마찬가지로 성인에게도 지치고 아프거나 위험을 감지할 때 나타나는 영아의 신호에 반응하고 보호하도록 하는 장치가 내재되어 있다.

수유와 환경에 대한 학습, 사회적 상호작용 모두 영아의 생존을 위해 중요하지만 야생동물로부터 살아남기 위한 가장 근본적인 보호는 어머니와의 근접성을 통해 이루어진다. 어머니와 가까이 있는 영아는 야생동물로부터 살아남을 수 있었고, 결국 이것은 종의 생존을 위한 근본적인 성향으로 인간에게 내재되었다. 즉, 야생동물로부터 생존하기 위해서 모든 영아는 어머니와의 근접을 이룰 수 있는 다양한 행동들을 생물학적으로 지니고 태어났다.

이와 같이 영아의 근접과 접촉추구 행동은 자신의 생존을 위해 양육자의 보호를 확보하기 위한 생물학적 · 진화론적 생존기제이다. 어떤 애착행동(예: 미소, 옹알이)은 영아와 어머니와의 상호작용 시 영아에 대한 어머니의 관심을 증가시키고, 어떤 애착행동(예: 울기)은 영아의 울음을 중단시키기 위해 어머니로 하여금 영아에게 접근하여 더욱더 집중하도록 한다. 또한 어떤 애착행동(예: 접근하기, 따라가기)은 영아가 직접 어머니에게 다가가는 능동적 행동들이다. Bowlby

(1958)는 이러한 영아의 행동 중 특별히 젖 빨기, 매달리기, 따라다니기, 울기, 미소 짓기 등의 다섯 가지 구체적인 반응을 어머니와 영아를 결속시킴으로써 서로의 역동적인 상호작용을 촉진시키는 대표적인 애착행동이라고 생각하였다. 그리고 애착행동 이외의 수유(음식)나 학습은 부수적, 즉 이차적인 것이라고 주장하였다.

Bowlby 이전에 우리는 영아의 미소를 보면 단지 귀엽고 영아의 울음소리를 들으면 시끄럽다고 생각했지만, Bowlby는 우리로 하여금 영아의 이러한 행동이 바로 우리 인간이라는 종의 생존을 위해 선천적으로 내재된 행동으로 새로이 인식하도록 도와주었다. 이러한 관점에서 영아와 양육자 간의 관계를 보는 시각은 당시로서는 혁신적이고 아주 새로운 것이었다.

Bowlby는 이러한 진화론적 관점을 유지하기 위해, 자신의 초기 저서에서부터 후기 저서에 이르기까지 애착개념에 있어 종의 생존을 강조하였다. 오늘날에도 마찬가지이지만 진화론적 관점에서의 종의 생존은 Bowlby 당시의 발달심리학자나 임상전문가들에게 있어서 낯설고, 비현실적으로까지 여겨졌다. 그럼에도 불구하고 Bowlby가 진화론과 동물행동학적 개념을 마지막까지 강조한 이유는 애착행동이 그 무엇보다 학습의 부산물이 아니라 생물학적인 기능이라고 생각하였기 때문이다(Bowlby, 1982).

2) 행동체계로서의 애착

Bowlby(1958)가 애착이론을 처음 제시할 당시, 그는 애착이 수유와 같은 생물학적 욕구의 충족이 아니라, 울기나 빨기와 같은 반사적 행동과 미소와 따라가기, 매달리기 등과 같은 5가지의 생득적 반응행동들을 통해 형성된다고 보았다. 이러한 관점에서 볼 때, 영아의 옹알이도 단순한 소리가 아니라 주의를 끌고 애정을 받고자 하는 생물학적으로 내재된 동기의 표현이나 신호라고 볼 수 있다. 이러한 특정 대상과의 접촉과 접근 추구행동은 어머니와 아동 간의 근접성을 증가시키고 어머니에게 더 많은 양육행동을 유발시켜 종의 생존에 영향을 미치게 되기 때문이다. 그는 애착행동의 기본이 되는 이러한 행동체계가 유전되기보다는 개체의 본능으로 잠재되어 있다가 생후 9개월에서 18개월 사이에 정교한 행동체계로 발전된다고 생각하였다.

여기에서 행동체계라는 개념은 중요한 의미를 지닌다. 행동체계는 Bowlby가 애착이론을 처음 제시하였던 당시, 자신의 애착이론을 행동심리학이나 정신분석학과 같은 기존의 이론들과 구별되는 주요 이론적 토대로 설명한 개념이다.[1] Bowlby는 행동심리학이나 정신분석학적 관점에서 설명하는 유아와 어머니와의 관계가 실제로 어머니에 대한 아동의 결속을 이해하는 데 적합하지 않다는 판단 하에, 대신 컴퓨터와 생물학적 유기체인 두뇌의 조직화를 설명할 때 이용되는 통제이론(control theory), 즉 '사이버네틱 모델' (cybernetic model)[2]을 토대로 애착을 설명하였다.

컴퓨터가 정보를 다양한 방법으로 처리하지만 결국 목적에 맞게 수행할 수 있는 것은 처리 결과를 지속적으로 중앙통제소에 보고하여 피드백을 받는 상호작용 때문이다. Bowlby는 유기체의 애착과정을 컴퓨터의 정보처리과정을 통해 설명하였다. 즉, 유기체와 환경 간의 상호작용은 유기체와 환경, 유기체의 각 부분(체계) 사이에서 일어난다. 그리고 이 상호작용을 통해 유기체의 체계들은 조직화되고 항상성(homeostasis)이 유지되며, 유기체가 진화하는 동안 환경에 의

1) 행동체계(behavioral system)로서의 애착은 Bowlby가 자신의 『애착』 개정판(1982)에서 총 7장에 걸쳐 소개한 개념이다. 그는 아동의 애착행동이 아동 내부에 존재하는 행동체계에 의해 통제된다고 생각하였다. 이것은 애착의 개념이 초기의 애착행동 그 자체에서 행동을 통제하는 체계 개념으로 변화하였음을 나타낸다.

2) 사이버네틱스(cybernetics)는 그리스어 keybornetes(배의 키잡이, 조타수)에 어원을 둔 용어로, 미국 수학자 위너가 자신의 저서 『사이버네틱스-동물과 기계에서의 제어와 통신』(1948)에서 제시한 자연과학과 사회과학에서 사용하는 체계이론(system theory)의 하나이다. 즉, 정신기능에 대한 이론으로, 피드백 메커니즘과 정보처리체계가 주된 내용이다. 배를 바다에 그대로 놔두면 똑바로 가지 못하고 좌우로 이동하는데, 이때 조타수는 키를 움직여 배를 원래의 위치로 오게 한다. 사이버네틱 모델은 배의 조타수 역할을 모델로 하여, 배의 이탈을 수시로 평가하여 키의 방향을 바꾸어가는 것을 '피드백' 으로, 그리고 배가 항상 바르게 방향을 유지해가는 것을 '평형성' 으로 설명하고 있다. 즉, 피드백에서 나온 정보 출력이 정보입력으로 다시 체계(system) 속으로 순환되는 과정을 의미한다. 따라서 피드백 메커니즘은 주어진 상태를 자동적으로 유지하는 자체 조절체계를 만드는 데 사용되는 이론이다.

해 체계들의 형태가 결정된다. 이처럼 Bowlby는 동물행동학뿐만 아니라 인지이론과 통제이론을 자신의 애착이론에 접목하였다.

Bowlby에 의하면 인간은 수많은 행동체계들—애착체계(attachment system), 탐색체계(exploratory system), 두려움체계(fear system), 사교적 체계(sociable system), 양육체계(caregiving system)—을 지니고 있고, 이 행동체계들은 종의 생존과 관련되어 계속 진화해 왔다고 한다. 이러한 여러 행동체계들 중에서 애착체계는 종의 생존을 위해 생물학적으로 내재된 동기적 행동체계이다. 왜냐하면 출생 후 상대적으로 오랜 기간 동안 양육자의 보호를 필요로 하는 인간의 신체적 특성으로 인해 인간은 양육자의 곁에 가까이 있으려는 행동체계, 즉 애착행동체계를 형성하였기 때문이다.

George와 Solomon(1999)은 행동체계를 규정하는 기본 원칙들에 대해 다음과 같이 구체적으로 정리하였다. 첫째, 행동체계는 하나의 특정한 목표와 적응적인 기능을 성취하고자 하는 행동으로 이루어져 있다. 둘째, 행동체계는 내·외적 신호에 의해 시작되고 종결된다. 셋째, 행동체계는 목표수정적이다. 즉, 장기목표에 의해 조절되고, 환경에 의해 융통성 있게 수정된다. 넷째, 행동체계는 내·외적 신호의 피드백에 의해 조절된다. 다섯째, 하나의 행동체계는 다른 행동체계들과 상호작용한다. 여섯째, 행동체계는 오랜 시간 동안 유기체와 환경과의 상호작용으로 인해 발달해 온 행동의 기능적인 패턴으로 구성된다. 일곱째, 행동체계는 인지적 메커니즘에 의해 조직되고 통합된다. 그리고 인간에게 있어 이러한 인지적 메커니즘은 정신적 표상이다. 이와 같이 애착행동체계란 다양한 형태의 애착행동을 통합할 때 가정되는 통제체계, 즉 조절체계(control system)를 의미한다.

사실 Bowlby는 초기에 애착행동체계를 제어체계(control system)의 관점에서 바라보았다. 이를 위하여 그는 온도조절장치와 미사일에 비유하여 애착체계의 개념을 설명하였다(Bowlby, 1982). 먼저 온도조절장치는 실내 온도가 떨어지면 일정 온도까지 열을 방출하고 적정 온도에 이르면 열 방출을 중단하면서 실내의 온도를 조절한다. 이처럼 애착행동체계는 놀라거나, 피곤하거나, 아프거나 하는 등의 고통과 불안상황에서는 애착행동을 활성화시키고, 어머니와 영아의 근접성이 충분히 이루어지면 이를 종결시킨다.

또한 Bowlby는 애착체계의 개념을 미사일에 비유하기도 하였다. 미사일은 일단 발사되면 목표의 위치에 따라 다양하게 자신의 움직임을 변화시킨다. 그러나 반드시 자신의 목표를 향해 나아간다. 이처럼 영아도 어머니의 행동과 어머니가 존재하는 장소에 따라 자신의 애착행동을 변화시킨다. 아직 스스로 움직일 수 없는 영아는 울음을 통해 어머니가 자신에게 다가오도록 유도하고, 이동이 가능한 유아는 어머니에게 자신이 직접 다가가거나 매달림으로써 어머니와 근접성을 유지하고자 하는 자신의 목표를 추구한다.

이와 같이 애착체계(또는 애착행동체계)는 고통, 스트레스, 불안 등과 같은 상황요인에 민감하게 작동하며 매우 목표지향적(어머니와의 근접을 통한 생존)이다. 그리고 자신의 목표를 달성하기 위해 다양한 전략을 사용하며(예: 울기, 매달리기, 미소 짓기, 기어가기 등), 목표가 이루어질 때까지 자신의 전략들을 수정하면서 멈추지 않는다. 애착행동체계에 의하면 애착의 목표상태, 즉 영아가 애착대상과 적절한 거리와 접촉을 유지할 때에는 애착행동이 분명하게 드러나지는 않지만, 영아가 위험하다고 느낄 때 애착행동은 활발히 나타난다. 그리고 목표가 달성되어야 비로소 잠잠해진다. 이처럼 Bowlby는 애착체계가 통제적 · 제어적 기능을 통해 나타난다고 생각하였다.

이러한 설명은 동물행동학적 관점에서도 매우 설득력이 있다. 인간은 수천 개의 알을 낳는 다른 동물(물고기)에 비해 비교적 적은 수의 자녀를 생산하기 때문에, 아기의 상당수가 생존하지 못한다면 우리 인간이라는 종은 멸종할 수밖에 없다. 또한 다른 동물의 새끼와 달리 인간의 아기는 출생 시 너무나 나약하여 누군가의 도움 없이는 생존이 불가능하다. 따라서 동물행동학자들은 자연선택과정(natural selection process)이 영아와 어머니 모두에게 영아의 생존을 도울 수 있는 타고난 행동체계(innate system of behaviors)를 제공하였다고 믿는다.

그러나 이후 Bowlby(1982)는 애착행동체계를 제어체계가 아닌 조절체계(control system)의 개념으로 수정하였다.[3] 애착행동체계는 일정 온도 이상이 되면 완전히 꺼지는, 즉 어머니와의 근접성이 이루어지면 애착행동을 중지(turn off)하는 것이 아니라, 언제나 작동하고 있는 시스템으로 애착조절체계의 개념을 보완하였다. 애착행동체계는 위험신호에 의해 활성화되고 애착대상과의 접촉에 의해 다시 조용해지기보다는 애착행동을 작동시킬지 아닐지를 환경을 계속적으로 모니터링하면서 늘 활성화되어 있다는 주장으로 선회한 것이다.

그에 의하면 아동의 목표는 대상(즉, 어머니) 자체가 아니라, 상황에 따라 어머니와 적절한 거리를 유지하고 있는 상태이다. 따라서 일부 어머니들이 생각하는 것처럼 모유수유, 인공수유와 같은 수유의 유형이 애착형성에 그다지 중요하지 않다. 오히려 "어머니에게 매달리고 따라오는 아동의 모든 애착행동들에 대한 어머니의 수용 정도(또는 거부 정도)"가 아동의 안정애착 형성에 중요한 요인으로 작용한다. Bowlby는 이러한 행동 항상성(behavioral homeostasis)을 설명하기 위해, 인간의 신체 안에 늘 일정한 상태를 유지하는 혈압이나 체온과 같은 생리적 항상성을 예로 들었다. 그는 신체 안의 생리조절체계처럼 애착행동조절체계 또한 중추신경계에 내재되어 있다고 생각하였다(Bowlby, 1956; Cassidy, 1999).

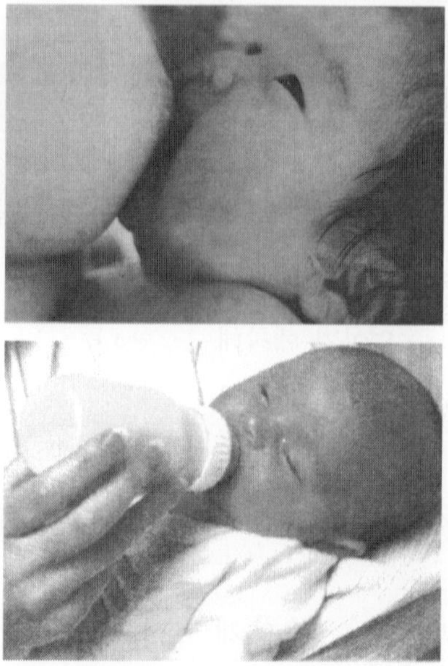

사진 설명 Bowlby에 의하면 모유수유나 인공수유와 같은 수유의 유형은 애착형성에 그리 중요하지 않다고 한다.

애착체계에 대한 개념은 Bowlby 이후 후기 애착이론가들에 의해 더욱 강조되었다. 애착체계의 개념을 정리하면 다음과 같다. 첫째, 애착체계는 여러 애착행동들이 함께 체계적으로 작동한다. 여러 상황에 민감하게 작동하고, 상

3) 애착행동체계의 control system에 대해 과거에는 어머니와의 근접 정도에 따라 애착행동을 활성화하거나 종결시키는 의미를 나타내기 위하여, 일부에서는 제어체계로 번역하였다. 그러나 이후에 이 애착행동체계가 환경을 늘 모니터링하면서 활성화되어 있다는 의미로 보완되었기에, 이제는 control을 나타내는 용어로 "제어"보다는 "조절"의 개념이 더 적합하다.

황에 따라 울기, 매달리기, 미소 짓기, 기어가기 등 다양한 전략을 사용한다.

둘째, 애착체계는 특별히 영아의 생존과 연관되어 있기 때문에 여러 행동체계들 중 가장 먼저 나타난다(Main, 1999). 다른 행동체계와의 관계에 있어 애착체계의 우선순위는 최근까지도 강조되고 있다.

셋째, 애착체계는 아동의 발달과 상황에 따라 재조정된다. 12개월 된 영아가 안전한 환경, 즉 애착대상자와 같은 방에 있을 때에는 어느 정도의 거리를 벗어나서도 안전감을 느끼지만, 영아가 피곤하거나 또는 낯선 사람이 들어오거나 낯선 장소에 있게 되면 영아는 애착대상자와의 근접성과 접촉을 재조정한다. 그리고 이러한 애착체계의 목표는 아동이 성장함에 따라 인지발달과 함께 발달되어, 애착대상자와의 긴 분리시간과 거리에 대해서도 아동은 '안전' 하다고 판단한다.

3) 발달경로로서의 애착

한편 Bowlby(1988a)는 애착의 발달과정을 보다 명확히 설명하기 위해 자신의 후기 연구에서는 애착의 발달단계라는 용어 대신 발달경로(developmental pathways)라는 용어를 사용하였다. 발달경로는 생물학자 Waddington(1957)이 처음 사용한 용어이다. 모든 경로에는 출발점이 있으며, 각 출발점에서 선택할 수 있는 잠재적 통로들은 다양하다. 개체는 다양한 통로 중에서 하나를 선택하고 끊임없이 그 길을 따라 가며 환경과의 상호작용을 통해 발달해간다. 이때, 통로의 선택도 개체와 환경과의 상호작용에 의해 결정된다. 이처럼 발달경로는 개체와 환경 간의 상호작용적 모델이다(〈그림 1-1〉 참조).

Conrad Waddington

Bowlby가 발달단계 대신 발달경로의 개념을 도입한 것은 애착의 상호작용적 속성과 전생애적 발달개념을 더욱 강조하기 위해서라고 볼 수 있다. 앞서 살펴보았듯이 애착체계는 특별히 애착행동에 초점을 맞추기 때문에, 애착의 전생애적 발달과 같이 환경 내에서 변화하는 삶의 다양성을 설명하기에는 어려움이 있다. 그러나 발달경로로서의 애착은 애착의 발달적 속성과 함께 상호작용적 특성을 잘 나타낼 수 있다.

정서적으로 안정된 환경에서 자란 아동은 최적의 경로를 따라 발달하지만, 안전하지 않은 환경에서 양육된 아동은 최적의 경로에서 이탈한 경로를 따라 발달할 것이다. 즉, 경로의 선택은 일반적으로 아동을 대하는 양육자의 방식에 달려 있지만, 그 경로의 발달과정은 아동마다 각기 다르다. 어떤 아동들은 적절한 회복력(resilience)을 지니고 있어 자신의 열악한 조건을 극복할 수 있고, 또 어떤 아

〈그림 1-1〉 Bowlby의 발달경로모델

A경로와 B경로를 선택한 아동들은 비록 출발점은 다르지만 결국 유사한 적응패턴을 보이는 반면, C경로와 D경로를 선택한 아동들은 처음부터 끝까지 매우 상이한 양상을 보인다.

출처: Bowlby, J. (1973). *Seperation*. New York: Basic Books.

동들은 이를 극복하지 못한 채 비정상적인 경로를 선택할 수 있다. 이러한 경로의 선택은 환경 조건의 변화에 따라 영아기부터 청소년 후기까지도 가능하다.

이러한 관점에서 볼 때, 정신병리는 정신분석학적 관점에서 설명하는 것처럼 고착이나 퇴행의 결과물이 아니다. 오히려 영아기나 아동기 또는 청소년기의 어느 시점에서 최적의 경로를 벗어나 다른 경로를 선택한 결과물이다. 따라서 최근에는 개인의 회복력에 대한 연구가 임상심리학을 중심으로 이루어지고 있으며, 아직까지는 주양육자와 형성한 초기의 안정애착관계와 주양육자 대신 지지와 안정을 제공해주는 후원자(제2의 애착인물)가 회복력의 가장 좋은 조건으로 밝혀졌다(Marrone, 1998).

이처럼 발달 초기뿐만 아니라 다양한 인생의 시기에서 인간은 자신의 발달경로를 선택할 수 있다. 그러나 분명한 것은 발달경로 역시 그 이전의 발달, 특히 영아기에 형성된 애착관계의 질에 의해 영향을 받는다는 것이다. 또한 어떤 학자들은 비정상적인 경로가 오래 지속될수록 이후에 좋은 환경을 제공하여도 정상적인 경로로 돌아가는 것은 어렵다고 주장한다. 이처럼 일단 선택한 발달경로가 이후의 발달에까지 영향을 미친다는 사실은 초기의 애착관계의 중요성을 말해주는 것이다.

이상에서 살펴본 것과 같이 Bowlby의 애착개념은 지속적으로 변화하여 왔다. Bowlby의 초기 애착이론에서부터 오늘날 최근의 애착연구 동향까지 전반적인 애착이론과 애착연구들을 살펴본 Goldberg(2000)는 애착이론과 애착연구의 역사를 비판의 역사로 요약하였다. 그만큼 애착이론은 이론이 소개된 순간부터 오늘날까지 역동적이며 지속적으로 발전되어 왔다고 평가할 수 있다. Bowly의 애착이론의 계속적인 수정과 변화는 바로 애착이론의 지속적인 발전을 시사한다. 이러한 애착개념의 변화에 대한 인식 없이 단지 하나의 개념만을 토대로 애착을 이해하려 한다면 우리는 애착의 한 단면만을 보는 것에 불과할 것이다.

4) 애착과 애착행동

Bowlby는 자신의 대표적 저서인 애착의 3부작[4]을 출판한 이후, 폭발적인 관심 속에 수많은 연구와 논쟁들이 나오자 자신의 이론을 재정리할 필요를 느꼈다. Bowlby는 자신의 애착이론에 대한 잘못된 개념을 바로잡고, 당시 다루지 못한 내용을 보다 자세하게 다루기 위하여 제1권인 『애착(Attachment)』을 개정하였다(Bowlby, 1982).

그는 사람들이 애착이론에서 애착과 애착행동을 구분하지 않음으로써 애착이론을 잘못 이해하고 있다고 생각하였다. 그래서 개정판에서 애착과 애착행동을 분명하게 구분하였다. 이를 정리하면 다음과 같다.

먼저 애착이 아동과 성인이 특정 애착대상에게 형성한 지속적인 속성이라면, 애착행동은 당시 애착대상의 존재유무에 대한 에피소드, 즉 상황적 행동이다. 한 아동이 애착을 형성하였다는 의미는 그가 특정한 한 사람에게 매우 강하게 근접성과 접촉을 추구하는 것으로, 이는 놀라거나 피곤하거나 아플 때와 같은 스트레스 상황과 낯선 사람이나 큰 소리가 날 때와 같은 환경적 상황에서 더욱 활성화된다. 애착은 아동이 어머니에게 근접과 접촉을 추구하는 성향이며 아동의 타고난 속성으로 상당한 시간이 지난 후에 천천히 변화하고, 그 당시의 즉각적인 상황에 영향을 받지 않는다. 이와 같이 애착은 영아와 애착대상자 간의 지속적인 관계로, 특별히 Bowlby는 애착을 나이와는 상관없이 자기 자신보다 더 강하거나 현명한 것으로 지각되는 타 개체와 한 개체 간에 맺어지는 관계의 의미로 사용하였다.

이와 달리 애착행동은 영아와 애착대상(주로 어머니)과의 근접성을 더욱 증가시키도록 유도하는 행동들이다. 미소와 옹알이 같은 영아의 애착행동은 상호작

4) 국제정신분석학회지에 Bowlby가 자신의 첫 번째 연구논문인 「The influence of early environment in the development of neurosis and neurotic character」(1940)를 실은 지 29년 후인 1969년에 그는 그 동안의 모든 연구들을 3권의 책(제1권 Attachment, 제2권 Separation: Anxiety and Anger, 제3권 Loss: Sadness and Depression)으로 정리하였다.

용 시 영아에 대한 어머니의 관심을 증가시키고, 울기와 같은 애착행동은 영아의 울음을 중단시키기 위해 어머니로 하여금 영아에게 더욱더 집중하도록 한다. 또한 접근하기, 따라가기와 같은 애착행동은 영아가 직접 어머니에게 다가가는 능동적 행동들이다. 이처럼 애착행동은 생애 초기에 영아가 애착대상과 근접해서 함께 있기 위해 보여주는 다양한 형태의 행동들이다.

애착행동은 특히 첫돌을 전후하여 절정을 이루며, 이 시기의 영아는 어머니가 자신을 보호할 수 있는 범위 안에서만 탐색활동을 한다. 그리고 어머니가 보이지 않을 때에는 격렬한 정서표현을 하며 극도로 불안해한다. 따라서 애착행동은 애착대상의 존재 유무와 스트레스 상황과 같은 그 당시의 환경과 조건에 따라 많은 부분이 결정된다.

Bowlby가 이처럼 애착과 애착행동을 구분한 이유는 Bowlby 자신이 처음 애착을 아동의 근접과 접촉추구행동으로 설명하자, 일부 연구자들이 어머니 이외의 다른 사람(예: 놀이 친구)에 대한 아동의 근접행동도 애착에 포함시켰기 때문이다. Bowlby는 애착에는 근접성을 유지하려는 욕구가 분명 존재하지만, 모든 근접추구행동이 애착행동은 아니라고 생각하였다. 예를 들어, 성인이 함께 관심사를 나눌 동료와 가까이 있고 싶어 하는 것과 같이 아동은 놀이친구에게 근접추구행동을 나타낸다. 그러나 이러한 근접추구행동은 애착행동이 아니다. 왜냐하면 친구에 대한 아동의 근접행동은 종의 생존과는 관계가 없기 때문이다. Bretherton(1991)이 강조하였듯이 애착은 생존과 연관된 안전조절체계(safety-regulating system)이다. 따라서 아동이 어머니와의 접촉과 근접을 추구하는 애착행동들은 아동 자신이 지각한 위험을 줄이기 위해 작동하는 개인의 행동체계에 따른 결과이며, 어머니는 아동의 안전기반으로서의 역할을 수행한다. 하지만 아동이 친구에게 근접하는 행동은 단지 재미나 흥미를 위해 하는 탐색행동이지 애착행동은 아니다.

Inge Bretherton

국제애착학회 회장을 역임한 Marrone(1998)은 아동의 일반 행동과 애착행동을 구분하기 위해 애착행동의 특성을 다음과 같이 제시

Mario Marrone

하였다. 첫째, 애착행동은 모든 인간에게서 나타나는 행동으로, 일정한 패턴과 예측 가능한 과정을 따른다. 둘째, 애착행동은 특정 조건에 의해 활성화되고 종결된다. 셋째, 애착행동은 생존에 기여한다. 넷째, 애착행동은 유기체가 속해 있는 사회체계 내에서 나타날 때 효과적으로 기능한다.

이와 같이 애착행동은 모든 인간에게서 나타나는 생물학적 속성으로, 스트레스와 낯선 상황에서 활성화되고 주양육자와의 근접과 접촉에 의해 종결된다. 또한 Bowlby가 "진화론적 적응환경(environment of evolutionary adaptedness)"이라고 부른 약육강식의 환경 속에서 생존해야 하는 인간(영아)에게 있어서 어머니와 근접성을 유지하는 것은 영아에 대한 어머니의 보호를 증가시킴으로써 영아의 생존 가능성을 높여 주는 역할을 한다. 왜냐하면 영아는 부모와의 근접을 통해 자신에게 유리한 많은 결과들을 얻을 수 있기 때문이다(Bowlby, 1982). 따라서 Bowlby는 종의 생존이라는 당위성을 배제한 채, 단지 특정 개인과의 근접을 추구하고 유지하기 위한 개념으로 애착행동을 정의하는 것은 애착을 올바로 인식한 것이 아니라고 생각하였다. 이러한 관점에서 볼 때 최근 많은 학자들이 애착에 관한 보편적인 개념으로 "애착이란 두 사람 간의 밀접한 정서적 관계로 상호 간의 애정과 근접성을 유지하려는 욕구를 특징으로 한다(Shaffer, 2005)"라는 정의는 애착연구의 아버지인 Bowlby의 관점과는 괴리가 있다.

그러나 동물행동학자에게는 진화론적 개념이 익숙하지만, 발달심리학자나 임상전문가들에게는 낯설다. 그리고 이들 학문 영역에서는 진화론적 개념이 학문적 관점에서뿐만 아니라 현실적으로도 그다지 실제적인 관련성이 없다고 생각한다. 따라서 최근 출간된 발달심리학과 임상학 관련저서와 연구물에서는 애착의 개념을 규정할 때, '종의 생존' 이라는 개념을 제외하고 대신 모든 인간에게 내재된 '생물학적 욕구' 의 개념으로 대치하고 있다.

5) 내적 작동모델과 전생애애착

Inge Bretherton(左)과 Everett Waters(右)

애착에 대한 Bowlby의 기념비적인 연구 이후 여러 학자들에 의해 애착이론은 계속적으로 발전되어 왔다. 특히 수많은 종단연구들을 통해 Bowlby의 애착이론에 대한 경험적 지지는 날로 높아져 갔으며, Bowlby와 Ainsworth 이후 Main, Shaver, Sroufe, Bretherton, Waters 등과 같은 '후기 보울비학파' (또는 '신 보울비학파')의 학자들과 여러 학문영역들에서의 애착연구자들을 통해 애착이론은 지속적으로 발전되었다.

후기 보울비학파 연구자들의 연구업적 중 가장 큰 공헌 중의 하나는 바로 성인애착 측정도구의 개발과 이에 대한 이론적 토대인 내적 작동모델(internal working models)이라는 개념의 도입이다. 국내에서는 내적 실행모델, 또는 내적 수행모델로도 명명되고 있는 이 개념은 최근의 애착이론에 있어서 가장 중요한 이론적 근간을 이루고 있다.

원래 내적 작동모델은 Bowlby(1969)에 의해 제시되었지만, 애착연구가 영아기 위주의 초기의 애착에 초점을 두고 연구가 진행되었기 때문에 검증되지 못하다가, Main과 Goldwyn(1994)의 표상을 통한 성인애착 측정방법의 개발 이후 최근 집중적으로 발전되고 있다. 내적 작동모델이란 아동이 자신을 포함한 세상의 본질, 성격, 행동에 대하여 형성하는 개념으로, 애착에 관한 내적 작동모델은 자신과 애착 대상자와의 관계에 대한 표상이다. Bowlby는 초기애착의 안정성과 이후 발달에 미치는 영향에 대한 이론적 근거로 자신과 애착대상에 대한 인지적 표상 개념인 내적 작동모델을 주장하였다. 근본적으로 애착이론을 인지이론에 포함시킬 수는 없지만, Bowlby는 애착의 발달이 인지발달과 관련되어 있다고 생각하였다. 감각체계를 통해 받아들인 여러 정보를 애착체계가 인지적으로 표상할 수 있을 때에 비로소 내적 작동모델이 형성되기 때문이다(Bretherton, 1995).

내적 작동모델은 특히 초기 환경에서 애착대상과의 상호작용 패턴에 의해 구성된다. 이를 좀더 자세히 살펴보면, 애착대상으로부터 거절당하는 경험을 한 아동은 그 애착대상에 대해 부정적인 내적 표상을 지닐 뿐 아니라 자신에 대해서도 가치 없는 존재로, 또는 수용되지 못하는 존재로 내적 작동모델을 형성하게 된다. 반면에 애착대상이 자신을 정서적으로 지지하며 도와준다고 느낄 때, 영아는 애착대상에 대해 긍정적인 표상을 지닐 뿐만 아니라 자신에 대해서도 능력 있고 사랑받는 존재로서의 작동모델을 형성하게 된다는 것이다(Bretherton, 1995). 이런 내적 작동모델의 형성은 계속적인 과정으로, 애착관계가 발달함에 따라 작동모델도 변화·적응한다. "작동(working)"이라는 단어가 의미하듯이 관계에 대한 내적인 표상은 고정적이지 않고 영아와 애착대상, 즉 양육자와의 상호작용적 경험에 따라 지속적으로 변화된다.

Kim Bartholomew

Bartholomew와 Horowitz(1991)는 내적 작동모델에 대한 비교적 최근의 개념을 다음과 같이 설명하고 있다. 즉, 자신과 양육자와의 반복된 상호작용 경험을 통하여 긍정적인 내적 작동모델을 형성한 영아는 ① 안정일차애착을 형성하게 되고, ② 새로운 도전에 효율적으로 대처할 수 있는 자신감을 갖게 되며, 이후 삶에서 ③ 친구나 배우자와 안전하고 상호 신뢰적인 관계를 형성하는 경향이 있다. 이와는 달리 자신에 대해서는 긍정적 모델을 형성한 반면, 타인에 대해 부정적 모델을 형성한 사람은 영아기에 회피애착을 형성함으로써 친밀한 정서적 결속을 무시하는 경우가 많다. 즉, 영아기에 형성된 부모에 대한 애착은 내적 작동모델의 형태로 계속되고, 이후의 관계형성 방식에도 지속적으로 영향을 미치게 된다는 것이다.

애착이론에서 내적 작동모델개념의 도입과 발전은 영유아기뿐만 아니라 아동기, 청년기, 성인기, 즉 전생애 애착발달을 개념화하는 이론적 토대가 되었다. 또한 개인이 성장함에 따라 애착대상이 어머니에서 아버지, 교사 그리고 연인과 배우자로 다양하게 변화됨을 의미하였다. Holmes(1995)는 영아기의 애착유형이 내적 작동모델을 통해 성인기에 이르기까지 전생애 동안 어떻게 변화되어 가는지에 대해 〈그림 1-2〉와 같이 정리하였다.

이와 같이 영유아기에 형성된 애착유형은 전생애 동안 다른 사람과의 관계양식과 내적 세계, 사고와 표상으로 발전한다. Holmes가 표현한 '사고에 대한' 사고와 자신-타인 표상은 바로 자기 스스로에 대한 그리고 다른 사람과의 관계 양식과 이 세상을 바라보는 시각에 대한 개인의 내적 표상이다. 애착이론에서는 이러한 자기와 타인, 세상에 대한 내적 표상이 바로 영아기에 어머니의 돌봄에서 시작되었다고 본다.

전생애 애착발달의 이론적 토대가 내적 작동모델이라면, 이를 경험적으로 가능하게 한 것은 성인애착척도인 성인애착면접(Adult Attachment Interview: AAI) 척도의 개발이다. Main과 Goldwyn(1994)은 AAI를 통해 어머니가 자신의 아동기 경험을 처리하고 논의하는 방식이 낯선 상황에서의 영아의 행동과 관련되어 있다고 하였다. 이러한 결과는 면접이라는 방법을 통해 측정한 성인의 인생초기 애착경험을 면밀하게 분석하면 현재 성인이 가지고 있는 애착에 대한 태도를 확인할 수 있음을 말해주는 것이다. 즉, 행동관찰을 통해서만 영아기의 애착발달을 측정하던 한계에서 벗어나, 면접을 통한 표상적 수준에서의 애착측정이 가능해졌다.

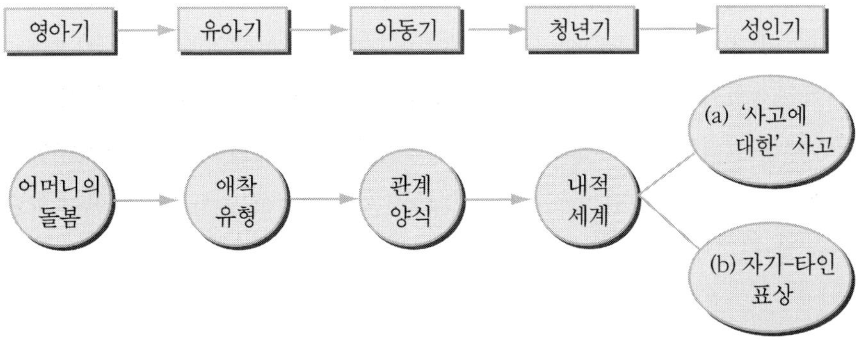

〈그림 1-2〉 애착 유형의 발전

출처: Holmes, J. (1995). *John Bowlby and attachment theory*. London: Routledge.

표상을 통한 애착측정 방법의 개발은 애착연구에 있어 일대 전환을 가져왔다. 무엇보다 영아기 수준에서만 머물렀던 애착의 측정과 애착이론을 성인기까지 확대시킴으로써, 단지 이론적 수준에 머물렀던 전생애적 관점에서의 애착이론을 경험적으로 입증할 수 있게 된 것이다. 이것은 영아기 이후의 발달 시기에서 나타나는 애착들, 즉 아동기, 청년기, 성인기 애착연구와 측정도구의 개발을 촉진시켰으며, 애착연구는 이제 아동학뿐만 아니라 인간발달과 심리학, 임상심리학, 의학, 간호학 등 다양한 영역에서 다루어지는 주요 연구영역이 되었다. 비록 내적 작동모델을 토대로 애착과 애착관계를 측정한 연구들이 아직까지는 대부분이 대학생을 비롯한 청년과 성인들을 대상으로 하고 있지만, 학령전기와 학령기 아동을 대상으로 한 연구도 점차 확대되고 있다.

2. 애착의 형성

애착의 형성과 발달에 관한 설명에서는 발달이론들마다 조금씩 그 견해를 달리하고 있지만, 대부분의 이론들은 영아가 생후 1년 이내에 특정 대상과 서로 밀접하면서도 상호의존적인 정서적 유대관계를 형성한다는 데에 동의한다.

영아기 애착발달 단계에 관한 연구는 Schaffer와 Emerson(1964)의 연구에서 시작되었다. 이들은 신생아와 18개월까지의 영아 그리고 양육자들을 지속적으로 관찰함으로써 일련의 애착발달 단계들을 제시하였다. 여기서는 처음 애착의 발달단계를 설명한 Schaffer와 Emerson(1964)의 연구와 함께, 초기 애착이론의 양대 산맥이라 칭할 수 있는 Bowlby(1969)와 Ainsworth(1973)가 제시한 애착단계들을 살펴보고자 한다.

1) Schaffer와 Emerson의 연구

Rudolph Schaffer와 Peggy Emerson(1964)은 스코틀랜드에서 영아기 초기부

Rudolph Schaffer

터 18개월까지의 영아들을 추적하여 한 달에 한 번씩 어머니와 인터뷰하면서 영아의 애착발달 단계를 연구하였다. Schaffer와 Emerson은 영아가 요람에 혼자 남겨지거나 낯선 사람과 함께 남겨질 때와 같이 어머니가 없는 상황에서 어떻게 반응하며 특히 누구에게 반응하는가를 살펴보았다. 그리고 애착의 단계를 다음과 같이 제시하였다.

먼저 1단계는 비사회적 단계(Asocial Phase: 0~6주)이다. 갓 태어난 신생아들은 사회적 또는 비사회적 자극에 대해 전적으로 호의적인 반응을 나타낸다. 따라서 Schaffer와 Emerson은 이 단계에 비사회적이라는 용어를 사용하였다.

2단계는 무분별적 애착단계(Phase of Indiscriminate Attachment: 6주~6 · 7개월)이다. 이 시기에는 무생물보다는 사람에게 반응을 더 많이 하고 사람들과 함께 있는 것을 좋아한다. 그리고 누구든지 자기를 안아주었을 때에는 좋아하지만 내려놓으면 싫어한다. 아직 특정인에 대한 선호가 없고, 모든 사람들에게 미소 지으며, 사람들과 떨어지는 것을 싫어하는 시기이다.

3단계는 특정인 애착단계(Specific Attachment Phase: 7~9개월)로 낯선 사람을 경계하면서, 어머니와 같은 특정인과 헤어질 때에 분리불안을 보이기 시작한다. 그리고 분리 후 어머니와 다시 만나면 몹시 반갑게 맞이한다. 기어다니기 시작하면서 자주 어머니 뒤를 따라다니고, 어머니와 가까이 있으려 한다. Schaffer와 Emerson은 이러한 영아의 행동을 애착의 지표로 보았다.

마지막 4단계는 다인(多人) 애착단계(Phase of Multiple Attachment)이다. Schaffer와 Emerson은 애착을 형성한 후 몇 주 내에 연구에 참여한 영아의 절반 정도가 아버지와 형제자매, 조부모 또는 정규적으로 자신을 돌보는 보모와 같이 어머니 외의 다른 사람들과 애착을 형성하였으며, 이 중 일부 영아는 다섯 명 이상의 사람과 애착을 형성함을 발견하였다.

이와 같이 Schaffer와 Emerson은 영아가 18개월이 되었을 때에는 단지 한 사람에게만 애착을 형성하는 경우가 거의 없음을 발견하였다. 그들은 아동이 특정인(어머니)에게만 애착을 형성하다가 점차 여러 사람들에게 애착을 형성하는 것이 자연스러운 발달적 특성이라고 주장하였다.

Michael Lamb

영아는 어머니 외에 또 어떤 사람에게 애착을 형성하는가? 이에 대해 Schaffer와 Emerson은 영아가 자신의 주변 사람들 중 좋아하는 순서대로 애착을 형성한다고 여겼다(예: 어머니, 아버지, 형제자매 등). 또한 이들은 추후연구에서 영아의 다른 애착대상들이 각기 다른 역할을 영아에게 제공함을 발견하였다(Schaffer & Emerson, 1977). 예를 들어, 어머니는 영아가 불안하거나 화날 때, 아버지는 영아가 놀이친구를 필요로 할 때 애착을 나타낸다는 것이다(사진 참조). 이러한 결과는 이후 Bretherton(1985)과 Lamb(1981)의 연구에서도 밝혀졌다.

사진 설명 어머니는 양육적인 목적으로 안아주는 경우가 많은 반면 아버지는 놀이목적으로 안아주는 경우가 많다.

2) Bowlby의 연구

Bowlby(1982)는 애착을 전생애에 걸쳐 발달하는 것으로 인식하였지만, 구체적인 애착의 발달단계는 애착이 시작되는 시기인 영아기와 유아기를 중심으로 제시하였다. 그리고 유아기 이후의 애착발달은 발달단계 대신 내적 작동모델의 개념으로 설명하였다. Bowlby가 주장한 애착의 발달단계는 다음과 같다.

먼저 1단계는 무분별적 사회적 반응단계(Orientation and Signals with Limited Discrimination of Figure)이다. 이 단계는 출생 이후에서 8~12주 사이로, 아직 시각이 발달하지 않아 후각과 청각 자극으로 사람을 구분하는 시기이다. 자기 가까이에 사람이 나타나면 그 사람에게 몸을 향하고 눈으로 좇아가며, 꽉 움켜쥐고, 손을 뻗히고, 미소를 짓거나 소리를 낸다. 울다가도 사람의 얼굴이 보이거나 목소리가 들리면 울음을 그치고 관심을 보인다. 움직이지 않는 사물보다 활동하는 사람들에게 미소나 응시, 옹알이와 같은 사회적 신호를 많이 보낸다. 또한 사람들의 사회적 신호에 민감하게 반응할 뿐만 아니라 자신이 먼저 능동적으로 다른 사람들을 응시하고 미소 지으며 접촉을 시도한다. 그러나 아직 모든 사람들에게 무분별하게 사회적 반응을 보인다.

2단계는 분별적 사회적 반응단계(Orientation and Signals Directed Towards One or More Discriminated Figures)이다. 이 단계는 생후 3개월에서 6~8개월에 해당되는 시기로, 이 시기의 영아는 1단계에서와 마찬가지로 사람들에게 친밀하게 반응한다. 이전 시기보다 더 세분화되고 적극적인 애착행동을 나타내고, 특별히 자신과 친숙한 사람들에게 더 집중적으로 애착행동을 보인다. 그러나 아직 주양육자에 대한 애착이 완전하게 형성되지 않아 낯선 사람에 대한 경계심을 보이지 않는 시기이다.

3단계는 특정한 애착대상에 대한 근접성 유지단계(Maintenance of Proximity to a Discriminated Figure by Means of Locomotion as well as Signals)이다. 이 시기에는 본격적으로 주양육자에 대해 능동적인 접근과 접촉추구 등의 애착행동이 나타난다. 생후 6~7개월에서 1세까지 나타나지만, 2~3세까지도 이어진다.

영아는 이전처럼 한곳에 있지 않고, 비록 불완전하지만 자신이 능동적으로 이동할 수 있다. 따라서 기존의 애착행동(예: 미소, 응시, 옹알이, 울음)뿐만 아니라 스스로 주양육자에게 다가가는 접근행동(예: 따라가기, 매달리기)을 보인다. 이제 영아는 어머니를 안전기지로 삼아 환경을 탐색하고, 모든 사람들에게 동일한 애착반응을 보이지 않는다. 또한 한 대상에 대한 애착이 강해질수록 다른 대상에 대해 배타적이 되고 애착대상 이외의 다른 사람들에게 낯가림을 심하게 나타낸다. 아울러 아직 대상영속성이 완전히 획득되지 않아, 자신이 애착을 형성한 사람이 보이지 않거나 떠나려 할 때 심한 분리불안을 보인다.

마지막 4단계는 목표수정적 동반자관계(Formation of a Goal-Corrected Partnership)이다. 앞서 3단계에서 살펴본 것과 같이 애착대상에 대한 근접은 영아기에 나타나 유아기까지 이어진다. 이 시기는 유아기와 아동 초기에 해당하는 단계로, 인지발달로 인해 보다 목표지향적 체계가 형성된다. 이제는 애착대상으로부터 독립적이 되어, 유아 스스로 자율적으로 행동하고 싶어 한다. 특히 대상영속성 개념의 발달은 유아로 하여금 애착대상과 환경에 대한 예측을 가능하게 해주어 어머니의 외출에 대해서도 허용적이고 어머니가 귀가할 때까지 기다릴 수 있다. 또한 언어의 발달은 유아로 하여금 어머니의 감정과 동기를 이해할 수 있게 하여, 유아의 애착행동은 보다 세련되고 유연하다. 이 단계에서는 유아와 애착대상이 더욱 복잡하고 미묘한 관계를 형성하며 함께 발달시켜가기 때문에, Bowlby는 이 시기를 목표수정적 동반자 관계라 칭하였다.

이상에서 살펴본 것과 같이, Bowlby는 출생 직후부터 애착이 형성되는 것이 아니라, 대상영속성 같은 인지발달이 선행되어야 한다고 생각하였다. 특히 애착조절체계(attachment control system)는 생후 6개월 이후에 조직화되고 9개월이 되어서야 정교화되는데, 이 조절체계가 정교화 되어 나타나는 것이 바로 애착행동이다. 또한 생후 1년 동안 영아의 근접추구 행동들(예: 울기, 따라가기, 매달리기, 옹알이)은 특정한 양육자에게만 집중된 목표지향적인 행동이지만, 영아기를 지나 유아기에 이르러서는 목표수정적 행동으로 보다 다양하고 복잡하게 나타난다.

이러한 Bowlby의 애착단계는 이후에도 계속 연구되어져, 최근 Waters와 동료들(1991)은 영유아의 인지발달을 토대로 Bowlby의 애착발달 4단계를 8단계로 더욱 세분화하였다. 이를 살펴보면 먼저 친숙한 사람의 선호단계, 감각운동적 도식조절자로서의 어머니 인식단계, 한 대상으로서의 자아인식단계, 안전기지행동의 시작단계, 분리불안의 감소단계, 안전기지 행동의 확고화단계, 동일시단계, 동반자단계 등이다.

Bowlby의 애착발달단계는 앞서 Schaffer와 Emerson(1964)이 제시한 애착단계와 유사하다. 그러나 Bowlby는 전생애 동안 여러 사람과 애착을 형성할 수 있지만, 애착이 시작되는 영아기에는 '단일속성(monotropy)', 즉 한 사람에게만 고정되어 나타나는 애착을 강조함으로써, Schaffer와 Emerson과는 구별된다. 또한 Bowlby는 영아의 첫 번째 애착대상이 어머니가 아닌, 영아의 신호에 지속적으로 반응하는 특정 개인이 될 수도 있다고 생각하였다. 따라서 그는 자신의 저서에 영아의 애착대상을 설명할 때, 한결같이 '어머니(mother)' 라는 용어 대신 '양육자(caregiver)' 라는 용어를 사용하였다.

3) Ainsworth의 연구

Marry Ainsworth

Ainsworth(1973) 역시 Schaffer와 Emerson, Bowlby와 마찬가지로 애착이 4단계를 통해 발달되며, 이 중 애착의 세 단계가 영아기에 그리고 네 번째 단계는 유아기에 나타난다고 생각하였다. Ainsworth는 애착단계 중 첫 번째 단계(출생 후 몇 주)에서는 영아가 특정 양육자에 대한 집중이나 선호를 나타내지 못하다가, 두 번째 단계(일반적으로 6~7개월 이내)에서 주양육자에 대한 선호가 시작되어 특별한 관계가 형성된다고 여겼다. 이 관계는 다음 단계에서 더욱 확고해진다. 특별히 Ainsworth는 앞서 Bowlby가 제시한 애착발달단계의 용어가 너무 어렵다는 판단 하에, 영아기의 발달단계를 전 애착단계와 애착형성단계, 애착

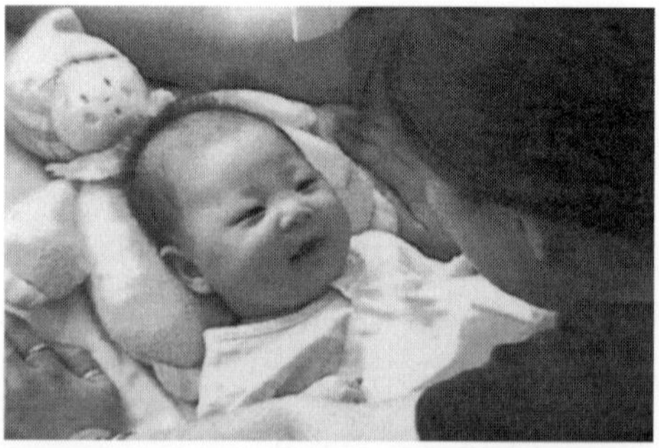

사진 설명 영아가 어머니의 얼굴을 응시하고 있다.

단계, 상호관계의 형성단계로 정리하여 제시하였다. 이를 구체적으로 살펴보면 다음과 같다.

먼저 1단계는 전 애착단계(Pre-Attachment Phase: 출생 후 6주)이다. 이 시기는 특정인에게 애착을 형성하기 이전의 단계로, 신생아는 울기, 응시하기, 잡기, 껴안기, 매달리기와 같은 행동을 모든 주위 사람들에게 나타낸다. 특히 성인의 얼굴에 집중을 하며, 자신과 재미있게 상호작용하는 성인에게 더 많은 집중을 한다. 사람의 얼굴 모습은 추상적인 형태들보다 더 오랫동안 영아의 주의를 집중시킨다. 신생아의 경우 시각적으로 움직이는 것과 명암의 대비가 있는 것에 집중하는 경향이 있는데, 인간의 얼굴이 신생아에게는 아주 매력적인 대상이 된다. 신생아가 자신의 생존에 필수적인 인간의 얼굴을 다른 물체보다도 먼저 그리고 오래 응시한다는 것은 흥미로운 일이다. 이것은 인류의 진화역사상 적응기제의 잔재로 볼 수 있는데, 왜냐하면 이는 아기로 하여금 어머니(또는 양육자)와의 사회적 상호작용을 촉진시키기 때문이다(Johnson, Dziurawiec, Ellis, & Morton, 1991). 또한 신생아는 여러 소리들 중 인간의 목소리에 가장 오랜 시간 동안 집중한다. 이 시기는 아직 애착이 형성되지 않은 단계로, 영아는 모든 사람들에게 호의적인 반응을 보이며, 낯선 사람과 함께 있어도 별다른 반응을 나타내지 않는다.

2단계는 애착형성단계(Attachment-in-the-Making: 6주~8개월)이다. 영아는 시각과 청각이 더욱 발달되어 한 사람 또는 그 이상의 양육자들과의 상호작용 패턴을 형성한다. 친숙한 얼굴과 목소리를 구별할 수 있으며, 더 나아가 자신의 행동으로 야기된 양육자의 반응도 기대할 수 있다. 영아들은 점차적으로 친숙한 사람을 구별하기 시작한다. 이 시기의 영아들은 어머니와의 상호작용에서 더 많이 미소 짓고, 옹알이를 하게 된다. 그리고 자신이 필요할 때 어머니가 반응할 것이라는 신뢰감을 발달시키기 시작한다. 그러나 어머니와 낯선 사람을 구별할 수 있음에도 불구하고, 아직 낯선 사람에 대해서 불안반응을 나타내지 않는다.

Jean Piaget

3단계는 애착단계(Clear-Cut Attachment: 6-8개월~18개월)이다. 3단계인 애착단계에서야 비로소 영아는 어머니가 보이지 않으면 분리불안을 나타낸다. 분리불안은 모든 시대와 문화에 관계없이 나타나는 영아의 생물학적 속성이다. 영아의 사회적 관계에 대한 정보는 구체적인 상호작용 경험과 함께 별도의 특정한 다른 경험적 지식의 획득을 필요로 한다. Piaget는 이를 대상영속성이라는 용어로 표현하였다. 영아가 보는 앞에서 물건을 숨긴 후 영아의 반응을 관찰한 결과, 대상영속성은 생후 8~9개월부터 점진적으로 획득되는 것으로 나타났다.

마지막 4단계는 상호관계의 형성단계(Formation of Reciprocal Relationships: 18개월 이후)이다. 2세가 되면 유아는 인지발달과 언어발달로 인해 애착대상의 행동을 예측할 수 있다. 특히 대상영속성의 발달로 인해 어머니가 다시 돌아올 것이라는 예측이 가능해짐에 따라 유아의 분리불안은 점차 줄어들게 된다. 또한 이 시기의 급속한 언어발달은 유아로 하여금 어머니와의 대화를 통해 자신의 감정과 생각을 표현하도록 하여, 더 이상 이전 시기에서처럼 불안행동을 보이지 않

표 1-1 애착의 발달단계

Schaffer와 Emerson(1964)	Bowlby(1969)	Ainsworth(1973)	형성시기
비사회적 단계 (출생~6주)	무분별적 사회적 반응단계 (출생~8-12주)	전 애착단계 (출생~6주)	영아기
무분별적 애착단계 (6주~6-7개월)	분별적 사회적 반응단계 (3개월~6-8개월)	애착형성단계 (6주~8개월)	
특정인 애착단계 (약 7~9개월)	특정한 애착대상에 대한 근접성 유지단계 (6개월~1-3세)	애착단계 (6-8개월~18개월)	
다인 애착단계 (9개월 이후)		상호관계의 형성단계 (18개월 이후)	
	목표수정적 동반자 관계 (유아기)		유아기

게 된다. 위의 학자들이 제시한 애착의 발달단계를 정리하면 〈표 1-1〉과 같다.

이상에서 살펴본 것과 같이 영유아기 애착의 발달단계는 비록 학자들마다 사용한 용어와 시기에서 다소 차이를 보이나 큰 맥락에서는 서로 유사함을 알 수 있다.

3. 애착의 유형

Bowlby가 진화론적 관점에서 인간의 발달과정에 따른 애착의 생물학적이고 보편적인 측면을 강조하였다면, Ainsworth는 애착의 개인차에 초점을 맞추었다. 특히 Ainsworth가 개발한 낯선 상황에서의 영아행동 관찰방법은 애착이론의 발전에 기폭제 역할을 담당하였다. Ainsworth는 영아의 애착을 객관적으로 측정할 수 있는 척도를 개발함으로써 애착을 애착이론가들만의 전유물이 아닌, 애착에 관심을 가진 모든 사람들이 애착을 연구할 수 있도록 구체적인 방법을 제공하였다.

사실 Bowlby는 애착의 개인차에 대해서는 그다지 강조하지 않았다. Bowlby가 애착의 개인차에 관해 많은 관심을 기울이지 못하였던 것은 이에 대한 중요성이 부족해서가 아니라, 자료 자체가 너무 부족하였기 때문이다. 그러다가 Ainsworth에 의해 처음으로 애착의 질을 측정할 수 있는 방법, 즉 '낯선상황실험' 이 개발되었다. 그리고 이로 인해 애착의 개인차인 애착의 유형에 관한 연구가 본격적으로 활성화되기 시작하였다.

1) Ainsworth와 동료들의 애착유형

가정에서 부모에 의해 양육된 영아라 할지라도 영아가 나타내는 애착의 질은 매우 다르다. 어떤 영아는 부모의 주변에서 편안하게 놀이와 같은 탐색활동에 몰두하지만, 다른 영아는 부모가 함께 있어도 불안해하며 안절부절못한다. 즉, 영아마다 나타내는 애착의 질은 서로 다르다.

왜 어떤 영아는 안정적인 반면에, 다른 영아는 불안정한가? 이 질문에 대한 대답을 하기 위해서는 먼저 애착의 질을 측정할 수 있는 척도의 개발이 필요하다. Ainsworth와 동료들(1978)은 영아가 어머니(또는 양육자)와 형성한 애착의 질을 측정하기 위한 실험방법을 고안해냈다. '낯선상황실험' 이라 불리는 이 실험방법은 Bowlby의 애착이론을 토대로 한 실험절차로, 연구자가 영아의 애착체계에 의도적이고 표준화된 개입을 함으로써 영아가 어떻게 탐색행동에서 애착행동으로 전환하는가를 살펴보는 방법이다.

이를 위해 약 3분가량의 8가지 에피소드들이 하나의 시리즈로 구성되어 영아에게 체계적으로 제시되고, 이 모든 과정은 연구자에 의해 비디오로 녹화된다. '낯선상황실험' 에 대한 보다 자세한 내용은 제5장 애착의 측정을 참고하기 바란다.

Ainsworth는 이 '낯선상황실험' 을 통해 영아의 애착이 안정애착(secure attachment: B유형), 회피애착(avoidant attachment: A유형), 저항애착(resistant/ambivalent attachment: C유형) 등 3가지 유형으로 나누어짐을 발견하였다. 이 중 안정애착 외의 회피애착과 저항애착은 불안정애착으로 분류된다.

먼저 안정애착(B유형)으로 분류된 영아는 어머니와 함께 있을 때, 주위를 탐색하기 위해 어머니에게서 쉽게 떨어지고, 낯선 사람과도 비교적 잘 지낸다. 그러나 낯선 사람보다는 어머니에게 더 많은 관심을 나타낸다. 또한 어머니가 떠났을 때 놀이를 중단하고 어머니를 찾지만, 어머니와의 재결합 시 어머니를 반갑게 맞이하고 어머니와의 접촉에 의해 쉽게 진정된다.

이처럼 안정애착아의 특징은 어머니를 안전기지로 삼아 낯선 환경에서도 호

사진 설명 '낯선상황실험'.

기심을 가지고 환경을 탐색하며 즐거움과 자신감을 가지고 놀이에 몰두한다는 것이다. 또한 어머니와의 분리에 대해서도 적절하게 고통을 표현하고 어머니와의 재결합에 의해 다시 쉽게 진정된다. Ainsworth가 중산층 표본을 대상으로 한 볼티모어 종단연구에서 안정애착 영아는 연구대상의 66%를 차지하였다.

불안정-회피애착 유형(A유형)의 영아는 어머니와 함께 있을 때에도 어머니에게 별로 관심을 나타내지 않았다. 심지어 어머니가 방을 떠나도 울지 않았으며, 스트레스를 별로 받지 않는 것처럼 보였다. 그리고 어머니와 재결합 시에도 무관심하거나 모르는 척 하였다. 낯선 사람과 어머니에게 비슷한 반응을 보였으며, 어머니와의 관계에서 친밀감을 추구하지 않고 어머니와의 접촉을 회피하였다. 이들은 볼티모어 연구대상의 20%를 차지하였다. 이들 영아들은 어머니의 거부나 분노를 줄이는 전략으로 자신의 감정을 억압하는 행동을 조직화하였기 때문에, 때로는 방어적(defended) 유형으로 부르기도 한다.

이와 달리 불안정-저항애착 유형(C유형)의 영아는 어머니와 함께 있을 때에도 불안해하며 어머니 옆에 계속 붙어 있으려 하고 놀이에 몰두하지 못했다. 그리고 어머니와 함께 있을 때에도 낯선 사람에 대해 경계를 나타내고, 어머니가 방을 나가면 심한 분리불안을 보였다. 그러나 어머니와의 재결합 시, 어머니에게서 안정감을 얻기보다는 분노를 나타내거나 어머니를 거부하는 양면적인 모습을 나타내었다. 또한 놀이와 같은 탐색활동에 집중하지 못했다. 이러한 저항애착 유형은 볼티모어 연구대상의 12%를 차지하였다.

한편 Ainsworth는 이들 애착유형들 내에서도 다양한 애착행동이 나타나 세

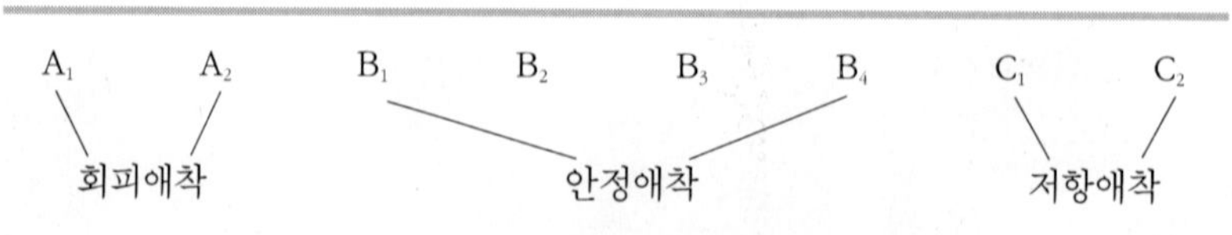

〈그림 1-3〉 Ainsworth의 애착유형 분류

출처: Goldberg, S. (2000). *Texts in developmental psychology: Attachment and development*. London: Arnold.

가지 애착유형을 다시 하위 집단들로 분류하였다. 즉, 안정애착은 4집단(B_1-B_4)으로, 불안정-회피애착을 두 집단(A_1-A_2)으로 그리고 불안정-저항애착도 두 집단(C_1-C_2)의 하위집단으로 나누었다(〈그림 1-3〉 참조).

이들 가운데, B_1, B_2로 분류된 영아들은 B_3, B_4로 분류된 영아들보다 다소 회피애착적인 특성을 나타낸다. 그리고 B_3, B_4로 분류된 영아는 B_1, B_2로 분류된 영아에 비해 저항애착적인 특성을 보인다. Ainsworth는 애착유형을 〈그림 1-3〉과 같이 세분화하여 미국 영아의 애착을 살펴보았다. 그 결과 안정애착(B_1-B_4)의 하위 유형인 B_3 유형이 약 43%로 가장 많았으며, B_2 10%, B_1 9% 그리고 B_4 4%로 나타났다.

이러한 애착유형의 세분화는 유아의 행동적 요소뿐만 아니라 정서적 요소를 이해하고 부모-유아관계에 대해 생후 첫 3년과 그 이후까지도 이해하는 데 도움을 주고 있다. Ainsworth 이후에도 애착이론의 틀로, 영아-어머니 관계의 보편적인 측정도구로 인식된 '낯선상황실험'은 다른 연구자들에 의해 폭넓게 사용되어졌다. 그리고 Ainsworth와 동료들의 『애착의 유형(Patterns of Attachment)』(1978)이 출간된 지 10년 후, van IJzendoorn과 Kroonenberg(1988)는 8개국 2,000명 이상 영아들의 '낯선상황실험' 연구자료들을 모아 이를 메타분석하였다. 그 결과는 Ainsworth가 볼티모어에서 표집한 표본들의 연구결과(안정 66%, 불안정-회피 20%, 불안정-저항 12%)와 놀랄 만큼 일치하였다. 또한 이 연구에서 연구자들은 비록 소수지만 위의 3가지 애착유형에 속하지 않는 영아들이 있음을 발견하였다.

van IJzendoorn

Pieter M. Kroonenberg

국내의 경우 1980년대 후반부터 '낯선상황실험'을 이용한 영아애착 연구들이 진행되었으며, Ainsworth와 동료들의 연구와 마찬가지로 안정애착유형이 가장 많이 나타났다(김종순, 1989; 나유미, 1996; 박응임, 1994; 유효순, 1985; 이영환, 1992; 홍계옥과 정옥분, 1995). 저소득층을 포함하여 전 계층을 대상으로 14~20개월 영아의 애착을 살펴본 박응임(1994)의 연구에서는 안정애착(B)이 약

78%였으며, 이 중에서도 B_3 유형은 전체 표집의 33%로 가장 많이 나타났다. 반면에 B_4 유형은 발견되지 않았다.

한편 11개월부터 18개월의 중산층 영아를 대상으로 한 나유미(1996)의 연구에서는 전체 연구대상(41명) 중 불안정-회피애착(A_2) 1명을 제외한 40명의 영아가 안정애착으로 나타났으며, 불안정-저항애착(C_1, C_2)은 전혀 없었다. 그리고 안정애착에서도 B_1 6명(14.63%), B_2 6명(14.6%), B_3 10명(24.4%)과 B_4 18명(43.9%)으로, B_4 유형이 대부분을 차지하였다. 이처럼 국내 영아의 애착유형은 서구에 비해 안정애착이 훨씬 높은 비율로 나타났으며 계층에 따라 안정애착 분포에서도 차이가 있음을 알 수 있다.

그러나 국내에서 실시된 이들 '낯선상황실험' 연구들은 Ainsworth의 '낯선상황실험'을 실시하는 데 있어 두 번째 분리 후 영아가 낯선 실험실에서 혼자 있어야 하는 에피소드 6의 경우 영아가 매우 불안해하거나 너무 심하게 울어 에피소드 6을 생략하였거나(김종순, 1989; 유효순, 1985), 서구와 달리 실험에 익숙하지 않은 우리나라 어머니와 영아에게는 분리시간 3분이 너무 길다는 연구자의 판단 하에 2분으로 단축하여 실시되기도 하였다(박응임, 1994). 따라서 우리나라와 서구 영아의 애착유형에 따른 차이가 문화적인 차이인지 아니면 측정방법에 따른 차이인지는 좀더 조심스럽게 접근해야 할 것이다.

2) Main과 Solomon의 애착유형

'낯선상황실험'은 구조화된 실험실 관찰로 구성됨으로써, 급속도로 다른 연구자들에 의해서도 사용되어 오늘날까지 영아애착의 대표적인 평가방법으로 인식되고 있다. 그러나 '낯선상황실험'을 통해 영아애착을 살펴본 많은 연구자들은 Ainsworth가 제시한 3가지 애착유형에 속하지 않는 또 다른 애착유형이 있음을 발견하여 이를 보고하기 시작하였다(Crittenden, 1985; Main & Solomon, 1986, 1990; Radke-Yarrow et al., 1985).

회피/저항애착(A/C 유형)이라고도 불리는 이들 영아들은 어머니와 재결합 시 어쩔 줄 몰라 당황하는 반응을 나타냈으며, 마치 온몸이 얼어붙은 듯이 행동하였다. 어머니에게 가까이 다가가다가도 어머니가 다가오면 몸을 피하고, 어머니가 안아주어도 멍하니 먼 곳을 응시하였다. 즉, 어머니를 안전기지로 삼지 못한 채, 저항애착과 회피애착유형의 특성이 모두 나타났다.

Patricia M. Crittenden

특히 Main과 Solomon(1986)은 '낯선상황실험' 에서 분리와 재결합을 녹화한 55개의 비디오테이프를 분석한 결과, 이들 세 유형에 속하지 않는 또 다른 애착유형이 있음을 발견하였다. 결국 Main과 Solomon은 이를 혼란애착(disorganized attachment: D유형)으로 분류하였다. 혼란애착 역시 Ainsworth가 분류한 불안정-회피애착이나 불안정-저항애착과 마찬가지로 불안정애착유형이다. 그러나 혼란애착은 불안정-회피애착이나 불안정-저항애착과 달리 비조직적인 행동패턴을 나타낸다는 면에서 이들 불안정애착유형과 구분된다. 불안정-회피애착과 불안정-저항애착은 비록 애착의 질적인 측면에 있어서는 안정애착과 구분되지만, 이들 애착유형 역시 영아의 애착행동 특성에 있어 비교적 일정하게 예측되고 조직화된 특성을 지니고 있기 때문이다.

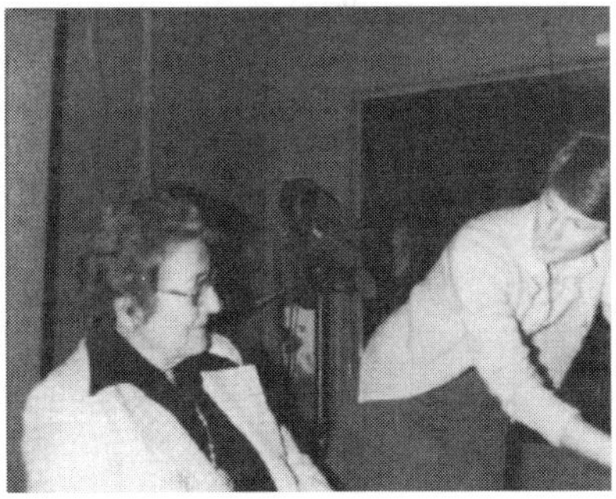

Mary Ainsworth와 Pat Crittenden이 Ainsworth의 실험실에서.

실제로 D유형으로 분류된 불안정-혼란애착 영아들은 기본적으로 안정애착(B)과 회피애착(A), 저항애착(C) 전략을 지니고 있어도 비조직적이며 혼란되고 방향성 없는 비정향적인 행동패턴을 나타내었다(Lyons-Ruth et al., 1991). 이들 영아들이 나타내는 애착행동은 공통적으로 목표나 의도를 알 수 없었고, 설명되지 않는 행동을 연속적으로 나타내었다. 결국 기존의 ABC 애착유형과는 전혀 다른 이질적이면서도 혼란된 행동특성으로 인해, 이들 영아들은 최종적으로 D유형으로 분류되었다. 그리고 추후연구에서도 미국 영아의 5~10%가 여기에 속하는 것으로 나타났다(Main & Solomon, 1990).

Karlen Lyons-Ruth

불안정-혼란애착 유형은 비조직적인 애착특성으로 인해 다른 애착유형들과 달리 분석하는 데 어려움이 있다. 따라서 연구자들은 다음의 7가지 기준을 토대로 영아의 행동을 관찰하여 혼란애착을 분류한다. 이들 기준에는 ① 회피와 저항이 복합된 행동들 ② 대조적인 행동(예: 극심한 두려움으로 어머니에게 근접추구를 하면서 동시에 어머니가 다가가면 회피함) ③ 불완전하고 이상한 행동과 표현들(예: 낯선 사람이 방을 나갈 때 함께 따라 나가려함) ④ 이상하고 불균형적인 동작과 자세(예: 영아가 피곤하지 않음에도 불구하고 바닥에 20초 이상 몸을 움츠리며 엎드려 있음) ⑤ 얼어붙은 듯 멈추어 있고 아주 서서히 움직임(예: 전혀 움직이지 않고 멍한 표정을 지음) ⑥ 부모의 직접적인 표현(예: 관찰실에서 어머니의 두려운 표정) ⑦ 혼란을 나타내는 직접적인 표현(예: 부모와의 재결합 시 손을 막 흔들며 피함) 등이 있다.

아직까지 국내에서는 '낯선상황실험' 을 통해 영아의 애착을 살펴본 연구들 중 불안정-혼란(D)애착이 발견된 경우는 많지 않다. 다만 상 · 중 · 하 전 계층을 대상으로 55명 영아의 애착을 살펴본 박응임(1994)의 연구에서 안정애착과 회피애착, 저항애착에 포함되지 않는 제4의 애착유형(혼란애착, D유형)이 발견되었다. 그러나 앞서 언급하였듯이 국내에서 실시된 대부분의 '낯선상황실험' 연구는 에피소드 6이 생략되거나 Ainsworth가 제시한 분리시간(3분)보다 짧게 이루어져, 애착유형의 분류에 있어 다소 정확성이 결여될 수 있음을 고려해야 할 것이다.

'낯선상황실험' 은 처음에는 영아와 어머니를 대상으로 하였지만, 점차적으로 다른 애착대상, 즉 어머니 외에 아버지와 대리 양육자에게도 적용되고 있다. 이영환(1992)은 '낯선상황실험'을 이용하여 아버지와 영아의 애착을 살펴보았다. 그 결과 안정애착이 40%, 불안정-회피애착이 40%, 불안정-저항애착이 20%로 나타남으로써, 앞서 어머니와 영아와의 애착을 살펴본 국내의 여러 연구들에 비해 안정애착 유형의 비율이 매우 낮게 나타났다.

한편 영아를 대상으로 한 '낯선상황실험' 을 유아를 대상으로 실시한 연구들이 있다. 그러나 유아는 영아와 달리 인지적인 성숙으로 인해 어머니와의 짧은 분리와 낯선 사람과의 접촉에 영아처럼 스트레스를 받지 않아, '낯선상황실험' 은 2세 이상의 유아를 대상으로 애착을 측정하는 데는 적절치 않은 것으로 나타났다. 따라서 Cassidy와 Marvin(1987)은 기존의 '낯선상황실험' 에서 영아의 애착을 분류하기 위해 점수를 부여하는 기준을 유아의 발달적 수준에 맞게 재조정함으로써, 유아의 애착유형을 살펴보았다.

3) Cassidy와 Marvin의 애착유형

앞서 살펴본 불안정-혼란애착 유형(D)은 영아의 애착행동 표현에 있어 비조직적인 애착특성을 나타내지만, 유아기에 이르러서는 점차 통제적인 행동특성으로 변화하는 경향이 있는 것으로 나타났다. Cassidy와 Marvin(1987)은 불안정-혼란애착 유형에 속한 영아들이 유아기에 이르러서는 '비조직적' 인 행동특성보다는, 어머니와의 관계에서 어머니와의 역할이 전도되어 어머니를 유아가 직접 벌하거나 돌보는 것과 같은 행동특성을 나타냄을 발견하였다. Ainsworth가 개발한 '낯선상황실험' 의 연구대상이 영아와 어머니였기 때문에 실제로 '낯선상황실험' 이 2세 이상의 유아애착을 분류하는 데는 적절하지 않았던 것이다. 따라서 Cassidy와 Marvin은 '낯선상황실험' 을 유아들(2.5~4.5세)에게 맞게 다음과 같이 수정하여 분석하였다.

Jude Cassidy

영아를 대상으로 한 Ainsworth의 '낯선상황실험' 에서는 영아의 상호작용을 점수화하는 데 있어 접근과 접촉추구(proximity and contact seeking), 접촉유지(contact maintaining), 저항(resistance), 회피(avoidance), 탐색 행동(search behavior) 그리고 원거리 상호작용(distance interaction) 등의 6가지 행동을 중심으로 영아의 접촉추구 행동에 대한 적극성과 주도성, 즉각성, 지속성의 정도에 따라 7점 척도를 사용하여 점수를 부여하였다.

Robert Marvin

반면에 Ainsworth의 '낯선상황실험' 을 영아가 아닌 유아를 대상으로 수정한 Cassidy와 Marvin(1987)은 '낯선상황실험' 전반에 나타나는 유아의 행동과 함께 특히 유아와 어머니가 분리-재결합하는 맥락에 초점을 두고 분석하였다. 유아의 행동은 근접 및 접촉유지(proximity/contact), 몸의 방향(body orientation), 대화의 내용과 스타일(speech), 응시(gaze) 그리고 정서(affect) 등의 5가지 기준에 따라 점수를 부여하였다. 그 결과 유아의 애착유형은 안정애착(secure: B)과 회피애착(avoidant: A), 의존애착(dependent: C), 혼란/통제애착(disorganized/controlling: D)과 더불어 영아애착에서는 전혀 발견되지 않았던 불안정-기타 애착(insecure-other: I) 등 5가지 애착유형이 발견되었다.

국내에서도 최근 유영미(2004)가 Cassidy와 Marvin(1987)의 유아애착유형 분석을 토대로 3세와 4세 유아 75명을 대상으로 유아의 애착을 살펴보았다. 그 결과 안정애착(B)이 전체의 66.7%(50명)로 가장 많았으며, 불안정-회피애착(A) 18.7%(14명), 불안정-의존애착(C) 8.0%(6명), 혼란/통제애착(D) 5.3%(4명) 그리고 불안정-기타 애착(I) 1.3%(1명) 순으로 나타났다. 그러나 불안정-기타 애착의 경우 사례 수가 적고, 또한 아직 이에 대한 연구결과가 충분치 않아 Cassidy와 Marvin이 제시한 유아애착 유형 중 기타 애착유형은 좀더 살펴보아야 할 것이다.

이처럼 최근에는 다양한 연령층의 애착을 평가하기 위해 기존의 애착척도를 수정하거나 새로운 척도가 개발되고 있다.

Alan Sroufe

4. 애착의 영향

Ainsworth(1979), Sroufe와 Waters(1977)에 의하면, 유아는 안정애착을 느끼게 하는 요인들을 통해 자신은 유능하고 효율적인 존재라는 자신에 대한 개념뿐만 아니라 믿음직하고, 신뢰할 수 있고, 도움이 필요할 때 나를 도와준다는 타인에 대한 개념도 발달시킨다. 자신과 타인에 대한 이러한 기본적 인지는 유아의 사회적 행동에 중요한 영향을 미친다. 안정애착의 유아는 불안정애착의 유아에 비해 또래 아동이나 낯선 어른들과 더 조화로운 관계를 이루며, 도전해볼 만한 새로운 문제에도 더 열심히 접근한다.

사진 설명 어릿광대의 코를 만지며 즐거워하는 유아의 모습.

안정애착 유아와 불안정애착 유아가 낯선 어른에게 보이는 반응을 비교해보기 위해 Main과 Weston(1981)은 유아의 주의를 끌 목적으로 어릿광대 복장을 한 어른을 유아들에게 소개하였다. 이때 부모 모두에게 안정애착을 이룬 유아들은 어릿광대의 코를 만지고 즐거워하면서 긍정적인 반응을 보였다(사진 참조). 부모 모두에게 불안정애착을 이룬 유아들은 접근반응과 회피반응을 번갈아하고, 굳은 표정을 짓고, 몸을 앞뒤로 흔들고, 이상한 자세를 취하거나, 갑자기 헛웃음을 웃는 등 갈등반응을 많이 보였다. 한쪽 부모에게만 안정애착을 이룬 유아들은 중간 정도에 해당하는 반응을 보였다. 이와 같이 애착의 안정감 수준은 낯선 사람에 대한 유아의 반응과 관련이 있는 것으로 보인다.

Donna R. Weston

안정애착의 유아는 성장함에 따라 어머니와의 신체접촉의 욕구는 덜 보이는 반면 탐색활동이나 또래집단에 대한 관심은 더 많이 나타낸다. 그러나 불안정애착의 유아는 그렇지 못하다. 모순되게도 유아기를 지나서까지 부모에게 가장 많이 매달려 있으려는 아동은 불안정애착의 아동이다. Clarke-Stewart와 Hevey(1981)는 12~30개월 사이의 유아를 대상으로 한 가정방문관찰에서 안정애착 유아와 불안정애착 유아가 어머니와 신체적 접촉을 갖는 시간적 비율상의 변화를 조사하였다. 〈그림 1-4〉에서 보는 바와 같이 두 집단의 발달적 경향은 완전히 반대로 나타났다. 즉, 안정애착 유아가 어머니와의 신체접촉을 갖는 시간은 24개월 이후 감소하는 데 반해, 불안정애착

K. Alison Clarke-Stewart

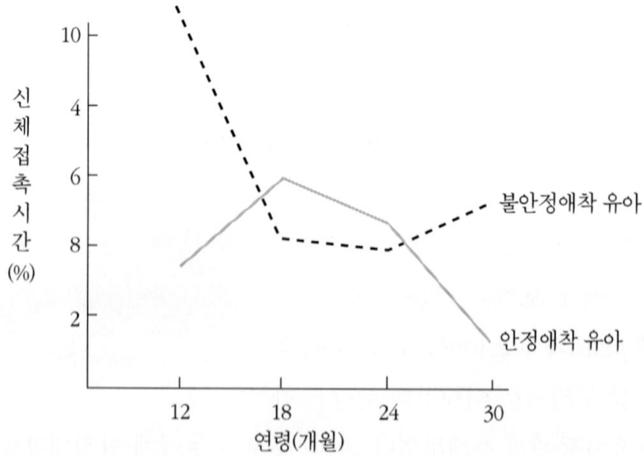

〈그림 1-4〉 안정애착 유아와 불안정애착 유아의 신체접촉 시간 비율상의 변화

출처: Clarke-Stewart, K. A., & Hevey, C. M. (1981). Longitudinal relations in repeated observations of mother-child interaction from 1 to 2 years. *Developmental Psychology, 17,* 127-145.

유아는 오히려 시간이 증가하였다. 불안정애착 아동은 안정애착 아동보다 어머니와 더 많은 신체접촉을 하고 계속해서 어머니 곁에서 떨어지지 않으려는 반응을 보인다.

불안정애착 유아는 행동장애를 보일 위험 또한 높다. 이들은 어머니뿐만 아니라 다른 사람들에게도 비협조적이고 비순종적이며, 칭얼대고 떼쓰기 행동을 많이 한다(Londerville & Main, 1981; Matas et al., 1978). 어릴 때 반항적이고 비순종적이었던 유아는 나중에 커서 심각한 문제행동, 특히 공격성의 문제를 일으킬 위험이 높다. 우리나라에서 애착장애 아동 21명을 대상으로 그들의 임상적 특성에 관해 살펴본 연구(신의진 외, 2003)에 의하면, 애착장애 아동은 사회성발달의 문제, 언어발달의 지연 및 감정조절능력에 문제가 있는 것으로 나타났다. 사회성발달의 문제에서는 눈맞춤이 없이 혼자 놀며 타인과 사회적 교류가 없는 행동특성을 보였으며, 정서조절의 문제에서는 제한된 정서표현, 짜증 및 기분의 변화, 과잉경계 및 회피반응 등이 주로 보고되었다.

5. 애착반응

모든 사람들을 향해 사랑스러운 미소를 짓던 영아가 어느 날부터 어머니 이외의 다른 사람을 보면 싫어하고 운다. 또한 어머니가 보이지 않거나 잠시라도 떠나면 매우 격렬하게 울기 시작한다. 바로 특정인에게 애착이 형성된 것이다. 애착이 형성되었음을 알려주는 증거는 이 두 가지 공포—낯가림과 분리불안—에 의해 나타난다. 낯가림과 분리불안은 인간에게 생물학적으로 내재된 속성으로, 문화에 관계없이 모든 아이들에게 일반적으로 나타난다.

한편 애착반응은 애착 대상자와의 장기적인 분리에서도 분명하게 나타난다 (Bowlby, 1960b). 또한 애착반응은 애착을 전혀 형성하지 못한 사회적 박탈과 고립 상황에서도 나타난다. 여기서는 애착의 일반적인 반응(낯가림과 분리불안)과 함께 애착대상자와의 장기적인 분리와 사회적 박탈에 따른 애착반응들을 함께 살펴보고자 한다.

1) 일반적인 영아기 애착반응

낯가림(stranger anxiety)이 영아의 낯선 사람에 대한 불안반응, 즉 낯선 사람이나 친숙하지 않은 사람을 향해 울음이나 불안반응을 통해 두려움을 나타내는 영아의 애착반응이라면, 분리불안(separation anxiety)은 애착대상과 분리될 때 나타나는 불안반응이다.

(1) 낯가림

출생 후 영아는 낯선 사람에게도 미소를 나타내며 긍정적으로 반응하다가 애착이 형성되는 시기부터는 낯선 이에 대해 불안반응을 보인다. 이러한 낯가림은 일반적으로 6~8개월에 시작되어 첫돌 무렵에 가장 심해지다가, 점차 감소하는 것으로 알려져 있다. 그러나 낯가림이 시작되어 활성화 되는 시기는 영유아마다 개인차가 있다.

낯가림은 영아가 익숙한 얼굴과 낯선 얼굴 간의 불일치에 대한 반응이다. 따라서 낯가림을 전혀 하지 않는 것은 영아가 기질적으로 순해서라기보다는, 아직 영아가 낯선 사람에 대한 변별력이 없어 애착형성이 잘 이루어지지 않은 경우가 더 많다. 따라서 낯가림을 전혀 하지 않는 것은 그다지 바람직하지 않을 수도 있다.

대부분의 영아들이 낯선 사람들에게 불안반응을 나타내지만, 이러한 불안반응은 영아의 기질이나 환경요인에 따라 다르게 나타난다. Morgan과 Ricciuti(1969)는 영아가 어머니의 무릎에 앉아 있을 때에는 낯선 사람이 나타나도 1/3 정도의 영아만이 낯가림을 하는 반면에, 어머니와 떨어져 있는 경우에는 2/3 가량의 영아들이 격렬한 울음을 통해 낯선 사람에 대한 불안반응을 보였다. 즉, 어머니가 영아의 안전기지가 됨으로써, 영아는 어머니와 함께 있을 때에는 낯선 사람이 다가와도 안정감을 느끼는 것으로 여겨진다.

또한 영아는 자신이 가장 익숙한 환경인 집에서보다 밖에서 낯가림이 심한 것으로 나타났다. Sroufe와 동료들(1974)은 가정과 낯선 실험실에서 영아의 낯가림을 비교한 결과, 집보다는 낯선 실험실에서 검사를 받을 때 연구자(낯선 사람)를 더 두려워함을 발견하였다. 또한 영아들은 연구자가 낯선 방에 들어온 지 1분 이내에 영아에게 접근하면 90% 이상이 불안반응을 나타냈지만, 어느 정도 시간이 지난 후(10분)에 연구자가 다가가자 약 50%가 낯가림을 보였다. 이는 낯선 사람과 낯선 상황에 대한 익숙함(친숙도)이 불안반응에 영향을 미침을 의미하는 것이다.

그리고 낯선 사람이 일정한 거리를 유지한 채 말을 걸며 미소짓거나 장난감을 주며 서서히 다가갈 경우 영아들은 긍정적으로 낯선 사람을 대하였다. 그러나 이러한 과정 없이 성급하게 바로 영아에게 다가와 접촉을 시도하면 영아는 낯선 사람에 대해 공포반응을 나타내었다. 아울러 영아는 성인보다는 아동에게 낯가림을 덜하는 것으로 나타났다. Brooks와 Lewis(1976)는 영아에게 낯선 성인과 낯선 아동 그리고 아동만큼 작은 성인의 사진을 보여주고 낯선 사람에 대한 분리불안을 살펴보았다. 그 결과 영아들은 아동보다는 낯선 성인에게 훨씬 부정적으로 대하였다. 이와 같이 영아의 낯가림을 유발하는 구체적인 요인으로는 안전기지의 역할을 하는 어머니와의 거리와 낯선 상황 그리고 낯선 사람의 행동과 연령인 것으로 나타났다. 영아의 애착반응 중 하나인 낯가림이 이처럼 다양하게 연구되고 중요시되는 이유는 낯가림이 특정인에 대한 애착형성의 표시이면서 아울러 영아의 탐색행동과도 밀접하게 관련되어 있기 때문이다.

Jeane Brooks

낯가림을 설명하는 이론 가운데 정신분석이론이나 사회학습이론(Sears et al., 1965; Spitz, 1950)에 의하면, 낯가림은 유아가 애착을 이룬 사람과 헤어지게 되지 않을까 또는 그 사람을 잃어버리지 않을까 하는 두려움을 표현하는 것이라고 한다. 이런 견해는 낯가림이 누군가에게 애착을 형성한 후에 발생한다는 것과 애착을 형성한 유아는 낯선 사람이 접근하면 어머니나 다른 친근한 사람에게 꼭 달라붙는 경향이 있다는 관찰과 일치한다(Morgan & Ricciuti, 1969; Schaffer & Emerson, 1964).

Robert Sears

동물행동학이론에 의하면 낯가림과 같은 공포반응은 특정한 종의 진화의 역사와 관련이 있다고 한다. 즉, 위험과 자주 연합되어 나타난 특정한 상황에 대한 공포반응이나 회피반응이 생물학적으로 프로그램된 것이다. 낯선 사람에 대한 회피나 경계는 유기체의 생존능력을 높이기 위한 생득적인 공포반응의 한 예이다. 출생 시에는 유아의 인지 · 지각 능력이 매우 미숙하기 때문에 친숙한 것과 낯선 것을 구분하지 못하며, 유아가 그 두 가지를 구분하는 데는 어느 정도의 시간이 필요하다. 그리고 일단 구분이 가능해지면 유아는 생물학적으로 프로그램된 '낯선 것에 대한 공포반응'을 나타내기 시작한다.

Jerome Kagan

Kagan(1971)의 인지발달이론에 의하면 낯가림은 유아의 지각적 · 인지적 발달의 자연스런 결과이다. 낯가림은 낯선 사람 그 자체에 대한 반응이 아니고, 영아가 익숙한 얼굴과 낯선 얼굴 간의 불일치에 대해 보이는 반응이다. 영아가 친숙한 사람에 대한 도식을 형성하게 되면 이를 낯선 사람과 비교하게 되며, 그 차이가 큰 경우에는 혼란스러움을 경험한다는 것이다.

인지발달적 견해에 의하면 일상적으로 소수의 사람만을 보게 되는 유아들은 이들 몇몇 사람에 대한 안정된 도식을 빨리 발달시키므로, 더 어릴 때부터 낯가림을 하게 된다고 하다. 반면, 낯선 사람들(예를 들면, 친척, 보모, 가족의 친구 등)을 많이 그리고 자주 접하는 유아들은 이들에 대한 안정된 도식을 천천히 발달시키므로, 낯선 사람에 대한 두려운 반응을 덜 보이게 된다고 한다. 이러한 견해를 지지하는 한 연구(Schaffer, 1971)에서 낯가림을 더 일찍 시작하는 유아는 실제로 가족수가 적으며 가족 이외의 사람들과는 거의 접하지 못한 것으로 나타났다.

대부분의 영아는 낯선 사람에 대한 불안반응을 보이지만, 낯가림의 정도는 영아의 기질이나 환경요인에 따라 다르게 나타난다. 부모나 친숙한 성인이 함께 있는 상황에서는 낯가림이 덜 나타나고, 기질적으로 순한 영아가 까다로운 영아보다 낯가림을 덜 하는 편이다.

생후 3개월에서 5세 사이에 있는 우리나라 유아의 낯가림 및 분리불안과 어머니의 양육태도와의 관계를 알아본 연구(이주혜, 1981)에 의하면, 어머니의 양육태도가 수용적일수록 낯가림과 분리불안 현상이 일찍 나타났다고 한다. 이 결과는 어머니가 수용적인 태도일 때 어머니와의 애착이 잘 이루어지고, 애착형성이 잘 될수록 유아는 대상에 대한 개념형성이 빨라져서 나타난 현상으로 해석되었다.

(2) 분리불안

낯가림과 함께 영아의 애착반응 중의 하나인 분리불안(separation anxiety)은 친숙한 사람, 즉 애착대상자와의 분리로 인한 불안이다. 분리불안 역시 생후 6~8개월에 나타나 14~18개월에 절정을 이루다가 24개월 즈음에 사라지는 애착반응이다. 그러나 이러한 애착대상에 대한 분리불안은 영유아기에 종결되는 낯가림과는 달리 개인에 따라 영유아기뿐만 아니라, 학령 전기나 청소년기에 이르러서도 나타날 수 있다(Thurber, 1995). 청소년들은 자신이 사랑하는 사람과 헤어졌을 때 불안과 침체를 느끼기 때문이다.

학습이론에 의하면, 어머니가 옆에 없을 때에 강한 불쾌감(예를 들면, 배고픔, 젖은 기저귀, 통증 등)을 경험한 유아들은 어머니와 헤어지는 것을 두려워하게 된다고 한다. 다시 말해서, 유아가 경험한 불편함과 어머니의 부재를 연결지어 학습하게 되면 어머니가 떠나려고 할 때마다 저항함으로써 '조건화된 불안감(conditioned anxiety)' 을 표현하게 된다는 것이다.

동물행동학이론에 의하면 유아들은 낯선 사람, 낯선 장면, 친숙한 사람과 헤어지는 낯선 상황 등을 포함해서 불확실한 상황에 대한 생득적 공포를 가지고 있다고 한다(Bowlby, 1973). 그러나 유아의 선천적인 탐색활동이 점점 증가하고 어머니를 안전기지로 삼아 탐색활동을 하기 시작하고 어머니와 잠깐 떨어지는 경험을 하게 되면서 2세경에 분리불안은 사라진다. 동물행동학자들은 어린 영아가 어머니 곁에 머물면 여러 가지 유해한 자극이나 불편함으로부터 보호를 받을 수 있기 때문에, 분리불안을 어린 종족들을 보호하기 위한 선천적인 반응으로 본다. 어머니는 이런 보호기능뿐만 아니라 분리불안도 경감시킬 수 있다. 어머니는 탐색활동을 위한 안전기지의 역할을 함으로써 유아가 낯선 상황을 탐색하고 낯선 환경에 친숙하도록 도와준다. 그 결과 분리불안은 점차 감소하고 이전에 두려워했던 자극들(낯선 사람이나 낯선 환경)을 덜 경계하게 된다.

인지발달이론에서는 동물행동학적 견해를 보완하여 또 다른 설명을 제시한다. Kagan(1971)은 유아가 친숙한 얼굴에 대한 도식뿐만 아니라 그 사람이 어디에 있을 것이라는 도식도 발달시킨다고 믿는다. 즉, 유아들은 친숙한 장소에 있는 친숙한 얼굴을 도식화한다. 따라서 유아들은 친숙한 사람들이 어디로 갔는지 또는 그들이 언제 돌아올 것인지에 대해 알 수 없을 때 분리불안을 보이는 경향이 있다. 또한 인지발달이론에 의하면 유아는 대상영속성 개념을 획득하기 시작하면서 분리불안을 보인다고 한다. 어머니가 지금 눈앞에 보이지 않더라도 어디

엔가 계속 존재한다는 사실을 모른다면 유아는 어머니의 행방에 대해 궁금해하지 않고 분리불안을 나타내지 않기 때문이다.

우리나라 영아의 낯가림, 분리불안과 어머니의 양육태도를 알아본 연구(박은숙, 1982)에서 12~13개월된 영아의 92%가 분리불안을 보인 것으로 나타났다. 분리불안은 평균 9개월경에 시작되었으며 첫돌 무렵에 가장 심한 것으로 나타났다. 한편 분리불안이 모든 문화권에서 나타나는 생물학적 속성이지만, 분리불안이 나타나는 시기는 양육환경과 문화에 따라 약간의 차이가 있다. 예를 들어, 어머니와 더 밀접한 환경에서 양육된 영유아는 그렇지 않은 영유아보다 분리불안을 더 느끼는 것으로 나타났다. 우간다의 영아는 북미나 유럽의 영아보다 더 이른 시기인 5~6개월에 분리불안을 나타내었으며(Ainsworth, 1967), 우리나라의 경우 일반적으로 4세까지 지속되는 것으로 나타나, 서구의 영아에 비해 비교적 오랫동안 분리불안이 나타나는 것으로 보고되었다(허윤진, 2003). 또한 분리불안은 비록 애착대상이 아닐지라도 친숙한 사람이나 친숙한 물건(예: 담요, 인형 등)을 통해 감소되는 것 같다. 특히 어머니의 부재 시 아버지는 영아에게 안정감을 주었다.

2) 장기적 분리에 대한 애착반응

앞에서 살펴본 것과 같이 어머니와 애착을 형성한 영아는 낯선 사람과 어머니의 존재 유무에 따라 낯가림과 분리불안이라는 애착반응을 나타낸다. 특히 분리불안은 어머니가 잠시 눈에 보이지 않거나 잠깐 동안의 분리 시 영아가 나타내는 애착반응이다. 그러나 일시적인 분리가 아닌 장기적 분리 시 영아는 어머니에게 어떤 애착반응을 나타내는가? 어머니를 다시 만날 때까지 계속 분리불안을 나타내는가, 아니면 어머니를 잊어버리고 다른 사람과 애착을 형성하는가?

이에 대해 Bowlby(1960a)는 질병으로 병원에 입원하게 되어 어머니와 장기간 분리된 영유아(15~30개월)를 대상으로 이들의 애착반응을 살펴보았다. 그 결과 그는 저항과 절망 그리고 냉담 등 3가지 유형의 행동들이 어머니와 떨어진 유아들에게서 나타남을 발견하였다. 이를 구체적으로 살펴보면 다음과 같다.

첫 번째는 초기 저항단계(protest phase)이다. 이 단계에서 유아는 계속 울면서 어머니가 돌아오기를 기다리고, 자신을 돌보는 사람들에게 저항하였다. 유아가 울다가 지쳐 잠시 울음을 멈추어도 계속 입구를 주시하고 있었으며, 방안으로 누군가 들어오면 혹시 어머니가 돌아온 것으로 기대하였다가 어머니가 아닌 것을 깨닫고 다시 울기 시작하였다. 이러한 저항행동은 짧게는 몇 시간에서 길게는 일주일까지 지속되었다.

저항이 지나면 두 번째는 절망단계(despair phase)이다. 이 단계에서 유아는 마치 어머니와 다시 만나기를 포기한 것처럼 무력감에 빠진다. 다른 사람에게도, 장난감에도 반응을 나타내지 않고 무관심하였다. 어떤 활동에도 집중하지 못한 채, 깊은 슬픔에 빠져 있었다.

세 번째는 냉담단계(detachment phase)이다. 이제 유아는 무력감과 슬픔에만 빠져 있지 않는다. 새로운 환경과 자신을 돌보는 새로운 사람에게 관심을 보이고 놀이에도 몰두한다. 표면적으로는 이제 새 환경에 적응한 것처럼 보인다. 그러나 어머니와의 관계는 더 이상 이전의 친밀한 관계가 아니다. 유아는 어머니가 다시 돌아왔을 때, 어머니를 반기지 않았고 무관심한 반응을 보였다. 그리고 어머니가 다시 떠나도 저항행동을 나타내지 않았다. Bowlby는 유아가 마치 어머니와의 애착을 포기한 것 같은 행동을 나타낸다고 하여 '냉담(detachment)' 이라고 명명하였다.

Bowlby는 이와 같이 유아가 어머니와 장기적으로 분리되게 될 경우 이러한 애착반응들이 유아에게서 나타남을 발견하였다. 이에 대해 Rutter(1979)는 마지막에 나타나는 냉담의 경우 분리 이전에 유아와 어머니 간에 형성된 애착의 질에 의해 영향을 받는다고 주장하였다. 즉, 어머니에게 안정애착을 형성한 유아는 어머니와의 장기간 분리 시 격렬한 저항과 슬픔을 나타내어도 어머니에 대한 애착을 포기하지는 않았다는 것이다. 그러나 어머니와 불안정애착을 형성한 유아는 어머니에게 심리적인 거리감을 두었으며, 이 과정이 심해지면 모든 사람과의 접촉을 피하고 친밀한 정서적 관계를 형성하기 어려운 정신병적 상태로까지 발전한다고 생각하였다. Bowlby는 이러한 상태를 '인간관계로부터의 영구적 철회(permanent withdrawal from human relationships)' 라는 명칭을 붙여, 분리에 대한 네 번째 애착반응으로 제시하였다. 비록 소수의 아동에게서만 나타나지만 인간관계로부터의 영구적 철회는 냉담 이후에 나타나는 4번째 단계이다.

3) 사회적 박탈에 대한 애착반응

앞서 살펴본 애착반응들이 단기적 · 장기적 분리에 대한 아동의 반응이라면, 사회적 박탈(social deprivation)은 출생 후 정상적인 사회적인 접촉이 이루어지지 못한 상태로, 단기적 · 장기적 분리보다 훨씬 심각한 상황을 의미한다. 즉, 아동이 전쟁 또는 양육자의 학대 및 방임으로 외부와 고립되고 단절된 상황을 의미하므로, 아동을 대상으로 사회적 박탈의 예를 연구하는 것은 매우 제한적이다. 따라서 연구자들은 사회적 박탈이 미치는 영향을 알아보기 위해, 주로 동물과 전쟁고아들을 대상으로 살펴보았다.

(1) 사회적 박탈과 동물

사회적 박탈이 동물에게 미치는 영향을 살펴본 대표적인 연구는 애완용 강아지를 대상으로 살펴본 Thompson과 Melzack(1956)의 연구와 새끼원숭이를 대상으로 한 Harlow와 Harlow의 연구(1977)이다. 먼저 Thompson은 강아지를 두 집단으로 나누어, 실험집단의 강아지는 젖을 떼자마자 어미와 분리하여 우리에 넣고 다른 강아지나 사람과 접촉하지 못하게 하였다. 그리고 통제집단의 강아지는 다른 개들과 그리고 돌보는 사람과 접촉하도록 하였다. 7~10개월 후 두 집단의 강아지에게 낯선 자극에 대한 공포와 지배성 그리고 사회적 반응성 등을 살펴보았다.

그 결과 고립된 강아지들은 우산펴기와 같은 낯선 자극을 접하였을 때, 훨씬 더 심각한 공포반응을 나타내었다. 뼈다귀를 차지하기 위한 상황(지배성)과 다른 개들과 함께 우리에 들어가게 한 상황(사회적 반응성)에서도 매우 소극적인 반

John Paul Scott

응을 보였다. 그리고 구석에 들어가 웅크리고 있거나 머리 위에 한 발을 올려놓는 것과 같은 여러 가지 이상한 행동들을 하였다. Scott(1962, 1968)도 생후 3~12주 된 강아지를 고립시키고 관찰해 보았다. 그 결과 이들 강아지 역시 다른 개나 사람에 대해 반응을 보이지 않았으며, 어떤 훈련도 시킬 수가 없었다.

한편 원숭이 새끼들을 대상으로 초기 관계에서 접촉의 중요성을 입증한 Harlow는 사회적 박탈이 원숭이새끼에게 미치는 영향을 살펴보고자, 갓 태어난 원숭이새끼들을 철창살에 한 마리씩만 넣고 각기 3개월과 6개월 그리고 12개월 동안 고립시켰다(Harlow & Harlow, 1977). 그 결과 원숭이새끼들은 어미 원숭이를 비롯한 다른 원숭이들과 전혀 관계를 맺지 못하였을 뿐만 아니라 머리를 팔 속에 묻고, 몸을 웅크리고, 몸을 흔드는 것과 같은 이상한 행동을 보였다(사진 참조). 심지어는 자기 몸을 물어 뜯거나 머리털을 잡아 뜯는 것과 같은 자해행동까지 보였다.

사진 설명 고립되어 양육된 원숭이 새끼들은 이상행동을 나타내었다.

이들 가운데 3개월 동안 고립된 새끼원숭이들은 또래 원숭이들과의 정기적인 접촉을 통해 다시 회복되었다. 특히 새끼 원숭이보다 더 어린 새끼 원숭이들과의 접촉이 더 효과적이었다. 그 이유는 또래 원숭이들은 자신을 방어하지 못하고 움츠려 있는 고립된 새끼 원숭이들을 공격하였지만, 더 어린 원숭이들은 고립된 새끼 원숭이에게 다가가 끈질기게 매달림으로써, 함께 접촉하며 놀이하는 데까지 나아갈 수 있었기 때문이다. 결국 고립 새끼 원숭이들은 매일 어린 원숭이들과 30분씩 놀이를 하면서, 사회적 관계를 서서히 회복시킬 수 있었다. 따라서 Suomi와 Harlow(1972)는 이를 "어린 또래 치료법(younger-peer therapy)"(사진 참조)이라 명명하였으며, 이 어린 또래 치료법은 놀이치료에도 적용되

Stephen J. Suomi

사진 설명 '어린 또래 치료법'의 모습.

Melinda A. Novak

어 오늘날까지 사용되고 있다.

반면에, 6개월이나 12개월간 고립된 새끼 원숭이들은 지속적인 또래 원숭이와의 접촉에도 불구하고 더 이상 회복되지 못하였다. 이들은 또래 원숭이들과 함께 놀이하는 대신 혼자서 지냈고 결국 자신을 스스로 다시 고립시켰다(Harlow & Harlow, 1977). 이는 동물을 대상으로 한 연구들은 애착반응에 있어 결정적 시기가 있음을 암시하는 것이다. 한편 고립된 새끼 원숭이에게 어린 또래 치료법을 사용한 Novak(1979)은 Harlow의 연구결과와 달리 12개월 동안 장기적으로 고립된 새끼 원숭이에게도 효과적이었다고 주장하였다.

이와 같이 초기의 사회적 박탈은 동물에게 극단적인 악영향을 미치지만, 또한 적절한 개입을 통해 회복될 수도 있다. 그러나 이 회복은 개입 대상과 시기에 따라 다른 결과를 초래한다.

(2) 사회적 박탈과 아동

아동을 대상으로 애착대상과의 단기적 · 장기적 분리가 아닌 사회적 박탈에 대해 연구하는 것은 현실적으로 매우 어렵다. 다만 전쟁이나 심각한 아동학대의 경우와 같이 특수한 상황에서만 이루어지기 때문에, 사회적 박탈에 대한 많은 연구들이 제2차 세계 대전이 끝난 직후에 실시되었다. 특히 제2차 세계 대전이 끝난 1940년대에는 전쟁으로 인해 많은 아동들이 부모와 장기적으로 헤어지거나 부모의 사망으로 영원히 분리되었기 때문에 많은 연구들이 이루어졌다.

그 당시 많은 어린 아동들이 매우 열악한 보육시설에 수용되어, 극단적으로 방치되었다. 보모 혼자 20여 명의 아기들을 돌보아야 했기 때문에, 대부분의 유아들에게는 먹을 것만 공급되었고, 요람 속에서 유아 혼자 지내야만 했다. 따라서 Spitz를 비롯하여 여러 학자들은 애착이 형성되지 못한 채 극단적인 방치 상태에서 보육되는 영유아들을 관찰할 수 있었다(Goldfarb, 1943; Ribble, 1943;

Anna Freud

Spitz, 1945). 관찰결과 이들은 보육시설에 수용된 유아들의 경우 생후 3~6개월까지는 정상적이지만, 6개월 이후에는 점차 이상행동을 나타내는 것을 발견하였다. 보육시설에 수용된 아이들은 울기, 미소와 같은 애착행동을 성인에게 전혀 나타내지 않았다. 옹알이도 하지 않았으며, 늘 우울한 모습을 하고 있었다. 그리고 다른 사람의 접촉이나 자극에도 냉담하고 무관심하였다. 즉, 사회적 상호작용을 위한 어떤 능동적 시도나 자발적인 노력을 보이지 않았다.

한편 전쟁으로 인해 어른들이 전혀 없는 폐허 속에서 어린아이들만 고립되어 지내다가 발견된 사례가 있었다. 1951년 Anna Freud와 Sophie Dann은 Harlow의 고립된 새끼 원숭이 실험의 경우처럼 세상과 완전히 단절된 채 나치의 수용소에서 홀로 살아온 6명의 3세 유아들을 만났다. 12개월 때 이 아이들의 부모는 수용소에서 모두 사망하였고, 어린아이들만 수용소에서 홀로 지냈다. Harlow의 새끼 원숭이들은 연구자들에 의해 그나마 최소한의 돌봄이라도 받았지만, 이 아이들은 어떤 도움도 받지 못한 채 철저히 고립되어 지냈던 것이다. 전쟁이 끝나고 발견된 이 아이들은 영국의 특수치료센터에 보내져 치료를 받기 시작했다. 극단적으로 고립된 이 아이들은 방에 있는 모든 장난감을 파괴하였고, 가구들도 모두 망가뜨렸다. 그리고 치료센터의 연구원들에게도 극도로 무관심하거나 또는 매우 공격적으로 대하였다. 마치 Halrow의 고립된 새끼 원숭이들처럼, 아이들 역시 모든 사람들을 거부하였으며 그 누구와도 함께 지내려 하지 않았다. 그리고 6명이 조금이라도 서로 분리되면 극도로 반항하였다. 즉, 자신들끼리 서로 애착관계가 형성되어 식사시간에 자기가 먹는 것보다 상대방이 먹는 것이 더 중요할 정도로 서로에게는 매우 친사회적이었지만, 다른 사람에게는 극도의 냉담반응을 나타내었다(Freud & Dann, 1951).

이들 연구들과 비교하여 보다 최근에 사회적 박탈을 겪은 아동을 대상으로 한 연구가 있다. 루마니아에서 전쟁으로 인해 고아가 되어 시설에 수용되었다가 루마니아 정부에 의해 미국과 캐나다에 입양된 고아들을 대상으로 한 연구들이다. 루마니아에서 고아들은 한 방에 20~30명씩 수용되었으며, 보모 1명만이 모든 아

Lianne Fisher

Kim Chisholm

이들을 돌보아야만 했다. 따라서 고아들은 대부분의 시간을 혼자 침대 속에서 보내고, 놀이와 같은 자극이 없었으며, 다른 사람과의 접촉이 거의 이루어지지 않는 극단적인 박탈 상황에서 지냈다(사진 참조).

이들을 살펴본 결과, 6개월 이상을 이러한 심각한 박탈 환경에서 지낸 유아들은 건강에 문제가 있었을 뿐만 아니라 또래나 입양된 가정의 형제들과도 처음에는 상호작용을 하지 않았다(Fisher et al., 1997). 그러나 이들을 지속적으로 살펴본 연구(Chisholm, 1998)에 의하면, 루마니아 고아들도 나중에는 입양부모와 정서적 유대를 형성하였다. 그럼에도 불구하고 일반적인 양육환경에서 자란 유아들과 비교하였을 때, 불안정애착이 높게 나타나는 것으로 보고되었다.

이와 같이 낯가림, 분리불안과 같은 일반적인 영아기 애착반응과 달리, 주양육자와의 장기적인 분리나 박탈은 동물과 영아 모두에게 부정적인 영향을 미친다. 그리고 이들을 위한 적절한 개입은 연구들에 따라 약간의 차이는 있지만 빠를수록 효과적이므로 무엇보다 초기개입이 필요하다.

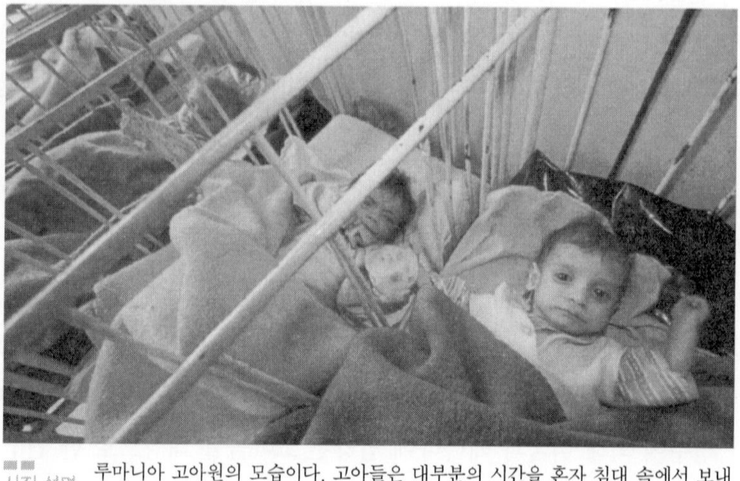

사진 설명 루마니아 고아원의 모습이다. 고아들은 대부분의 시간을 혼자 침대 속에서 보내야 했다.

2 애착이론의 발달

인간의 발달에서 부모자녀관계가 중요한 역할을 한다는 사실은 널리 인식되고 있는 바이지만 이를 실증적으로 증명하기에는 여러 가지 어려움이 있었다. 애착이론은 바로 이러한 일반적인 인식을 실증적으로 뒷받침하고 이에 대한 이해의 폭을 넓혀준 이론으로서 출생 초기의 부모자녀관계가 이후의 발달에 어떠한 영향을 미치는가에 대한 근거를 제시해주고 있다.

애착이론의 발달에서 가장 선구자적인 업적을 남긴 인물로 우리는 John Bowlby와 Mary Ainsworth를 들 수 있다. 애착이론은 Bowlby와 Ainsworth의 공동작업이라고 할 만큼 두 사람은 애착이론의 발달에 지대한 영향을 미쳤다. Bowlby는 어머니와 자녀 간의 관계에 대해 기존의 관점과는 상이한 이론적 가정을 설정함으로써 애착이론의 초석을 마련하였으며, 이를 통해 출생 초기의 어머니와 영아 간의 유대감이 인간발달에 미치는 영향에 대한 생각의 틀을 변화시키는 데 크게 기여하였다.

이후 Ainsworth는 애착에 대한 Bowlby의 생각을 실증적인 방법을 통해 검증하고 애착이론의 새로운 방향을 제시하였다. Ainsworth의 '낯선상황실험'은 애착을 실증적으로 연구한 가장 대표적인 연구로 인정되고 있으며, 이후 Mary Main과 van IJzendoorn을 위시한 여러 학자들은 성인애착면담연구와 애착의 세대 간 전이의 개념을 도입함으로써 애착이론을 영아기에 국한되는 것이 아닌 성인기까지 포함하는 것으로 보다 확장해나갔다.

이 장에서는 애착이론의 발달과정을 Bowlby와 Ainsworth의 애착연구와 이를 확장시킨 여러 학자들의 연구를 중심으로 애착이론의 성립배경, 애착이론의 출현, 애착이론의 형성, 애착이론의 정립, 애착이론의 확장의 5단계로 구분하여 살펴보고자 한다.

1. 애착이론의 성립배경

애착이론이 성립되기까지에는 애착연구에 대한 사회적인 관심을 고조시킨 시대적 배경과 더불어 Bowlby 이전의 여러 학자들의 부모자녀관계에 대한 관심이 초석이 되었다고 볼 수 있다. 그러므로 여기서는 애착이론의 발달에 영향을 미친 사회적 배경과 Bowlby 이전의 연구들 그리고 애착이론의 발달에 선구자적인 역할을 한 Bowlby의 애착연구의 출현배경에 대해 살펴보고자 한다.

1) 사회적 배경

1930~1940년대에는 세계적인 사건들로 인해 출생 초기의 정서적 측면에 대한 관심이 고조되었다. 제2차 세계 대전을 경험하면서 수많은 어린아이들이 양육자와 헤어지게 되었으며, 이로 인해 생애 초기의 정서발달에 대한 관심이 증가하였다. 전쟁과 병원입원으로 인한 분리나 집단양육의 경험들이 어머니로부터의 분리가 영아의 발달에 어떠한 영향을 미치는지에 대한 관심을 불러일으키는 데 기여하였다.

(1) 전쟁의 영향

제2차 세계 대전으로 인해 어머니로부터 일시적 혹은 장기적으로 분리되는 영아의 수가 급격하게 증가하였으며, 이는 부모자녀 간의 애착관계에 대한 관심을 고조시키는 중요한 요인으로 작용하였다.

① 일시적 · 장기적 분리의 경험

제2차 세계 대전으로 아버지들이 전쟁에 참전하면서 수많은 아이들은 아버지와 이별을 경험하였다. 이로 인한 어머니들의 불안과 우울뿐만 아니라 군수물자 조달을 위해 어머니까지 일터로 나가게 되면서 아이들은 두 차례의 분리를 경험하였다. 특히, 영국은 상황이 가장 심각하였다. 독일이 지속적으로 런던과 공업지역에 폭탄을 투하했기 때문에 영국정부는 서둘러 아이들을 안전한 시골지역으로 피난시켰으며, 며칠동안 거의 75만 명의 아이들이 부모와 헤어지게 되었다는 기록이 있을 정도로 많은 어린아이들이 부모와 분리되는 경험을 하게 된 것이다(Mercer, 2006).

Anna Freud

Dorothy Burlingham

당시 아동의 수가 너무 많고 상황이 극도로 혼란스러웠기 때문에 피난경험이 어린 아동들에게 미치는 영향을 제대로 알아내기는 어려웠지만, 갑작스러운 피난의 경험은 아이들에게 야뇨증상과 같은 많은 문제들을 일으킨 것으로 나타났다. Anna Freud와 Dorothy Burlingham은 『전쟁과 아이들(War and Children)』(1973)이라는 저서를 통해 친근한 사람들이나 장소로부터 분리되었을 때 직면하게 되는 심각한 분리불안에 대처하기 위해 아동이 자기 자신을 정서적으로 방어하는 방어기제의 역할을 강조하였다. 이들은 한 논문에서 어머니로부터 분리된 Billie라는 3세 유아의 사례를 인용하였는데, Billie는 어머니로부터 분리된 직후에는 어머니가 곧 돌아올 것이며, 자신에게 코트와 모자를 입혀줄 것이라는 등의 말을 반복함으로써 자신의 불안에 대처해나갔다. 그러나 그러한 행동을 하지 말라는 지시를 받자 Billie는 계속해서 머리를 끄덕이는 틱행동과 유사한 행동을 보였다고 보고하였다.

영국의 아이들뿐만 아니라 독일계 유태인 아이들도 어머니로부터 분리를 경험하였는데, 이들은 영국의 아이들과는 달리 보다 장기적인 분리를 경험하게 되었다. '아동이송협정(Kindertransport Arrangement)' 에 따라 1938년 전쟁이 본격적으로 시작되기 이전에 영국으로 보내진 독일계 유태인 아이들은 일시적으로 분리된 아동과 마찬가지로 친밀한 양육자들로부터의 갑작스러운 분리에 대해 불안한 반응들을 보였으며, Anna Freud와 Dorothy Burlingham은 이 아이들이 낯선 어른들의 양육보다는 서로에게 도움과 위로를 주면서 의지했다고 하였다.

② 전후의 상황

Bowlby가 모성박탈의 개념을 처음으로 소개하였을 당시, 그는 전쟁과 사회적 혼란으로 인해 정서적인 결핍을 경험하고 있던 아동들을 보호하기 위한 일들을 앞장서서 수행하고 있었다.

제2차 세계 대전으로 인하여 여성들은 장시간 군수물자 조달을 위해 공장에서 일할 수밖에 없었고, 이는 전후에도 마찬가지였다. 따라서 그들의 자녀들은 매일 9~10시간 동안 아무런 정서적 지지가 없는 탁아소에 맡겨질 수밖에 없었다. 이러한 상황에서 모성박탈의 문제를 제기한 Bowlby의 주장은 모성과 가족을 강조하였던 당시의 사람들에게 큰 호응을 얻게 되었다(New & David, 1985). Bowlby는 어머니가 장시간 공장 일을 함으로써 생계를 유지해야 하는 상황에서 어린아이들이 획일화된 사회기관에 맡겨지고, 경제체제의 희생양이 되는 것에 대해 문제를 제기하였다. 그는 어머니들이 어머니가 될 권리, 즉 어머니들이 자녀의 양육과 보호에 전념할 수 있는 권리를 주장하였다. 또한 위생상의 이유로 아이들을 부모로부터 분리시키는 것을 오히려 부적절한 것으로 간주하여 이를 비판하였다. 전후 세계에서 사람들이 경험하는 상실감과 죄책감, 보상받고자 하는 욕구 등과 같은 복합적인 감정은 Bowlby가 주장한 모성박탈이라는 개념에서 그 해답을 찾아낼 수 있었으며, 이후 어머니와 자녀와의 관계에서 정서적인 측면이 강조되기 시작하였다.

이처럼 전후의 여러 가지 상황은 Bowlby의 애착이론이 수용될 수 있는 사회적인 분위기였으며, 애착이론의 발달에 큰 영향을 미치게 되었다고 볼 수 있다.

(2) 병원입원의 영향

애착연구에 영향을 미친 또 다른 한 가지 요인은 의학의 발달이다. 1930년대에 이르러 의학기술의 발달과 감염에 대한 인식의 증가로 인해 아이들이 질병에 걸렸을 경우 예전과는 달리 어머니로부터 분리되어 병원에 입원하는 사례가 많아졌다. 그러나 항생제가 발견되기 이전까지는 감염에 대한 두려움 때문에 부모들이 병원을 방문하는 것조차 매우 제한되었다. 따라서 병원에 입원하는 많은 아이들은 부모와 갑자기 분리되는 경험을 하게 되었으며, 이로 인해 아동이 경험하는 두려움과 고통, 부정적인 영향으로 인해 분리에 대한 연구가 관심을 받게 되었다.

분리의 대표적인 예로 당시 한 남아는 세 살 때 편도선 제거수술을 하기 위해 병원에 입원하면서 부모와 분리되었던 충격으로 인해 이후 1년 동안 말을 하지 못했다고 한다. 당시의 관행대로 어머니는 아이를 병원에 데리고 와서 간호사에게 넘겨주고 곧장 병원을 떠났으며, 병원에서 지시받은 대로 어머니는 10일이 지나서야 자신의 아이에게 돌아왔다고 한다(Mercer, 2006). 병원입원으로 인한 갑작스러운 분리가 바로 아이에게 이러한 증상을 유발한 것이었다. 이와 같은 사례들이 보고되면서 어머니로부터의 갑작스러운 분리가 어린아이들에게 어떠한 영향을 미치는지에 대한 연구가 활발하게 이루어지는 계기가 되었다.

(3) 집단양육의 영향

19세기에 시작된 사회적 변화의 움직임도 20세기에 들어와 애착연구에 영향을 미친 또 다른 요인이다. 그 가운데 대표적인 것은 키부츠(Kibbutz)[1] 운동이다.

1) 키부츠는 현재의 이스라엘을 세우기 전에 팔레스타인으로 이주한 초기 유럽 이민자들이 만든 이상향을 지향하는 공동생활조직이다. 이들은 일과 보상을 공유하는 사회적, 경제적 평등의 철학에 기반을 두고 있으며, 성의 평등은 키부츠의 기본적인 목표 가운데 하나이다.

사진 설명 키부츠의 어린이들.

키부츠에서는 개인의 자율성을 강조하는 반면, 밀착된 가족유대감은 부정적인 것으로 간주한다. 이들은 가족관계는 지지적이라기보다는 오히려 개인을 구속하는 것이며, 부모와 자녀들 간의 밀접한 정서적 유대는 개인의 자율성을 강화하기보다는 오히려 의존과 나약함을 유발하는 근원이라고 생각하였다. 따라서 대부분의 키부츠에서는 어머니들이 농장 일을 하고 있는 동안 아이들이 온종일 시간을 보낼 수 있도록 다수의 '어린이집(children's house)' 을 만들었으며, 수유를 하는 어머니들은 출생 후 1개월 동안 자신들의 아이들을 방문했으나, 그렇지 않은 경우 보모들이 아이들을 돌보았으며 어머니의 양육참여는 권장되지 않았다.

어린이집의 보모들은 한 사람의 직업인으로서 아이들을 돌보기는 하였지만, 아이들과 친밀한 사적인 관계를 맺기를 원하거나 시도하지는 않았다. 이들은 교대제로 근무하였고, 아이들은 일정한 연령에 도달하면 새로운 양육자가 있는 새로운 어린이집으로 이동하였다. 특히, 어린아이들을 밤에 돌보는 문제는 심각하였는데, 일부 키부츠에서는 모든 어른들이 교대로 어린이집에서 잠을 자면서 돌보기를 시도해보았지만, 대부분의 어른들은 우는 아기를 달래려고 하지도 않았고 이들을 다루는 방법도 몰랐다.

키부츠의 어린이집에서는 아기들에게 충분한 음식은 제공하였으나 친근한 사회적·정서적 상호작용을 제공하는 것과는 거리가 멀었으며, 아기들은 오로지 가까이 있는 침대의 아기들을 통해서만 위안을 받을 수 있었다. 그러나 아기들은 상호 간에 지지적인 역할을 제공해줄 수 있을 뿐, 고통받는 유아를 달래줄 수는 없었다. 이와 같은 키부츠의 양육방식은 어머니와의 분리가 어린 아동의 성장에 어떠한 영향을 미치는지를 보여주는 또 다른 예로서 애착연구를 촉발시키는 중요한 계기가 되었다.

2) Bowlby 이전의 애착연구

Bowlby에 의해 애착연구가 시작되기 이전에도 여러 학자들은 애착에 대해 관심을 가지고 있었다. 18~19세기까지 애착에 대한 논의는 그다지 활발하게 이루어지지 않았으나 19세기 말에 일부 학자들은 애착을 포함한 인간의 정서발달에 관한 공식적인 관점을 발전시키기 시작하였다. 1930년대에는 정신분석이론과 동물행동학이론이 이미 상당한 기반을 잡고 있었고, 이 두 관점은 1950년대 이후에 나타난 애착이론의 토대가 되었다.

(1) 18~19세기의 애착에 대한 관심

18~19세기에 걸쳐 아기에 대한 어머니의 사랑과 관심은 생물학적 반응에 기반을 둔 선천적이고 본능적인 반응으로 간주되었다. 어머니의 사랑이 아기가 태어날 때부터 나타나는지를 알기는 어려웠지만 모유수유의 경험이 이와 같은 모성의 감정을 불러일으키는 중요한 원인으로 간주되었다.

마찬가지로 모유수유는 어머니에 대한 아기의 반응에도 영향을 미치는 중요한 원인인 것으로 나타났다. 모유수유가 특정인에 대한 선호현상을 유발하는 데 있어서 중요한 역할을 한다는 생각은 유모양육의 관습에서 그 증거자료를 찾아볼 수 있다. 18~19세기에 걸쳐 유모양육에 대한 논쟁은 주로 건강에 해로운 성분이나 바람직하지 못한 형질이 유모의 젖에 들어 있을 수 있다는 가능성에 대한 것이었으며, 이것이 어머니와 영아와의 관계에 미치는 영향에 대한 관심은 거의 없었다. 그러나 이와 동시에 유모가 자신이 수유하는 아기를 더 좋아하거나 유모로부터 수유를 받는 아이가 어머니보다 유모를 더 좋아할 수도 있다는 사실에 대한 인식도 나타나기 시작하였다. 걸음마기 유아가 어머니는 피하면서 유모에게 보다 친밀감을 형성하였다는 기록이나 아기가 애착대상인 유모에게서 분리되면서 나타나는 부적응적인 행동에 대한 역사적 기록도 나타나기 시작하였다. 이러한 사실을 근거로 하여 아기가 자신의 어머니보다 유모를 좋아하는 원인은 수유의 경험에 기인하는 것으로 생각하였으며, 유모가 목욕을 시켜주고,

옷을 입혀주고, 같이 놀아주고, 자고, 달래주는 것과 같은 행동을 통해 정서적 유대감의 원천이 되기도 했던 점은 간과되었던 것이다(Mercer, 2006).

당시 종교적인 요인의 영향으로 아이가 어머니나 유모에 대해 애착을 보이는 것은 관심의 대상이기는 했지만, 반드시 필요한 것이라고는 생각하지 않았다. 일부 부모들은 아이들이 부모에 대해 갖는 특별한 감정들은 어려서부터 부모에게 기꺼이 순종해야 한다는 종교적인 목적을 달성하는 데 도움이 된다는 점에서 바람직한 행동으로 간주하였다. 부모는 궁극적으로 아이들에게 신에 대한 복종의 태도를 형성시켜주어야 할 경건한 책임을 부여받고 있었으므로 아이를 훈련하는 일에 방해가 될 수 있는 감정, 즉 부모의 사랑은 표현되기보다는 억압되는 것이 보다 보편적 현상이었다.

(2) 정신분석이론

Sigmund Freud

애착에 대해 공식적인 개념화를 시도한 학자는 Sigmund Freud이다. Freud의 애착에 대한 개념은 18~19세기의 시대적 영향으로 수유(feeding)에 상당한 비중을 두었다. 어린아이는 수유를 담당하는 대상에 대해 정서적 선호현상을 보이는데, 이것이 바로 애착관계라고 보았다. 현재 우리가 애착이라고 지칭하는 개념에 대한 Freud의 관점을 이해하기 위해서는, 유아의 성격의 본질에 관한 그의 생각을 살펴볼 필요가 있다.

Freud(1905)는 신생아를 음식에 대한 욕구와 빨기의 즐거움에 대한 욕구에 사로잡힌 존재라고 보았다. 이러한 관점에서 보면, 출생 초기에 영아들의 관심은 자신의 욕구를 충족시키는 데에 집중되어 있는 자기도취적인 것이다. 그가 발달의 제1단계를 구강기로 지칭한 것도 바로 이러한 관점을 반영하는 것이라고 볼 수 있다. 그러므로 영아에게 있어서 애착의 대상은 구강적 욕구를 충족시켜주는 어머니가 된다.

아이들이 특정 인물에게 애착을 형성하는 것이 수유의 즐거움 때문인지 혹은 자신과 놀아주고 편안함을 제공해주기 때문인지를 알기 위해서는 이 두 가지 활동을 한 사람이 아닌 서로 다른 사람에게 분리시켜 수행하도록 하는 것이 필요하다. 그러나 이를 인위적으로 분리시키는 것이 보편적인 일이 아니므로, 영아에게 정서적 선호를 유발하는 일차적인 원인이 수유라고 주장하는 Freud의 관점은 사회적 요인과 생물학적 요인을 혼동한 것에서 비롯된 것으로 볼 수 있다. 양육자와 수유자가 동일한 여성이었다는 사실 때문에 어머니에 대한 영아의 애착형성이 수유로 인한 것이라는 가정을 하게 되었을 것이고, 게다가 Freud는 의학과 자연과학의 학문적 배경을 가지고 있으므로 배고픔과 같은 생물학적 욕구를 보다 강조하였을 것으로 볼 수 있다.

이후 전통적 정신분석이론에서 발전한 대상관계이론이나 대인관계이론, 자아심리학이론은 Freud의 추동의 개념 대신 사회적 관계형성에 대한 심리적 욕구를 인간의 기본적인 동기로 간주함으로써 애착이론의 형성에 기여하였다.

(3) 동물행동학이론

동물행동학이론은 정신분석이론만큼이나 현대의 애착이론들에 큰 영향을 미쳤다. 동물행동학자들은 정신분석학자들과는 달리 동물의 행동과 발달에 대한 연구를 통해 애착과 관련된 문제들에 접근하였다.

동물행동학자들은 동물들의 행동특성들을 기술함으로써 궁극적으로는 인간을 이해하는 데 있어서 동물행동학적 개념들을 적용하려고 하였다. 이들은 단순히 관찰을 넘어서 명확한 이론적 체계를 만들었으며, 이는 다음과 같은 몇 가지 가정을 전제로 하고 있다(Mercer, 2006).

① 동물행동학자들은 행동을 결정하는 데 있어서 본능의 역할을 강조했다. 동물행동학자들의 관점에 따르면 본능적인 행동들은 타고난 자동적이고 무의식적인 행동이며 학습된 행동이 아니다.

② 동물행동학자들은 동물들이 복잡한 행동패턴을 유전적으로 전수받는 것으로 생각하였다. 유전적으로 전수받는 행동은 눈을 깜빡이는 것과 같은 단순한 반사적인 반응에서부터 새끼가 어미를 따라다니고 어미가 새끼를 돌보는 것과 같이 복잡한 행동까지를 모두 포함한다.

③ 동물행동학자들은 종 특유의 본능적 행동이 존재한다고 하였다. 특정한 종의 수컷 혹은 암컷에서만 발견되는 본능적인 행동도 있을 수 있고, 발달의 특정한 시점에서만 일어나는 행동들도 있을 수 있다.

④ 동물행동학자들은 본능적인 행동들이 종의 생존과 관련이 있다고 가정하였다. 본능적 행동에는 먹기, 마시기, 방어, 구애, 짝짓기, 새끼 돌보기 등이 포함되며, 애착행동도 종의 생존을 촉진시키는 본능적 행동에 속하는 것이다.

⑤ 동물행동학자들은 본능적인 행동은 이를 유발하는 일종의 자극이 제공될 때 나타난다고 하였다. 만약 잘못된 자극이 제공된다면 본능적 행동은 일어나지 않는다는 것이다. 즉, 병들거나 기형인 새끼동물은 어미의 본능적인 양육행동을 이끌어내지 못할 것이고, 부적절하게 행동하는 어미는 어미에 대한 새끼의 본능적 반응을 이끌어내지 못하게 된다는 것이다.

⑥ 동물행동학자들은 본능적 행동은 학습된 것은 아니지만, 동물은 본능적 행동이 이루어지는 대상들에 대하여 무엇인가를 학습할 필요가 있다고 하였다. 예를 들어, 동물에게 있어 먹이를 사냥하는 것은 본능적인 행동이지만, 어떤 것이 더 나은 사냥감이라는 것을 배우는 데는 학습이 필요하다. 이와 같은 학습은 새끼를 양육하는 어미나 새끼들의 생존을 위해 특별히 중요하다.

John Bowlby

동물행동학의 영향을 받아 Bowlby는 인간의 애착행동도 본능적 행동의 한 범주이며, 이러한 행동은 인간의 생존과 관련이 있다고 생각하였다.

3) Bowlby의 애착연구

John Bowlby는 1907년 런던에서 태어났다. Bowlby는 외과의사인 아버지의 뜻에 따라 케임브리지 대학교에서 의학공부를 시작하

Alexander Sutherland Neill

Joan Riviere

였으나 3학년이 되었을 때에 의학을 포기하고 교사생활을 시작하였다. Bowlby가 왜 교사생활을 시작하게 되었는지는 분명하지 않으나 이 시기에 그는 처음에는 Neill의 부적응아를 위한 진보적인 학교에서 그리고 다음에는 또 다른 부적응아를 위한 학교에서 교사생활을 하였는데, 이는 Bowlby가 애착이론을 형성하는 데 큰 영향을 미쳤다. 그곳에서 만난 2명의 아이 가운데 한 명은 고립되고, 위축되고, 감정이 메말라 있는 청소년이었는데, 그는 도벽으로 인해 이전에 다니던 학교로부터 퇴학을 당하였으며, 안정적인 어머니상을 가지고 있지도 않았다. 또 다른 한 명의 아이는 극심한 불안을 보이는 아이로, Bowlby를 그림자처럼 따라다녔다(Ainsworth, 1974). 이들 두 아이는 모두 가족관계에서 문제를 보이고 있었으며, 이러한 경험을 통해 Bowlby는 가족이 아동의 정서발달에 중요한 역할을 한다고 생각하게 되었으며, 부적응 아동의 치료에 가족개입의 필요성을 강력하게 주장하게 되었다. 교사생활을 통해 그는 아동정신치료자로서의 자신의 적성을 발견하고 다시 의학공부를 위해 런던으로 돌아와 케임브리지 대학교를 졸업하였다.

Bowlby가 영국정신분석학회에서 훈련을 받기 시작할 무렵 영국정신의학회에는 Freud를 중심으로 유럽대륙으로부터의 망명파와 Klein 학파 그리고 중도적인 학파의 세 집단이 존재하였었다. 그 가운데 Bowlby는 중도적인 입장을 견지하였으나 Klein으로부터 슈퍼비전을 받았고 그의 동료인 Joan Riviere로부터 정신분석을 받았으므로 이들의 영향을 많이 받았다고 볼 수 있다. 이들은 대상관계적 접근의 근거를 제공하였고 초기의 관계와 상실의 영향을 강조함으로써 Bowlby에게 지대한 영향을 미쳤으나 Bowlby는 아동정신분석에서 Klein의 접근방식에는 한계가 있다고 생각하였다(Bowlby, 1969). Klein에게 있어서 아동의 정서적인 문제는 주로 외적인 경험보다는 내적 환상으로부터 파생된다고 보았으나, 자신의 경험에 비추어 볼 때 Bowlby는 이러한 정서적인 문제가 어린 시절 부모와의 관계에서 비롯되는 것으로 보았다.

이러한 Bowlby의 생각은 이후 애착이론이 형성되는 모태가 된다.

애착에 관한 Bowlby의 이론은 당시로서는 인간발달에 관한 다소 독특한 견해로 볼 수 있다. 그럼에도 불구하고 Bowlby의 이론이 수용될 수 있었던 점은 전후의 사회적 배경으로 인해 Bowlby의 견해를 경청할 만한 청중이 있었고, 아동발달에 관한 국제적 토론의 리더로서의 Bowlby의 위상에 기인하는 것으로 볼 수 있다. Bowlby는 Freud와는 달리 영유아의 양육자에 대한 애착은 신체적인 만족이 주요 목적이 아니라 사회적 상호작용 자체가 목적이며, 이는 진화의 산물이라고 하였다. 초기의 애착경험이 이후의 성격발달에 지대한 영향을 미치며, 개인의 애착발달과정이 정신건강 및 범죄행동과 관련이 있다는 Bowlby의 주장은 많은 사람들의 관심을 받았고, 이에 대한 연구가 본격적으로 이루어지는 계기가 되었다.

2. 애착이론의 출현

제2차 세계 대전 전후의 사회적인 배경과 기존의 연구에 근거하여 Bowlby는 정서발달에 관한 새로운 지식들을 체계화하기 시작하였다. 다른 학자들도 애착연구에 많은 관심을 보였음에도 불구하고 Bowlby가 애착이론의 형성에 기여한 바가 크기 때문에 애착이론은 곧 Bowlby의 애착이론으로 인식되고 있다. 그리고 Ainsworth에게는 그에 버금가는 위치를 부여하고 있다(사진 참조). Bowlby의 애착이론이 출현하게 된 중요한 사건으로는 런던 아동상담센터와 자신의 연구소에서의 경험, Ainsworth의 합류와 세계보건기구로부터 의뢰받은 보고서의 출간 등을 들 수 있다.

사진 설명 많은 사람들은 애착이론에서 Bowlby의 위상을 산의 정상에 비유하는 반면, 이후 많은 기여를 한 Ainsworth를 봉우리에 비유하고 있다.

1) 런던 아동상담센터에서의 경험

캠브리지 대학교를 졸업한 후 2년간에 걸친 런던 타비스톡 상담소(London Tavistock Clinic)에서의 훈련기간을 통해 Bowlby는 가족관계에서의 경험이 아동의 정서장애의 근본 원인은 아니라 하더라도 상당히 중요한 요인이라고 믿게 되었다.

이후 Bowlby는 런던 타비스톡 상담소의 아동팀장을 역임하게 되었는데, Bowlby의 최초의 실증적 연구도 상담소에서의 사례에 근거하여 이루어졌다. 이곳에서의 연구는 통계방법과 사례연구를 포함하였는데, 이러한 경험은 Bowlby에게 방법론과 통계전문가로 성장할 수 있는 기회를 부여해주었다. 그는 44사례의 부적응 아동에 대한 면밀한 관찰을 통해 이들 아동의 증상이 어린 시절 일관성 있는 양육경험의 결여나 분리의 역사와 연관이 있으며, 이들 아동과 유사하게 그들의 부모도 유사한 행동을 보인다고 하였다. 이를 근거로 Bowlby는 1944년 자신의 첫 논문인 「44명의 어린 도둑: 성격특성과 가정생활(Forty-four Juvenile Thieves: Their Character and Home Lives)」을 발표하게 되었는데, 이는 일명 '알리바바와 44명의 도둑' 이라고도 불린다. 이를 통해 Bowlby는 어머니와의 초기 경험이 이후의 발달에 지대한 영향을 미친다는 사실에 대해 확신을 갖게 되었다.

제2차 세계 대전 후 Bowlby는 타비스톡 상담소의 소장이 되면서 아동치료에서 가족관계의 중요성을 고려하여 연구소의 '아동팀(department for children)'을 '아동 · 부모팀(department for children and parents)' 으로 개칭하였다. Bowlby(1949)는 자신의 초기연구에서부터 가족 내의 상호작용을 중시하였으며, 아동이 심리치료를 받아야 할 때 부모가 함께 참여하도록 하였다. 가족치료와 관련된 첫 논문에서 Bowlby는 부모에게 부모 자신의 어린 시절 경험을 이야기하게 함으로써 치료의 돌파구를 찾았다는 사실을 언급하고 있다. 부모역할에서 문제를 경험하는 사람들이 자신의 어린 시절로 되돌아가는 것은 효과적인 방법이며, 자신이 어린 시절 경험했던 감정들을 자기 스스로 인식하고 수용함으로써 자녀에 대한 공감이나 인내심이 증가한다고 하였다. 이러한 생각은 애착의 세대 간 전이에 대한 관심을 보여주는 것이며, 부모를 도와줌으로써 자녀를 도와줄 수 있다는 생각을 반영하는 것이다.

그러나 타비스톡 상담소에 근무하는 대부분의 연구자들이 Klein 학파였기 때문에 이러한 Bowlby의 주장은 수용되지 못하였으며, Bowlby는 아동의 부적응 문제보다 부모자녀 간의 분리에 초점을 맞춘 연구소를 원하였으므로 타비스톡 상담소와 결별을 하게 된다.

2) Bowlby 연구소에서의 경험

아동의 부적응 행동에 대한 가족원의 영향에 대해 연구원들과 의견의 불일치를 보이게 되면서 Bowlby는 타비스톡 상담소를 떠나 자신의 연구소를 운영하게 된다. 자신의 연구소에서 Bowlby는 아동발달에서 가족원의 영향과 모-자녀 분리에 대한 연구에 집중하였다.

1948년 Bowlby는 시설아동이나 병원에 입원한 아동과 같이 부모로부터 분리된 아동을 관찰하기 위한 목적으로 James Robertson을 고용하였다. Robertson은 Anna Freud의 햄스테드 기숙보육시설에서 보일러공으로 일한 경험을 가지고 있었는데, 그곳에서는 모든 직원이 아동의 행동을 카드에 기록하고 이를 근거로 집단토론을 하도록 되어 있었다. 이를 통해 Robertson은 자연관찰에 대한 완벽한 훈련을 받게 되었으며, Robertson에게 아동관찰 훈련을 시키는 데 기여했다는 점에서 결과적으로 Anna Freud는 애착이론의 발달에 간접적으로 기여하였다고 볼 수 있다.

James Robertson과 아내 Joyce Robertson

Robertson은 Bowlby의 연구소에서 2년간에 걸쳐 입원 아동에 대한 자료를 수집한 이후 자신이 연구자가 아닌 행동관찰 기록자의 신분으로서 연구에 참여하는 것을 거부하고 자신이 관찰한 아이들을 위해 무엇인가를 보여주기를 원했다. 그 결과, 그는 병원에 입원한 아동에 대해 부모의 개입이 제한되어 있었던 당시의 상황에서 어머니와 분리되어 병원에 장기 입원하는 아동들의 문제를 다룬 "두 살짜리 병원에 입원하다(A two-year-old goes to hospital)" (Robertson, 1953)라는 감동적인 필름을 만들어 냈는데, 이는 어머니로부터 분리된 아동의 반응단계를 자세히 묘사해주고 있다. 또한 이는 Rene Spitz의 "슬픔: 영아기의 위험(Grief: A peril in infancy)" (1947)이라는 필름과 함께 병원에 입원함으로써 갑작스럽게 부모로부터 분리된 아동의 경험에 대해 사회적인 반향을 불러일으킴으로써 시설아동의 상황을 향상시키는 데 크게 기여하였다.

Rene Spitz

3) Ainsworth의 합류

Ainsworth는 Bowlby보다 6세 연하이며, 제2차 세계 대전 직전 토론토 대학교를 졸업하였다. 당시 토론토 대학교의 분위기는 Freud적인 관점과는 상반되는 입장이었으며, Ainsworth는 자신의 스승인 William Blatz로부터 안전이론(security theory)을 전수받았다. Blatz(1940)는 안전기지(secure base)의 개념을 통해, 아동이 익숙하지 않은 상황을 탐색해나가고 건강한 정서발달을 이루기 위해서는 주양육자로부터의 신뢰감을 발달시키고 이를 통해 안정감을 획득하는 것이 중요한 역할을 한다고 하였다. Blatz의 영향으로 Ainsworth는 애착관계에 대해 관심을 갖게 되었으며, 자서전적 대화분석방법을 사용한 Ainsworth의 논문은 이후 서술식 자료수집을 통한 애착연구의 초석이 된다.

Mary Ainsworth

안전이론의 핵심은 영유아가 친숙하지 않은 상황에 적응해나가기 위해서는 부모에 대한 안정적인 의존을 필요로 한다는 것이다. 출생 초기에 영아가 형성하는 안전감은 의존적인 형태로 이루어지지만 이는 이후의 성장과 새로운 기술

Hermann Rorschach

Bruno Klopfer

습득 및 다른 분야에 대한 관심의 기반이 된다고 하였다. 안전감이 부족할 경우 영유아는 성장을 위한 안전기지를 갖지 못하게 되며, 따라서 이후의 성장에도 문제를 보이게 된다.

Bowlby와 마찬가지로 Ainsworth도 자신의 직업적 생애를 제2차 세계 대전 기간 동안 여군 장교로 시작하였다. 제2차 세계 대전 후 성격진단방법에 대한 임상적 기술을 확장시키기 위해 Rorschach 검사의 해석전문가인 Bruno Klopfer의 워크숍에 참가하여 많은 경험을 쌓기도 하였다. 1950년에 그녀는 Leonard Ainsworth와 결혼하여 런던으로 건너가서 그곳에서 그녀는 '런던 타임즈'의 구인광고를 통해 초기의 분리경험과 성격발달에 관한 Bowlby의 연구에 참여함으로써 애착연구에 개입하게 된다.

Ainsworth가 Bowlby의 연구에 개입할 당시 Bowlby의 연구소에는 많은 연구자들이 있었다. Ainsworth는 연구에 합류하면서 Robertson(1953)의 자료를 분석하는 임무를 맡았다. 이러한 과정에서 Ainsworth는 Robertson의 자료에 상당히 깊은 감명을 받게 되었는데, 이는 Ainsworth가 자연관찰의 방법을 수용하고 발전시켜 나가는 데 큰 영향을 미치게 된다. Ainsworth의 합류는 이후 애착이론의 형성과 확장에 큰 영향을 미치게 된다.

4) Bowlby의 세계보건기구보고서

Ainsworth가 애착연구에 합류할 당시 Bowlby는 부모자녀관계에 대한 이전의 업적을 인정받아 세계보건기구(WHO)로부터 제2차 세계 대전 이후 유럽의 부모를 잃은 아동의 정신건강에 대한 보고서를 작성하도록 하는 임무를 수행하고 있었다. 그 과정에서 Bowlby는 Spitz, Goldfarb 등과 같이 모성결핍이나 분리에 관심을 가진 많은 연구자들과 교류할 기회를 갖게 되었으며, 6개월에 걸쳐 완성된 이 보고서는 「모성양육과 정신건강(Maternal Care and Mental Health)」

(1951)이라는 이름으로 출판되었으며, 이후 14개 국어로 번역되었다. 1953년에는 「아동양육과 모성애의 성장(Child Care and the Growth of Maternal Love)」으로 개정되어 출판되었다. 이를 통해 Bowlby는 정상적인 발달을 위해서 영아와 어머니 간에 따뜻하고 친밀한 관계를 형성하는 것이 필수적이라고 주장하였다.

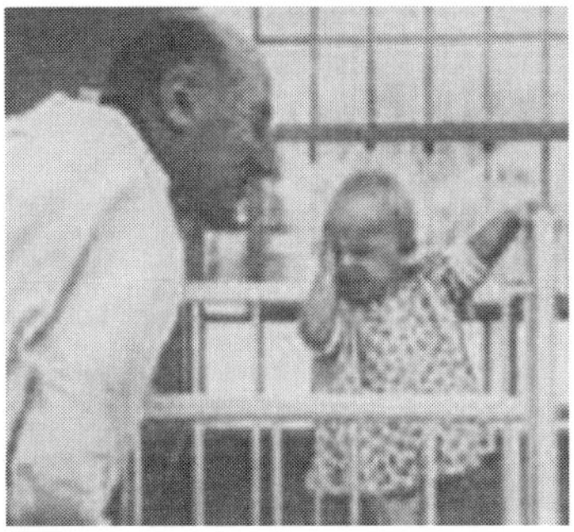

사진 설명 Rene Spitz와 연구대상 아동

1951년의 보고서에서 Bowlby는 전통적인 정신분석학적 용어를 상당히 많이 사용하였으나 그의 관점은 정신분석학적 관점과는 다른 것이었다. 또한 초자아(superego)의 근원이 오이디푸스 콤플렉스를 해결하기 위한 것이라는 정신분석적인 관점과는 달리 출생 초기에 아동이 자기조절능력을 획득하는 과정에서 어머니는 아동의 자아(ego)이자 초자아(superego)이기 때문에 영아는 어머니에게 전적으로 의존하게 된다고 하였다. 그러나 점차 영아가 자신의 능력으로 생존하는 것이 가능하게 되면 유능한 부모는 이러한 역할을 자녀에게 넘겨주게 된다고 하였다(Bowlby, 1951). 이러한 Bowlby의 견해는 Freud적인 색채보다는 다분히 비계(scaffolding)의 개념을 강조한 Vygotsky적인 색채가 강하다고 볼 수 있다.

Lev Vygotsky

Bowlby의 애착연구의 목표는 어린 영아가 정신적으로 건강하게 성장하는 것이며, 이를 위해 영아는 어머니와 지속적으로 친밀하고 온정적인 관계를 경험해야 한다는 것이다. WHO 보고서 제출 당시에 Bowlby는 영아의 건강한 성장을 위해서 어머니의 역할을 중시한 반면 아버지의 역할은 부차적인 것으로 간주하였으며, 아버지의 중요한 임무는 아내를 정서적으로 지지해주는 것이라고 하였다. 이러한 Bowlby의 주장은 이후 어머니를 대신하는 대상에 대한 내용이나 건강한 부모자녀관계의 발달에 영향을 미치는 사회적 네트워크의 중요성을 간과하고 있다는 비판을 받게 된다.

영유아의 발달에서 환경적 결손의 영향을 강조한 Bowlby의 주장은 매우 보수적인 영국의 학계에서조차 널리 받아들여졌다. 그러나 건강한 성장을 위해서 영아는 지속적으로 어머니와 밀착된 유대관계를 필요로 한다는 Bowlby의 주장은 마음으로는 쉽게 와 닿지만 이론적인 설명을 필요로 한다. 이를 위해 Bowlby는 당시의 정신분석을 과학적인 방법으로 설명할 수 있는 동물행동학의 체계를 도입하였다.

5) Bowlby의 명성과 애착이론의 탄생

정신분석학과 동물행동학의 기반 위에 Bowlby는 애착에 관한 자신의 견해를 3편의 논문을 통해 공식적으로 발표함으로써 하나의 이론으로 구축하게 되었다. 애착이론을 통해 Bowlby는 정신분석학회 내의 파벌분쟁이 종식되고, 새로운 관점에 대한 개방성과 폭넓은 토론이 이루어질 수 있을 것으로 기대하였다. 또한 Bowlby는 정신분석학과 동물행동학이 통합됨으로써 냉정하고 자기중심적인 Klein 학파의 관점을 반영하는 '도시의 엄마(town mother)' 와 따뜻하고 아이들 중심적인 Darwin의 동물행동학적 관점을 반영하는 '시골의 엄마(country mother)' 가 화해하였으면 하는 기대를 가지고 있었다(Holmes, 2000).

그러나 결과는 Bowlby가 원하는 대로 이루어지지 않았다. Grotstein(1990)은 "Bowlby의 이론은 정신분석의 역사에서 가장 불쾌하고 부끄럽고 유감스러운 사건 가운데 하나"라고 평가함으로써 Bowlby를 비판하였다. Bowlby는 거의

사진 설명 냉정하고 자기중심적인 '도시의 엄마' 와 따뜻하고 아이들 중심적인 '시골의 엄마'

20년 동안 정신분석학회에서 무시되었고, 그의 명예회복은 1980년대에 이르러 런던 대학에서 Bowlby를 Freud 기념교수로 임명하면서 이루어졌다.

애착이론과 정신분석이론의 개념들과의 차이가 정신분석학회에 대한 도전으로 받아들여졌으나 Bowlby의 애착이론은 신경증적 발달보다는 정상적인 발달의 관찰에 기초하고 있다는 점에서 높이 평가를 받고 있다. 또한 Bowlby이론은 개인내적(intrapersonal)이론이라기보다는 대인관계(interpersonal)이론이며, 본질적으로 유아의 삶에서 내적 갈등이나 본능적 추동(drive)보다는 애정 어린 보살핌과 상호작용을 보다 강조한다. 이러한 점에서 애착이론은 Sullivan을 중심으로 발전한 대인관계이론과 일맥상통하는 것이며, Sullivan의 관점은 Fairbairn이나 Winnicott와 같은 대상관계이론가들에게 상당 부분 계승된다. 따라서 애착이론은 초기에는 정신분석학회로부터 격렬한 비판을 받았으나, 궁극적으로는 정신분석학의 여러 이론적 관점을 수용하는 이론으로 발전하였다.

3. 애착이론의 형성

Bowlby는 영국정신분석학회에 제출한 3편의 고전적인 논문을 통해 애착이론에 대한 자신의 공식적인 관점을 처음으로 밝혔다. 이와 동시에 애착에 대한 최초의 실증적 연구인 Ainsworth의 우간다연구는 애착이론의 형성에 지대한 기여를 하였다.

1) Bowlby의 연구

국제정신분석학회지(International Journal of Psycho-Analysis)에 실린 애착에 대한 Bowlby의 3편의 논문은 애착이론의 형성에 중요한 역할을 하였다. 이들 3편의 논문은 「어머니에 대한 아동의 결속의 본질(The Nature of the Child's Tie to His Mother)」, 「분리불안(Seperation Anxiety)」, 「영유아기의 슬픔과 애도(Grief and

Mourning in Infancy and Early Childhood)」이다. Bowlby는 「어머니에 대한 아동의 결속의 본질」(1958)이라는 논문을 출간하기에 앞서 Ainsworth에게 미리 원고를 보냈으며, 이는 두 사람의 학문적 유대를 발전시키는 계기가 되었다. 이들 논문들을 구체적으로 살펴보면 다음과 같다.

(1) 어머니에 대한 아동의 결속의 본질

Bowlby는 「어머니에 대한 아동의 결속의 본질(The Nature of the Child's Tie to His Mother)」(1958)이라는 논문에서 어머니에 대한 영아의 유대는 구강적 욕구를 충족시키는 것이 일차적인 목표이고, 애착은 이차적이라는 당시의 정신분석적 관점에 반하는 견해를 표명하였다. 본능적 추동을 강조한 Freud의 관점에 반하여 Bowlby는 영아의 애착행동이 본능적인 행동이라고 주장하였다. 애착행동을 구성하는 빨기, 매달리기, 따라다니기, 울기와 같은 행동은 생후 1년간 독립적으로 발달하지만 점차 통합되어 어머니에게 초점이 맞춰지며, 그 가운데 매달리고 따라다니는 행동이 빨기나 울기보다 애착형성에 중요한 것으로 간주하였다. 자신의 주장을 뒷받침하기 위해 Bowlby는 Piaget의 인지발달연구(1951, 1954) 등과 같은 영아의 인지발달과 사회성발달에 대한 실증적인 자료를 검토하였다.

세심한 논의를 거쳐 Bowlby는 특정한 반응을 활성화시키거나 종식시키는 신호자극(sign stimuli)과 사회적 유발인자(social releasers)와 같은 동물행동학적 개념을 도입하였다. Bowlby가 말하는 자극은 외적인 것일 수도 있고 내적인 것일 수도 있지만 자극의 개념을 도입하고 이로 인해 정신적인 현상을 무시했다는 점에서 Bowlby는 행동주의자로 비난을 받기도 하였다. 또한 Bowlby는 전통적인 사회학습이론에서 말하는 의존성과는 달리 애착은 퇴행의 징후가 아니라 자연스럽고 건강한 발달을 이루는 데 도움이 되는 개념으로 분명하게 구분하였다.

Bowlby의 새로운 본능이론은 당시 지배적이었던 Klein 학파의 신념에도 반하는 혁신적인 관점이었으므로 영국정신분석학회에 폭풍을 몰고 왔으며, Bowlby는 자신의 분석가인 Joan Riviere로부터도 비판을 받았다. Anna Freud가 Bowlby를 정신분석학계에서 잃기에는 너무 아까운 사람으로 평가할 정도로

Bowlby는 정신분석학계로부터 신랄한 비판을 받았다.

Bowlby는 어머니와 영아 간의 애착유대는 구강적 욕구를 충족시켜주는 수유행위로 인해 생겨나는 것이 아니며, 자연계의 약탈관계로부터 영아를 보호하는 진화론적 기능을 가지고 있다고 하였다. 이러한 Bowlby의 관점은 신랄한 비판을 받았으며, 실제로 이러한 개념은 이미 1950년대의 대상관계분석가들이 주장한 개념, 즉 Balint의 '원초적 매달리기(primary clinging)', Winnicott의 '대상 엄마(object mother)' 와 '환경 엄마(environment mother)' 의 개념을 확장한 것에 지나지 않는다는 것이다(Holmes, 2000).

Donald W. Winnicott

(2) 분리불안

「분리불안(Seperation Anxiety)」(1959)은 Robertson(1953)과 Heinicke(1956)의 관찰연구와 Harlow와 Zimmermann(1959)의 연구에 근거한 Bowlby의 두 번째 논문이다. 이들의 연구를 기반으로 Bowlby는 어머니에 대한 영아의 강한 애착이나 분리에 대한 급작스러운 반응에 대한 설명을 하게 된다. Robertson과 Bowlby는 "두 살짜리 병원에 입원하다(A two-year-old goes to hospital)"라는 필름에 근거하여 어머니로부터 분리되는 영아의 반응을 저항(protest), 절망(despair), 냉담(detachment)이라는 3단계로 구분하였다.

Bowlby는 이 논문에서 어머니의 지나친 보호가 오히려 위험하다는 Freud의 견해를 수용하였으며, Bowlby의 분리불안에 대한 견해는 Freud의 불안에 대한 관점과 밀접한 관련이 있다. 그러나 Freud는 불안을 위협, 주로 거세의 위협에 기인하는 감정적 반응으로 보았으나 Bowlby는 좋아하는 사람으로부터 분리되는 위협까지를 포함하는 것으로 보았다. Bowlby는 극도의 분리불안은 유기위협이나 거부, 부모나 형제의 질병이나 죽음과 같은 부정적인 가족 내 경험에 기인한다고 하였다.

Bowlby는 어떤 경우에는 분리불안이 지나치게 낮거나 나타나지 않을 수도 있다고 하였는데, 이는 오히려 자신이 독립적임을 가장하는 일종의 방어반응으로 볼 수 있다고 하였다. 부모로부터 사랑을 받는 아이들은 부모로부터의 분리에 대해 저항하는 반응을 보이며 이러한 과정을 통해 이후 보다 독립적으로 성장할 수 있다고 하였다.

(3) 영유아기의 슬픔과 애도

「영유아기의 슬픔과 애도(Grief and Mourning in Infancy and Early Childhood)」(1960a)는 Bowlby의 논문 가운데 가장 논란의 여지가 많은 논문이다. Anna Freud는 부모와 사별한 영아는 불완전한 자아의 발달로 인해 애도가 불가능하며, 적절한 대리양육자가 있는 경우에는 일시적인 분리불안만을 보인다고 하였다. 그러나 Bowlby는 애착관계가 형성된 경우에는 애착대상에게 접근이 불가능하다고 생각될 때는 언제든지 애도반응이 나타난다고 하였다. 또한 애착대상이 너무 자주 교체될 경우에는 타인과 깊은 관계를 형성할 수 없다고 주장하였다.

Bowlby의 애도에 대한 관점은 사별에 대한 성인기의 애도연구로 잘 알려진 Colin Parkes로부터 많은 영향을 받았다. Parkes는 Bowlby와 함께 타비스톡 연구소에 참여함으로써 성인의 애도과정을 연구하였으며, 아동과는 달리 성인의 경우에는 무감각(numbness), 갈망과 저항(yearning & protest), 와해와 절망(disorganization & despair), 재조직(reorganization)의 4단계 과정을 경험한다고 주장하였다(Parkes, 1972). 자신의 자료를 발표하기 전에 Parkes는 죽음의 단계를 연구한 Elizabeth Kübler-Ross와 의견을 교환하였는데, 그녀의 연구는 Bowlby와

Colin Parkes

Elizabeth Kübler-Ross

Cicely M. Saunders

Robertson의 영향을 상당히 많이 받았다. 또한 Parkes는 현대 호스피스 운동의 선구자인 Cicely Saunders와 함께 Bowlby의 애착이론에 근거하여 임종을 앞둔 사람이나 사별한 사람을 정서적으로 지지해줄 수 있는 프로그램을 개발하기도 하였다.

분리되거나 사별을 경험한 유아들과 어린 아동들은 성인들이 느끼는 것 이상으로 고통과 슬픔을 느낄 수 있다는 견해는 "두 살짜리 병원에 입원하다"라는 필름으로 강한 지지를 받았으나, 이는 정신적 고통의 근원이 외부보다는 내면에서 비롯된다는 견해를 가진 정신분석학회로부터는 상당한 비판을 받았다.

이러한 비판에도 불구하고 Bowlby는 영국정신분석학회의 회원으로 계속 남았으나 이곳에서 자신의 견해를 토론하기 위한 시도는 더 이상 하지 않았다. 그러나 이후 Eric Rayner가 Bowlby를 마음의 구조에 대해 큰 변혁을 일으킨 사람으로 인정할 만큼 그의 애착연구는 여러 학자들로부터 인정을 받았다.

2) Ainsworth의 연구: 우간다의 영아연구

Ainsworth는 1953년 런던의 타비스톡 연구소를 떠나 남편과 함께 아프리카의 우간다로 가게 된다. 그 당시 Ainsworth는 부모자녀 간의 애착관계에 대한 Bowlby의 견해에는 공감하지만 애착연구의 가치에 대해서는 확신을 가지지 못하였었다. 그러나 Robertson의 영향으로 Ainsworth는 걸음마기 영아의 분리에 대한 반응에 관심이 있었으므로 이에 대해 연구를 계속하고자 하였다.

당시 우간다에는 어머니로부터 영아를 분리시키는 전통적인 풍습이 있었는데, 이를 통해 Ainsworth는 모-자녀 간의 분리의 경험이 어린 영아의 발달에 어떠한 영향을 미치는가에 대해 보다 심층적으로 연구하고자 하였다. 그러나 Ainsworth가 도착했을 당시 우간다에는 더 이상 그러한 풍습이 존재하지 않았으므로 분리경험에 대한 연구가 불가능해져, 대신 어머니와 영아 간의 애착연구로 전환하게 된다. 이를 위해 그녀는 이유(離乳)가 이루어지지 않은 24개월 미만의 영아가 있는 26가족을 2주 간격으로 2시간씩 9개월간 관찰하고 어머니의 양육행동과 아동의 애착행동 및 분리행동에 대해 기록하였는데, 이는 애착에 대한

사진 설명 Ainsworth의 우간다 연구대상(왼쪽으로부터 어머니가 들어올려 안아주자 보다 안정감을 느끼고 있는 Petero, Samwendi와 그의 어머니, Sembajwe를 바라보는 어머니와 어린 숙모).

최초의 실증적 연구로서 널리 알려지게 되었다.

영아와 그들의 어머니를 대상으로 한 자료수집 결과, Ainsworth(1963)는 Bowlby의 생각이 그대로 맞아 들어간다는 사실에 놀랐다. 또한 그녀는 근접성을 유발하는 신호에 관심을 두었는데, 이를 통해 Ainsworth는 어머니의 민감성이 영아의 애착발달에 상당한 영향을 미친다는 사실을 확인하였으며, 이러한 사실은 이후의 연구에서도 지지를 받았다.

4. 애착이론의 정립

Ainsworth는 1955년 우간다를 떠나 볼티모어로 옮겨와서 진단가이자 치료자로서 세파드 · 에녹프래트병원에서 일하면서 동시에 존스 홉킨스대학교의 강사로 일하고 있었다. Bowlby가 「어머니에 대한 아동의 결속의 본질」(1958)이라는 논문을 출간하기에 앞서 원고를 보낸 것을 계기로 Ainsworth는 자신의 우간다 연구자료를 분석하게 되었으며, 이를 통해 Ainsworth는 Bowlby가 애착이론을 정립하는 데 지대한 영향을 미쳤다. Ainsworth의 연구에 근거하여 Bowlby가 국제 정신분석학회지에 실었던 3편의 논문들은 『애착(Attatchment)』 『분리(Seperation)』 『상실(Loss)』이라는 단행본으로 확장되어 출간되었으며, 이를 통해 초기의 애착 연구는 하나의 이론으로 정립되었다. 여기서는 Ainsworth의 우간다 연구분석과 볼티모어연구 그리고 Bowlby의 애착의 3부작에 대해 살펴보기로 한다.

1) Ainsworth의 연구

Ainsworth의 우간다연구 자료분석과 볼티모어연구는 애착이론의 정립에 큰 영향을 미쳤다.

(1) Ainsworth의 우간다연구 자료분석

우간다연구(Ainsworth, 1963, 1967)에 대한 자료분석을 통해 Ainsworth는 부모자녀 간의 상호작용에서 개인차에 대한 풍부한 자료뿐만 아니라 영아의 신호에 대한 어머니의 민감성에 따라 애착안정성이 상이하다는 자료를 얻을 수 있었다. 우간다연구에서 Ainsworth는 3가지 애착유형을 관찰할 수 있었는데, 이 가운데 안정애착 영아는 어머니가 존재할 경우 탐색이 활발하게 이루어지며, 불안정애착 영아는 어머니가 있어도 자주 울고, 탐색이 덜 이루어지며, 아직 애착이 형성되지 않은 영아는 반응에서 뚜렷한 차이를 보이지 않았다. 또한 어머니의 민감성과 수유행위를 즐기는 정도는 애착의 안정-불안정성과 밀접한 관련이 있는 것으로 나타났다. 민감성 수준이 높은 어머니들은 영아에게 풍부한 정보를 제공해주고 섬세한 반응을 해주는 반면, 민감성 수준이 낮은 어머니들은 영아의 미묘한 행동차이에 둔감한 것으로 나타났다.

Ainsworth는 이와 같은 우간다연구결과를 타비스톡 연구소의 모임에 제출하여 논의하였는데, 여기에는 행동주의, 정신분석, 동물행동학과 같은 다양한 학문적 배경을 가진 학자들이 참석하였다. 이곳에서의 토론내용은 영아의 사회성 발달과 애착이론의 정립에 크게 기여하였으며, 이후 『영아행동의 결정요인

(Determinants of Infant Behavior)』이라는 4권의 책으로 출간되었다(Foss, 1961, 1963, 1965, 1969).

(2) 볼티모어연구

Ainsworth는 이후 존스홉킨스 대학교의 발달심리학과 교수로 부임하면서 우간다연구와 더불어 2번째 종단연구인 볼티모어연구(Baltimore Project)를 시작하였다. 이 연구는 26가족의 생후 1년 이내의 영아와 그들의 어머니를 분단위로 자세하게 관찰한 연구이다. 이들 가족에 대해 1개월에서 54주에 걸쳐 가족당 1회에 4시간씩 18회를 연구하였다. 자료수집은 일화기록의 방식으로 이루어졌으며, 자료분석은 특정 행동의 횟수보다는 특정한 상황에서 의미 있는 행동패턴을 중심으로 이루어졌다.

이들 실험에 대한 분석결과, 어머니가 얼마나 적절하고 신속하게 영아의 신호에 반응하는가에 따라 영아의 반응에서 상당한 개인차가 나타났다. 어머니가 영아에게 놀아주는 반응을 보였을 경우에 영아는 웃거나 안기는 반응을 보인 반면, 어머니가 무표정한 얼굴을 보인 경우 영아의 반응도 짧고 무감각하게 나타났다. 생후 3개월간의 어머니의 민감성은 9~12개월에서의 조화로운 부모자녀관계와 관련이 있었는데, 출생 초기에 영아의 울음에 대해 부모가 반응적이고 부드럽게 안아주면 이후에 덜 울고 접촉을 덜 요구하는 것으로 나타났다. 이러한 관점에 반대하는 입장에서는 어머니의 반응성이 아이를 오히려 버릇없게 만든다고 하지만 Ainsworth는 어머니의 반응성은 자녀에게 자신감과 통제력을 길러준다고 하였다. Ainsworth는 어린 시절 어머니와의 만족이나 거부의 경험이 이후의 대인관계의 초석을 형성하며, 이러한 과정에서 어머니의 반응성은 긍정적인 영향을 미친다고 하였다(Ainsworth, 1973).

Jean M. Arsenian

어머니와의 분리에 대한 반응은 우간다에서의 관찰에 비해 덜 심각하게 나타났으나, 보다 극적인 상황을 관찰하기 위해 Ainsworth는 '낯선상황실험'을 만들게 된다. 이 실험은 Harlow(1961)와 Arsenian(1943)

의 연구로부터 영향을 받아 스트레스가 높거나 낮은 상황에서 영아의 애착행동과 탐색행동 간의 균형을 알아보기 위해 고안된 것이었다. 생후 첫 3개월간의 어머니의 민감성과 반응성은 '낯선상황실험' 에서의 영아의 행동과 관련이 있는 것으로 나타났다. 또한 어머니와 영아 간의 상호작용에서 양가적 반응이나 회피적 반응과 같은 전혀 기대하지 못했던 특징적인 재결합행동이 발견되었다. 이는 어머니로부터 장기간 분리된 아이들에 대한 Robertson(1953)의 필름자료와 Bowlby의 논문 「분리」에서도 언급되었던 것이다. 이들 아동은 가정에서도 그들의 어머니와 조화로운 관계를 형성하지 못했으나 이처럼 조화롭지 못한 관계는 가정이라는 자연스러운 상황보다 '낯선상황실험' 에서 더 부각되는 것으로 나타났다. 이를 통해 Ainsworth와 동료들(1978)은 안정(secure), 회피(avoidant), 저항(resistant/ambivalent)의 세 가지 애착유형을 제시하였으며, 이는 이후의 애착연구에 촉진제 역할을 하게 된다.

2) Bowlby의 연구

Bowlby의 애착에 대한 3편의 저서는 애착이론을 정립하는 데 많은 영향을 미쳤다.

(1) 애착

Ainsworth가 우간다에서의 연구자료를 정리하고 볼티모어연구를 수행하고 있을 즈음 Bowlby의 애착에 대한 3부작 가운데 첫 저서인 『애착(Attatchment)』(1969)이 출간되었다. 이 책의 절반 정도에 걸쳐 Bowlby는 동물행동학적 관점에 근거한 동기나 행동통제에 대한 새로운 이론을 제시하였다.

Bowlby는 애착이나 부모역할 등을 통제하는 행동체계의 궁극적인 기능은 생존과 종족보존에 있다고 하였다. 발생학적 수준이 상이한 유기체는 상이한 방식으로 본능적인 행동을 조절하며, 보다 복잡한 유기체일수록 본능적 행동은 목표지향적인 특성을 가지고 있다고 하였다. Bowlby가 제시한 일종의 복잡한 행동

사진 설명 Bowlby의 제1권 『애착』

체계는 환경과 자신의 행동에 대한 내적 작동모델을 구성하게 되며, 내적 작동모델이 적절할수록 유기체는 미래를 보다 정확하게 예측할 수 있게 된다. 각인현상에서 나타나듯이 포유류와 조류에 있어 행동체계는 특정한 민감기 동안에 형성된다.

이 책의 후반부에서는 동기와 행동통제에 대한 전반부에서의 내용을 영아와 부모 간의 애착관계에 적용시키고 있다. Bowlby는 애착행동을 예측가능한 결과에 근거하여 애착대상에게 근접성을 유지하려는 행동으로 정의하였다. 애착행동의 기능은 위험으로부터 영아를 보호하는 것이며, 애착행동은 짝짓기나 수유와 관련된 것이 아니라 그 자체로 고유한 동기를 가지고 있다고 하였다.

출생 초기에 근접성을 촉진시키는 행동은 모든 양육자에 대해 무분별하게 일어나지만 점차 일차적인 애착대상에게로 집중하게 된다. 이후 애착행동체계는 보다 발달하여 목표수정적 동반자관계(goal-corrected partnership)로 발전해나가게 된다. 일단 애착관계가 형성되면 애착대상은 영아에게 안전기지로 작용하게 된다. 영아가 애착을 형성하는 데에는 양육자가 영아의 신호에 얼마나 민감성을 보이는가와 같은 사회적 상호작용의 질뿐만 아니라 영아 자신의 특성도 영향을 미친다.

(2) 분리

Bowlby의 제2권 『분리(Seperation)』(1973)는 제1권에 비해 점진적으로 영향을 미쳤다. Bowlby는 이 책을 통해 Freud(1926)의 신호불안이론을 수정하여 새로운 접근방법을 제시하였다. 또한 Waddington(1957)의 발달경로이론의 영향을 받아 성격발달의 후생학적 모델(epigenetic model)을 제시하였다.

Bowlby는 '위험단서의 존재(presence)' 와 '애착대상의 부재(absence)' 라는 아동에게 공포를 유발하는 2개의 뚜렷한 자극에 주목하였다. 위험단서로부터의 도피와 애착대상으로의 도피는 동시에 일어나지만 이들은 상이한 통제체계의 지배를 받는다고 하였다. 그러나 Bowlby는 위험단서로부터의 도피와 애착대상으로의 도피를 통제하는 체계가 개념적으로는 뚜렷하게 구분되는 것이지만, 넓은 의미에서는 스트레스를 감소시키고 안정감을 향상시키는 행동체계의 일부라고 생각하였다. 또한, 인간은 불안을 유발하는 자극의 부재를 추구한다고 주장한 Freud와는 달리 Bowlby는 인간은 친숙함을 유지하고 스트레스를 감소시키는 행동과, 이와는 상반되는 탐색적 정보추구 행동 간에 동적인 균형을 유지하고자 동기화된다고 하였다.

사진 설명 Bowlby의 제2권 『분리』

이 책에서 Bowlby는 Freud의 '내적 세계(inner world)' 의 개념을 인지이론의 관점에서 재조명하여 내적 작동모델의 개념을 제시함으로써 제1권 『애착』에서 언급한 자신의 관점을 확장하였다. 내적 작동모델은 인간 상호작용을 통해 획득되는 것으로, 애착대상이 영아의 안전과 보호에 대한 욕구를 인식하게 되면 동시에 독립적인 탐색의 욕구도 존중하게 된다. 이러한 부모의 행동은 영아로 하여금 자신을 가치 있는 존재로 인식하게 만든다. 반대로 부모가 탐색이나 안전의 욕구를 충족시켜주지 못하면 자신을 무가치하게 생각하게 되며, 어떠한 내적 작동모델을 형성하는가는 이후의 발달에 중요한 영향을 미치게 된다는 것이다.

또한 Bowlby는 이 책에서 애착의 세대 간 전이에서 내적 작동모델의 역할을 설명하였다. 애착의 세대 간 전이현상에 비추어볼 때에 Bowlby는 비교적 안정적이고 신뢰롭게 성장한 사람들은 지지적이고 자율성을 강조하는 부모 아래서 성장한 사람들이며, 가족구성원은 유전적인 요인보다 개인의 정신건강에 더 큰 영향을 미친다고 하였다.

(3) 상실

제3권 『상실(Loss)』(1980)에서 Bowlby는 정보처리이론에 근거하여 내적 작

사진 설명 Bowlby의 제3권 『상실』

동모델의 안정성과 방어적인 왜곡을 설명하였다.

내적 작동모델의 안정성은 두 가지 근원에서 비롯되는데, 첫째, 상호작용패턴이 자동화되고 습관화됨에 따라 자신도 이를 인식하지 못하는 가운데 무의식적인 정보처리가 이루어지게 되며, 둘째, 상호 간의 기대로 인해 상호관계유형은 개인적인 유형보다 변화에 저항하는 경향이 있기 때문에 내적 작동모델의 안정성은 증가하게 된다는 것이다.

또한 선택적인 주의집중으로 인해 유입되는 정보에 대한 다소의 왜곡은 정상적이며 필연적으로 일어나게 된다고 하였다. 방어적인 왜곡과정을 설명하는 데 있어서 Bowlby는 새로 유입되는 정보는 인식되기 이전에 이미 많은 정보처리과정을 거치며, 각 단계마다 어느 정도의 정보는 이후의 처리과정을 위해 유지되고 나머지는 배제된다는 Dixon(1971)과 Erdely(1974)의 관점을 인용하였다. Bowlby는 정보에 대한 방어적 배제는 바로 선택적 배제(exclusion)에서 비롯된다고 하였다. 아동은 자신이 직접 목격하였지만 부모가 자녀에게 알리고 싶어 하지 않는 상황이거나 자신이 부모의 행동을 참기 어려운 상황 혹은 상당히 수치스럽게 생각하는 상황에서 방어적인 배제를 보이게 된다. 방어적인 배제는 개인으로 하여금 참을 수 없는 정신적인 고통으로부터 벗어나게 해주지만 내적 작동모델과 현실세계와의 조절을 방해함으로써 내적 작동모델의 균열을 초래한다.

Endel Tulving

Bowlby는 이와 같은 해리현상을 Tulving(1972)의 일화기억(episodic memory)과 의미기억(semantic memory)에 근거하여 설명하였다. 어떤 사건에서 실제로 나타난 행동이나 말은 일화기억에 저장되고, 일화기억의 정보들은 사건의 진행순서나 시간적, 공간적 관계에 따라 저장된다. 그러므로 Bowlby는 대부분의 경우 일화기억은 비교적 실제 있었던 사건과 유사한 형태로 회상된다고 하였다. 반면, 자기 자신이나 부모와 관련된 일반적인 사실은 의미기억에 저장되는데, 이는 주로 양육자의 관점에서 본 사건에 대한 기억이 저장된 것이다. 이들 두 정보가 항상 일치하는 것은 아니며 불일치할 경우 심각한 정신적 갈등을 초래하게 된다. 일화기억 속의 정보는 대부분 자신이 실제로 경험한 것인 반면, 의미기억의 정보는 대부분 타인으로부터 주입된 것이고 극히 일부만이 자신이 생각한 것이다. 정신병리를 경험하는 사람들은 의미기억과 일화기억 속의 정보가 상이하기 때문에 과거사에 대한 정보가 통합을 이루지 못하고 있다. 과거의 고통스러운 사건을 무의식에 억압해두려는 욕구로 인해 이러한 현상은 더욱더 심화된다.

또한 Bowlby는 이 책에서 보다 복잡한 동시발생적인 행동체계의 통제문제에 대해 언급하였다. 제1권 『애착』과 제2권 『분리』에서 Bowlby는 행동체계의 상호작용은 보다 상위수준에서 이루어지는 것이 아니라 상호경쟁적인 것으로 설명하였으나(Bretherton & Ainsworth, 1974), 제3권 『상실』에서는 Freud의 자아(ego)에 해당하는 보다 상위의 집행구조를 설정하였다. Bowlby는 위계구조의 가장 상층에 하나 혹은 그 이상의 중요한 평가구조와 통제구조를 설정하였으며, 이들은 장기기억과 유기적인 관계를 맺고 있기 때문에 필요한 경우 이를 인출하여 정보처리를 할 수 있다고 하였다. 정보처리과정은 범주화, 인출 등과 같은 상위수준의 활동을 촉진시키며, 대부분의 경우 중요한 체계는 어떤 형태로 저장되었던 간에 모든 정보에 접근하는 것이 가능하다. 그러나 이것이 불가능한 사람들도 있는데 이들의 경우에는 특정한 행동체계가 적절하게 활성화되지 못하여 이들 행동체계로부터의 신호를 인식하지 못한다.

Bowlby는 생의 마지막 10년 동안 애착이론을 정신병리에 적용하는 문제, 특히 방어적 과정의 문제에 몰두하였다. 애착이론에서 정신치료의 주요 목표는 자신과 애착대상 간의 관계에 대해 부적절하게 설정된 내적 작동모델을 재평가하는 것인데, 이는 부모가 우호적이지 못한 경우 매우 어려운 문제이다. 이들은 치료자에게도 부적절한 내적 작동모델에 근거해서 반응을 보이게 되므로, 치료자의 과제는 환자의 부적응적인 내적 작동모델을 반영해주는 것이다.

5. 애착이론의 확장

Bowlby의 애착의 3부작 가운데 제1권이 출간됨과 동시에 볼티모어 연구결과도 출간되었다. 그 당시까지 '낯선상황실험'에 대한 비판적 시각도 존재하였으며, 특히 회피유형을 불안정유형의 한 하위요인이 아닌 독립적인 것으로 해석하기도 하였다. 그러나 이러한 논쟁은 애착의 유형에 대한 볼티모어 연구결과가 출간됨으로써 상당 부분 감소하였다.

이와 동시에 Ainsworth의 제자인 Mary Main은 애착연구를 성인대상으로 확장시켰으며 van IJzendoorn은 다양한 문화권의 연구를 통해 애착의 세대 간 전이현상을 확인하였다. 또한 미네소타 종단연구는 애착안정성에 대한 방대한 자료를 제공해주었고 이처럼 다양한 연구가 이루어지게 된 데에는 해외입양과 같은 사회적 여건이 큰 영향을 미친 것으로 볼 수 있다.

1) Main의 애착연구

Mary Main

Main과 그 동료들의 성인애착면접(Adult Attachment Interview: AAI)연구는 애착의 세대 간 전이에 대한 연구의 토대가 되었다. 성인애착면접은 Carol George에 의해 처음으로 개발되어 박사학위 논문으로 출판된 것이다(George, Kaplan, & Main, 1985). 그러나 George는 면접의 응답에 대한 분석에서 뚜렷한 결과를 발견하지 못하였으나 Main과 Goldwyn(1991)은 어머니가 자신의 어린 시절의 경험을 묘사하는 방식이 낯선 상황에서의 영아의 행동과 관련이 있다는 사실을 발견하였다. 이처럼 어머니의 어린 시절 애착경험이 현재의 행동에 영향을 미치고, 이러한 어머니의 행동은 다시 영아의 행동에 영향을 미친다는 사실은 표상 수준에서 애착연구가 이루어지는 계기가 되었다.

성인애착면접에서 피면접자는 자신의 어린 시절의 분리경험, 상처, 처벌과 상

van IJzendoorn과 Mary Main

실의 기억들 그리고 학대받았던 경험들에 대한 질문을 받게 되며, 이를 통해 개인의 표상세계를 평가하게 된다. 이러한 평가는 영아와 양육자 간의 애착유형인 안정(secure), 회피(avoidant), 저항(resistant), 혼란(disorganized)의 4가지 유형과 유사하게 나타난다. 성인애착면접에서 자율(autonomous: F)유형으로 분류된 사람들은 어린 시절의 관계경험을 과장하거나 축소하지 않고 일관성 있게 자신의 삶의 즐겁고 고통스러웠던 측면들을 모두 설명할 수 있다. 이들은 Jeremy Holmes(1992)가 "자서전적 유능성(autobiographical competence)"이라고 표현했던 것처럼 자신의 어린 시절 기억을 일관성 있게 잘 설명한다. 이와는 반대로 불안정-집착(insecure-preoccupied: E)유형으로 분류된 사람들은 마치 과거의 경험을 현재에 경험하는 것처럼 계속 분노한 듯이 보인다. 불안정-무시(insecure-dismissing: D)유형은 애착경험에 대한 기억이 거의 없고 그 범위도 매우 제한되어 있어서 과거경험에 대한 상세한 설명이 부족하고 일관성 없는 설명을 한다. 미해결-혼란(unresolved-disorganized: U)유형의 사람들도 불안정-무시유형과 마찬가지로 일관성 없는 설명을 하며, 이와 동시에 이들은 주로 상실과 학대의 경험을 가지고 있는 것으로 나타난다(〈표 2-1〉 참조). 동일한 유형 내에서도 반응에서 차이가 있는데, 예를 들어 불안정-집착유형 가운데서도

표 2-1 성인애착유형의 분류

	자율유형 (autonomous: F)	무시유형 (dismissing: D)	집착유형 (entangled: E)	미해결유형 (unresolved: U)
애착가(愛着價)	+		+	+/−
방어적 왜곡		+	+	+/−
세부적인 기억	+		+	+/−
현재의 분노			+	+/−
심각한 혼란				+
대략적 백분율	60%	25%	15%	10%

출처: Main, M., & Goldwyn, R. (1992). Interview-based adult attachment classifications: Related to infant-mother and infant-father attachment. *Developmental Psychology, 28*, 474-483.

E_1유형은 어린 시절의 분명하지 않은 경험에 대해 수동적인 태도를 보이며, E_2유형은 과거의 경험들에 대해 분노로 가득차 있으며, E_3유형은 외상적 사건들에 집착해 있었다.

Main과 그 동료들의 성인애착연구는 지금까지 영유아기에 국한되어 있던 애착연구를 성인기까지 확장시킨 것으로, 애착의 안정성을 지지해주는 이들의 연구결과는 초기의 부모자녀 관계의 중요성에 대한 사회적인 관심을 불러일으키게 되었다.

2) van IJzendoorn의 애착연구

van IJzendoorn

van IJzendoorn(1994)은 다양한 문화권에 대한 연구를 통해 애착관계의 세대 간 전이를 확인하였다. 그는 유아와 부모의 애착유형 간에 70~80% 정도의 일치를 보인다고 하였다. 런던 부모자녀연구(London Parent-Child Project)(Fonagy, Steele, & Steele, 1991)에서도 첫째 아이를 임신한 100명의 어머니들을 대상으로 자아존중감과 결혼만족도, 성격, 임신과 미래의 아기에 대한 태도에 대한 일련의 평가를 실시한 결과, 세대 간 전이가 나타났다. 어머니가 무시나 집착유형이었을 때, 아기의 3/4 정도가 생후 1년경의 '낯선상황실험'에서 불안정회피나 저항유형으로 나타났으며, 자율형 어머니의 아기들 중 80%가 안정유형으로 나타났다. 또한 다소 약하기는 하지만 이러한 일치는 아버지들에게서도 나타났다. 자율형 아버지들의 아기들 중 18%만이 불안정유형을 보인 반면, 무시유형이나 집착유형 아버지의 아기들 중 절반이 불안정유형을 보였다(Fonagy et al., 1995). 또한 van IJzendoorn(1995)은 메타분석을 통해 자율-안정(autonomous-secure: F-B)유형 간에는 .47, 무시-회피(dismissing-avoidant: D-A)유형 간에는 .45, 집착-저항(preoccupied-resistant/ambivalent: E-C)유형 간에는 .42의 상관계수가 나타난다고 하였다. 이러한 연구결과는 성인애착면접이 낯선 상황에서의 유아의 행동변량의 대략 1/4 정도를 설명한다는 것을 말해주

Milton Kotelchuck

Alicia Liebeman

Mark Cummings

고 있다.

이 외에도 Silvia Bell(1970)의 대상영속성과 애착에 대한 연구, Mary Blehar(1974)의 애착과 비모성양육에 대한 연구, Alicia Lieberman(1977)의 애착과 또래관계에 대한 연구, Milton Kotelchuck(1972)의 부성애착에 대한 연구, Mark Cummings(1980)의 애착과 보육시설에 대한 연구, Everett Waters(1978)의 애착유형의 안정성에 대한 연구 등 애착과 관련된 다양한 연구가 이루어졌다.

3) 미네소타 종단연구

Everett Waters는 Ainsworth의 연구조교를 하면서 Bowlby와 Ainsworth의 애착연구에 관심을 가지게 되었다. 미네소타 아동발달연구소(Minnesota's Institute of Child Development)에 참여하면서 Waters는 Alan Sroufe와 Brian Vaughn과 공동으로 애착에 관한 많은 연구를 수행하였으며, Sroufe와 Egeland 그리고 그의 제자들은 결손아동들을 포함하여 양육과 애착안정성에 대한 대규모의 두 번째 종단연구인 미네소타 종단연구(The Minnesota Longitudinal Study of Parent and Children)를 실시하였다.

미네소타 장기종단연구는 1975년에 시작되어 현재 30년이 넘게 진행되고 있다. 이 연구는 사람들이 자신의 경험에 대해 어떻게 생각하고 있는지, 개인에게

(좌로부터) Bob Marvin, Alan Sroufe, Joan Stevenson-Hinde, Brian Vaughn

Byron Egeland(오른쪽에서 두 번째)와 동료들

위험요인과 보호요인으로 작용하는 것은 무엇인지 그리고 내적 작동모델의 연속성과 변화와 같은 사회적인 관계경험에 초점을 맞추고 있다. 무엇보다도 중요한 목표는 개인의 발달과정을 추적해나가고 발달에서 바람직한 결과와 바람직하지 않은 결과를 초래하는 요인들을 파악하는 것이다. 이를 위해 학교나 가정, 사회적 관계와 같은 여러 다양한 환경에서 발달단계별로 사람들이 어떻게 발달해나가는지에 대해 연구하였다. 1975년 종단연구를 시작할 당시 연구대상은 첫 아이를 임신한 267명의 어머니들로서 이들은 임신 제3분기에 속해 있었다. 이들을 대상으로 성격특성, 상황변인, 부모로서의 기대와 태내에서의 양육과 같은 광범위한 평가가 이루어졌으며, 이후 자녀가 출생한 이후에도 부모와 아동을 대상으로 지속적으로 평가를 하였다. 출생 후 1~3일과 3, 6, 12개월에 걸쳐 부모평가와 아울러 자녀의 기질평가 그리고 부모자녀 간 상호작용을 관찰하였으며, 2년 6개월까지는 6개월 간격으로, 초등학교 3학년까지는 1년 간격으로, 9~13세까지의 기간 동안에 3회에 걸쳐 평가를 실시하였다. 그리고 16세, 17.5세, 19세, 23세, 26세, 28세에 걸쳐 지속적으로 평가가 이루어졌다. 최근 연구대상이 32세가 되어 친밀한 관계, 부모역할, 직업역할, 직업과 가족역할 간의 균형과 같은 성인역할에서의 유능성을 평가하였다. 또한 각 단계에서의 적응능력이 초기의 발달과 관련이 있는지 그리고 발달에서의 안정성과 변화에 영향을 미치는 요인을 규명하기 위하여 배우자와 자녀와의 상호작용, 직장에서의 상호작용을 관찰하였다.

이러한 장기종단연구는 초기의 부모자녀관계가 이후의 적응에 영향을 미친다는 연구결과를 제시함으로써 보다 실증적으로 애착관계의 중요성을 확인한 것으로 볼 수 있으며, 이를 통해 애착연구는 보다 확장되었다.

4) 해외입양연구

1990년대에 이르러 아동보호시설에 수용되어 있던 수많은 아이들이 해외입양되면서 새로운 연구들이 수행되었고, 이 연구는 애착연구와 이론의 확장에 크게 기여하였다. 미혼 부모들에 대한 사회적인 인식이 변화하고 나이 어린 미혼모들이 아기를 입양시키기보다는 자신이 키우기를 원하면서 1980~1990년대에는 서구 사회에서 영아들을 국내입양하는 것이 어려웠다. 이러한 상황에서 해외입양은 상당한 매력이 있었는데, 그 가운데 대표적인 것은 루마니아와 러시아, 중국의 입양사례이다(Mercer, 2006).

Nicolae Ceausescu

Nicolae Ceausescu 통치 당시 루마니아에서는 시설아동의 수가 엄청나게 증가했다. 1965년부터 1989년까지 Ceausescu는 인구를 두 배로 늘려 값싼 노동력을 제공하기 위한 의도로 여성들은 4~5명의 아이를 낳을 때까지는 피임이나 낙태를 금지한다는 법규를 강화하였다. 대부분의 루마니아인들은 경제적 어려움으로 인해 출산한 아이들을 부모가 양육할 수 없는 경우가 많았고, 고아원들은 가난한 가정의 아이들을 위한 대규모 수용시설로 바뀌었다. 1989년 Ceausescu 정권이 막을 내릴 당시 루마니아의 고아원에는 15만 명의 아이들이 있었으며, 국내입양에 제약이 많았던 서구의 가정에서는 루마니아 고아원의 아이들을 입양하기 시작하였다. 입양되기 전부터 아이들은 거의 돌봄을 받지 못했을 뿐만 아니라 입양 후에도 이들 중 많은 아이들이 방임된 것으로 보고되면서 입양된 루마니아 아이들의 상황에 이목이 집중되었고, 이러한 상황은 애착과 분리, 상실을 연구하는 학자들에게는 대단한 관심거리일 수밖에 없었다.

또한 1979년부터 중국은 한 자녀 정책을 실시하였는데, 이러한 정책은 중국의 전통적인 대가족에 대한 욕구와 상치된다는 점에서 심한 저항에 직면하였다. 이 가운데 한 자녀 정책의 대표적인 부작용은 대가족이 받게 되는 불이익을 피하기 위해 대부분의 가정에서 2자녀 이상을 가지게 되었을 때 출생신고를 하지 않았다. 특히, 전통적인 남아선호사상으로 인해 어린 여자아이들의 유기가 빈번하게 일어나게 되었다. 일반적으로 서구인들은 아시아인들이 협동적이며 총명하다고 생각할 뿐만 아니라 여자아이들은 다루기 쉽고, 조용하며, 사랑스러우므로 이들 영아들에 대한 입양은 빠른 속도로 증가하였다.

입양된 중국 아동에 대한 사례뿐만 아니라 미국에 입양되어 사망한 러시아 입양아들에 대한 보도는 해외입양에 관한 새로운 정책의 수립과 아울러 어린 영아와 부모와의 애착관계에 관심을 갖게 하는 계기가 되었다.

이처럼 입양으로 인한 문제가 부각되면서 영국과 루마니아의 입양아동(English and Romanian Adoptees: ERA)연구가 수행되었는데, 그 목적 가운데 하나는 입양으로 인한 분리의 경험이 아동의 발달에 어떠한 영향을 미치는가를 연구하는 것이었다. ERA 연구는 이들 입양아동들이 입양되기 이전의 경험이나 상황이 각각 상이할 뿐만 아니라 개인차도 존재하기 때문에 입양 이후의 문제가 입양되기 이전부터 이들이 경험한 환경에 기인한 것인지 입양의 효과인지를 구분하는 데 있어서 어려움이 있다. 그럼에도 불구하고 연구결과 분리의 경험은 발달에 영향을 미치는 중요한 요인들 중 하나이며, 더구나 양육의 질마저 빈약할 경우 결정적인 영향을 끼칠 수 있다는 것이다.

애착에 대한 관심은 수세기를 지나면서 점차적으로 발전되어왔지만, 애착이론의 발전과 연구는 20세기와 21세기에 가장 빠르게 진전되었다. 애착에 대한 초기의 관점은 아동의 신체적 욕구를 충족시켜주는 것에 초점을 두었으나 점차 인간이 타고난 선천적인 성향이라는 측면을 강조하게 되었다. 제2차 세계 대전 동안 부모와 분리된 아동들에 대한 연구결과들은 초기 어머니와의 분리가 아동의 정서발달에 지대한 영향을 미친다는 사실을 입증하였으며, 이러한 사회적 분위기에 편승하여 John Bowlby는 애착이론을 정립하게 되었다. 최근 여성들의 취업이 증가함에 따라 이러한 애착의 문제는 지속적으로 사회적인 관심을 끌게 될 것으로 기대되며, 이에 대한 보다 심층적인 연구가 지속적으로 이루어져야 할 것이다.

3 애착과 발달이론

애착이론의 형성과정에는 Bowlby와 Ainsworth의 연구를 중심으로 정신분석이론, 동물행동학이론, 인지발달이론 등과 같은 여러 발달이론이 영향을 미쳤다. Bowlby의 애착이론은 초기에는 정신분석학자들로부터 맹렬한 비판을 받았으나 Bowlby가 정신분석학자로서 출발하였다는 사실에 비추어볼 때에 애착이론의 발달에서 정신분석이론은 지대한 영향을 미친 것으로 볼 수 있다. Sigmund Freud를 중심으로 하는 전통적인 정신분석이론이나 Melanie Klein과 Donald Winnicott를 중심으로 하는 대상관계이론, Rene Spitz와 Erik Erikson을 중심으로 하는 자아심리학이론은 그 관점에서 다소 차이는 있으나 애착이론과는 많은 측면에서 공통된 관점을 견지하고 있으며 이에 영향을 미친 것으로 볼 수 있다.

정신분석이론과 더불어 초기의 애착연구에서 Bowlby는 동물행동학이론의 영향을 상당히 많이 받았다. Bowlby의 애착의 3부작 가운데 제1권 『애착』의 절반 정도에 걸쳐 동물행동학적 관점을 소개하였다는 사실은 Bowlby의 애착이론이 얼마나 동물행동학적 관점의 영향을 많이 받았는지를 짐작하게 한다. Bowlby는 생의 후반부에 Charles Darwin의 전기를 집필할 정도로 그의 영향을 많이 받았다. 그리고 Konrad Lorenz의 각인의 개념, Harry Harlow의 원숭이연구 등은 Bowlby의 애착이론에 많은 영향을 미쳤으며, Robert Hinde의 연구는 동물연구를 통해 얻어진 연구결과를 인간의 애착관계에 접목시키는 데 교량적 역할을 하였다.

또한 인지발달이론도 애착이론에 많은 영향을 미쳤다. Bowlby는 애착의 발달과정을 인지발달 수준과 결부시켜 설명하였으며, Bowlby가 제시한 내적 작동모델의 개념은 인지발달이론, 특히 정보처리이론의 영향을 반영하는 것이다. 환경과의 상호작용을 통해 아동은 자신의 행동에 대한 일종의 인지적 틀이라고 볼 수 있는 내적 작동모델을 구성하게 되며, 이는 이후의 행동에 영향을 미치게 된다.

이 장에서는 애착이론에 영향을 미친 대표적인 이론인 정신분석이론, 동물행동학이론 그리고 인지발달이론의 주요 개념과 이들 이론이 애착이론에 미친 영향에 대해 살펴보고, 마지막으로 사회학습이론의 관점에서 애착이론에 대해 조명해보고자 한다.

1. 정신분석이론

Bowlby는 정신분석학자로서 훈련을 시작하였기 때문에 애착이론의 형성과정에서 다른 어떤 이론보다도 정신분석이론의 영향을 많이 받았다고 볼 수 있다. 그러나 개인내적 환상을 강조하는 당시의 정신분석적 관점의 학자들은 양육자와의 관계를 강조하는 Bowlby의 이론에 대해 강한 비판을 하였으며, 이로 인해 Bowlby의 애착이론은 실제적으로 20년간 정신분석학계에서 전혀 논의조차 이루어지지 않았다. 그러나 최근에 와서 정신분석학자와 애착연구자들은 상호간에 많은 영향을 주고받았음을 인정함과 동시에 Bowlby의 업적을 인정하고자 하는 추세이다. 그러므로 여기서는 전통적인 정신분석이론과 대상관계이론, 자아심리학이론과 애착이론과의 관계에 대해 살펴보고자 한다.

1) 전통적 정신분석이론과 애착이론

1930년대에 Bowlby가 가입한 영국 정신분석학회는 Melanie Klein을 중심으로 한 영국의 학자들과 Sigmund Freud와 Anna Freud를 중심으로 하는 빈으로부터 망명한 학자들 간에 분열된 상황이었다. Bowlby는 이러한 분열상황에서 중립적인 입장을 고수하였으며, 따라서 Bowlby의 애착이론에서 전통적 정신분석이론이 미친 영향을 배제하기는 어렵다.

(1) 전통적 정신분석이론의 주요개념

Freud의 이론은 크게 4단계로 구분해볼 수 있다(Fonagy, 2001). 1단계는 주로 신경학적 주제에 초점을 맞추고 있는 초기 정신분석학 단계(pre-psychoanalytic phase)이고, 2단계는 신경증의 원인을 어린 시절의 경험에 초점을 맞추고 있는

사진 설명 Charcot가 환자에게 최면술을 사용하고 있는 장면을 Freud(앞 줄 오른쪽에서 첫 번째)와 다른 이들이 지켜보고 있다.

Jean-Martin Charcot

Joseph Breuer

정서-외상단계(affect-trauma phase)이며, 3단계는 의식, 무의식, 전의식의 정신구조에 초점을 맞춘 지형학적 단계(topological phase)이고, 4단계는 원초아, 자아, 초자아를 중심으로 하는 구조모형(structural model)에 초점을 둔 단계이다.

Freud는 비엔나 의과대학에 입학하여 신경학을 전공하였으며, 이후 신경질환에 대한 연구에 주력하였다. 그는 프랑스인 의사 Jean Charcot가 사지의 감각상실과 같은 신경증적인 행동을 최면술을 이용하여 치료하는 것에 영향을 받았고(사진 참조), 이러한 히스테리환자들을 통해 얻은 경험을 통해 Freud는 개인이 의식할 수 없는 힘이 존재한다는 사실에 대한 확신을 얻게 되었으며, 이는 이후 정신분석 이론의 초석을 이루게 된다. 또한 Freud는 Breuer와 공동으로 정신분석학 최초의 저서인 『히스테리 연구(Studies on Hysteria)』(Freud & Breuer, 1895)를 출간하였다. 여기서 Freud는 신경증을 유발하는 중요한 원인으로 어린 시절의 외상적인 경험을 들었으며, 이러한 외상은 이후의 성격발달과 무관하게 일생 동안 영향을 미치게 된다고 하였다.

이후 Freud(1900, 1905)는 인간의 정신구조는 의식, 전의식, 무의식의 세 층으로 이루어져 있으며 인간의 성격을 빙산에 비유하여, 물 위에 떠 있는 작은 부분이 의식(consciousness)이고, 물속에 잠겨 있는 훨씬 더 큰 부분이 무의식(unconsciousness)이며, 파도에 의해 물 표면으로 나타나기도 하고 잠기기도 하는 부분을 전의식(preconsciousness)이라고 하는 지형학적 모형(topological model)을 제안하였다(〈그림 3-1〉 참조). 의식은 개인이 의식하고 있는 정신작용의 층을 의미하는 것으로 이는 정신세계의 극히 작고 제한된 부분만을 포함하고 있다. 전의식은 어떤 의미에서는 무의식의 일부라고 볼 수 있는데, 왜냐하면 개인이 그 내용을 의식하지 못하기 때문이다. 전의식은 적절한 질문이나 자극을 줌으로써 필요에 따라 의식화될 수 있는 부분이다. 무의식은 자신의 의지로 쉽게 극복될 수 없는 경험과 정보를 포함하며, 의식으로 상기

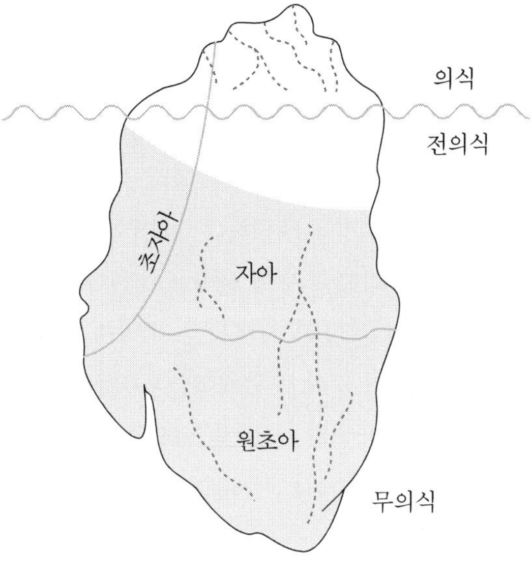

〈그림 3-1〉 Freud의 성격의 지형학적 모형

되기 위해 특별한 노력이나 처치, 최면, 해석을 필요로 한다. Freud는 무의식의 내용은 억압에 의해 무의식 속에 갇혀 있다고 보았으며, 무의식을 정신작용에서 지배적인 힘으로 간주하였다.

이후 임상과정을 통해 Freud는 정신내적 심리적 갈등이 의식과 무의식 간의 갈등이 아니라 무의식 자체 내의 갈등임을 인식하게 되었으며, 따라서 지형학적 모형만으로는 심리적 과정을 설명하기에 불충분한 것으로 생각하였다. 이러한 생각을 기초로 Freud(1923)는 원초아(id), 자아(ego), 초자아(superego)를 중심으로 하는 구조모형(structural model)을 제시하게 되었다. 원초아는 출생 시부터 존재하는 것으로 세 가지 구조 가운데 가장 먼저 발달하는 것이다. 초기에 모든 정신에너지는 원초아에 투입되며, 원초아는 이 에너지를 이용하여 기본적인 욕구를 충족시킨다. 원초아는 성격의 가장 원초적인 부분으로서 생물학적 본능으로 구성되어 있으며, 이는 전적으로 무의식 세계에 존재하며 쾌락원리(pleasure principle)에 의해 지배를 받는다. 이는 현실과 환상을 구분하지 못하는 일차적 사고과정(primary process thinking)이다. 1세 말에서 2세에 이르는 동안 원초아의 일부로서 자아가 발달하게 되는데, 이는 현실에 근거한 현실원리(reality principle)를 따른다. 이후 아동기에는 초자아라고 불리는 세 번째 구조가 자아로부터 발달한다. 초자아는 성격의 사회적, 도덕적 요인을 나타내는 것으로 현실보다 이상을 지향하고 완벽한 것을 추구한다. 개인의 내면화된 도덕률은 부모와의 동일시 과정을 통해서 그리고 부모의 선악에 대한 기준을 따름으로써 발달한다. 원초아와 초자아는 서로 상반된 목적을 추구하기 때문에 이들 간에는 긴장이 발생한다. 이러한 과정에서 자아가 중재역할을 제대로 하지 못하면 갈등을 느끼게 되는데 이것이 바로 불안이며, 불안은 매우 고통스럽기 때문에 이를 방어하는 기술을 발달시키게 되는데, 이것이 바로 방어기제이다.

(2) 전통적 정신분석이론이 애착이론에 미친 영향

Freud의 이론은 시기마다 상이한 부분에 초점을 맞추고 있기 때문에 Freud가 애착이론에 어떠한 영향을 미쳤는가에 대해 한마디로 설명하기는 어려우나 Freud의 정서-외상모델과 구조모델은 애착이론과 많은 측면을 공유하고 있다. 정서-외상모델 후기단계에서 Freud는 어린 시절의 박탈감에 따른 정신적 결과에 관심을 가졌다. 그는 모든 행동을 어린 시절 부모와의 관계에서 발생한 사건의 결과로 이해할 수 있다고 하였으며, 신경증의 주요 요인으로 어린 시절 부모와의 분리를 지목하였다. 또한 특별한 현상이나 대상에 집요하게 집착하는 것을 의미하는 Freud의 리비도(libido)에 대한 집착의 개념은 심지어 학대하는 양육자에게도 의존하는 혼란애착유형에 대한 Main과 Hesse(1990)의 주장과도 일맥상통하는 것이다.

Freud의 구조모델도 여러 가지 측면에서 애착이론에 영향을 미쳤다. Freud(1923, 1933, 1938)는 인간의 마음에서 발생하는 갈등을 3가지 정신상태, 즉 원초아, 자아, 초자아 간의 갈등으로 설명하였다. 애착이론에서 말하는 소망과 현실 간의 괴리로 인해 경험하게 되는 개인의 갈등은 Freud의 견해보다 복잡한 개념이다. 그러나 원초아의 추동을 조절하기 위해 부모의 가치체계를 내면화하여 초자아를 형성해나가며, 그러한 과정에서 자아가 중재기능을 한다는 Freud의 주장은 Bowlby와 다른 애착이론가들에게 영향을 미쳤다. Bowlby는 자신의 3부작 가운데 제3권 『상실』에서 직면하기 어려운 현실에 대처하기 위해 방어기제를 만들어내는 자아의 능력과 내적 작동모델의 인지적 왜곡현상에 대해 설명하였다.

(3) 전통적 정신분석이론과 애착이론의 차이점

전통적 정신분석이론은 애착이론에 지대한 영향을 미쳤으나 다음과 같은 점에서 차이가 있다(Fonagy, 2001). 첫째, Freud는 발달에서 문화적 · 사회적 측면의 영향을 거의 고려하지 않았다. 그 당시는 사회과학과 인류학이 발달하는 초기 단계였기 때문에 이는 당연한 현상이라고도 볼 수 있으나, Freud는 자신이 속해 있던 사회의 문화적 다양성조차도 배제시킬 만큼 사회적 측면의 영향을 고려하지 않았다.

둘째, Freud는 3~4세경의 남근기에 주로 초점을 맞추었다. 출생 초기의 영아와 양육자 간의 상호관계에 대해서는 막연한 느낌만 가지고 있을 뿐이었으며, 이 시기의 부모자녀관계의 중요성에 대해서는 거의 언급을 하지 않았다는 점이다.

셋째, Freud는 본능적 추동 욕구를 강조하였으며, 영아는 이러한 욕구를 충족시키기 위해 어머니의 가슴에서 점차 어머니라는 대상에게 매달리게 된다고 하였으나 이와는 달리 애착이론에서는 본능적 추동보다는 대상 자체에 대한 관심을 강조하며 영아는 선천적으로 대상 자체에 대한 관심을 가지고 있다고 하였다.

넷째, Freud는 자기(self)의 통합적인 기능에 대해 분명하게 언급하지 않았다. 그리고 Freud(1920)는 아동기의 행동이 성인기에 다시 출현하는 현상을 반복강박(repetition compulsion)이라는 개념으로 설명하였는데, 이는 상호관계에서의 경험의 축적을 강조하는 애착이론과는 근본적으로 상이하다.

다섯째, Freud가 주장하는 정신세계의 발달에 대한 견해는 체계적이기보다는 다소 기계적이며 획일적이다.

2) 대상관계이론과 애착이론

Harry Stack Sullivan

1930년대 Bowlby가 영국 정신분석학회에 가입할 당시 Bowlby의 분석가는 Klein 학파인 Joan Riviere였다는 점에서 대상관계이론이 애착이론에 미친 영향도 간과할 수 없다. 1930년대 후반에 이르러 Freud의 정신역동모델에 맞서 Sullivan을 중심으로 발전한 대인관계 정신분석학도 인간의 성격발달에서 전통적인 정신분석의 기본원리인 추동의 개념보다는 사회문화적인 요인, 특히 대인관계의 맥락을 중시하였다는 점에서 애착이론의 형성에 영향을 미쳤다. 그러나 Sullivan의 관점은 Fairbairn이나 Winnicott와 같은 대상관계이론가들에게 상당 부분 계승되므로 여기서는 대상관계이론이 애착이론에 미친 영향에 대해서만 살펴보기로 한다.

대상관계이론은 Freud의 본능적 추동의 개념 대신 관계에 대한 심리적인 욕구를 인간의 기본적인 동기로 간주한다. Freud는 인간이 본능적 추동에 의해 지배되는 자기중심적인 개체임을 강조하였다. Freud도 대상의 개념을 언급하였으나 그에게 있어 대상의 개념은 본능적 추동과 관련하여 영아가 추구하는 욕구를 충족시켜주는 사람이나 물건을 의미하는 것이었다. 따라서 Freud에게 있어서 최초의 대상은 어머니의 젖가슴이지만 이후에는 어머니 자신 그리고 영아의 욕구를 충족시켜주는 사물이나 사람이 된다. 그러나 대상관계이론에서는 인간의 근본동기가 생물학적 본능적 추동이 아니라 관계형성에 대한 심리적 욕구라고 하였다. 대상관계이론가들이 말하는 대상의 개념은 Freud가 말하는 것과 같이 단순히 영아의 욕구를 충족시켜주는 중요한 사물이나 사람이 아니라 내적 대상을 포함하는 개념이다. 즉, 양육자와의 상호작용을 통해 영아의 무의식에는 양육자에 대한 이미지가 형성되며, 이처럼 영아의 무의식에 자리잡아 영아의 의식세계를 관장하는 양육자의 이미지를 대상이라고 한다. 그러므로 대상관계란 영아의 무의식에 자리잡은 양육자의 이미지와 영아 자신의 이미지, 즉 자아가 상호작용하는 것을 의미하는 것이다. 대상관계는 과거의 대인관계의 경험을 반영하는 것으로 현재의 대인관계에도 영향을 미치게 된다. 즉, 인간의 발달은 초기의 대상관계의 산물로 볼 수 있다는 것이다(Klein, 1932).

대상관계이론은 개인의 경험이나 관계에 대한 관심을 강조한다는 점에서 애착이론과 정신분석이론 간의 간격을 좁혀주는 교량적 역할을 하게 되었다. 대상관계이론도 상당히 다양하여 하나의 통일된 시각에서 설명할 수는 없으나 여기서는 영국의 대상관계이론과 북미의 대상관계이론으로 구분하여 살펴보기로 한다.

(1) 영국 대상관계이론

대상관계이론은 엄격하게는 영국학파(British School)를 지칭하는 것이며, 그 대표적인 인물로는 Melanie Klein, Donald Winnicott 그리고 Ronald Fairbairn 등을 들 수 있다.

① 영국 대상관계이론의 주요개념

Melanie Klein

영국 대상관계이론의 가장 중심적인 인물은 Melanie Klein이다. Freud의 이론에 상당히 매료되어 있던 Klein은 Ferenczi로부터 정신분석을 받았고, 그의 제안에 따라 정신분석 기법을 아동에게 적용시켰다. Klein(1932)은 한 개인의 정신구조는 다양한 내적 대상으로부터 비롯되며, 유아의 내적 대상은 환경과의 상호작용을 통해 변화한다고 하였다.

Klein(1932)은 추동 본능에 대한 Freud의 견해를 어느 정도 수용하였다. Klein은 죄책감과 불안감을 가지고 있는 아이들을 분석하는 과정에서 이들의 무자비한 가학적 환상에 강한 인상을 받았다. 이를 통해 Klein은 유아의 자기(self)는 출생 시부터 공격적 추동으로 인해 항상 파괴위협을 받고 있다고 가정하였다. 따라서 유기체는 이러한 모든 자극으로부터 자유로운 열반(nirvana)상태에 도달하고자 하는 소망을 가지고 있다는 Freud(1920)의 주장을 수용하였다. Klein(1935)은 이러한 열반에 도달하고자하는 욕구는 외부 세계와의 관계에서 중요한 결정요인이라고 생각하였다.

Klein은 인간의 정신에는 두 가지 기본적인 태도가 있는데, 하나는 편집-분열적 태도(paranoid-schizoid position)이며 다른 하나는 우울증적 태도(depressive position)이다. 편집-분열적 태도는 좋은 감정이나 대상을 나쁜 감정이나 대상과 분리시키는 것으로, 이를 통해 유아는 모든 내적 · 외적인 나쁜 대상으로부터의 위협을 차단하며, 개인의 자기(self)도 이와 유사하게 분열된다. 반면, 우울증적 태도에서는 좋은 감정이나 대상과 나쁜 감정이나 대상이 모두 통합된 대상관계를 형성하며, 자기도 보다 통합을 이루게 된다고 하였다.

또한 투사적 동일시(projective identification)의 개념은 Klein 모델의 핵심개념이라고 볼 수 있다(Klein, 1946, 1957). 투사적 동일시는 분열이 확장된 개념으로, 자아의 부분들이 자기로부터 분리되어 대상에게 투사되는 것이다. 투사적 동일시는 일반적인 동일시와는 달리 한 개인이 특정한 상황에서 타인으로 하여금 특정한 행동을 하도록 유발하는 상호작용적 특성이 강한 행동이다. 즉, 적대적인 감정을 투사하는 사람은 타인의 실제 행동이나 느낌과는 무관하게 그들이 적대적이라고 생각하게 되는데, 이는 투사대상자는 투사자의 환상과 일치하는 방식으로 느끼고 행동하도록 압력을 받게 되기 때문이다. 투사적 동일시가 일어나면 투사대상자는 투사자가 이미 정해 놓은 방식으로 행동하도록 압력을 받는다는 점에서 각본이론에서 말하는 각본대로 행동하는 것과 유사한 개념이다. 단지 차이점은 각본이론에서의 각본은 본인이 직접 설정한 각본에 따라 행동하는 것이라면, 투사적 동일시에서는 투사자가 투사한 내용에 따라 투사대상자의 느낌이나 행동이 조정된다는 것이다.

투사적 동일시가 일어나는 경우 투사의 대상이 되는 사람은 자신이 조종당한다고 느끼므로 그 전형적인 반응은 화가 나거나 위축되는 부정적인 결과를 초래하게 된다. 그러나 항상 부정적인 결과를 초래하는 것만은 아니며 투사대상자는 경우에 따라 투사된 감정을 수용하거나 그러한 감정들을 투사한 사람과 새로운 관계를 형성하는 데 사용할 수도 있다. 그러나 대부분의 경우 투사적 동일시는 결국 투사대상자의 병리를 지속시키고 강화시키게 된다. 투사적 동일시를 하는 어머니는 자신이 원하는 대로 행동하지 않으면 필요 없다는 감정을 유아에게 투사하게 되며, 궁극적으로 유아는 이러한 부모의 소망에 따라 자신의 감정이나 행동을 조정하게 된다. 그리고 투사대상자가 된 아이들은 그들이 성인이 되었을 때 다시 자신의 자녀에게 투사적 동일시를 통해 이러한 감정이나 행동을 강요하게 된다.

Klein의 투사적 동일시의 개념을 Bion(1962a, 1963)은 정상적 투사적 동일시와 병적 투사적 동일시로 구분하였는데, 정상적 투사적 동일시는 투사자로부터 이해와 공감이 이루어지는 반면, 병적 투사적 동일시는 공감과 이해가 결여되어 있다고 하였다. Klein 학파인 Bion은 세상에 압도당한 유아는 경험을 수용, 흡수, 변형시킬 수 있는 다른 사람의 마음을 필요로 한다고 가정하고 이를 포용(containment)의 개념으로 설명하였다. 양육자가 유아의 정서적 의사소통을 반영함으로써 유아의 압도당한 감정을 포용하지 못할 경우 방어구조가 나타나게 되며, 이는 어머니로부터 벗어나려는 유아의 감정을 자극하게 된다. Klein 학파의 경우, 민감한 양육이란 유아의 심리적 경험을 수용하고 유아의 정서적·신체적 욕구에 적절하게 반응하는 능력 있는 부모를 의미하는 것으로, 유능한 양육자는 유아의 감당할 수 없는 감정을 수용해주고 통제하는 정서적 신호를 보이게 되는데, Bion(1962b)은 이를 '알파기능(alpha function)이라고 하였다.

Wilfred Bion

영국 대상관계이론의 또 다른 중심 인물은 Donald Winnicott이다. Winnicott는 Bowlby의 동료이자 다윈주의자로서 어떤 의미에서는 Bowlby와 둘도 없는 친구 사이였다. Winnicott는 Klein 학파의 관점에 동조하면서도 어떤 측면에서는 이에 반하는 관점을 주장한 중도파라고 볼 수 있다. Winnicott는 정신분석가가 되기 전에 소아과 의사였기 때문에 어머니와 아이들에 대해 깊은 이해를 하고 있었으며, 이러한 경험은 정신분석적 문제에 접근하는 데 많은 영향을 미쳤다.

Donald Winnicott

그는 리비도의 역동에 초점을 둔 구조모형을 포기하고 자기대상(self-object)이론을 발전시켰다. 즉, 자기의 부분들이 내부나 외부의 대상과 서로 역동적으로 상호작용을 한다고 하였다. Winnicott(1958b)는 인간은 자기 감각을 발전시키기 위해 타고난 욕구가 있는데, 이는 숨겨져 있거나 왜곡되어 있다고 하였다. Winnicott(1965)는 유아와 양육자와의 관계에서 자기의 기원을 발달적으로 기술하였다. 그는 유아의 자기개념은 어머니-유아라는 하나의 단위로부터 발전해 나가는데, 이 과정에서 아기의 성장을 돕기 위해 헌신적으로 몰두하는 어머니의 존재(primary maternal preoccupution)로 인해 아기는 어머니가 자신의 몸짓에 정확하게 반응한다는 환상을 가지게 되는데, 이는 바로 어머니가 아기 자신의 창조물이며 자신의 일부이기 때문이다.

Winnicott가 Klein 학파의 관점에 대해 가장 비판적인 시각을 보인 것은 Klein 학파의 심리내적인 관점에 대한 것이었는데, 그는 Klein 학파와는 대조적으로 대상과의 상호관계의 관점을 강조하였다. 그는 자신의 논문「홀로 서는 능력(Capacity to be Alone)」(1958a)에서 인생에서 성공적인 독립을 이루기 위해서는 어린 시절 조심성 있는 부모에 의해 돌보아졌던 경험이 필요하다고 역설하였다. 또한 Winnicott(1965)는 아동이 타고난 독립된 존재로 성장하는 과정(going-on-being)을 중시하였는데, 이는 이후 연속적인 자기감(sense of self)의 발달에 영향을 미친다고 하였다. Winnicott는 자녀의 생각에 공감해주고 신속하게 반응해주는 부모의 능력은 자녀의 건강한 발달에 필수적인 요인이라고 보았다. 이러한 어머니의 공감능력은 어머니와 분리된 존재인 아기로 하여금 어머니로부터 점차적으로 분리되고 독립해나갈 수 있게 해주며 이는 이후의 대인관계의 토대가 된다고 하였다. 그러나 이러한 과정에서 부모의 과잉보호나 지배적인 태도로 인해 자녀의 생각에 대한 침범이 일어나게 되면 독립된 존재로 성장하는 과정은 방해를 받게 되며, 결과적으로 정신병리를 경험하게 된다고 하였다. 그러므로 부모가 자신의 생각을 자녀에게 주입하거나 강요함으로써 자녀를 침범하지 않고 자녀를 있는 그대로의 경험과 감정을 받아주는 것이 필요하다고 주장하였다. 이러한 Winnicott의 관점은 개별화된 존재가 되고자 하는 자기개념의 발달에서 친밀한 관계, 즉 부모자녀관계의 경험이 초석이 된다는 점에서 Bowlby의 애착이론에 영향을 미친 것으로 볼 수 있다.

Ronald Fairbairn

Ronald Fairbairn은 철학과 신학을 공부한 경험을 가지고 있었기 때문에 Freud의 이론을 객관적인 관점에서 평가할 수 있었으며, 전통적인 정신분석의 추동모델을 관계모델로 발전시켰다. Fairbairn은 Freud이론의 근거가 되는 과학적 사실이 변화하였으므로 정신분석이론도 수정될 필요가 있다고 하였다. 그는 Freud와는 달리 자아는 출생 시부터 존재하며, 리비도는 자아의 활동을 보여주는 것이라고 하였다. 공격성은 바로 리비도적인 관계욕구가 좌절되었을 때 나타나는 반동적 현상으로, 죽음본능이나 일차적 파괴욕구는 없다고 하였다. 또한 초자아가 오이디푸스 콤플렉스의 결과물로 나왔다는 Freud의 관점을 거부하였다. 따라서 Fairbairn의 관점은 정신분석이론과는 다소 괴리가 있으며, Fairbairn이 자신의 이론을 구축하는 과정에서 Klein의 영향을 상당히 많이 받았다는 점에서 대상관계이론가로 분류된다. Fairbairn은 본능적 추동의 개념을 완전히 폐기하였으며, 인간 행동의 근본동기로 쾌락추구보다는 타자와의 관계형성을 강조하였다. 그리고 정신구조와 에너지를 분리해서 생각할 수 없으며, 정신구조는 그 자체가 에너지로서 태어날 때부터 자기라는 구조로 존재한다고 보았다(Fairbairn, 1944).

② 영국 대상관계이론이 애착이론에 미친 영향

Bowlby가 Klein 학파의 영향을 받았다는 사실은 최근까지 잘 알려지지 않았다. 오히려 Bowlby는 Klein을 자신이 시도하는 것과 정반대의 것을 추구하는 인물이며, 지나치게 영감에 의존한다는 점에서 Klein 학파의 전통을 거부하였으나 다음과 같은 점에서는 영향을 받았다고 볼 수 있다.

첫째, Klein(1935)이 말한 편집-분열적 태도와 우울증적 태도는 Bowlby의 안정애착 및 불안정애착의 개념과 유사하다는 것이다. 편집-분열적 태도의 특징은 '분열' 인데, 이러한 분열은 Main과 Goldwyn(1992)의 성인애착면담체계에서 혼란유형에 속하는 것으로 불안정애착의 중요한 지표가 된다. 반면, 우울증적 태도는 어머니를 좋은 경험과 나쁜 경험을 모두 갖춘 통합적인 대상으로 보

Judith Solomon

Herbert A. Rosenfeld

는 유아의 능력에 기인하는 것인데, 이는 성인애착면담에서 애착안정성을 사랑과 증오 간의 균형으로 정의하고 있는 것과 유사한 맥락에서 이해할 수 있다. 또한 Klein은 우울증적 태도를 아동이 분리를 성취하였다는 결정적 측면으로 간주하였는데, 이는 건강한 분리에 대한 애착이론의 관점과 일치하는 것이다. 이처럼 유아의 정신태도에 대한 Klein 학파의 설명은 성인애착면담의 분류와 일치한다.

둘째, 투사적 동일시의 개념이다. 투사적 동일시의 개념과 애착과의 관계는 혼란애착유형에서 두드러지게 나타난다(Main & Solomon, 1990). 혼란애착유형은 부모와의 관계에서 해결되지 않은 정신적 외상의 경험이나 유아기의 학대, 어머니의 우울증, 태내기에서의 부모의 약물남용 및 알코올남용과 관련이 있다. 마찬가지로 투사적 동일시는 생의 초기의 왜곡된 대상관계로 인해 발생하는 일종의 병리현상의 결과이다. 어린 시절 매우 혼란스럽고 적대적인 양육에 반복적으로 노출된 사람들은 자기의 통합이 불가능하므로 투사적 동일시를 통해 자기 내부의 수용할 수 없는 감정들을 외부 대상에게 투사함으로써 자기를 위협하는 부분을 제거하려는 소망을 갖게 된다. 그리고 타인의 행동을 미묘하게 조작적으로 조절함으로써 이 부분들이 외부에 있다는 환상을 유지하게 된다. 투사적 동일시의 개념은 분열의 확장이며, 이처럼 자기가 통합을 이루지 못하고 분열된 상태는 혼란애착유형의 특징적인 모습이다.

셋째, 또 다른 공통점은 Klein 학파인 Rosenfeld(1964)의 자기애(narcism)의 발달모형과 관련된 것이다. Rosenfeld는 자기애는 전지전능한 대상관계와 대상에 대한 동일시와 분리를 부정하는 방어를 특성으로 하는 것으로, 민감한 자기애(thin-skinned narcism)와 둔감한 자기애(thick-skinned narcism)로 구분할 수 있다고 하였는데, 이는 바로 성인애착 범주의 집착유형 및 무시유형과 부합된다는 것이다. Rosenfeld는 둔감한 자기애와 무시애착유형은 자신이 지각한 부적절감을 투사적 동일시 과정을 통해 타인의 탓으로 넘겨버림으로써 이로부터 벗어난다고 하였다. 둔감한 자기애는 양육자의 가치를 부인하거나 아예 필요성을 부정한다는 점에서 무시유형과 유사하다고 볼 수 있다. 반면, 민감한 자기애의 경우 자신의 의존성으로 인해 취약성을 느끼고 이러한 취약성을 극복하기 위해 자신의 의존성을 받아주는 대상에게 이유 없는 분노공격을 시도하게 되는데, 이는 성인애착유형의 집착유형과 유사하다. Winnicott(1963b)도 극단적인 무시유형이나 집착유형에서 나타나는 특징적인 반응은 둔감한 양육에 대처하는 일종의 전략으로 볼 수 있다고 하였다. 지지적인 환경의 결손은 공격성과 반사회적 행동을 유발하며, 이러한 경우 자기는 허약하고 상처받게 된다고 하였다.

넷째, Winnicott의 민감한 양육의 개념과 애착이론도 공통점을 찾아볼 수 있다. Winnicott(1960, 1965)는 아동의 자기(self)가 강하거나 약한 것은 전적으로 생의 초기에서 양육자의 능력에 좌우된다고 보았다. 이 시기에 어머니가 아기의 기본적인 욕구와 의도를 감지하고 이를 충족시켜 줄 수 있는 민감성을 가지고 있을 때에 자기의 통합은 보다 촉진된다고 하였다. Winnicott는 신생아기에 아직 자기는 존재하지 않으며, 자기의 발달은 자기인식, 나와 내가 아닌 것의 구분, 타인의 지각 등에 근거하고 있다고 하였다. 그리고 자기의 자연스러운 발달은 양육자가 자신의 충동으로 인해 유아에게 불필요한 영향을 미치지 않을 때에 가능하므로 양육자는 유아의 긴장조절자로서 행동하기 전에 자신의 안녕을 유지할 필요가 있다고 하였다. 충분히 좋은 어머니 역할이 결핍되면 유아는 정신기능의 왜곡이나 일탈이 나타나 진정한 자기의 발달은 방해를 받게 된다는 것이다.

Salman Akhtar

다섯째, 인간 행동의 근본 동기로 타자와의 관계형성을 강조한 Fairbairn(1944)의 관점도 인간 행동의 근본 동기로 타자와의 관계형성을 강조하였다는 점에서 애착연구에 영향을 미친 것으로 볼 수 있다.

③ 영국 대상관계이론과 애착이론의 차이점

Akhtar(1992)는 칸트식 철학적 전통에 뿌리를 둔 고전주의적 관점에서는 자율을 향한 노력과 이성을 강조하며, 루소나 괴테에 뿌리를 둔 낭만주의적 관점에서는 이성과 논리보다는 확실성과 자율성을 강조한다고 하였다. Klein 학파는 고전주의적 관점에 속하는 반면,

Bowlby의 애착이론은 낭만주의적 관점과 보다 유사한 것으로, 애착이론과 대상관계이론의 차이는 이러한 인간에 대한 상이한 관점에서 비롯된다.

첫째, Bowlby가 Klein 학파의 정신분석이론에 반대한 핵심적인 부분은 Klein 학파가 실제 세계에 적응하는 것에는 관심이 없고 심리내적 환상을 강조했다는 점이다. 병원에 장기 입원하는 아동들의 문제를 다룬 "두 살짜리 병원에 입원하다" 에 나타난 아동의 반응에 대해서도 Klein 학파는 이러한 반응이 어머니로부터의 분리에 기인하는 것이 아니라 무의식적 환상의 결과로 설명하였다.

둘째, Freud의 본능적 추동이론의 틀을 유지하고자 했던 Klein은 인간 행동의 기본적인 동기로 개인내적 추동을 충족시키는 것을 강조하였다. Klein은 Freud의 이론을 근거로 성격구조와 에너지를 분리하고, 추동을 충족시키고, 정신구조의 개념을 수용함으로써 자아와 초자아라는 복잡한 조절기구의 개념을 유지하였다. 그러므로 양육자와의 관계를 일차적으로 강조하는 애착이론과는 차이가 있다.

셋째, Bowlby는 특히 생애 초기의 상실은 이후에 비극적인 결과를 초래할 수 있으나 이는 적절한 애도를 통해 최대한 극복될 수 있다고 본 반면, Winnicott는 어쩔 수 없는 상실에 대한 대처는 창조와 성장에 자극이 되는 필수적인 부분이라고 보았다.

넷째, Winnicott는 아동의 성격발달이 아동의 내면에서 홀로 이루어지는 과정이 아니라 양육자와의 관계를 통해 이루어지는 상호적인 과정임을 강조하였다는 점에서는 Bowlby의 이론과 상당히 접근한다. 그러나 이러한 과정에서 Winnicott는 아동의 발달욕구를 강조한 반면 Bowlby는 양육자와의 관계를 보다 강조하였다는 점에서 차이가 있다.

Peter Fonagy

(2) 북미 대상관계이론과 애착이론

영국의 대상관계이론의 영향을 받은 북미의 대상관계이론도 애착이론에 많은 영향을 미쳤다. 여기에서는 북미의 3가지 주요 대상관계이론인 Arnold Modell, Heinz Kohut 그리고 Otto Kernberg의 이론과 애착이론 간의 관계에 대해 고찰해보고자 한다(Fonagy, 2001).

① 북미 대상관계이론의 주요 개념

Arnold Modell

Arnold Modell(1975)은 본능을 두 개의 범주, 즉 리비도적이고 공격적인 원초아본능과 대상관계에 대한 자아본능으로 구분함으로써 영국 대상관계이론을 전통적 정신분석이론의 구조모델과 통합하려는 시도를 하였다. 대상관계본능은 생물학적인 것은 아니며 상호작용과정을 통해 대상으로부터 자신의 욕구와 일치하는 반응을 얻게 될 때에 충족된다고 하였다. 이러한 자아본능의 주요 목적은 원초아를 지배하는 것이며, 이는 좋은 대상과의 동일시를 통해 이루어진다. 반면, 원초아를 지배하는 것에 실패하게 되면 정신병리로 이어지게 된다.

이러한 Modell의 견해는 전통적 정신분석이론과 애착이론을 연결시켜주는 역할을 한다. Modell은 성과 공격성의 문제는 개인의 일관성 없는 자기감(sense of self)의 결과로 간주하였으며, 이러한 문제가 심화되면 환자는 자신에 대해 분열감을 느끼게 된다고 하였다. 실제로 불안을 유발하는 경험은 자기분열감을 초래하며, 이는 대상관계욕구가 충족되지 않은 환자들에게는 매우 심한 긴장으로 경험된다는 것이다.

Heinz Kohut

Heinz Kohut는 북미 정신분석에 대변혁을 일으킨 사람으로서 기존의 정신분석적 전통과 Winnicott와 Fairbairn의 관계모델을 통합하여 자기심리학(self psychology)을 발전시켰다.

Kohut 이론의 많은 부분들은 자기애적 장애환자에 대한 초기의 연구에 근거한 것이다. 자기애는 리비도가 대상이 아닌 자기에게 집중되어 있는 상태를 말하는데, Kohut(1971, 1977)는 자기애(narcissism)가 고유한 경로를 통해 발달하며, 이러한 과정에서 전통적인 추동모델로는 자기애적 환자의 치료가 불가능하다고 주장하면서, 관계모델을 도입하였다. 즉, 양육자는 자기대상(self object)으로서 발달과정에서 특별한 기능을 담당한다고 하였다. 자기대상은 아동으로 하여금 자기의 응집성, 항상성, 탄력성을 느낄 수 있게 도와주는 타자(他者)로서 이는 개인이 성숙해지면 스스로 담당하게 될 자신의 정신구조의 기능을 유아기에 대신 해주는 사람을 의미한다.

그러므로 자기대상은 자기화(selfhood)의 경험을 촉진시키는 기능을 한다(Wolf, 1988). 따라서 Kohut는 부모의 역할은 자기대상이 되어줌으로써 유아의 자기애적 욕구를 충족시켜주는 것이라고 하였다.

Winnicott와 마찬가지로 Kohut는 자기의 발달을 양육자의 반영(mirroring)능력이나 민감성과 관련지어 설명하였다. Kohut는 민감성 없는 양육과 관련된 내적 작동모델의 몇 가지 양상들을 구체적으로 설명하였다. 출생 시부터 인간은 공감을 필요로 하며 부모를 이상화하고자 한다. 그러나 이러한 욕구가 충족되지 못하면, 전능한 존재로서의 자기표상과 이상적인 양육자에 대한 표상이 분리되어 이는 이후의 자기구조에 통합되지 못하게 된다. 그리고 그러한 표상들은 개인의 표상세계에 지속적으로 분리된 채 존재함으로써 이후 역기능적인 자기표상뿐만 아니라 대인관계에 혼란을 유발할 수 있다. 그러나 자기대상인 부모가 유아에 대해 공감적 반응들을 보이게 되면 유아는 자신이 완벽한 존재라는 전지전능감을 갖게 된다. 이와 동시에 자기대상은 유아의 욕구에 덜 반응해주고 유아로 하여금 약한 좌절의 경험을 맛보게 하는 변형적 내면화(transmuting internalization)를 통해 유아가 자신의 전지전능감을 점진적으로 조절하도록 도와주고 독립적인 자기를 형성하는 것을 도와주는 역할을 한다.

자기는 원시적인 거대자기(grandios self)와 이상화된 부모상이라는 두 개의 극으로 구성되는데, 이 두 극은 자기대상과의 관계경험을 통해 점차로 건강한 야망이나 이상, 가치로 변형된다. 유아는 안전한 환경 내에서 실제 사건들을 직면하고 좌절과 실망을 견디어냄으로써 자기대상의 기능적 특성들을 내면화할 수 있게 되는데, 이것이 변형적 내면화이다. 이러한 변형적 내면화의 과정이 반복되면서 유아는 자신의 내적 구조를 형성하게 된다(Kohut, 1984).

Otto F. Kernberg

또한 Otto Kernberg는 Freud의 본능모형과 구조모형을 대상관계이론과 통합하여 구조적 대상관계이론을 만들어내는 데 있어 지대한 공헌을 한 인물이다. Kernberg는 정신구조는 자기표상, 대상표상 그리고 이를 연결하는 정서상태로 구성되어 있다고 하였다. 이 세 가지 가운데 자기표상과 타인표상은 다른 대상관계이론가들도 언급하였으나 Kernberg는 특히 이를 연결하는 정서상태가 내면화를 주도한다고 하였다. 자기표상이나 대상표상은 지배적인 정서상태와 관련이 있으며, 자아, 초자아, 원초아의 성격구조도 특정한 정서상태의 영향을 받는다고 하였다. 예를 들어, 지배적인 정서상태가 분노와 비난인 경우 초자아가 엄격하게 작용할 수 있다는 것이다.

Kernberg(1976a, b)에 의하면 정신표상의 발달은 내면화과정의 산물이라고 한다. 그리고 내면화는 경험에 대한 내사(introjection), 동일시(identification) 그리고 자아정체감(ego identity)의 세 단계로 이루어진다고 보았다. 내사는 최초의 내면화과정으로 정서상태가 그대로 반영된 대상과의 상호작용에 대한 기억의 흔적이라고 볼 수 있다. 이 단계에서 아동은 긍정적인 정서경험과 부정적인 정서경험을 동시에 수용하고 통합할 수 있는 능력이 없으므로 내사된 긍정적 이미지와 부정적 이미지는 분리되는데, Kernberg는 이를 원시적 '분열(splitting)'이라고 하였다. 이 시기에는 정서상태가 분리되지 않을 뿐만 아니라 자기와 대상의 이미지를 구분할 수도 없다. 다음으로 동일시는 내사된 이미지에서 자기와 대상의 이미지가 분리되면서 대상이 어떤 역할을 수행하며, 자신을 위해 무엇을 할 수 있는지를 알게 되면서 나타난다. 이 단계에서 아동은 인지발달과 정서인식능력이 보다 발달하고 정서조절이 가능해지면서 자기와 대상의 구분이 보다 확실해지고 내사와 동일시를 통해 형성된 긍정적인 자기 이미지와 부정적인 자기 이미지 간에 통합이 가능해진다. 그러므로 분열을 통한 방어의 필요성은 감소하게 된다. 마지막으로 자아정체감은 자기 이미지와 대상의 이미지 그리고 긍정적 이미지와 부정적 이미지가 보다 일관성 있게 통합되면서 전반적인 조화를 이루는 것으로, Kernberg는 자아정체감을 성취하기 위해서는 긍정적인 이미지가 부정적인 이미지보다 우세해야 한다고 하였다. 자기표상과 타인표상, 긍정적 이미지와 부정적 이미지가 잘 통합을 이루게 되면 스트레스 상황에서도 분열에 의한 방어보다는 대상항상성을 유지하면서 자신을 달래주는 대상이미지를 불러내는 것이 가능해진다. 그러나 경계성장애 환자들의 경우 학대받고 방치된 경험으로 인해 경계성이 짓밟혀 이러한 능력이 결여되어 있다.

② 북미 대상관계이론이 애착이론에 미친 영향

Modell은 대상관계본능이 다른 생물학적 욕구들에 우선한다고 하였는데, 이는 Bowlby(1980)의 견해와 일치하는 것이다. 또한 자기애적(narcistic)인 사람들에 대한 Modell(1975, 1984)의 설명은 애착이론에서 말하는 회피애착유형과 유사하다. Modell은 자기애적인 사람들은 부적절한 양육자에게 의존해야 하는 것을 회피하기 위해서 보상적인 자기구조에 의존한다고 하였다. 이들은 자기의 발달을 촉진시키는 데 도움이 되는 양육자를 경험하지 못함으로써 양육자에 대한 자신들의 의존적 욕구 자체를 부인한다.

경계성장애 환자들에 대한 Modell(1963)의 견해도 애착이론과 공통되는 점으로 볼 수 있다. Modell은 경계성장애 환자들은 유아가 어머니의 부재상황에서 위안을 얻기 위해 무생물을 이용하는 것과 유사한 행동을 보이는데, 이를 "전환적 관계성(transitional relatedness)" 이라고 하였다. 걸음마기 유아가 자신의 욕구를 충족시키기 위해 곰 인형을 대체물로 사용하듯이, 경계성장애 환자들은 자기를 조절하고 위안을 얻기 위해 타인을 마치 무생물인 것처럼 이용한다는 것이다. Searles(1986)와 Giovacchini(1987)는 이러한 현상을 경계성장애 환자들 자신이 부모로부터 전환적 대상으로 다루어졌다는 것을 말해주는 것이라고 하였다. 또한 Modell은 경계성장애 환자들은 자신을 전적으로 무력하거나 파괴적인 존재로 묘사하고, 자기와 타인의 표상에 대한 안정성의 결여로 인해 극단적인 의존성과 의존성에 대한 저항이라는 딜레마를 경험하게 된다고 하였는데, 이는 바로 혼란애착 유아의 행동특성과 일치하는 것이라고 하였다(Main & Goldwyn, 1998).

Joseph D. Lichtenberg

Kohut의 견해가 Bowlby의 견해와 일치하는 점은 전통적 정신분석의 추동적 본능을 관계적 본능의 개념으로 대치하였다는 것이다. Kohut 이후의 대상관계이론가들 가운데 Lichtenberg(1989)와 같은 학자들은 아예 애착을 5가지 추동 가운데 하나로 간주하였다. Kohut의 자기애에 대한 관점도 애착과 관련이 있다. 그는 출생 초기의 일차적인 유아기적 자기애(primary infantile narcism)는 양육자에 대한 실망에서 비롯되며 이후 이는 거대자기(grandiose self)로 대치된다고 하였다. 부모가 비공감적이고 민감하게 반응하지 않으면 이상화된 잘못된 부모상이 아동 자신의 표상으로 내면화되고, 따라서 내적 작동모델은 이중적인 것으로 형성된다. 그중 하나는 유아기의 전능감과 부모의 능력에 대해 아동이 갖고 있는 기대에 기반을 둔 전지전능한 것이며, 다른 하나는 비공감적인 양육자를 통해 경험하게 되는 전적으로 무기력하고 약한 것이다. 이러한 관점에서 본다면 유아기의 자기애를 점차적으로 감소시키기 위해서 부모는 공감을 통해 자녀로 하여금 자신의 현실적 한계를 이해하도록 도울 수 있어야 한다. 그러나 아동의 성취감과 무관하게 무비판적으로 지나치게 칭찬을 하는 부모는 아동에게 관심을 거의 주지 않는 것 못지않게, 아동의 전능한 자기표상이 현실적인 자기감으로 교체되는 것을 방해하는 것이다. 이러한 경우에 아동은 비현실적이거나 불완전한 가치와 사고체계를 가지게 된다. 이처럼 건강한 자기구조를 형성하는 데 있어 양육자의 민감성과 공감성을 강조한 Kohut의 이론은 애착이론과 유사한 측면을 공유하고 있다.

Kernberg(1976a, b)는 실증적인 연구전통을 수립하였다는 점에서 Bowlby와 유사하다. 그는 자신의 심리치료회기들을 녹화하여 심리치료에 대한 지침서를 만든 유일한 정신분석가이다. 또한 신경증적 병리에 관한 Kernberg의 모델은 애착이론의 접근방법과 매우 유사한데, Kernberg는 정신적으로 건강한 사람들은 자기와 타인의 긍정적인 표상뿐만 아니라 부정적인 표상을 보다 잘 통합할 수 있으며, 이러한 표상들이 미래의 대상관계를 결정하는 데 큰 영향을 미친다고 하였다. Kernberg는 신경증의 특성인 불안은 자기와 대상표상들이 서로 정서적으로 얽혀 있으면서 분화되지 못했을 때 나타난다고 하였다. 예를 들어, 자기는 약하고 상처받기 쉬운 것으로, 대상은 거칠고 지배적인 것으로 표상이 형성될 때 나타나는 우세한 정서는 폭력적이거나 적대적인 것이다. 이러한 자기표상-대상표상-정서상태가 사회적 상황에서 활성화될 경우, 개인은 높은 수준의 불안을 경험하게 될 수 있다고 하였는데, 이러한 Kernberg의 모형은 내적 작동모델에 대한 Bowlby의 관점과 유사한 것으로 볼 수 있다.

또한 Kernberg(1975, 1977)는 심각한 정신병리는 내적 작동모델의 전반적인 기능장애라고 보았다. 성인애착면담에서의 '분류할 수 없는' 집단도 이와 같은 역기능적 내적 표상과정을 설명해주는 것으로 볼 수 있다. 이러한 경우 정신구조의 단위들은 자기-대상관계의 진정한 내면화에 기초하지 않고 소위 말하는 편집-분열적 태도에서 오는 부분 대상(part object)표상에 기초하게 된다. 부분표상들은 실제 인물들의 순간적인 특정한 부분들을 표상하며, 불안정애착은 그러한 부분 대상표상을 형성할 가능성을 증가시킨다. 대상관계가 불완전하게 통합되기 때문에 자기-대상표상은 상대적으로 혼란스러우며, 성인애착면담을 사용한 연구에서 경계성 성격장애 환자들이 바로 그러한 애착의 혼란스러운 내적 표상을 사용하는 것으로 나타났다. 그러므로 경계성 성격장애에 대한 Kernberg의 설명을 애착이론의 용어로 환언하여 설명하면, 불완전하게 구조화되고 심하게 왜곡되어 주체와 대상의 구분이 모호한 불안정한 내적 작동모델이 활성화된 것이라고 할 수 있다.

③ 북미 대상관계이론과 애착이론의 차이점

북미 대상관계이론과 애착이론은 여러 가지 점에서 유사점을 공유하고 있으나 뚜렷한 차이점도 존재한다. Modell은 영국의 대상관계이론가들과는 달리 대상관계이론을 특정 환자집단에만 적용되는 것으로 보았다. 또한, 그는 대상관계를 자아본능이라는 독립된 체계로 개념화하였다는 점에서 애착이론과 차이가 있다.

Kohut는 대상손실에 대한 불안과 자기분열에 대한 불안을 구별하고, 자기분열에 대한 불안이 대상손실에 대한 불안보다 중요한 불안의 원인이라고 하였다. 이는 애착인물의 중요성을 상대적으로 평가절하한 것으로 볼 수 있는데, 이처럼 대인관계에 대한 관심이 상대적으로 부족한 것이 애착이론과의 차이점이라고 할 수 있다. 자기에 대한 접근방식에서도 차이를 보이는데, Kohut는 자기를 표상의 의미로 사용하면서도 목표와 계획, 자아존중감 유발과 같은 동기적 특성과 관련된 것으로 생각한다는 것이다. 따라서 자기는 성격의 거의 모든 부분을 뜻하게 된다. 이와는 대조적으로 애착이론에서 자기라는 용어는 일관성 있게 개인이 자기 자신에 대해 형성한 표상이라는 의미로 사용된다. 또한 Kohut가 말한 유아기의 발달에서 자연적으로 나타나는 과대성이나 전능감과 유사한 개념을 애착이론에서는 확인하기가 어렵다.

또한 Kernberg는 애착이론가들과는 달리 초기경험을 중요하게 생각하지는 않았다. Kernberg는 북미의 정신분석학자들과 교류를 했기 때문에 본능적 추동에 대한 개념들을 고수하였으며 이러한 개념들은 애착이론에서는 찾아볼 수 없다. 또한 Kernberg와 Bowlby와의 본질적인 불일치점은 Kernberg의 모델에서는 경계성 성격장애의 근본 원인이 파괴적이고 공격적인 추동들을 다룰 수 있는 자아구조는 비교적 약한 반면, 파괴적이고 공격적 추동들이 강하게 나타나기 때문이라고 설명하고 있다는 점이다.

3) 자아심리학이론과 애착이론

Heinz Hartmann

제2차 세계 대전 이후 유럽에서 애착이론이 발전하는 동안 북미 정신분석학은 자아, 초자아, 원초아의 성격의 세 가지 구조에 초점을 맞춘 구조이론이 지배적이었다. 특히 구조이론 가운데 자아를 중시하는 Hartmann의 생각에 근거한 자아심리학이 발전하였는데, 자아심리학계에서 애착이론의 발전에 영향을 미친 대표적인 인물로는 Rene Spitz, Edith Jacobson, Erik Erikson 등을 들 수 있다.

(1) 자아심리학이론의 주요개념

Rene Spitz

자아심리학의 대표적인 인물인 Rene Spitz(1959)는 정신분석학계에서는 최초의 경험주의자로 볼 수 있다. 그는 발달단계이론에서 어머니와 유아 간의 상호작용의 역할을 강조하였다. 또한 그는 자기조절 능력의 발달에서 정서의 역할을 강조하였는데, 특히 어머니의 정서적 표현은 정서적 안정과 항상성 회복을 위한 기능을 갖는다고 하였다. 어머니의 정서적 반응은 내면화되어 아동 자신의 정서적 반응이나 안전과 위험의 신호로 사용된다고 하였다. 또한 어머니와 분리되어 기관에서 양육되는 영아에 대한 Spitz의 연구는 어머니로부터의 분리로 인한 부정적인 영향에 대한 관심을 고조시킴으로써 애착이론의 발전에 많은 영향을 미쳤다.

Edith Jacobson

Edith Jacobson(1954, 1964)은 정신기능의 주요 결정요인인 이미지(images)와 자기표상(self representation)의 개념을 도입함으로써 애착이론의 발전에 크게 기여하였다. Jacobson은 유아는 양육자와의 관계에서 만족감과 좌절감의 경험에 따라 좋거나 나쁘다는 느낌으로 자기표상과 대상표상을 습득하게 된다고 하였다. Jacobson은 표상의 개념은 내적·외적 세계에서의 경험의 영향을 의미하는 것이며, 동시에 실제 현실과 무관하게 왜곡되고 변형될 수 있음을 강조하였다. 자기표상은 무의식, 전의식, 의식, 신체적·정신적 자기의 정신내적 표상을 포함하는 복잡한 구조로서 좋거나 나쁘다는 느낌이 축적됨으로써 이후 자기표상과 타인표상이 성장하게 된다. 또한 Jacobson은 지적 표상에서 자기와 타인의 경계가 형성되기 이전 단계에서 타인에 대한 아동의 지각이 자기 경험의 구조를 형성하는 데 직접적인 영향을 미친다는 점을 강조하였다.

Erik Erikson

Erik Erikson(1950, 1959)은 상당한 논란의 여지가 있었던 Freud의 성감대모델(erotogenic zone model)을 기관모드(organ modes)의 개념으로 확장시킨 최초의 인물이다. 이를 통해 Erikson은 전통적인 정신분석의 추동표현(drive expression)을 기능양식(mode of functioning)과 구분함으로써 인간행동의 정신분석적 이해를 위한 새로운 시각을 제시하였다. 추동표현모델에서는 인간의 행동을 생물학적 욕구를 충족시키는 것에 한정시키고 성감대와 관련시키지만, 이와는 달리 기능양식모델에서는 사회적 상호작용의 욕구를 충족시키거나 대상과 관계를 형성하는 특징적인 방식을 제시한다.

Erikson의 기본적 신뢰감(basic trust)의 개념은 구강기의 기능양식을 의미한다. 성감대 모델에서 입은 구강적 욕구를 충족시키는 것이 주목적이지만, 기능양식에서 입은 삶에 대한 전반적 접근이고 주어진 것을 받아들이는 수용력을 의미하며 이러한 과정을 통해 대인관계가 형성된다. 그는 Bowlby와 같은 시기에 유아와 양육자 간의 관계의 질에 대한 관심을 가졌으며, Bowlby와 마찬가지로 출생 초기의 발달이 이후의 시기에도 지속적으로 영향을 미친다고 하였다. 그리고 출생 초기의 경험으로부터 유래된 신뢰의 양은 음식의 절대량보다 어머니와의 관계의 질과 관련이 있다고 하였다.

(2) 자아심리학이 애착이론에 미친 영향

Spitz는 어머니의 정서적 반응이 어린 영아의 정서적 반응이나 안전과 위험의 신호로 사용된다고 하였다. 이러한 측면에서 볼 때에 Spitz의 관점은 애착체계의 발달에서 정서조절의 중요성을 강조하는 현대의 애착이론과 유사하다고 볼 수 있다. 또한 어머니와 분리되어 시설에서 양육된 영아들에 대한 연구결과는 초기의 부모자녀관계의 중요성을 시사하는 것이다.

Jacobson은 표상의 개념을 제시하고, 좋거나 나쁘다는 느낌이 축적되면서 이러한 표상이 성장하며, 자기와 타인의 경계가 이루어지기 이전 시기에서 타인에 대한 아동의 인식이 자기표상을 형성하는 데 큰 영향을 미친다고 주장하였다. 이러한 Jacobson의 견해는 Bowlby의 내적 작동모델의 개념과 유사하며 이에 많은 영향을 미쳤다고 볼 수 있다.

Erikson(1959)은 아동이 건강한 인간으로 성장하는 데에는 일차적 양육자와의 상호관계가 필수적이며, 어머니와의 상호관계의 질이 신뢰감을 결정하고 이는 평생 동안 지속된다고 하였다. 더구나 양육자가 영아의 신체적 · 정서적 요구에 반응함으로써 신뢰감이 형성되고, 이와 같이 형성된 신뢰감은 세대 간 전이가 이루어지게 된다고 하였다. 따라서 Erikson 학파의 용어로 애착유형을 분류하면, 안정애착 아동은 양육자가 다시 돌아올 것이며 양육자로부터 위로를 받을 수 있다고 신뢰하는 반면, 불안정애착 아동은 양육자에 대한 불신으로 인하여 이들로부터 위로를 받을 수 없거나 이들을 믿을 수 없다는 생각을 가지고 있다. 이들 가운데 저항유형은 부모로부터 위로를 받거나 믿을 수 없다는 생각을 가지고 있으므로 분리에 대해 적극적으로 대처해나가는 반면, 회피유형은 상호조절

의 실패를 극단적인 회피를 통해 대처해 나간다.

Erikson은 자신의 저서 『아동기와 사회(Childhood and Society)』(1950)에서 유아의 안정애착을 예언할 수 있는 양육의 특성을 기술하였다. 그는 긍정적 자극과 부정적 자극이 긍정에 가깝게 균형이 이루어질 때에 이후의 발달은 손상되지 않고 안정적인 관계로 발전될 수 있다고 하였으며, 부모의 간섭이 전혀 없다는 것은 상호작용을 통제하기 위한 시도가 없었음을 의미하는 것이라고 하였다. Erikson은 애착에 영향을 미치는 요인으로, 개인이나 상호관계 요인들의 중요성과 동시에 문화적 요인이나 상황적 요인과 같은 환경적 요인들의 중요성을 모두 강조하였다. 특히 어머니의 사회적 환경 가운데 다른 사람이나 배우자로부터 받는 지지의 중요성을 강조하였다. Erikson은 이들로부터의 절대적인 지지수준보다 어머니가 기대하는 지지와 실제로 이들로부터 받게 되는 지지 간의 차이가 애착관계에 보다 큰 영향을 미친다고 하였다.

Erikson의 신뢰감과 불신감의 장기적인 효과를 애착이론과 비교해보면 양자 간에도 공통점이 존재한다. 성인애착에 대한 Mary Main의 연구에서 어린 시절의 애착관계가 이후 성인기의 애착에 영향을 미치듯이, Erikson의 신뢰감의 개념은 이후의 정체감형성과 관련이 있다. 정체감혼미 증후군(syndrome of identity diffusion)은 일관된 자아동일성의 느낌이나 사회적 관계형성과 관련된 느낌이 결여되어 있으며, 이는 어린 시절의 불신감이 그 원인이 된다는 것이다. 이처럼 부모자녀 간의 상호관계가 성공적인 발달의 기본이 된다는 점에서 Erikson과 Bowlby의 생각은 상당히 일치하고 있다.

(3) 자아심리학이론과 애착이론의 차이점

Spitz와 Jacobson 그리고 Erikson이 이처럼 애착이론에 많은 영향을 미쳤음에도 불구하고 자아심리학이론은 부모자녀관계에서 생물학적 특성을 강조하는 정도에 있어서 애착이론과는 근본적으로 차이가 있다.

또한 이들 이론 간에는 개인적 자아와 상호관계 가운데 어느 부분을 상대적으로 강조하는가에서 차이가 있다. Erikson은 사회적 관계 자체가 아니라 개인의 자아정체감 달성을 보다 강조하였고 이를 위해 사회적 매개체의 중요성을 인정하였다. 즉, 정체감 강화가 일차적 목표이고 애착은 이차적인 것이며, 애착은 정체감발달을 촉진시키거나 정체감발달의 산물로 간주하였다. 정체감은 타인과의 분리와 구별을 의미하므로 Erikson은 사회적 관계보다 분리와 개별화를 강조하였다. Erikson 이론은 분리와 개별화를 통한 자아의 성장, 정체감발달에 보다 관심이 있으며, 이는 안정과 신뢰로운 관계가 이후 개인의 성장에 밑거름이 된다는 Bowlby 이론과는 차이가 있다(Franz & White, 1985). 자아심리학이론은 애착이론과는 달리 어디까지나 관계보다 개인에게 초점을 둔 정신분석이론이라고 볼 수 있다.

2. 동물행동학이론

Bowlby는 어머니에 대한 애착행동이 구강적 만족에서 비롯된다는 정신분석적 관점보다는 이를 타고난 본능적인 행동으로 설명하고자 했던 동물행동학적 관점에 더 공감하였다. Bowlby가 어머니와 자녀 간에 형성되는 결속관계를 설명하기 위해 '애착'이라는 용어를 사용한 것도 Lorenz와 Tinbergen의 동물행동학 연구로부터 영감을 받았다고 할 만큼 동물행동학은 애착이론의 발달에 큰 영향을 미쳤다.

동물행동학은 진화론적 관점에서 동물과 인간의 행동을 연구하는 학문으로서 인간발달에서 생물학적 영향을 강조한다. 동물행동학자들은 다양한 종 특유의 행동들이 종의 생존가능성을 높이기 위해 진화해온 것이라고 믿는다. 동물행동학의 기원은 Charles Darwin의 진화론이며, 이후 발달과정에서의 결정적 시기를 주장하는 Lorenz의 각인의 개념과 원숭이를 대상으로 한 Harlow와 Zimmerman의 연구 그리고 Hinde의 연구 등은 애착이론의 형성에 많은 영향을 미쳤다.

1) Darwin의 진화론과 애착이론

Bowlby의 영원한 정신적 지주는 Darwin이었다. Bowlby는 Darwin의 견해에 상당 부분 공감하였고, 말년에는 그의 전기를 집필할 정도로 많은 영향을 받았다. Bowlby에게 영향을 미친 것은 적응과 생존에 관한 Darwin의 견해였다. Darwin의 관점에 근거하여 Bowlby는 애착행동을 약탈관계에 대한 일종의 방어행동으로 설명하였으며 그 주요 기능은 개체의 생존과 관련된 것이라고 하였다.

(1) Darwin의 자연선택의 개념

Darwin의 진화론의 핵심적인 내용은 '자연선택(natural selection)' 의 개념이다. 그는 갈라파고스에서의 광범위한 자연관찰을 통해, 살아 있는 모든 것은 그들의 서식지에서 먹이를 얻기 위해 싸워야 하며, 이때 경쟁력이 없는 것은 결국 도태하고 경쟁력이 있는 것만이 선택적으로 살아남는다는 자연선택설을 주장하였다. 또한 생존하게 된 생물이 주변의 변화에 적응하게 되면서 얻게 되는 일련의 새로운 행동과 특성은 결국 다음 세대로 전달된다고 하였다. 이러한 생각을 토대로 1859년 그의 유명한 저서 『종의 기원(The Origin of Species)』을 출간하였다. 『종의 기원』은 『자연선택에 의한 종의 기원 또는 삶의 투쟁 속에서 선택된 인종의 존속에 대하여(On the Origin of Species by Means of Natural Selection or the Preservation of Favoured Race in the Struggle for Life)』라는 원제에서 나타나듯이, Darwin의 진화론은 자연선택의 개념을 진화의 주요 기제로 간주하였다.

Charles Darwin

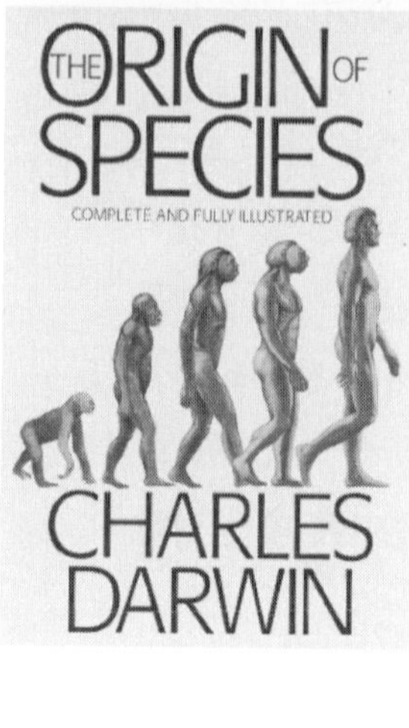

『종의 기원』의 발간을 계기로 발달의 본질에 대한 새로운 사고가 등장하였다. 진화란 변화하는 환경에 대한 유기체의 반응으로서, 변화하지 못하고 적응하지 못하는 유기

체는 소멸하게 되고, 변화에 성공한 유기체는 더욱 강해지고 보다 적응적인 것이 된다. 그리고 이러한 변화가 없이는 생존이 불가능하다는 것이다. 자연선택설에 따르면 생물은 실제 생존이 가능한 것보다 더 많은 수의 자손을 만들어 낸다. 따라서 이들 사이에는 필연적으로 냉엄한 생존경쟁이 일어나며 주어진 환경에 잘 적응하는 개체는 생존경쟁에서 살아남는 반면, 그렇지 못한 개체들은 도태된다. 이러한 과정을 통해 수 세대를 거치면서 개체변이가 일어나며, 이처럼 변이된 우수한 개체를 남기는 자연의 법칙이 곧 자연선택이다.

(2) Darwin의 이론이 애착이론에 미친 영향

변화에 성공한 유기체는 더욱 강해지고 보다 적응적인 것이 되는 반면, 변화하지 못하고 적응하지 못하는 유기체는 소멸하게 된다는 Darwin의 자연선택의 개념은 Bowlby의 애착이론에 많은 영향을 미쳤다. Bowlby는 자연계에서 광범위하게 이루어지고 있는 자연선택의 법칙이 인간에게도 적용될 수 있다고 믿었다. 따라서 영아가 양육자에게 형성하게 되는 애착행동도 바로 이처럼 어린 영아의 생존가능성을 높여주는 주요 기제이며, 생존과 관련된 본능적인 행동으로 간주하였다.

정신분석이론가들이 주장하듯이 영아의 애착행동은 어머니가 영아의 구강적 욕구를 충족시켜주기 때문이 아니라 울기, 매달리기, 웃기, 따라가기 등과 같은 애착행동을 통해 영아는 양육자의 관심을 보다 많이 끌 수 있고 근접성을 유지할 수 있으며 결과적으로 이는 영아의 생존가능성을 높여주기 때문에 나타나는 본능적인 행동이라는 것이다. 이러한 애착행동과 양육행동 간의 관련성은 이후 많은 동물행동학자들에 의해 실증적으로 검증되었으며 영아의 다양한 애착행동과 어머니의 양육행동에 대한 실제 연구결과도 이러한 사실을 뒷받침해주고 있다(Suomi, 1999).

Stephen Suomi

Konrad Lorenz

2) Lorenz의 각인이론과 애착이론

Konrad Lorenz는 1903년 오스트리아에서 태어났다. Lorenz의 아버지는 자신의 뒤를 이어 Lorenz도 의사가 되기를 희망하였으나 그는 빈 대학교에서 동물학으로 박사학위를 받았다. 1973년에는 각인이론으로 Niko Tinbergen, Karl Von Frisch와 함께 노벨생물학상을 공동으로 수상하였다.

Niko Tinbergen

(1) 각인의 개념

자연계의 서식지에서 여러 종의 동물들에 대한 행동관찰을 통해 Lorenz(1952)는 한 개체의 생존가능성을 증진시키는 행동패턴을 발견하였는데, 이들 가운데 하나가 각인(imprinting)이다. 각인은 태어나서 처음 접하는 물체에 애착을 형성하는 선천적인 학습을 의미한다.

Lorenz(1965)는 한 실험에서 어미 거위가 낳은 알을 두 집단으로 나누고 한 집단의 알은 어미 거위가 부화하게 하고 또 다른 집단의 알은 부화기에서 부화시켰다. 그 결과, 첫 번째 집단의 새끼 거위들은 예측한 대로 부화 직후부터 어미 거위를 따라다녔으나, 부화하자마자 Lorenz를 보게 된 두 번째 집단의 새끼 거위들은 Lorenz를 어미처럼 졸졸 따라다녔다(사진 참조). Lorenz는 새끼 거위들에게 표시를 한 후에 상자로 이들을 덮어씌웠다. 어미 거위 옆에 Lorenz가 나란히 서서 상자를 들어 올렸더니 두 집단의 새끼 거위들은 각각

사진 설명 Lorenz를 엄마로 잘못알고 그 뒤를 졸졸 따라가고 있는 새끼 거위(좌)와 어미 거위를 졸졸 따라가고 있는 새끼 거위(우).

Lorenz와 어미 거위 뒤에 나란히 줄을 섰다.

새끼 거위들은 부화 후 첫 며칠 동안 움직이는 대상을 따라가는 학습되지 않은 선천적인 행동을 보이는데 그 대상은 대부분의 경우 어미 거위가 된다. 그러나 어미 거위가 없는 경우 새끼 거위들은 눈에 보이는 움직이는 대상을 따라가게 되는데, 그 대상은 다른 종류의 새나 고양이, 개, 사람, 심지어는 장난감 기차라도 따라가게 된다는 것이다. 그러므로 이러한 본능적 행동은 움직이는 대상의 종류가 아니라 움직임 자체에 기인하는 것으로 볼 수 있다. 각인되는 대상의 범위는 종에 따라 상이하지만 이러한 반응은 새끼들이 위험에 처했을 때, 새끼들로 하여금 도망가는 어미를 따를 수 있도록 해줌으로써 생존가능성을 높여준다(Freedman, 1974).

각인에서 중요한 것은 이러한 현상이 특정한 시기에서만 나타난다는 것이다. 즉, 생후 특정한 시기에 어떤 대상에게 노출되었을 경우에만 각인이 이루어진다는 것인데, 이 특정한 시기를 결정적 시기(critical period)라고 한다. 만약 결정적 시기 이전이나 이후에 특정한 대상에게 노출된다 하더라도 각인은 이루어지지 않는다.

초기의 결정적 시기 동안에 이루어진 거위의 각인경험은 이후에도 거위에게 오랫동안 영향을 미치게 된다. 각인된 거위들이 짝짓기를 할 준비가 되었을 때에 파트너에 대한 선호는 단지 거위의 아름다움과 매력에 의해 결정되는 것이 아니라 각인의 경험에 의해 영향을 받게 되는데, 거위는 초기에 따라다녔던 경험에 따라 다른 거위나 인간, 장난감 기차에게 구애를 하게 된다. 그러므로 사육사에 대한 무조건적인 각인이 이후 새가 다른 새를 짝으로 맞아들이는 것을 거부하는 원인이 될 수 있기 때문에 사육사들은 자신이 키우는 새들이 각인을 할 때 매우 주의를 해야 한다. 일반적으로 조류 사육사들이 어린 새의 관심을 끌기 위해 손인형을 사용하는 것도 이러한 이유이다.

각인은 다른 종류의 학습에 비해 다른 속도와 패턴을 가지는 독특한 형태의 학습이라고 할 수 있다. 그러나 각인은 단지 학습과 경험에만 기반을 두는 것이 아니라 경험과 성숙의 상호작용에 기반을 두고 있다. Bowlby는 인간의 애착행동 또한 각인과 마찬가지로 경험과 성숙의 두 가지 기제 모두에 근거하고 있다고 보았다.

(2) Lorenz의 각인이론이 애착이론에 미친 영향

동물행동학의 주요개념은 Bowlby의 애착이론의 형성에 주요한 이론적 토대를 제공하였다. 일반 동물학자들이 행동의 직접적 원인에만 관심을 가지는 데 비하여, 동물행동학자들은 특정한 행동의 기능은 무엇이며 이러한 행동이 어떻게 진화해 왔는가에 초점을 맞춘다.

Lorenz의 각인이론에서 새끼 거위가 어미를 따라다니는 것은 어미 곁에 가까이 있음으로 인해서 먹이를 얻을 수 있을 뿐만 아니라 위험으로부터 보호를 받을 수 있다는 이점이 있다. 그러므로 각인행동의 궁극적인 목표는 개체의 생존가능성을 높여주는 것이라고 볼 수 있다. Bowlby는 이러한 각인현상이 인간의 아기에게도 마찬가지로 적용될 수 있다고 생각하였으며, 따라서 애착행동의 궁극적인 목적은 애착행동을 통해 인간의 생존가능성을 높여주는 것이라고 하였다.

또한 Lorenz의 각인이론에서는 출생 초기의 결정적 시기를 강조하고 있다. 정상적인 양육조건에서는 각인대상은 생물학적인 어미가 되지만 실험실 상황이나 출생 직후에 장기간에 걸친 분리가 일어날 경우 각인대상은 제3의 인물이 되며 이는 이후의 발달에 치명적인 영향을 미치게 된다. 이러한 결정적 시기의 개념을 인간의 행동에 적용하여 Bowlby는 출생 초기에 양육자와 친밀한 관계를 형성할 수 없게 되면 이후에도 친밀한 관계를 형성하는 데 어려움이 있을 것으로 생각하였으며, 따라서 애착관계에서 초기의 중요성을 강조하게 되었다.

Marc. H. Bornstein

동물에서는 결정적 시기의 개념이 각인과 같은 발달의 특정한 측면을 설명하는 것으로 볼 수 있지만 인간발달에서는 민감기(sensitive period)가 보다 적절한 용어로 볼 수 있다(Bornstein, 1989). 민감한 시기는 그 개념이나 범위가 결정적 시기보다는 덜 엄격하다. 민감한 시기는 특정한 행동이나 능력이 출현하는 데 최적의 시기로서, 아동은 이 시기에 특정한 환경의 자극에 민감한 반응을 보인다. 민감한 시기가 지난 후에도 발달이 이루어질 수는 있지만 그때는 시간이 더 오래 소요될 뿐만 아니라 더 어렵기도 하다. Bowlby(1988a)는 출생 후 3년간이 사회정서발달의 민감기라고 하였으며, 만약 이 시기 동안 그러한 기회를 갖지 못한다면 이후에 친밀한 인간관계를 형성하는 것이 어렵다고 하였다.

3) Harlow의 연구와 애착이론

Bowlby의 애착연구에 중요한 영향을 미친 또 다른 연구는 Harry Harlow의 연구이다. Harlow는 여러 형태의 대리모에 의해 양육된 붉은털원숭이(rhesus monkey)에 대한 실험을 통해 초기의 부모자녀관계의 중요성을 실증적으로 뒷받침해주었다.

(1) Harlow의 원숭이연구

Harlow와 Zimmerman(1959)은 갓 태어난 새끼 원숭이들을 어미와 분리하여 1년 이상을 두 종류의 대리모를 통해 양육하였다. 그 가운데 하나는 젖병이 달린 철사로 만들어진 어미인형이었고, 다른 하나는 젖병은 없지만 부드러운 헝겊으로 감싸져 있는 어미인형이었다. Harlow는 이 독창적인 실험을 통해 새끼에게 음식을 주는 것과 촉각적 만족을 주는 것 가운데 어떤 것이 어미와 새끼의 관계에서 더 중요한지 알아보고자 하였다. 또한 철사엄마(wire mother)와 헝겊엄마(cloth mother)에게 우유병을 부착하여 이 중 절반은 철사엄마에게서 우유를 얻어먹고, 나머지 절반은 헝겊엄마에게서 우유를 얻어먹게 하였다. 연구결과, 원숭이 새끼들은 어떤 엄마에게서 수유를 받았는지에 상관없이 모두 헝겊엄마를 더 좋아하는 것으로 나타났다. 심지어 철사엄마에게서만 젖을 먹을 수 있었을 때조차도 젖 먹는 시간만 제외하고는 대부분의 시간을 헝겊엄마와 함께 보냈다. 그리고 낯선 물체가 나타

사진 설명 Harry Harlow와 붉은털 원숭이.

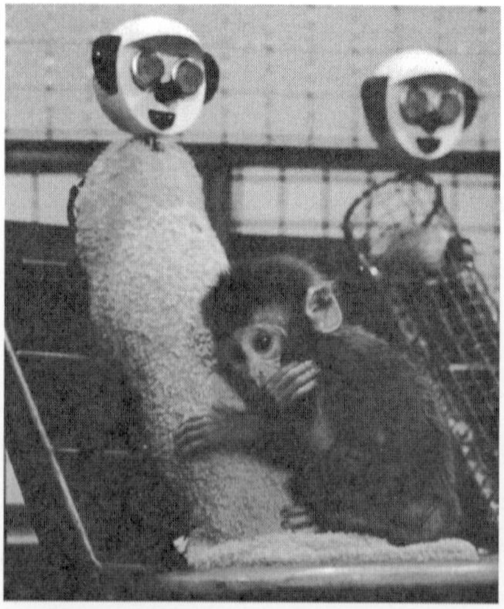
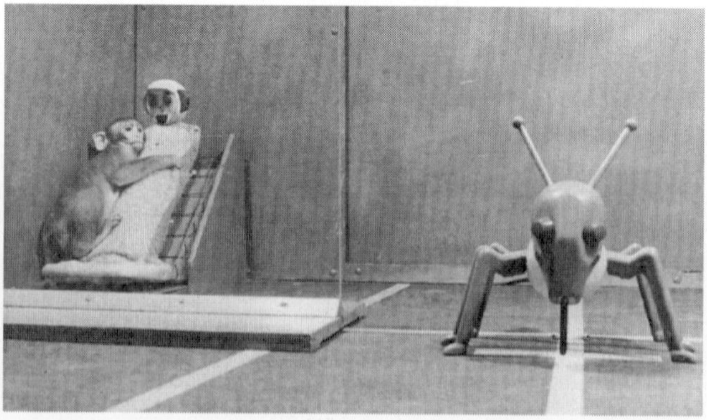

사진 설명 새끼 원숭이가 수유만 철사엄마로부터 받고 헝겊엄마에게 매달려 있다(좌). 두려운 물체가 나타나자 원숭이 새끼들은 모두 헝겊엄마에게 매달렸다(우).

났을 때에도 두려워하는 반응을 보이면서 모두 헝겊엄마에게 달려가 매달렸다(사진 참조).

또한 Harlow(1971)는 애착행동과 탐색행동 간의 균형을 만들어내는 기제를 이해하기 위한 실증적 기초를 제공하였다. 그는 원숭이가 시끄러운 소리를 내는 장난감 자동차나 큰 나무로 만든 곤충으로 인해 놀랐을 때 어떠한 반응을 보이는가를 관찰하였다. 당시의 학습이론에 근거한다면 아기 원숭이는 놀라서 도망을 가는 반응을 보일 것으로 예측할 수 있었다. 그러나 아기 원숭이는 예측한 바와는 달리 양육자가 있는 상황에서는 공포를 유발하는 사물에 접근하여 이를 탐색하고자 하는 행동을 보였는데, 이를 원숭이 엄마와 아기 간에 존재하는 '애정체계(affectionate system)' 라고 명명하였다.

(2) Harlow의 연구가 애착이론에 미친 영향

Harlow의 연구에서 철사엄마에게서 수유를 받은 원숭이의 경우 배고픔을 덜어준 것이 철사엄마이기 때문에 원숭이 새끼들이 모두 철사엄마를 더 좋아했어야 했음에도 불구하고 이들은 헝겊엄마와 보다 친밀한 관계를 형성하였다. 이러한 연구결과는 구강적 만족을 시켜주는 것이 애착형성의 일차적 요인이라는 기존의 정신분석적 관점을 반증하는 것으로 볼 수 있다.

또한 원숭이 어미와 새끼 간에 애정체계(affectionate system)가 형성되어 있을 경우, 새끼 원숭이는 시끄러운 소리를 내는 장난감 자동차나 큰 나무로 만든 곤충을 보고 놀라서 도망가지 않고 이를 탐색하고자 하는 행동을 보였는데, 이러한 애정체계는 바로 애착이론에서 말하는 안전기지(secure base) 개념의 토대를 제공하게 된다. 안정애착을 형성한 아동은 어머니에게 매달리는 것이 아니라 오히려 어머니를 안전기지로 삼고 이를 발판으로 보다 자유로운 탐색이 가능하다는 것이다.

4) Hinde의 연구와 애착이론

Robert Hinde

Bowlby의 탁월한 점은 이론구축을 위해 새로운 분야에 대한 지식을 습득하는 데 필요한 인물을 끌어들일 수 있는 능력이었다. 그는 동물행동학의 방법을 배우기 위해 Robert Hinde와 접촉하면서 많은 도움을 받았다. 한편, Hinde의 붉은털원숭이의 분리와 결합행동에서의 개인차에 대한 연구는 Bowlby의 연구에서 영향을 받기도 하였다. 동물행동학은 연구대상을 동물에서 점차 인간으로 확장해 나갔으며, 그 가운데 대표적인 학자가 Robert Hinde이다.

(1) Hinde의 원숭이 연구

애착연구는 전적으로 인간의 행동에 국한된 것이 아니라 여러 동물연구의 영향을 많이 받았다. Hinde(1974)는 인간이 아닌 영장류의 또래집단에서의 놀이에 대한 연구에서 어미와 새끼 간에 시간과 에너지 면에서 상이한 형태의 상호작용이 존재하며 이는 이후의 적응에 결정적인 영향을 미친다고 하였다.

Robertson이 "두 살짜리 병원에 입원하다(A two-year-old goes to hospital)" 라는 필름을 만든 당시 Bowlby는 조류의 각인연구에 깊은 관심을 보였으며 동시에 케임브리지 대학교의 세계적인 동물행동학자인 Hinde와 깊은 우정관계를 유지하고 있었다. Hinde는 당시 노래를 배우는 새에 대한 연구에서 붉은털원숭이의 어미와 새끼 간의 상호작용에 대한 연구로 관심이 진행되고 있었다. Hinde는 작은 사회적 집단에서 새끼 원숭이를 키우고 있는 어미 원숭이를 연구하였는데, Bowlby는 새끼 원숭이의 행동양식이 자신의 임상경험을 통해 관찰한 인간의 아기의 행동양상과 너무나 유사하다는 점을 인식하게 되었다. 이러한 공통적인 행동패턴은 Bowlby에게 애착이 생물학적인 근원을 갖는다는 가정에 대해 강한 확신을 심어 주게 되었다.

Hinde(1982)는 애착체계는 생존가능성을 높이고 번식률을 높이기 위해 진화해 온 많은 행동체계 가운데 하나로 간주하였다. 붉은털원숭이 새끼는 Bowlby가 인간의 아기에게서 나타나는 보편적인 애착행동으로 열거한 5가지 행동 가운데 빨기, 매달리기, 울기, 따라가기의 4가지 애착행동을 보였다. 그러나 웃음은 침팬지에게서는 나타나지만 붉은털원숭이 새끼에게서는 나타나지 않았다. 이러한 애착행동은 어미와 신체적 접촉이나 근접성을 유지하려는 노력을 반영하는 것이다. 2개월이 되면 붉은털원숭이 새끼는 어미를 안전기지로 삼고 신체적인 능력이 뒷받침되는 범위 내에서 어미로부터 짧은 시간 동안 떠나기를 시도한다. 어미는 이러한 새끼의 분리행동을 세심하게 감독하고 작은 위험신호라도 보이면 행동을 제한하거나 팔이 닿는 안전한 곳으로 옮겨놓았다. 이러한 방식으로 출생 초기에서는 어미가 새끼와 근접성이나 접촉을 유지하는 일차적인 책임을 지는 반면, 2~3개월이 되어 사회적 공포가 생기게 되면 새끼 자신이 어미와의 신체적 접촉을 유지하거나 근접성을 유지하는 일차적인 책임을 지게 된다 (Hinde & White, 1974).

Bowlby(1969)와 Ainsworth(1979)는 안정애착유형이 애착의 가장 원형적인 형태이며 진화의 역사에서 가장 보편적인 유형이라고 지적하였으나, Hinde (1982)는 자연선택의 압력으로 인해 하나의 유일한 원형만이 존재하는 것이 아니라고 하였다. 유일한 최상의 애착유형은 존재하지 않으며 자연선택의 영향으로 상황에 따라 최상의 애착유형은 달라진다고 하였다. 적절한 애착행동은 자녀의 성별이나 연령, 어머니의 사회적 지위나 다른 가족원들로부터의 기여정도에 따라 상이하다고 하였다. Hinde(1986)는 제한된 자원을 두고 경쟁하는 척박한 환경에서는 어머니의 거부적인 행동이 보다 강하게 나타나는데, 이는 공격적이고 비협동적인 속성을 가진 자손이 그렇지 못한 자손보다 생존가능성이 높아지기 때문이다. 이와는 달리 덜 적대적인 환경에서 자라는 자손들은 보다 협동적이고 상호적인 관계를 형성하는 것이 생존가능성을 높여주게 된다.

붉은털원숭이 새끼와 어미와의 상호작용은 항상 긍정적이고 즐거운 것만은 아니다. 어미와 새끼가 많은 유전자를 공유하고 장기적인 목표를 공유하지만 단기적인 목표는 불일치하는 경우가 많으며 따라서 갈등은 필연적이다. 20주가 지나면서 일반적으로 어미는 이유를 시작하게 되고 이는 어미와 새끼와의 관계에 중요한 변화를 초래하게 된다. 이러한 변화가 평온하게 이루어지는 경우는 극히 드물고 평정을 되찾는 데에 한 달 이상이 걸리기도 하므로 이는 애착안정성을 손상시키며 어떤 경우에는 영구적으로 손상을 초래하기도 한다(Hinde & White, 1974).

(2) Hinde의 분리연구

동물행동학자인 Robert Hinde는 동물뿐만 아니라 인간이라는 종의 분리에 대한 반응을 알아보기 위해 직접 인간을 대상으로 연구를 실시하였다(Hinde & McGinnis, 1977). Hinde는 Ainsworth의 '낯선상황실험' 을 응용하여, 분리에 대한 영아와 어머니의 반응을 보다 체계적으로 관찰하였다. 그는 질병으로 인해 병원에 입원하게 된 30~32주의 영아와 그들의 어머니를 4집단으로 구분하였다(〈표 3-1〉 참조).

첫 번째 집단은 어머니가 병원에 입원하고 영아만 친숙한 환경인 가정에 남은 집단이다. 두 번째 집단은 이와 반대로 영아가 병원에 입원하고 어머니만 친숙한 환경인 가정에 남은 집단이다. 세 번째 집단은 어머니와 영아가 모두 서로 다른 병원에 입원하여 낯선 환경에 분리되어 있는 집단이다. 그리고 네 번째 집단

표 3-1 Hinde와 McGinnis의 연구 집단 유형

집단 유형	어머니	영아
집단 1	병원에 입원	가정에 남음
집단 2	가정에 남음	병원에 입원
집단 3	병원에 입원	병원에 입원
집단 4	같은 병원에 입원	

출처: Hinde, R. A., & McGinnis, L. (1977). Some factors influencing the effects of temporary mother-infant separation. *Psychology Medicine, 7*, 197-212.

은 어머니와 영아가 같은 병원에 입원하여 두 사람이 함께 낯선 환경에서 지내는 집단이다.

연구결과, 어머니와 분리된 모든 영아들은 바로 슬픔과 절망을 나타내었다. 그러나 어머니와 떨어졌지만 친숙한 환경인 가정에 남겨진 영아는 어머니와 떨어지면서 동시에 친숙한 환경으로부터도 분리된 영아보다는 슬픔에 덜 잠겼다. 즉, 어머니와 친숙한 환경 모두에서 분리된 영아들이 가장 큰 절망을 오랫동안 나타냈으며, 저항기간도 더 길었다. 어머니와 재결합할 때에도 가정에 남겨진 영아는 분리된 집단의 영아보다 우울 감정을 덜 보였으며, 어머니의 관심유도에 보다 반응적인 것으로 나타났다.

어머니와 영아의 분리는 영아뿐만 아니라 어머니의 반응성에도 영향을 미쳤다. 영아가 떠났다가 돌아왔을 때, 가정에 남아 있던 어머니는 돌아온 영아에게 매우 반응적이었다. 그러나 어머니가 병원이라는 낯선 환경으로 분리되었다가 돌아왔을 때에는, 영아에게 그다지 반응적이지 않았으며, 영아의 요구나 울음에 대한 인내심 수준도 낮았다. 이러한 연구결과에 대해 Hinde와 McGinnis(1977)는 어머니가 영아와 오래 분리되고 병원에서 다른 집단과 사회적 관계를 형성함으로써 영아와 재결합할 때에 영아의 요구에 덜 민감하고 반응적이 되었다고 추론하였다.

(3) Hinde의 연구가 애착이론에 미친 영향

Hinde의 원숭이연구를 통해 Bowlby는 새끼 원숭이의 행동양식이 자신의 임상경험을 통해 관찰한 인간의 아기의 행동양상과 너무나 유사하다는 점을 인식하게 되었다. 이러한 공통적인 행동패턴은 Bowlby에게 애착이 생물학적인 근원을 갖는다는 가정에 대해 강한 확신을 심어주게 되었다. Bowlby는 붉은털원숭이가 인간의 아기와 신체적인 특성이 유사하고 특정 상황에서의 행동양식이나 정서적 특성도 유사하다는 사실은 진화적인 역사의 상당 부분을 공유한다는 것을 의미한다고 생각하였다. 그리고 이러한 특성은 수백만 년에 걸쳐 자연선택의 압력에 성공적으로 적응해온 것을 반영하는 것으로 인간의 아기나 붉은털원숭이 새끼의 생존에 도움이 되는 것으로 간주하였다.

또한 Hinde와 McGinnis(1977)의 연구는 영아와 어머니가 질병으로 잠시 동안 병원에 입원한 후 집에 돌아 왔을 때의 상호작용을 관찰한 것이며, 또한 관찰연구라는 연구방법상의 특수성을 고려한다 할지라도, 각 집단의 크기가 6～7쌍에 불과하다는 점에서 일반화하는 데에는 어려움이 있다. 그럼에도 불구하고 어머니와 분리된 모든 영아들이 바로 슬픔과 절망을 보였고, 더구나 어머니와 친숙한 환경 모두로부터 분리되었던 영아들이 가장 큰 절망감을 보였으며 저항기간도 길었다는 사실은 초기의 분리의 영향을 강조하는 것으로 Bowlby와 Ainsworth의 애착연구에 많은 영향을 미쳤다고 볼 수 있다. 물론 병원에 입원하였던 영아와 어머니를 대상으로 한 연구결과를 건강한 영아와 어머니와의 애착관계에 일반화하는 것은 적절하지 않다고도 볼 수 있으나, 이는 바로 Robertson이 만든 "두 살짜리 병원에 입원하다(A two years goes to hospital)" 라는 영화를 통해 강조하고자 했던 초기의 분리의 영향을 강조하고 있는 것이다.

Hinde(1979)가 사용한 '침투(penetration)' 라는 용어도 애착관계를 설명하는 데 유용한 개념이다. Ainsworth(1982)는 어머니에게 찰싹 달라붙는 아이를 애착이 잘 형성된 아이로 간주하는 오해를 피하기 위해 애착관계에서의 개인차를 강도보다는 질적인 차이로 간주하는 것이 보다 타당하다고 생각하였다. 그래서 그녀는 강도의 개념보다는 Hinde가 사용한 침투의 개념을 애착관계를 특징적으로 설명할 수 있는 보다 유용한 틀로 생각하였다. Hinde는 침투란 한 개인의 중심이 타인의 생활에 얼마나 깊이 개입되어 있는지를 묘사하는 관계의 차원이라고 하였다. 이는 아동이 성장해 감에 따라 부모에 대한 아동의 애착을 설명하는 데 있어서 더욱 유용한 개념이 되는데, Ainsworth는 성장함에 따라 유대감이 약해진다는 표현은 적절하지 않으며 성장하는 자녀의 생활에 대한 침투가 보다 적게 이루어진다고 보았다.

또한 Hinde의 진화론적인 관점은 아동이 속해 있는 문화적 배경에 따라 상이한 상호작용양식이 보다 적응적인 행동일 것임을 시사하고 있다. 모든 문화권의 아동들이 자신의 애착욕구를 처리하기 위해 동일한 고정적인 전략을 사용한다면 환경의 변화에 따른 적응의 여지는 줄어들게 될 것이다. 부정적인 감정의 억압을 요구하는 문화권에서는 영아는 자신이 속해 있는 사회의 문화적 요구를 수렴하여 회피애착유형을 발전시켜나가게 될 것이며, 이러한 경우 회피유형은 생존과 적응을 최대화하는 보편적인 유형이 될 것이다(Hinde & Stevenson-Hinde, 1990).

동물행동학적 관점에 근거하여 Bowlby는 발생학적으로 상이한 수준의 유기체는 본능적인 행동을 상이한 방식으로 조절하며 보다 복잡한 유기체에서 본능적 행동은 목표지향적인 특성을 가지고 있다고 하였다. 그리고 애착이나 부모역할 등을 통제하는 행동체계의 궁극적인 기능은 생존과 종족보존에 있다고 하였다. 유기체는 환경과 자신의 행동에 대한 내적 작동모델을 구성하게 되며, 내적 작동모델이 정교할수록 유기체는 미래를 보다 더 잘 예측할 수 있으며, 따라서 생존가능성도 높아지게 된다.

그럼에도 불구하고 1953년에 발표된 Bowlby의 첫 동물행동학적 관점의 논문과 분리의 효과에 대한 비슷한 시기의 논문에는 동물행동학적 관점의 흔적을 찾아볼 수 없는데, 이는 동물행동학이 부모자녀관계를 연구하기에 적절하다는 사실에 대한 확신이 없었기 때문이다. 또한 Ainsworth도 처음에는 Bowlby가 동물행동학적 관점을 받아들이는 데에 다소의 우려를 표명하였으나 우간다 연구를 통해 그 타당성을 인정하게 된다.

3. 인지발달이론

Bowlby는 정신분석이론 이외의 다른 학문적 관점으로부터 지속적으로 자신의 생각을 지지할 수 있는 아이디어를 찾고자 노력하였다. 이러한 노력의 일환으로 Bowlby는 자신의 이론을 구축하는 과정에서 인지발달이론이 심리학에서 널리 수용되기 이전부터 Craik(1943)의 표상(representation)의 개념을 받아들였다. 그리고 이후 자신의 생각을 Piaget의 인지발달이론이나 정보처리이론과 결부시켰다. 또한 인지발달이론에서는 영아의 사회적 행동은 기본적인 인지과정과 관련이 있다고 보기 때문에, 영아의 지적 발달이 선행되어야 특정 인물에 대한 애착을 형성할 수 있다고 한다(Schaffer & Emerson, 1964).

Kenneth Craik

1) 표상의 개념과 애착이론

여러 인지발달이론가들이 사용한 표상(representation)의 개념은 애착이론에서 내적 작동모델의 개념을 설정하는 데 많은 영향을 미쳤다. Dunn(1993)을 위시한 많은 연구자들은 표상이라는 용어는 그 개념이 모호할 뿐만 아니라 검증이 불가능하다는 점에서 이를 사용하는 것에 대해 비판을 하였다. 그러나 Bowlby(1969)는 표상의 개념은 내적 작동모델의 개념설정에 많은 영향을 미쳤을 뿐만 아니라 표상이라는 개념을 전제로 하지 않고는 애착행동을 이해하는 것이 불가능하다고 하였다. 표상의 개념을 근거로 하는 내적 작동모델의 유용성은 인지심리학자인 Johnson-Laird와 McGinn 그리고 Metzinger와 같은 철학자들에 의해서도 지지되었다(Bretherton & Munholland, 1999). Bowlby와 마찬가지로 이들은 물리적, 사회적 세계와의 상호작용과정에서 관계의 인과모형을 의미하는 내적 작동모델 혹은 정신모형을

Philip Johnson-Laird

Robert Abelson

가정하였다. 그리고 이러한 지적 표상을 개인의 적응과정에서 인과관계를 파악하는 데 있어서 유용한 개념으로 간주하였다.

내적 작동모델의 기능이나 구조, 발달에 대한 설명은 Schank와 Abelson(1977)의 각본(scripts)연구, Nelson(1986)의 도식(schema)연구, Mead(1934)의 상징적 상호작용이론 그리고 Lewin(1933)과 Heider(1958)의 귀인이론(attribution theory) 등에 근거하고 있다. Bowlby는 어린 아동도 자신과 세계에 대한 내적 작동모델을 형성할 수 있는 표상체계를 가지고 있는 것으로 간주하였지만 이러한 표상체계를 어떻게 형성하고 작동하는가에 대한 언급은 하지 않았다. 1970년대 후반부터 1980년대 초반에 이르러 각본(script)이나 도식(schema)이라고 하는 가설적 개념이 관심을 받게 되었다. Schank와 Abelson(1977)은 어떤 사람이 반복적으로 유사한 경험을 하게 되면 일련의 조직적이고 체계화된 각본이 형성된다고 하였다. 이후 유사한 상황에 직면하게 되면 이처럼 형성된 각본이 자동적으로 작동하게 되며, 이로 인해 사람들은 이후에 나타날 상황을 보다 성공적으로 예측할 수 있게 된다고 하였다. Nelson(1986)은 Bartlett(1932)의 기억의 도식이론에 근거하여 누가, 무엇을, 언제, 어디서, 왜, 어떻게 등을 표상하는 사건도식(event schema)이라 불리는 일련의 구조화된 틀을 제시하였다. Nelson은 어머니의 역할과 같은 보다 구체적인 개념은 심층적인 정보처리과정을 통해 사건도식으로부터 형성된다고 하였다.

Schank(1982)는 각본의 개념은 새로운 정보를 받아들이는 데 있어서 융통성을 저해하는 부정적인 측면이 있으나, 개인의 독특한 경험이 도식의 일부로서 기억될 수 있다는 점은 긍정적인 측면으로 볼 수 있다고 하였다. 즉, 동일한 경험이 각본의 한 부분으로 통합된다는 것이다. 예를 들어, 어떤 아이가 자신이 고통스러웠던 순간에 아버지가 안아준 경험을 가지고 있다면 이러한 경험은 누적되어 총체적인 각본을 형성하게 되고, 그는 자신이 도움이 필요한 순간에는 아버지가 항상 도움을 줄 수 있다는 지지적인 도식을 형성하게 될 것이다. 이는 아버지에 대한 작동모델을 구성하게 되며 다시 전반적인 아버지 역할의 작동모델로 투입된다. 이러한 도식은 교사나 친구와 같은 다른 사람들과의 관계에도 적용되며(Berlin & Cassidy, 1999; Weinfield, Sroufe, Egeland, & Carlson, 1999), 전반적인 인간관계나 이 세계에 대한 내적 작동모델에도 영향을 미치게 된다. 따라서 부모와 어린 시절 우호적인 관계를 형성한 사람들은 이 세상을 보다 예측가능하고 통제가능한 곳으로 인식하게 된다(Catlin & Epstein, 1992).

표상개념에 대한 Bowlby의 핵심은 내적 작동모델의 사회적 근원에 대한 것이다. Bowlby 자신은 상징적 상호작용론자들의 관점에 익숙하지 않았지만, 애착이론에서 내적 작동모델의 개념은 George Mead를 위시한 상징적 상호작용론자들의 사회적 자기(social self)에 대한 관점과 유사하다. Mead(1910, 1913, 1934)는 어린 아동은 자신의 사회적 행동에 대해 중요한 타인(일반적으로 부모)들이 어떻게 반응했는가를 통해 자신을 이해하게 된다고 하였다. 만약, 영아가 안아달라는 몸짓을 했을 때 습관적으로 부모가 이를 무시하게 되면 이러한 몸짓은 유아에게 있어서 그 의미를 상실하게 된다고 하였다.

George Herbert Mead

그러나 애착이론의 관점에서는 이러한 행동은 그 이상의 의미를 가지고 있다. 진화적인 과정이 영아로 하여금 자신이 보내는 신호에 대해 부모의 반응을 기대하도록 준비시키기 때문에 부모의 무시하는 행동은 단순히 영아의 몸짓을 의미없게 할 뿐만 아니라 거부의 의미를 전달하는 것이다. 이러한 부모의 반응이 지속될 경우, 자신의 요구는 중요하지 않다는 것으로 자신의 내적 작동모델로 통합되게 된다(Bretherton, 1990). 이러한 방식으로 애착대상과의 상호작용은 영아의 자기에 대한 내적 작동모델의 형성에 큰 영향을 미치게 된다.

또한 내적 작동모델의 개념은 사고의 사회적 기원에 대한 Mead의 추론과 유사하다. Mead(1910)에 의하면 사고는 상상적인 타인과 자신과의 내적 의사소통으로 구성된다고 한다. 즉, 어린 아동에게 있어서 이러한 내적 대화는 특정 인물의 모습과 말소리가 사라져도 지속적으로 영향을 미치게 되고 사고는 개인적 양식으로 자리잡게 된다는 것이다. 지지적인 부모는 자녀에게 대화를 통해 심리적 안전기반을 제공한다는 Mead의 추론은 Bowlby의 사고에 영향을 미쳤다.

Kurt Lewin

Fritz Heider

Bowlby는 자신의 작동모델과 자녀의 감정을 함께 반영해볼 수 있는 개방적인 부모는 자녀의 내적 작동모델을 보다 적절하게 재구성할 수 있도록 도와줄 수 있다고 하였다.

또한 Bowlby는 사회심리학자인 Kurt Lewin이나 Fritz Heider의 생각과 유사하게 정서적, 동기적 목표나 평가도 표상의 통합적인 한 부분으로 간주하였다. Lewin(1933)에 의하면 주위환경은 개인의 행동목표나 행동목록 등과 같은 개인적 의미와 관련하여 해석될 수 있다고 한다. 예를 들어, 막 기기 시작한 영아에게 계단은 위층에 있는 엄마와의 재결합을 방해하는 장애물이지만, 걸음마기 영아에게는 동일한 계단이 일종의 도전의 대상이 되는 반면, 유아에게는 계단이 위층에 있는 엄마에게 도달할 수 있는 수단이 된다. Lewin은 어린 유아가 환경을 안전한 곳으로 인식하는지 혹은 불안전한 곳으로 인식하는지는 단순히 물리적 환경 자체에 좌우되는 것이 아니라 어머니의 존재유무와 관련이 있는데, 이는 어머니의 존재가 보호의 느낌을 제공해주기 때문이라고 하였다.

Heider(1958)는 Lewin의 생각을 확장하여 대인관계 맥락에 적용시켰다. 그는 사람들이 다른 사람에게 반응을 하게 될 때에 단순히 상대방의 행동 자체를 인식하는 것이 아니라 타인이 자신을 어떻게 생각하며 그들 자신이 상대방을 어떻게 믿고 있는가에 따라 타인의 행동을 이해한다고 하였다. 일반적으로 성인들은 특정한 상황에서 이용가능한 풍부한 정보에 근거하여 아주 빠른 속도로 추론을 하게 되며, 이에는 상황에 대한 타인의 정서적 표현뿐만 아니라 과거의 상호작용과 관련된 정보도 포함한다. 부모가 어린 영아의 울음을 피곤 때문이라고 생각하는지, "미운 세살"[1]이라는 발달단계의 특성 때문이라고 생각하는지 또는 성격특성 때문이라고 생각하는지에 따라 부

1) 옛날에는 "고운 세 살" "미운 일곱 살"이라고 하였지만, 요즈음은 아이들의 성장이 빨라 세 살에 벌써 '미운 짓'을 많이 한다는 의미이다.

모의 반응은 달라진다. 아동의 성가신 행동을 자신을 괴롭히기 위한 의도적인 것으로 생각하는 어머니는 인내심이 없으며 거부의 반응을 더 많이 보이는 반면, 일시적인 것으로 생각할 경우에는 보다 편안한 반응을 보이게 된다. 이와 유사하게 부모의 거부적인 행동을 의도적인 것으로 생각하는 아동은 그렇지 않은 아동보다 부모나 자기 자신에 대해 보다 부정적으로 평가한다.

Jean Piaget

이후 Piaget도 인지발달이론의 기본적인 틀로서 도식의 개념을 수용하였다. 빨기나 잡기와 같은 최초의 도식은 본질적으로 반사적이지만 이는 환경의 요구에 따라 점차 변화한다. 영아는 많은 도식들을 가지고 태어나며 동화(assimilation)와 조절(accomodation)이라는 적응과정을 통해 새로운 도식들을 개발하고 기존의 도식은 변화시켜 나간다. 동화는 기존의 도식을 사용해 새로운 자극을 이해하는 것으로, 이는 자신의 내적 욕구를 충족시키기 위해 환경을 변화시키는 것이다. 반면, 조절은 기존의 도식으로는 새로운 사물을 이해할 수 없을 때에 자신이 가지고 있는 기존의 도식을 변경하는 것이다. 아동이 조절을 할 때에는 도식의 형태에 질적인 변화가 일어난다. 동화와 조절의 과정을 통한 도식의 변화는 바로 Bowlby가 말하는 생존가능성을 높여주는 것으로 볼 수 있으며, 동시에 이를 통해 최초의 내적 작동모델은 환경과의 상호작용을 통해 변화해나가게 된다.

2) 정보처리모델과 애착이론

정보처리이론은 내적 작동모델이 어떻게 발전해나가는가를 설명하는 데 큰 영향을 미쳤다. 정보처리이론은 아동이 외부 세계로부터 들어오는 정보를 기억과정을 통해 저장하고 시간의 흐름에 따라 저장된 정보를 전환하며, 또한 정보를 효율적으로 인출하는 정보처리의 과정을 연구대상으로 한다.

정보처리이론은 인간의 인지를 세 가지 체계로 개념화한다. 첫째, 외부 세계로부터 유입되는 정보는 우리의 감각기관을 통해 인지체계에 투입된다. 둘째, 우리의 뇌는 감각기관에 투입된 정보를 다양한 방법으로 저장하고 전환한다. 여기에는 정보를 부호화하고 저장하고 인출하는 과정이 포함된다. 정보처리에 대한 대부분의 연구가 이 부분에 집중되어 있다. 마지막 체계는 우리의 행동으로 나타나는 산출부분이다. 정보처리모델에 의하면 감각기관을 통해 외부로부터 받아들인 정보는 감각기록기에 잠시 머물게 된다. 그러나 감각기록 내의 정보는 특별한 주의를 기울이지 않으면 순식간에 사라져버리며 특별한 주의를 기울인 정보만이 단기기억으로 넘어가게 된다. 단기기억은 소량의 정보만 기억할 수 있으며, 단기기억 내의 정보는 잊혀지든지 혹은 장기기억으로 넘어가게 된다. 단기기억과는 달리 장기기억은 새로운 정보를 저장하는 용량이 거의 무제한적이다.

아동이 성장함에 따라 정보를 보다 효율적으로 처리할 수 있는 인지변화가 나타난다. 즉, 아동이 보다 많은 정보를 습득함에 따라 지식기반이 확장되며, 지식기반의 확장은 새로운 학습을 보다 용이하게 한다. 왜냐하면 아동으로 하여금 이전에 알고 있던 정보와 새로운 정보를 보다 쉽게 연결시켜주기 때문이다. 가장 중요한 발달적 변화는 정보를 통제하고 분석하는 통제과정이다. 통제과정은 컴퓨터와 인간의 정보처리과정을 구분하는 부분으로서 어떤 정보에 주의를 기울이고, 저장과 인출과정에서 어떤 책략을 사용할 것인지를 결정하는 과정이다. 아동이 성숙함에 따라 통제과정도 점차 효율적이 되어 문제해결을 효율적으로 하게 된다.

Bowlby는 이와 같은 정보처리과정의 개념을 내적 작동모델의 발달과정에 접목시켰다. 출생 시부터 영아는 특정 정보에 보다 관심을 보이는 선택적 주의집중이 이루어지고 양육자는 이러한 주의집중 가능성을 높이도록 행동하게 된다. 애착행동이 개인의 생존가능성을 높여준다는 점에서 어린 영아는 다른 어떤 정보보다도 애착과 관련된 정보에 주의를 집중하게 될 것이며, 결과적으로 이는 장기기억에 저장될 가능성이 높아지게 된다. 또한 장기기억에 저장된 애착과 관련된 정보는 시간이 경과하면서 소멸되는 것이 아니라 일종의 지식기반과 같은 내적 작동모델을 형성함으로써 이후에 유입되는 애착관련 정보를 해석하거나 이를 수용하는 데 영향을 미치게 된다.

3) 인지발달이론이 애착이론에 미친 영향

인지발달이론이 애착이론에 미친 영향 가운데 대표적인 것은 내적 작동모델의 형성과 발달에 관한 것이다. 인지발달이론의 표상, 각본, 도식의 개념은 바로 내적 작동모델의 개념을 설정하는 기본이 되었으며, 이러한 내적 작동모델이 어떻게 작용하는가에 대해서는 정보처리이론의 모형을 통해 설명하였다.

애착관계는 한 개인이 어린 시절 주요 애착대상과의 상호작용을 통해 형성한 내적 표상의 지배를 받는다. 내적 작동모델은 한 개인과 애착대상과의 상호작용 경험을 반영하는 것이기 때문에 이들 양자는 상호보완적인 속성을 갖는다. 자기에 대한 작동모델이 가치롭고 유능한 것으로 인식되면 그에 상응하는 부모의 모델도 수용적이고 탐색을 지지하는 것으로 인식되는 반면, 자기에 대한 작동모델이 가치 없고 무능한 것이면 그에 상응하는 부모의 작동모델도 거부적이고 탐색을 저해하는 것으로 인식된다(Sroufe & Fleeson, 1986). 애착이론의 맥락에서 '안전(secure)'이라는 용어는 보호적이고 지지적인 인물이 존재한다는 사실에 대한 확신을 의미하는 것이다.

Alan Sroufe

인지발달수준이 높아질수록 아동은 보다 정교한 내적 작동모델을 형성하게 되며, 동시에 애착이 발달되기 위해서는 어느 정도의 인지발달이 선행되어야 한다. 애착을 형성하기 전에 영아는 우선 낯선 사람과 친숙한 사람을 구분할 수 있어야 하며, 대상영속성 개념 또한 획득해야 한다. 애착대상이 시야에서 사라지면 더 이상 존재하지 않는다고 믿는다면 그 사람과 애착을 형성하기 어렵기 때문이다(Schaffer, 1971). 따라서 영아가 대상영속성 개념을 획득하기 시작하는 시기인 7~9개월경에 특정인에 대해 애착행동을 보이는 것은 우연이 아니다. 인지발달단계와 관련하여 영아가 어떻게 애착을 형성해나가는가에 대해 Bowlby(1969)는 애착의 발달단계를 다음과 같은 4단계로 구분하였다.

1단계는 무분별적 사회적 반응단계로서 생후 8~12주까지의 시기에 해당한다. 이 시기에 영아는 사람에 대해 특정한 방식으로 반응하지만 감각능력의 제한으로 인해 영아는 서로 다른 사람들을 구분하는 데 있어서 제한된 능력을 가지고 있다. 2단계는 분별적 사회적 반응단계로서 생후 12주에서 6개월까지의 시기에 해당한다. 이 단계에서 영아는 친숙한 사람과 낯선 사람에게 다르게 반응하기 시작하며, 어머니와의 상호작용에서 더 많이 웃거나 옹알이를 한다. 3단계는 특정한 애착대상에 대한 근접성 유지단계이다. 이 단계에서 영아는 타인을 분별할 수 있는 능력이 증가할 뿐만 아니라 떠나가는 엄마를 따라가거나 엄마가 돌아오면 반갑게 맞이하는 것과 같은 반응을 할 수 있는 행동목록도 증가하게 된다. 따라서 영아는 이미 애착을 형성한 사람에게 적극적으로 접근하는 반면, 애착대상이 떠나가면 분리불안을 보인다. 4단계는 목표수정적 동반자관계로서 3단계까지 영아가 보이는 애착대상에 대한 근접성은 다소 원시적인 인지적 지도에 의거한 목표수정체계에 의해 이루어진다. 그러나 어머니의 동기와 감정을 이해하기 시작하면서 어머니와 영아 간에는 상호 간에 동반자로서의 복잡한 관계가 형성된다.

이러한 애착의 발달은 인지발달단계와 병행하여 나타난다. 즉, 대상영속성의 개념이 전혀 생기지 않은 1, 2단계에서는 특정인물에 대한 애착행동이 뚜렷하게 나타나지 않으나, 대상영속성의 개념이 형성되기 시작하는 3단계에 이르러서는 특정한 애착대상에 대해 근접성을 유지하려는 반응이 나타난다. 그리고 대상영속성의 개념을 완전하게 습득하게 되는 4단계에서는 애착관계도 목표수정적 동반자관계로 발전하게 된다.

4. 학습이론

학습이론은 정신분석이론이나 동물행동학이론, 인지발달이론과 같이 애착이론의 발달에 영향을 미친 것으로는 볼 수 없다. 애착행동을 종의 생존을 위해 타고난 본능적 행동으로 강조하였던 Bowlby의 애착이론은 학습과 경험을 강조하는 학습이론의 관점과는 다소 괴리가 있다. 오히려 학습이론에서는 애착행동이 모든 문화권에서 보편적으로 나타나는 현상은 아니며 사회적 환경에 따라 상이한 애착행동이 나타나며, 동시에 영아의 학습성향과도 관련이 있다고 하였다.

1) 사회문화적 배경과 애착

Bowlby와 Ainsworth는 애착행동의 문화적 보편성을 주장했지만, 학습이론에서는 애착은 상이한 문화권에 따라 달라질 수 있으므로 다양한 사회문화적 맥락과 이로부터 파생된 변수들을 고려해야 한다고 하였다. 애착형성에서 사회적 환경이 미치는 영향은 Imhof의 영아사망률에 대한 연구에서 찾아볼 수 있다(Grossmann, 2000).

Imhof는 Musham의 소모체계(system of wastage)와 보존체계(system of conservation)의 개념을 근거로 사회문화적 맥락이 다른 독일의 헤젤(Hesel)과 게벨스바크(Gabelsbach) 두 마을의 인구통계학적 비교연구를 수행하였다. 두 마을의 전체 출산율이 비슷한 상황에서 게벨스바크 마을은 유아 사망률은 높고 생존율이 낮아 이를 많이 낳아 많이 사망하는 소모체계로 설명한 반면, 헤젤 마을은 출산율은 높고 사망률이 낮아 이를 보존체계로 설명하였다. 그는 사망률의 증가원인을 게벨스바크 마을의 전쟁과 굶주림, 잦은 역병으로 인한 임신기간과 그 후의 힘든 일들, 모유수유의 부족, 어머니의 직업생활로 인해 유아가 집에 혼자 남겨지는 것, 백신접종상태, 질병에 걸린 아이들에 대한 의학적 치료의 부족, 불결한 위생상태, 유아들에 대한 무관심 등이라고 했다. Imhof의 연구는 돌봄과 애착은 여러 사회문화적 상황으로 인해 유아에 대해 관심을 갖기 어려운 환경에서는 이루어지기 어려우며, 이로 인해 게벨스바크 마을과 같은 환경에서 인간자원의 소모는 명확하고 당연한 결과임을 보여주었다. 그리고 역사적으로 영아에 대한 생각은 소모체계로부터 보존체계로 변화해왔는데, 이러한 변화에서 가장 기본적인 요인은 적절한 돌봄이라는 것이다. Imhof의 연구는 어린 영아의 생존에서 부모와의 애착관계가 중요함을 말해줌과 동시에 이러한 관계에서 사회문화적 요인의 영향을 강조하고 있는 것이다.

이 외에도 Grossmann과 그 동료들(Grossmann, Grossmann, Spangler, Suess, & Unzer, 1985), Sagi와 그 동료들(Sagi, Lamb, Lewkowicz, Shoham, Dvir, & Estes, 1985) 그리고 Miyake와 그 동료들(Miyake, Chen, & Campos, 1985)의 비교문화 연구들은 애착에서의 사회문화적인 요인을 강조하고 있다.

또한 Colwyn Trevarthen(2001)은 어린 아동은 성인으로부터 배우고자 하는 타고난 능력을 가지고 있으며, 이처럼 타고난 학습성향이 자신의 신호에 신속하게 반응해주는 애착대상과 상호작용하게 만든다고 하였다. 그러므로 애착형성의 기저에는 타고난 학습성향이 있음을 강조하였다.

2) 학습의 원리와 애착

학습이론가들은 애착의 발달을 학습의 세 가지 기본원리를 통해 설명하고 있다(정옥분, 2006). 첫째, 학습이론에서도 정신분석이론과 마찬가지로 수유가 애착의 중요한 원인이 되는 것으로 설명한다. 즉, 어머니가 아기를 품에 안고 젖을 먹임으로써 배고픔을 해결해줄 뿐만 아니라 수유하는 동안 눈을 맞추고 신체접촉을 통해 따뜻하고 포근한 느낌이나 청각적 자극 또는 촉각적 자극을 끊임없이 제공해준다. 이러한 일이 반복되면서 영아는 어머니와 즐거운 감정을 연결시키게 되고, 이로 인해 어머니는 이차적 강화인(secondary reinforcer)의 지위를 획득하게 된다. 이차적 강화인은 처음에는 중립적이던 것이 다른 강화자극과 반복되어 짝지어짐으로써 강화인의 지위를 얻게 되는 것을 의미한다. 어머니가 이차적 강화인의 역할을 하기 시작하면 영아는 어머니로부터 관심을 끌기 위해 또 어머니와 가까이 있기 위해 필요하다고 생각되는 행동(미소, 울기, 옹알이, 매달리기 등)을 하게 된다고 한다. 정신분석이론과 마찬가지로 학습이론에서도, 일차적 욕구충족을 통해 발달한 긍정적인 정서적 유대관계를 애착이라는 개념보다는 의존성과 관련된 개념으로 설명하였다(Sears, 1972).

둘째, 주양육자는 변별자극의 속성을 획득하게 된다. 변별자극이란 유아에게 언제 어떤 반응을 하면 보상을 받을 수 있는지를 알려주는 자극이다. 빨간 불이 켜졌을 때 지렛대를 눌러야만 먹이를 얻어먹을 수 있었던 쥐는 빨간 불이 켜질 때에는 지렛대를 눌러야만 한다는 것을 학습하게 된다. 이때 빨간 불은 변별자극이다. 이처럼 영아는 어머니와의 상호작용과정에서 미소짓고 옹알이하고 주의를 끌 만한 행동을 하면 보상을 받는다는 것을 학습하게 되고, 또 이러한 행동을 낯선 사람보다 양육자가 더 많이 보상한다는 것을 학습하게 된다. 따라서 유아는 낯선 사람에게보다 양육자에게 사회적 반응을 더 많이 하게 된다. 여기서 유아와 어머니와의 관계는 빨간 불과 쥐의 관계와 유사하다.

셋째, 유아의 독특한 애착행동패턴은 양육자가 베푸는 상이나 벌에 달려 있다. 예를 들어, 유아가 울 때에만 주목하고 웃을 때에는 무시한다면, 그 유아는 울보가 될 것이다(사진 참조).

그러나 이와 같은 세 가지 원리가 애착행동을 얼마나 설명할 수 있는지에 대해서는 의견이 분분하며, 유아의 애착행동이 단순히 강화의 법칙에 따른다는 주장은 많은 연구자들로부터 공격을 받았는데, 그 가운데 대표적인 학자는 Ainsworth이다(Bell & Ainsworth, 1972). Ainsworth는 울음이나 미소와 같은 유아의 애착행동에 대한 양육자의 반응은 강화가 아니라 양육자의 행동을 예측하고 통제할 수 있다는 자신의 능력에 대한 신념을 강화하는 것이라고 하였다. 그러므로 학습이론의 주장과는 달리 영아의 울음에 대한 양육자의 반응은 영아의 울음을 증가시키기보다는 오히려 감소시킨다는 것이다. 이는 자신이 울면 어머니가 달려올 것이라는 안전감을 제공하기 때문이다. 그러므로 Ainsworth는 양육자의 즉각적 반응이 유아의 외적 행동만을 강화하는 것이 아니라 자신의 행동이 다른 사람에게 미치는 영향에 대해 가르치고 있는 것이라고 주장하였다.

보다 큰 맥락에서 본다면 학습이론과 애착이론의 관점은 영아의 행동에 대한 어머니의 반응을 외형적인 행동에 초점을 맞추느냐 내면적인 신념에 초점을 맞추느냐의 차이일 뿐 강화의 맥락에서 이해할 수 있을 것이다. 그러나 영아의 울음에 대한 어머니의 반응을 강화로 설명한 학습이론의 관점과 Ainsworth의 관점 간에는 상당한 괴리가 존재한다. 더구나 동물행동학적 관점에 근거하여 학습된 능력이 아닌 인간이라는 종의 생존과 관련된 선천적인 능력임을 강조하는 Bowlby의 애착에 대한 관점과는 일치점을 찾기가 어렵다.

4 애착의 전생애발달

영아기에 형성된 애착은 시간이 흐른 후에 어떤 변화를 나타낼까? 애착유형은 발달과정 속에서 어떻게 변화되어질까? "애착행동은 요람에서부터 무덤까지 인간을 특징짓는다"라는 Bowlby의 주장처럼 애착은 단지 영아기만의 발달적 특성이나 발달과업이 아니다. 그러나 Ainsworth가 애착행동의 개인차를 측정하기 위해 개발한 영아기 애착척도인 '낯선상황실험'이 이후 많은 학문영역과 학자들의 관심을 받게 되면서 초기의 애착연구는 특히 영아기 애착에만 초점이 맞추어졌다.

그러다가 1980년대에 들어 Main과 동료들 그리고 Shaver와 Hazan에 의해 자기보고식 설문지와 반구조화된 면접을 통해 성인의 애착을 측정할 수 있는 방법이 개발됨에 따라 초기의 영아중심적 애착연구는 점차적으로 전생애적 관점으로 확산되고 있다. 실제로 대부분의 사람들은 아동기와 청년기뿐만 아니라 성인기에도 애착을 형성한다. 또한 결혼 후 자녀를 양육하는 과정에서도 자녀의 애착형성에 영향을 미친다.

따라서 이 장에서는 영아기에서 성인기에 이르기까지 각 단계별 발달특성과 애착연구를 살펴보고, 나아가 영유아기에 형성된 애착이 이후 발달과정에서 어떻게 나타나는지 애착의 전생애발달과 함께 애착의 세대 간 전이를 살펴보고자 한다.

1. 영아기 애착

갓 태어난 신생아는 자신의 목조차 가누지 못하는 연약한 존재이다. 그러나 생후 첫 2년 동안 영아는 서서 걷고 뛸 수 있는 능력을 갖게 된다. 신체적 · 인지적 성숙이 이루어지면서 영아는 자신의 의지에 따라 주 양육자인 애착대상에게 이전의 '미소 짓기' '울기'와 같은 소극적 행동양식에서 벗어나 점차 '매달리기' '따라가기'와 같은 능동적이고 적극적인 애착행동을 나타낸다.

1) 영아기의 발달특성

발달단계적으로 영아기는 출생부터 2세까지를 의미한다. 영아기는 발달의 여러 영역에서 급속한 성장이 이루어지는 시기이다. 생후 1년이 되면 몸무게는 출생 시의 3배가 되고, 키는 1.5배가 된다. 2세에는 몸무게가 13kg 정도로 출생 시 체중의 4배가 되며, 키는 출생 시 50cm에서 약 85cm로 자라 성인의 절반 가량이 된다. 영아는 이러한 신체적 성장을 토대로 급속도로 운동기능을 발달시킨다. 발달은 영아에 따라 개인차가 크지만, 일반적으로 생후 1년이 되면 기고 설 수 있고, 2년째에는 혼자 능숙하게 걷고 달릴 수도 있다(〈그림 4-1〉 참조). 따라서 영아기는 인간의 전생애발달 중 신체적 성장이 가장 빠른 속도로 이루어지는 성장급등기(growth spurt)이다.

신체와 운동기능의 급속한 발달과 함께 영아기는 두뇌와 인지발달이 놀라운 속도로 이루어지는 시기이다. 출생 시 단지 몇 가지 반사능력만을 가지고 태어

〈그림 4-1〉 영아기 운동기능의 발달시기와 순서

출처: Feldman, R. S. (2001). *Child development* (2nd ed.). Upper Saddle River, NJ: Prentice-Hall.

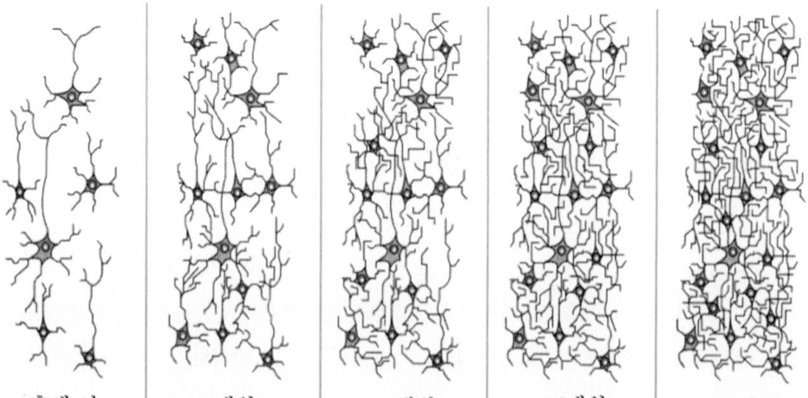

〈그림 4-2〉 영아기 뉴런의 발달과정

출처 : Feldman, R. S. (2001). *Child development* (2nd ed.). Upper Saddle River, NJ : Prentice-Hall.

난 영아는 자신을 돌보아주는 양육자와의 상호작용과 주변 환경의 탐색을 통해 뉴런의 크기와 구조가 복잡해지고 인지가 더욱 발달하게 된다(〈그림 4-2〉 참조).

운동기능의 급속한 발달은 영아로 하여금 '따라가기' 와 같이 보다 적극적인 애착행동을 하도록 한다. 아울러 인지발달은 낯선 사람과 친숙한 사람을 구별하게 하여, 영아는 자신을 주로 돌보아주는 주양육자에게 집중할 수 있게 된다.

애착이론에 의하면 애착은 영아기를 지나서도 계속되는 전생애 동안의 과정이다. 처음 애착이론을 체계화한 Bowlby 역시 애착을 전생애에 걸쳐 발달하는 것으로 인식하였다. 그러나 Ainsworth가 개발한 '낯선상황실험' 이 영아기의 애착을 측정하기 위한 척도이며, 무엇보다 분리불안이나 낯가림과 같은 구체적인 애착행동이 모두 영유아기에 나타났기 때문에, 초기 애착이론가인 Bowlby와 Ainsworth는 영유아기를 중심으로 애착의 발달단계를 모두 4단계로 제시하였다. 발달단계상 영아기는 출생 후 24개월까지의 시기를 의미하므로, 영아기 애착에서는 Bowlby와 Ainsworth가 제시한 애착 발달단계 4단계 중 앞의 3단계까지의 애착단계를 살펴보고 마지막 4단계는 유아기에서 살펴보고자 한다.

먼저 Bowlby(1969)에 의하면 영아기 애착의 1단계는 출생 후 6~8주(또는

12주)로, 이 시기의 영아는 모든 사람들에게 손을 뻗히고 미소짓거나 옹알이 등과 같은 사회적 신호를 보이고 자신이 먼저 접촉을 시도한다. 모든 사람들에게 무분별하게 사회적 반응을 나타내므로, Bowlby는 이 시기를 '무분별적 사회적 반응단계'로 명명하였다. Ainsworth는 영아의 이러한 행동들이 아직 애착행동으로 볼 수 없으므로 '전 애착단계'라고 명명하였다.

영아기 애착의 2단계는 '분별적 사회적 반응단계'(Bowlby, 1969)이다. 생후 2~3개월에서 6~8개월경까지 지속되는 이 시기에 영아는 사람들에게 친밀하게 접근하지만 특별히 자신과 친숙한 사람들에게 집중적으로 적극적인 사회적 행동을 나타낸다. 따라서 Ainsworth(1973)는 이를 '애착형성단계'로 명명하였다. 그러나 아직 주양육자에 대한 애착이 완전하게 형성되지 않아, 낯가림과 같은 낯선 사람에 대한 경계심은 나타나지 않는다.

영아기 애착의 3단계는 '특정한 애착대상에 대한 근접성 유지단계'(Bowlby, 1969)이다. 본격적으로 주양육자에 대해 능동적인 접근과 접촉추구의 애착행동이 나타나므로, Ainsworth(1973)는 이 단계를 '애착단계'라 칭하였다. 일반적으로 생후 6~7개월에 시작되어 1세경까지 나타나지만, 유아에 따라 2~3세까지도 이어진다. 이 시기의 영아는 주양육자인 어머니 외에 다른 대상에 대해 배타적이 되고 낯가림과 같이 낯선 사람에 대한 불안을 심하게 나타낸다(사진 참조). 그리고 어머니가 보이지 않을 때에는 격렬한 울음으로 분리불안을 보이고 어머니를 찾아다닌다.

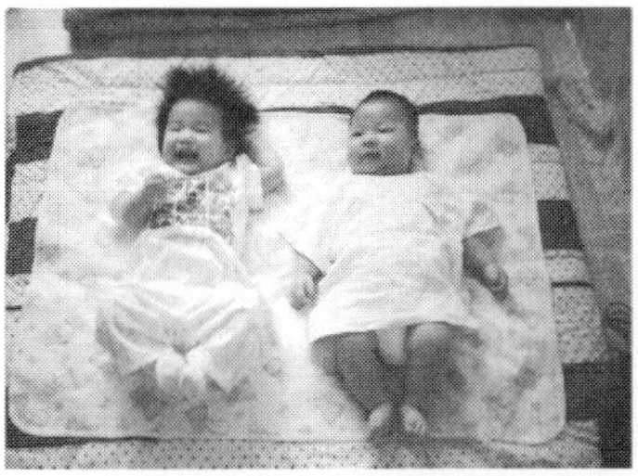

사진 설명 (왼쪽) 영아기애착 1단계: 영아가 사람들에게 미소지으며 사회적 신호를 보내고 있다.
(가운데) 영아기애착 2단계: 가족과 같이 자신과 친숙한 사람에게 사회적 신호를 보인다.
(오른쪽) 영아기애착 3단계: 주양육자인 어머니 외의 다른 사람(조부모)에게 낯가림을 보이고 있다.

2) 영아기의 애착연구

분리불안이나 낯가림과 같은 영아기 애착행동은 이 시기의 발달특성인 대상영속성 및 이동성과 연관되어 있다. Bell(1970)은 초기 Piaget 연구를 이용하여 영아의 대상영속성을 검증한 대표적인 학자이다. 그녀는 영아의 어머니를 영아가 보는 앞에서 스크린 뒤에 숨기고 이에 대한 영아의 반응을 살펴보았다. 그 결과 사람에 대한 영아의 대상영속성의 개념이 생명이 없는 물건에 대한 대상영속성보다 더 빨리 획득되고, 특별히 안정애착유형의 영아들에게 더 빨리 이루어짐을 발견하였다. 이 연구를 통해 Bell은 영아가 생후 1년 이전부터 애착형성의 선결조건인 대상영속성이라는 인지적 개념을 형성하기 시작함을 발견하였다. 따라서 분리불안은 영아의 애착행동임과 동시에 영아가 대상영속성의 개념을 형성하기 시작하였다는 증거이기도 하다.

이 시기 영아의 또 다른 주요 발달특성은 이동성(locomotion)의 출현이다. 영아에 따라 개인차가 크지만, 대부분의 영아들은 9~12개월 사이에 기어다니기 시작한다. 영아가 스스로의 힘으로 움직일 수 있기 이전에는 영아의 신호(미소,

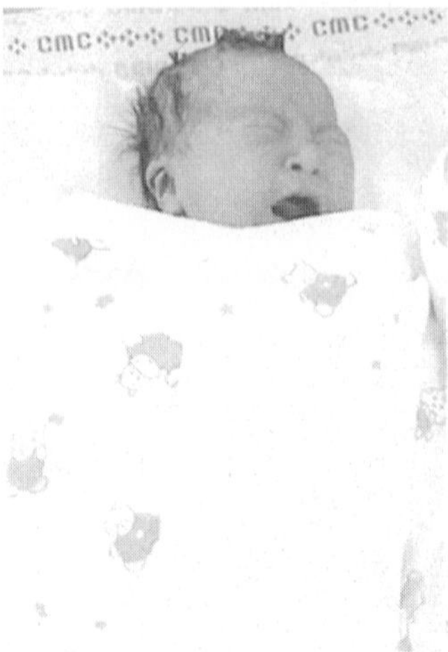

사진 설명 누워서 울음으로 주양육자와의 근접을 추구하던 영아가 기어다닐 수 있게 되면서 자신의 의지에 따라 근접을 유지하게 된다.

울음)에 대한 주양육자의 반응에 의해서만 주양육자와의 근접과 접촉을 유지할 수 있다. 그러나 기기, 걷기와 같은 이동 능력을 획득함으로써 영아는 자신의 의지에 따라 주양육자와 근접을 유지할 수 있게 된다(사진 참조). 특히 인지적 성숙과 신체적 발달이 이루어지면서, 영아는 자신의 보호와 생존을 위해 보다 능동적이고 적극적으로 행동한다. 주양육자와의 근접성을 확보하기 위한 영아의 노력은 이전의 '미소짓기' 나 '울기' 와 같은 소극적인 행동양식에서 벗어나 '매달리기' 와 같은 보다 능동적이고 적극적인 행동으로 나타난다.

이와 같이 애착이론에서는 영아를 매우 능동적인 존재로 인식하고 있다. 비록 출생 직후에는 혼자 힘으로 생존할 수 없는 무력한 존재로 태어났지만, 출생 직후부터 나타나는 영아의 능동적인 신호는 애착을 형성하고 유지하는 과정에서 매우 중요한 역할을 담당한다. 그리고 점차 영아가 인지적 · 신체적 발달을 이루어 감에 따라 영아의 능동적 신호는 보다 적극적인 접근 행동으로 변화한다.

그러나 영아가 스스로 이동할 수 있게 되면 새로운 위험이 뒤따르게 된다. 세상과 사물에 대한 영아의 호기심이 영아로 하여금 사물을 만지고 접촉하게 하기 때문이다. 따라서 인간이라는 종의 생존을 유지하기 위해서는 특별히 가장 많은 위험에 노출되어 있는 영아기의 아기를 보호하기 위한 새로운 방법을 모색해야 하는 상황에 직면한다. 그리고 이 시기의 종을 생존시키기 위해 인류에게 내재된 종의 본능적 특성이 바로 애착이다.

이제 주양육자는 애착과정을 통해 영아의 안전기반이 되었다. 그리고 영아는 이 안전기반을 토대로 세상을 탐색한다. 또한 영아는 비록 정교하지는 않지만 내적 작동모델을 형성하기 시작하며, 주양육자와 형성한 영아의 애착은 내적 작동모델을 통해 이후의 발달에도 지속적으로 영향을 미친다.

여기에서 내적 작동모델이란 애착대상과 영아가 형성한 애착관계의 질이 이후 발달에서 자신뿐만 아니라 다른 사람과 세상에 대한 표상에까지 지속적인 영향을 미치는 인지양식인 동시에 관계양식이다(Holmes, 1995). 영아기에 주양육자인 애착대상과 불안정한 애착을 형성한 아동은 애착대상에게 부정적인 내적 표상을 가질 뿐만 아니라 자신을 가치 없는 존재로 내적 작동모델을 형성하게 되고, 나아가 이후 다른 사람과의 관계에 대해서도 어려움을 겪는다. 반면에 애착대상과 안정적인 애착을 형성한 아동은 애착대상뿐만 아니라 자신에 대해서도 능력 있고 사랑받는 존재라는 작동모델을 구성하고 더 나아가 다른 사람과의 관계에서도 긍정적인 관계를 형성한다. 이와 같이 영아와 어머니의 애착은 자신과 타인, 세상에 대한 내적 표상으로 발전한다. 아울러 이러한 내적 작동모델은 애착관계가 발달함에 따라 계속적으로 변화한다.

2. 유아기 애착

2세 이후 초등학교에 들어가기 이전인 5세까지를 일컫는 유아기는 대근육과 함께 언어와 인지발달이 급속도로 이루어지는 시기이다. 특히 유아기에 급속도로 이루어지는 언어발달은 유아로 하여금 자신의 욕구를 울음과 같은 정서적 표현에서 벗어나 언어로 의사소통을 가능하게 한다.

1) 유아기의 발달특성

생후 1년을 전후로 걷기를 시도한 유아들은 이제 다른 사람의 도움 없이 능숙하게 걷기와 뛰기를 할 수 있다. 그리고 자율성과 자기통제력이 증가한다. 따라서 유아는 그동안 어머니에게 맹목적으로 의지하던 관계에서 벗어나 스스로의 능력을 시험해보고자 하는 자율성을 발달시킨다. 이러한 발달적 성숙을 통해 유아는 안전기지인 어머니로부터 벗어나 다른 세계를 탐색하고, 보다 독립적으로 기능하며 사회적 관계를 확장한다.

유아기에는 영아기에 비해 기억능력이 크게 발달한다. 일반적으로 기억에는 감각기억과 단기기억 그리고 장기기억이 있다. 감각기억과 장기기억은 연령에 따른 변화가 거의 없는 반면에, 단기기억은 유아기에 급속도로 증가하는 것으로 나타났다. 〈그림 4-3〉에 나타나 있듯이 2세 영아의 기억폭은 2개 정도이지만

5세 유아의 기억폭은 4.5개로 기억폭은 유아기에 급속도로 증가한다.

또한 유아기에는 언어가 급속도로 발달하여, 5세 무렵에는 대부분의 유아들이 모국어를 유창하게 사용할 수 있다. 4세가 되면 말을 할 때 듣는 사람의 수준에 맞게 화법을 조절해야 함을 알아, 어린 동생에게 이야기할 때는 쉬운 단어로 이야기하거나 천천히 말하기도 한다(사진 참조). 그리고 어휘가 급속도로 증가하여 2세에 200단어를 알았던 유아가 6세가 되면 2,000～2,500개의 단어를 알고 사용할 수 있다. 그러나 아직까지 유아의 의사소통 능력에는 한계가 있다. 두 사

사진 설명 유아가 동생에게 이야기하고 있다. 유아기에는 어린 동생에게 쉽게 이야기하거나 천천히 말할 수 있다.

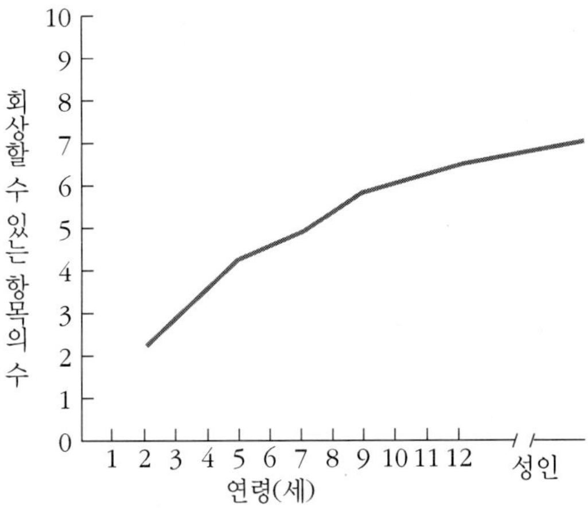

〈그림 4-3〉 연령에 따른 기억폭의 증가[1)]

출처: Dempster, F. N. (1981). Memory span: Sources of individual and developmental differences. *Psychological Bulletin, 89,* 63-100.

1) 단기기억의 용량은 기억폭(memory span)검사로 측정한다. 기억폭검사에서는 유아에게 몇 개의 숫자를 불러준 후 순서대로 숫자를 회상하게 함으로써 측정한다.

람 이상과 대화를 할 때 자신이 언제 이야기를 해야 하는지에 대한 판단능력이 떨어질 뿐만 아니라 대화 시 아직 청자(listener)로서의 능력이 부족하다.

이제 유아는 자신의 내적인 상태와 애착욕구에 대해 언어로 표현하기 시작하고, 애착대상의 생각과 감정, 계획에 대해서도 생각할 수 있다. 이와 같이 유아기는 영아기와는 달리 상징적인 방식으로 애착욕구를 충족시켜 가기 시작하는 시기이다(Kobak & Duemmler, 1994).

2) 유아기의 애착연구

기억과 인지의 발달로 유아는 애착대상을 분명하게 인식하게 된다. 그리고 유아는 애착대상과 근접성을 유지하고자 하는 자신의 욕구와 목표를 더욱 분명히 나타낸다. 유아는 자신의 욕구와 바람을 환경이나 상황을 고려하여 표현할 수 있다. 또한 유아는 사회적 규칙에 관한 지식을 습득하고 언어표현이 발달함에 따라 부모와의 분리를 인지적으로 이해하고 설명할 수 있다. 주양육자와의 분리에 대해 유아는 영아기 때와 같이 막무가내 식의 격렬한 울음으로 표현하지 않는다. 이러한 애착행동의 변화는 애착체계(attachment system)를 구성하는 데 있어 표상적 사고를 통해 이루어진다. 따라서 Bowlby는 애착발달의 4단계 가운데 이러한 유아기 애착의 발달적 변화를 '목표수정적 동반자 관계(goal-corrected partnership)' 로 명명하였다.

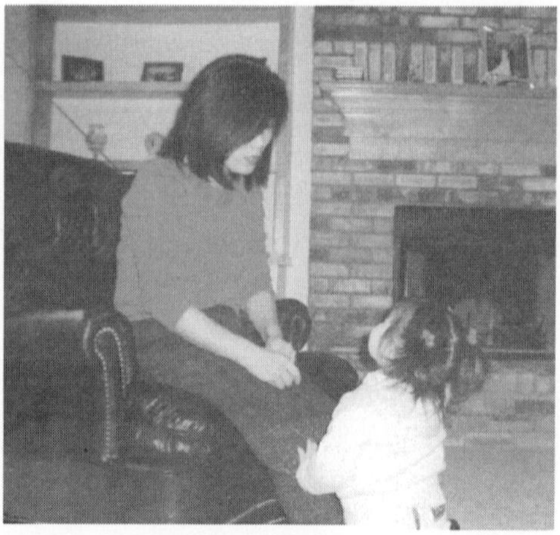

사진 설명 유아가 주양육자와 대화를 나누고 있다. 이제 유아는 자신의 감정과 애착욕구를 언어로 표현하기 시작한다.

목표수정적 동반자관계는 주양육자와 유아가 공동의 목표나 서로의 계획을 구성하고 수행하기 위해 의도적인 방식으로 협력하는 것을 의미한다. 유아는 애착과 관련된 자신의 목표를 이루기 위해 애착대상과 의견, 목표, 계획 등을 공유한다(사진 참조). 그리고 애착욕구와 탐색욕구를 모두 충족시키며 둘 사이의 균형을 이룰 수 있다. 애착과 탐색욕구 간의 균형은 물론 영아기부터 존재하지만, 유아기에는 인지와 언어발달로 인해 영아기 때보다 어머니의 의도를 더 잘 이해할 수 있게 됨에 따라 애착과 탐색욕구 간의 균형이 보다 효율적으로 이루어진다. 아울러 주양육자인 어머니와 근접과 같은 애착욕구도 잘 협상할 수 있다.

사진 설명 어린 유아(30개월)가 어린이집에서 편안하게 책을 보고 있다. 이제 유아는 어머니와의 긴 분리시간에도 격렬하게 반응하지 않고 어머니가 올 때까지 기다린다.

또한 유아는 어머니의 의도를 인식할 수 있기 때문에, 어머니가 잠시 보이지 않아도 불안감을 느끼지 않는다. 어머니의 직장생활로 인해 어머니와 긴 시간 동안 분리가 이루어져도 영아기와는 달리 격렬하게 반응하지 않는다. 오히려 어머니와 일상적인 분리를 경험할수록 유아들은 분리 시 덜 당황한다(사진 참조). 그리고 영아기 때와 같이 계속적으로 어머니와 신체적 접촉이나 근접을 요구하는 대신, 자신이 특별히 불안하거나 아프고 힘들 때 등과 같이 스트레스 수준이 높아질 때에만 어머니와의 접촉을 요구한다. 특히 유아기의 발달특성인 언어의 급속한 증가와 인지능력의 발달은 이제 유아로 하여금 근접추구, 접촉추구와 같은 자신의 목표 달성에서 벗어나 어머니의 목표에도 관심을 갖고 협상을 할 수 있게 한다. 유아와 어머니 두 사람은 이제 서로의 관심사에 대해 관심을 가지고 함께 논의하고 협상함으로써, 서로의 공통적 목표를 조절할 수 있다.

3. 아동기 애착

일반적으로 아동기는 초등학교 시기인 6세에서 11세까지이다. 지금까지는 초등학교 졸업까지를 아동기로 인식하였지만, 최근 아동들의 급속한 신체적 성숙으로 인하여 점차 많은 아동들이 초등학교 시기에 사춘기를 맞이하고 있다. 특히 여아들의 경우 초등학교 시기에 이미 초경을 경험하게 됨에 따라 아동기의 끝을 명확하게 규정하는 데 어려움이 있지만, 여기에서는 초등학교 시기를 아동기로 다루고자 한다.

1) 아동기의 발달특성

사진 설명 아동기의 가장 큰 특징은 또래집단과 학교를 통해 보다 넓은 세계를 접하는 것이다. 이제 막 학교에 입학한 아동들의 모습이다.

사진 설명 아동이 교사의 설명을 주의 깊게 듣고 있다. 아동은 하루 평균 20여 개의 새로운 단어를 습득한다.

아동기의 가장 큰 특징은 부모와의 관계에서 벗어나 또래집단과 교육기관을 통해 보다 확장된 사회적 세계를 접하는 것이다(사진 참조). 이제 아동은 친구뿐만 아니라, 교사와 새로운 관계를 맺게 된다. 지금까지 영유아의 생존을 위한 안전기반이 부모였다면, 이제 아동은 학교에서 성공적으로 생활하는 데 필요한 지식과 기술을 학습하면서 자신보다 더 강하고 유능한 교사라는 새로운 존재를 만나게 된다.

아동기는 특히 인지와 언어영역에서 급속한 발달이 이루어지는 시기이다. 유아기의 자기중심적 사고에서 벗어나 타인의 입장과 감정, 인지 등을 추론하고 이해할 수 있는 조망수용(perspective taking) 능력을 습득할 수 있고, 언어를 더욱 세련되고 유창하게 사용할 수 있다. 아동들의 어휘력은 급속도로 발달하여 초등학교를 졸업할 때에는 약 40,000개의 단어를 습득한다(사진 참조). 이것은 하루에 평균 20여 개의 새로운 단어를 습득함을 의미한다(Anglin, 1993). 비록 유아기에도 상당히 높은 언어능력을 획득하지만, 언어적 유능성을 판가름하는 중요한 발달은 아동기에 이루어진다(Shaffer, 1999). 아동은 학교에서 보다 많은 단어를 학습하게 되고 길이가 길고 문법적으로 복잡한 문장을 사용할 수 있다. Sonnenschein(1988)에 의하면 6~10세 아동은 듣는 사람에게 익숙하지 않은 사물을 설명할 때는 익숙한 사물을 설명할 때 보다 더 길게, 자세히 설명하였다. 이처럼 아동기에는 타인과의 의사소통기술도 크게 발달하여 분명한 언어적 메시지를 전달할 수 있는 참조적 의사소통기술이 발달한다. 또한 아동기에는 보다 논리적으로 생각할 수 있고 사물의 한 측면에만 집착하지 않고 여러 측면을 고려하여 결론을 내릴 수 있다.

Jeremy M. Anglin

2) 아동기의 애착연구

아동의 인지와 언어발달 그리고 확장된 사회적 관계로 인해, 아동기 애착은 이전 시기의 애착과는 분명히 다르다. 아동의 애착은 더 이상 생존을 위한 보호나 근접 추구가 아니다. 오히려 아동기 애착체계의 목표는 '조정' 이다. 이제 아동과 부모는 서로 동반자적인 관점에서 적절한 관리와 조정기술을 개발해야 한다(Richters & Waters, 1990).

(1) 언어발달과 아동기애착

아동기의 애착은 영유아기보다 애착대상과의 의사소통에 의해 더 많은 영향을 받는다. Bretherton(1987)은 아동의 애착과 부모와의 상호작용과의 관련성을 나타낸 연구들에 대한 분석을 통해 아동기의 애착에 영향을 미치는 의사소통의 특성을 살펴보았다. 그 결과 정서적으로 개방적이고, 유창하며, 응집력 있는 의사소통이 애착에 영향을 미치는 것으로 나타났다. 즉, 안정애착 아동과 부모는 애착과 관련된 문제들에 대해 편하고 응집력 있는 의사소통을 할 수 있고, 서로의 문제들을 수용하였다. 그러나 회피애착 아동과 부모는 서로 의사소통을 하는데 냉담하였으며 감정이입이 잘 이루어지지 않았다. 한편 저항/양가애착 아동은 어머니와 재결합할 때 양가적인 감정을 나타냈으며, 갈등이 있을 때 애착과 관련된 문제에 몰두하는 성향을 보였다.

Kobak과 Duemmler(1994) 역시 부모와 아동 간의 대화가 상호 간의 목표와 갈등을 협상하고 애착관계를 유지하는 주요 수단이라고 생각하였다. 부모와 아동 간의 대화는 서로의 차이에 대한 이해를 높이고 협력으로 이끌어, 아동기와 더 나아가 청소년기의 애착안정성에 결정적인 요인이 될 수 있다. 또한 부모와 아동의 적절한 대화는 의사소통의 개방성을 촉진시키고 서로에 대한 정보를 제공하며 자신의 목표와 감정들을 공유하도록 돕는다. 부모가 아동에게 부모의 외출 계획과 바뀐 일정들에 대한 정보를 제공한다면, 아동은 지속적으로 안정애착을 형성하는 데 도움을 받을 수 있다. 그리고 아동에게 부모가 겪는 어려움과 여러 문제들을 알려주면 이 시기의 아이들은 부모의 감정을 이해할 수 있을 뿐만 아니라 부모들 역시 도움이 필요한 존재임을 알게 됨으로써 자신들이 부모로부터 받았던 보살핌에 대해 감사할 수 있을 것이다. 이처럼 부모와 아동 간의 '조정관계' 는 아동기 애착의 주요 과제이다(Goldberg, 2000).

또한 부모와 아동의 적절한 대화는 아동기 이전에 형성된 부적절한 애착의 내적 작동모델을 수정할 수 있는 기회를 제공한다(Kobak & Duemmler, 1994). 애착목표에 대한 개방적인 의사소통은 협력적인 가정에서 강화되는데, 부모의 협력적인 반응은 자신 및 타인에 대한 긍정적인 관점을 형성하여 주기 때문이다. 이와 같이 아동과 애착대상자와의 안정적인 애착관계는 의사소통 능력과 관계가 있다. 즉, 영유아의 욕구에 대한 어머니의 민감하지 못한 양육행동이 영유아기 애착의 개인차에 영향을 미쳤다면, 아동기 애착의 개인차는 바로 애착대상의 낮은 의사소통 능력에 의해서도 영향을 받는다.

이처럼 발달단계에 따라 애착에 영향을 미치는 요인에서 차이를 보이지만 Feeney와 Noller(1990)는 영유아기에 형성한 애착의 내적 작동모델이 의사소통 기술의 발달을 촉진시킨다고 주장하였다. 즉, 자신과 타인에 대한 안정적 작동모델은 자신과 타인에 대한 아동의 자신감을 증가시키고 이 자신감이 대화에 참여하고자 하는 의지와 동기를 증가시킨다. 안정애착 아동은 목표와 감정을 언어로 표현하는 것에 자신감을 갖게 됨에 따라 타인의 부정적인 반응을 두려워하지 않게 된다. 따라서 다른 사람과 자신의 욕구를 함께 고려하고 조정하는 능력과 문제에 대해 협상하는 능력도 발달한다. 이처럼 긍정적 의사소통은 안정적인 아동기 애착형성에 영향을 미치는 동시에 그 이전에 형성된 내적 작동모델의 수정에도 영향을 미치는 요인이다.

이상에서 살펴본 것과 같이 아동기의 애착은 영유아기와 달리 부모의 따뜻하고 민감한 양육 외에도 개방적이고 감정이입적이며 응집력 있는 부모와의 의사소통에 의해 영향을 받는다는 것을 알 수 있다. 그리고 이러한 부모와의 의사소통은 아동의 사회적 적응과 문제해결능력, 사회적 상호작용과 자신감, 인기도와 함께 긍정적인 자아개념과 긍정적인 타인에 대한 관점을 형성하는 데 영향을 미치는 애착관련 변인이다.

(2) 사회적 관계와 아동기애착

아동기는 부모와의 관계에서 벗어나 친구, 교사와 보다 확장된 사회적 관계를 형성하는 시기이다. 따라서 아동기의 애착연구들은 주로 애착이 아동의 사회성에 미치는 영향을 중심으로 살펴보았다. 이들 연구들에 의하면 안정애착 아동은 불안정애착 아동에 비해 낯선 또래나 성인들과 더 조화로운 관계를 맺으며 사회적 상호작용이 더 많이 이루어지는 것으로 나타났다(Sroufe, 1983). 그리고 또래들 간에 인기가 있고, 학급과 학교생활에서 지도자가 되는 경향이 높았으며(Waters, Wippman, & Sroufe, 1979), 문제해결 상황에서 효과적으로 문제를 해결하고 사회적으로도 적절한 행동을 수행하였다(Matas, Arend, & Sroufe, 1978). 반면에 불안정애착을 형성한 아동은 타인의 행동을 예측하지 못하여 또래와의 관계에서 망설이고 소극적이거나 이와 반대로 충동적인 경향이 함께 나타났다(Londervill & Main, 1981).

이는 불안정애착 아동의 경우 사회적 관계형성 시 이전 단계에서의 부모에 대한 거부나 비수용적 경험이 애착 표상으로 내면화되었기 때문이다. 아동은 다른 사람과의 사회적 관계 형성과정에서 미리 상대에게 자신이 거부당하리라는 예측을 함으로써, 타인에게 거부적이거나 적대적으로 반응한다. 즉, 민감하지 않고 일관성이 결여된 부모의 양육태도로 인해 아동은 부모에 대해 적절치 않은

사진 설명 아동들이 물로켓을 쏘아올리기 위해 준비하고 있다. 주양육자와 안정애착을 형성한 아동은 또래와 조화로운 관계를 맺고 문제해결 상황에서도 효과적으로 문제를 해결한다.

내적 표상을 형성하게 되고 타인에 대해서도 부모와 마찬가지로 불신감을 나타낸다. 이로 인해 또래와의 관계에서 친밀감 형성에 대해 매우 소극적이며 동시에 충동적으로 행동한다(Sroufe, 1983). 이와 같이 아동의 애착안정성은 대인관계에서의 문제해결과 사회적 능력에 긍정적인 영향을 미치는 것으로 나타났다(사진 참조).

최근 Sroufe와 동료들(2005)은 미네소타 종단연구를 통해 아동기의 애착안정성이 어떻게 또래관계에 영향을 미치는지 살펴보고 이를 다음과 같이 제시하였다(〈표 4-1〉 참조). 〈표 4-1〉에 제시되어 있듯이 아동기에 형성된 안정애착은 또래와의 관계에서 다차원적 측면에서 긍정적인 영향을 미친다. 또래와의 관계에 대해 긍정적 기대를 갖게

표 4-1 아동기 애착안정성이 또래관계 발달에 미치는 영향

토 대	내 용
동기적 토대	- 관계에 대한 긍정적 기대 - 관계 연결에 대한 기본적 감각 - 관계가 주는 기쁨(보상)에 대한 믿음
태도적 토대	- 다른 사람으로부터 반응을 이끌어 낼 수 있다는 신념 - 사회적 세계에서 유능할 수 있다는 기대
도구적 토대	- 지지를 통한 상대방 도움 - 놀이와 활동을 즐길 수 있는 능력
정서적 토대	- 조절된 각성(modulated arousal) - 정서의 자기규제
이성적(합리적) 토대	- 상호관계에 대한 기대 - 공감적 돌봄으로부터 추출된 공감적 반응성

출처: Sroufe, L. A., Egeland, B., Carlson, E., & Collins, W. A. (2005). Placing early attachment experiences in developmental context: The Minnesota longitudinal study. In K. E. Grossmann, K. Grossmann & E. Waters (Eds.), *Attachment from infancy to adulthood: The major longitudinal studies*. NY: Guilford Press.

하고 또래와의 관계가 주는 기쁨을 기대할 수 있게 하며(동기적 토대), 자신이 다른 사람의 반응을 이끌어 낼 수 있고 사회적 세계에서 유능할 수 있음을 느끼게 한다(태도적 토대). 그리고 실제로 또래친구를 지지해줄 수 있고, 또래와 함께 놀이와 활동을 즐길 수 있으며(도구적 토대), 또래와의 다툼 상황에서도 자신의 정서를 적절히 규제할 수 있다(정서적 토대). 또한 이로 인해 또래와의 관계에서 자신이 친구의 반응을 이끌어 낼 수 있고 더 나아가 사회적 세계에서 유능할 수 있다는 기대감을 갖도록 한다(이성적 토대)(Sroufe et al., 2005). 그러나 최근까지도 아동기의 애착연구는 영유아기뿐만 아니라 다른 발달 시기의 애착연구와 비교할 때 매우 미흡한 실정이다. 특히 7세 이후에는 아동을 위한 표준화된 아동기 애착분류와 척도의 구성이 아직 이루어지지 않아, 아동기 애착연구에 어려움이 있다.

4. 청년기 애착

청년기는 급속한 성장발달로 인해 영아기에 이어 제2의 성장급등기라고도 불린다. 특히 성적 성숙이 가속화되면서 이성에 대한 관심이 커지고 부모로부터 독립하고 싶어하는 시기이다.

1) 청년기의 발달특성

청년기는 언제 시작되고 또 언제 끝나는가? 사실 청년기는 아동기에서 성인기로 가는 과도기로서 시대와 문화에 따라 서로 다르기 때문에, 청년기를 결정하는 것은 쉬운 일이 아니다. 일반적으로 청년기는 연령과 신체적 · 생리적 성숙도에 따라 결정된다. 연령을 기준으로 하였을 때에는 12세에서 24세 정도를 청년기로 본다. 그러나 신체적 성숙도를 기준으로 했을 때에는 초경이나 정자 생산과 같이 성적 성숙이 이루어지는 때를, 그리고 심리적 성숙도를 기준으로 했을

사진 설명 청년기는 호르몬의 급격한 변화로 급속한 성장이 이루어진다.

때에는 청년기의 주요 발달과업인 자아정체감이 확립되는 시기를 청년기로 본다. 최근에는 초등학생의 빠른 신체적 성숙으로 인하여 초등학교 고학년부터 대학을 졸업한 후까지로 연장되기도 한다.

이처럼 과거와 달리 초등학생부터 성적 성숙이 나타나며 대학생들의 학업 기간 연장으로 인해, 청년기를 하나의 발달단계로 인식하기에는 그 기간이 너무 광범위하다. 따라서 청년기를 대상으로 한 연구는 청년기를 2개의 하위 단계로 구분하여 초등학교 고학년이나 중학생을 중심으로 한 청년 전기(청소년기)와 고등학생과 대학생을 대상으로 한 청년 후기(청년기)로 나누기도 한다. 그러나 애착연구에서는 이들에 대한 구분 없이 연구가 이루어졌으므로 청년기로 통합하여 살펴보고자 한다.

청년기는 호르몬의 변화로 인해 급격한 신체적 변화가 일어난다. 신장과 체중의 증가뿐만 아니라 제2차 성징이 나타나면서 소년, 소녀가 아닌 성인의 모습으로 변화하기 시작한다. 신체적 성장이 완만하던 아동기와 달리 급격한 신체변화를 겪는 청년기에는 여러 가지 혼란이 나타난다. 자신의 용모에 큰 관심을 갖게 되고 때로는 자신의 신체에 불만족하여 극도로 신경과민이 된다. 또한 청년기는 부모와의 개별화 과정이 본격적으로 일어나는 시기이다. 개별화는 청년과 부모가 상호관계를 유지하면서도 자신을 하나의 개체로 분리하는 것을 의미한다. 이제 청년들은 성숙한 성인으로 나아가기 위해 아동기의 의존성을 버리고 부모를 포함한 다른 사회적 관계에서도 적절한 분리-개별화의 과정을 형성해간다.

또한 청년기에 이르러서는 부모 외에 친밀감을 형성할 수 있는 동성과 이성 친구를 필요로 하고, 이들과 밀접한 유대관계가 이루어지기 시작한다. 청년기 초기에는 동성 친구와의 관계가 더 밀접하지만 연령의 증가와 함께 청년기에 시작된 이성 친구와의 밀접한 유대관계가 더욱 발전된다. 그러나 친구의 영향은 긍정적인 면과 부정적인 측면이 모두 존재한다. 청년들은 친구와 의견이 맞지 않을 때 이를 해결하는 과정을 통해 상대방의 욕구에 민감하게 대처해가는 것을 배운다. 그리고 청년기에 배운 이러한 기술은 이후 연인관계와 부부관계의 기초를 마련하는 데 도움이 된다. 반면 친구로 인해 청년들은 술과 담배 그리고 반사회적인 행동을 쉽게 접하기도 한다. 이처럼 친구로 인한 긍정적 · 부정적 영향이 모두 있지만, 친구와의 우정은 그 어느 시기보다 청년기에 가장 큰 영향을 미친다.

2) 청년기의 애착연구

청년이 부모와 갖는 관계는 아동기에 가졌던 부모자녀관계와 사뭇 다르다. 청년은 부모로부터 독립하고자 하는 욕구가 강렬하지만 동시에 부모와 여전히 애착관계를 유지하기를 원한다. 또한 청년기의 현저한 변화 중 하나는 동성친구와의 우정에서 점차 이성친구와의 낭만적인 애정으로의 이동이다. 따라서 청년기의 애착은 이성 친구와의 친밀한 유대관계를 통해 나타나며, 아울러 새로운 가족(배우자)을 만나는 성인기 이전 단계에서 큰 영향을 미친다. 그러나 청년기에 이성 친구와의 애착이 부모와의 애착을 대치하지는 못한다는 연구들도 제시되고 있다. Armsden과 Greenberg(1987)는 대학생을 대상으로 부모와 친구에 대한 애착을 측정할 수 있는 질문지 검사인 '부모와 친구 애착척도(Inventory of Parent and Peer Attachment: IPPA)' 를 개발하여 살펴본 결과, 친구에 대한 애착보다는 부모에 대한 애착이 대학생의 적응 및 안녕감과 높은 상관이 있었다.

Mark T. Greenberg

Maureen E. Kenny

또한 Kenny(1987)는 가족을 떠나 새로운 대학생활에 적응하고 있는 대학 1학년생들의 부모에 대한 애착을 살펴보기 위해 6개월 동안의 단기 종단연구를 실시하였다. Kenny의 연구에서도 대학 1학년생들은 자신의 부모를 안전기지로 삼고 있었다. 이들은 스트레스 상황이 닥치면 부모에게 전화하여 도움을 구하거나 의지하였으며, 6개월 이전과 이후의 부모에 대한 애착점수는 그다지 변화하지 않았다. 이처럼 대학생 시기인 청년기에 이르러서도 아동기나 청소년기와 마찬가지로 여전히 부모에 대한 애착이 중요한 역할을 하고 있었으며, 청년기 전반에 나타나는 부모와의 분리-개별화의 과정이 부모에 대한 전적인 단절이나 애착대상의 교체를 의미하지는 않았다.

이는 청년기의 이성에 대한 애착이 부모에 대한 애착을 대치하는 것처럼 여겨지지만, 부모에 대한 애착을 대신할 수는 없음을 나타내는 것이다. 이처럼 청년기에도 부모는 여전히 안전기지의 역할을 수행한다. 아동기 때와는 달리 평소에는 잘 표현되지 않지만, 부모에 대한 애착은 질병이나 위험, 위협 등의 고통스럽고 불안한 상황에서 활성화되어 나타난다. 실제로 최현영과 서영석(2005)은 오늘날 대학생들이 가장 불안해하는 진로결정과 부모애착과의 관계를 살펴보았다. 그 결과 부모와의 애착 수준이 낮을수록 진로를 결정하는 데 있어 의사결정 혼란과 외적 갈등을 더 많이 경험하는 것으로 나타났다. 또한 Paterson과 동료들(1994)은 13~19세의 청년을 대상으로 아버지와 어머니 그리고 또래 애착관계를 지속적으로 살펴보았다. 그 결과 청년기에도 또래에 비해 어머니와 아버지에 대한 애착의 질이 안정적으로 나타남으로써, 부모에 대한 애착의 내적 작동 모델이 지속적으로 영향을 미친다는 Bowlby의 이론을 지지하였다.

그러나 부모에 대한 애착이 청년기에 이르러서도 지속적인 영향을 미치지만, 이 시기는 특별히 친구에 대한 애착이 증가하는 시기이다. 한국의 중·고등학생과 대학생을 대상으로 이들의 애착을 살펴본 장휘숙(1997)은 청소년기에서 청년기까지 친구에 대한 애착이 증가하였고, 이는 청년의 자아존중감과 자기효능감 발달과 관련이 있음을 발견하였다. 장휘숙은 부모에 대한 청년의 애착이 중·고등학교와 대학 시기 동안에도 여전히 지속되었지만, 남학생과 여학생 모두 초기 애착관계에서 주양육자를 대상으로 형성된 애착은 연령의 증가와 함께 점차 또래와 이성 친구와의 애착관계로 나아간다고 하였다.

이와 같이 청년기 애착의 상대적 중요성에 대해 아직까지 여러 연구들이 진행되고 있지만, 청년기 또래에 대한 애착의 증가가 상대적으로 부모에 대한 애착의 감소를 나타내는 것은 아닌 것으로 여겨진다. 오히려 부모에게 높은 애착을 형성한 대학생이 또래에 대해서도 높은 애착을 형성하였고(장휘숙, 1997), 부모와의 부정적인 관계와 또래와의 전반적인 애착수준이 대학생의 애착유형에 따라 차이가 있었다(이시은과 이재창, 2005). 즉, 청년들에게 있어 부모애착은 청년의 전반적인 안정감에 영향을 미치고 나아가 또래애착과 같이 다른 사람과 친밀한 관계를 형성하는 근원이 된다. 이는 개개인의 애착은 영유아기만의 발달적 특징이나 발달과업이 아닌 전생애 동안의 발달적 과정이며, 애착을 통해 전생애 동안 선택적 관계를 형성한다는 Bowlby의 주장과 맥을 같이 한다.

이상에서 살펴본 바와 같이 청년기는 관계 형성에 있어 부모로부터의 분리와 개별화가 더욱 본격화되는 시기이지만, 부모의 영향력까지 감소하는 것은 아니다. 특히 불안과 같은 스트레스 상황에서 부모는 여전히 주요 애착인물의 역할을 수행한다. 또한 부모로부터의 분리와 자율성 추구는 청년의 애착관계에 주요한 변화를 야기하여, 유아기와 아동기에 단지 놀이 대상자였던 친구가 이제는 정서적 유대를 형성하는 애착인물로 등장한다. Sroufe와 동료들(2005)은 미네소타 종단연구에서 유아와 아동 그리고 청년기의 애착을 추적 연구하면서 애착과 관련된 또래관계의 변화를 다음과 같이 제시하였다(〈표 4-2〉 참조).

미네소타 종단연구에서 나타났듯이, 유아기에는 또래친구와의 긍정적인 참여, 즉 놀이와 활동을 통해 친밀한 관계를 형성하였다면, 아동기에 이르러서는 단짝 친구와의 우정과 관계유지를 위해 또래세계에 투자하였다. 그러나 아직 이성친구와는 친밀한 관계를 형성하기보다는 엄격한 경계를 유지하였다. 이러한 또래관계는 청년기에 이르러 이제 질적인 변화를 맞이한다. 청년들은 동성친구뿐만 아니라 이성친구와 친밀한 관계를 형성하였다. 심지어 일부 청년들은 이성친구와의 성관계를 통해 보다 더 친밀한 관계를

사진 설명 Sroufe(가운데)는 미네소타 종단연구의 주 책임자로, 애착연구에 대한 공헌을 인정받아 우수한 애착연구자에게 수여하는 「Bowlby-Ainsworth」 2007년 수상자로 선정되었다(Cox-Steiner와 Inge Bretherton과 함께).

표 4-2 애착과 관련된 또래관계

발달단계	애착과 관련된 또래관계	또래관계 내용
유아기	또래와의 긍정적 참여	1. 특정 친구를 선택 2. 상호작용적 기간 - 상호작용 내에서의 갈등협상 - 얼굴표정 - 상호작용 과정의 즐거움 발견 3. 집단에 참여
아동기	또래 세계에의 투자	1. 단짝 우정 형성 2. 관계유지 - 관계갈등의 협상 - 정서적 경험의 범위 선정 - 관계 내에서의 자아 강화 3. 집단의 안정적, 조직적 기능 형성 - 집단의 규칙 준수 - 성별 경계(gender boundaries) 유지 4. 우정과 집단의 조절(조화)
청년기	자아와 또래와의 통합	1. 친밀한 관계의 형성 - 동성관계 - 이성관계 - 성관계 2. 관계에의 헌신

출처: Sroufe, L. A., Egeland, B., Carlson, E., & Collins, W. A. (2005). Placing early attachment experiences in developmental context: The Minnesota longitudinal study. In K. E. Grossmann, K. Grossmann, & E. Waters (Eds.), *Attachment from infancy to adulthood: The major longitudinal studies*. New York: Guilford.

맺기도 하였다. 그리고 더욱더 친구관계에 헌신하고 몰두함으로써, 청년기에는 자아와 또래관계와의 통합이 이루어지고, 청년기의 애착은 부모와의 정서적 유대관계에서 친구나 이성과의 유대관계로 확대 · 발전된다. 그러나 이러한 청년기 애착의 발달적 특성에도 불구하고 아직까지 청년기 애착에 대한 대부분의 연구들이 영아기에 어머니와 형성한 애착이 청년기에도 지속되는지를 살펴본 애착안정성의 연구와 부모와 또래에게 형성된 애착의 상대적 중요성을 비교한 연구들을 중심으로 이루어져, 실제 청년기 애착의 질적인 특성을 파악하는 데는 어려움이 있다.

5. 성인기 애착

성인기는 이성과의 친밀한 관계가 더욱 발전되는 시기로, 많은 사람들이 이 시기에 결혼한다. 성인기의 애착은 이성과의 친밀한 관계를 토대로 이루어지기 때문에 부부관계와 연인관계로 확대되어 연구되고 있다.

1) 성인기의 발달특성

앞서 살펴보았듯이 청년기가 언제 시작되는가를 결정하는 것은 쉬운 일이 아니다. 그러나 청년기가 언제 끝나고 성인기가 시작되는가를 결정하는 것은 더 어려운 일이다. 청년기에서 성인기로 이행하는 시점은 개인과 사회적 상황뿐만 아니라 문화에 따라 다르기 때문이다. 오늘날 현대사회에서 보편적으로 동의하는 성인기의 시작 기준은 학업을 마치고 경제적으로 독립하여 사회적 책임을 이루는 것이다.

이와 같이 전생애 발달단계 중 성인기는 신체적 · 인지적으로 절정의 시기이다. 신체적 수행능력뿐 아니라 체력, 정력, 지구력과 건강상태가 절정을 이룬다. 아울러 인지적으로도 생산적이고 창의적인 업적을 가장 많이 이루는 시기이다. 대부분의 사람은 성인기에 처음 전일제 직업을 가지고, 결혼을 하며, 자녀를 낳아 기르는 삶의 가장 큰 핵심적인 변화를 겪는다. 그러나 동시에 성인기는 스트레스가 가장 많은 시기이기도 하다.

인간의 전생애 발달단계를 처음으로 제시한 Erikson은 성인기에는 무엇보다 친밀감, 즉 친밀한 관계가 필요하다고 생각하였다. 친밀한 관계란 타인을 이해하고, 깊은 공감을 나누는 수용력에서 발달한다. 대부분의 성인들은 바로 이성

친구와의 교제나 결혼을 통해 이 친밀감의 욕구를 충족시킨다. Hazan과 Shaver (1987)는 성인의 낭만적 관계가 영아-양육자의 관계처럼 애착관계임을 발견하였다. 즉, 영아-양육자 간에 나타나는 애착관련 특성이 성인의 낭만적 관계에서 나타남을 주목한 것이다. 이러한 연구결과는 그동안 영유아 중심의 애착연구에서 벗어나는 주요한 계기를 마련하게 되었다.

2) 성인기의 애착연구

Robert S. Weiss

성인기 애착에 관한 연구는 Bowlby가 성인부부의 사별을 살펴본 연구(Bowlby & Parkes, 1970)에서 처음 시작되었다. 이후 부부의 별거에 대해 조사한 Weiss(1973, 1977)의 연구와 함께 성인애착연구는 1970년대에 시작되었지만, 실제적인 성인애착 연구의 확산은 Ainsworth의 영아애착유형을 토대로 성인애착유형을 분류한 Hazan과 Shaver(1987)의 연구를 출발점으로 하여 이루어졌다. 그러나 20여 년의 짧은 성인애착 연구기간에도 불구하고 유아기나 아동기, 청년기 등과 같은 다른 시기의 애착 연구들에 비해 많은 연구가 이루어졌다. 이는 무엇보다 성인기의 애착을 측정할 수 있는 척도개발이 활발히 이루어졌기 때문이다. Shaver와 Hazan(1988), Collins와 Read(1990), Griffin과 Bartholomew(1994)의 설문지 방법 외에 Q 분류법을 사용한 Kobak(1989), Kobak과 Hazan(1991)의 척도와 면접을 통한 Main과 Goldwyn(1998)의 성인애착척도 등 다양한 애착척도들이 개발되었다. 따라서 성인기 애착연구는 다른 발달단계보다 많은 연구들이 활발하게 이루어지고 있다.

성인애착연구는 부모와 자녀 간의 밀접한 정서적 유대인 애착관계가 정서적으로 매우 친밀한 성인들 사이에서도 나타날 것이라는 가정 하에 시작되었다. 앞 장에서 제시되었듯이, Bowlby에게 있어 애착은 동기적-조절체계(motivational-control system)였으므로 그는 애착을 애착행동체계의 관점에서 바라보았다. 애착은 애착대상과의 근접을 조절하기 위한 인간의 자연선택(natural selection)과정, 즉 생존을 위해 인간에게 생물학적으로 내재된 종 특유의 특성이다. 이러한 애착행동체계는 애착이론에 있어 매우 중요한 개념이다. 자연선택과정에 의해 인간이라는 종에 내재된 애착행동체계는 인간의 발달과정에서 점차적으로 발달적 특성에 맞게 애착대상과의 근접을 조절해가기 때문이다.

애착이론의 아버지인 Bowlby 역시 애착이 요람에서부터 무덤까지의 전생애적 과정임을 확신하였지만, 1980년대 중반까지도 대부분의 애착연구자들은 애착이 성인기에도 이루어진다는 확신을 가질 수 없었다. 그러다가 Hazan과 Shaver(1987)는 Bowlby의 영유아기 애착을 성인의 연인관계에 적용하였고, 이들의 연구는 성인애착연구의 확산에 결정적 계기를 제공하였다. 생의 초기에 주양육자와의 관계에서 안정감을 경험하였다면 성인기에 이르러서는 연인과의 관계에서 안전감과 위로를 기대한다. 그리고 이러한 안전감과 위로는 개인이 다른 관계와 활동에서도 더욱 자신감 있게 나아갈 수 있는 원동력이 된다는 것이다.

Hazan과 Shaver(1987)는 영아애착과 마찬가지로 성인의 낭만적 관계에서도 연인(애착대상)이 옆에 있고 반응적일 때 안정감을 느끼고, 신체적으로 친밀하게 접촉하며, 상대가 보이지 않거나 없을 때 불안감을 느끼고, 서로가 상대방을 가장 매력적이고 중요하게 여김을 발견하였다. 따라서 성인의 낭만적 관계도 영아-양육자의 관계처럼 애착관계이며, 아울러 애착의 행동체계적 속성을 지니고 있다(Ainsworth, 1991). 그리고 성인애착은 영아애착의 근접과 접촉추구 대신 보살핌(caregiving)과 성애(sexuality)를 야기하는 동기적 체계(motivational systems)이다. 성인의 낭만적 관계가 애착관계라는 Hazan과 Shaver의 주장은 친밀한 정서적 관계에 대한 오늘날의 연구에 많은 영향을 미쳤다. 그리고 애착이 영아기에만 형성되는 사회정서적 관계라는 기존의 한계를 벗어나는 주요한 계기를 마련하였다.

R. Chris Fraley

그러나 Hazan과 Shaver의 주장처럼 성인의 낭만적 관계가 애착관계임을 입증하기 위해서는 다음의 세 가지 전제조건을 충족하여야 한다(Fraley, 2004). 첫째, 성인의 낭만적 관계에도 Ainsworth의 '낯선상황 실험'에서 나타난 것과 같은 애착의 질에서 개인차가 존재하는가? 둘째, 낭만적 관계가 애착관계라면, 성인의 낭만적 관계는 영아-양육자의 관계와 유사한가? 마지막으로 낭만적 관계가 안정적이든 불안정적이든지 간에, 이 관계는 애착의 내적 작동모델을 통해 자신의 영아기 애착의 질과 연관이 있는가이다.

따라서 초기 성인애착연구는 성인기 애착유형과 어렸을 적 부모에 대한 기억을 토대로 분류한 영아애착유형과의 관련성을 찾는 데 초점을 두었다. 그리고 1987년 Hazan과 Shaver는 성인기 애착의 개인차를 측정할 수 있는 척도를 개발하였다. Hazan과 Shaver의 성인애착척도는 비교적 쉽게 사용할 수 있는 자기보고식 질문지 형식으로 구성되었다.[2] 이들은 부부와 연인관계를 토대로 한 성인애착의 유형을 안전한 관계, 회피적 관계, 양가적 관계 등 3범주로 분류하였으며, 이들의 연구결과는 영아애착을 안정애착, 회피애착, 저항애착으로 처음 나누었던 Ainsworth의 애착유형과 유사하였다. 아울러 영유아기에 형성하였던 애착유형이 내적 작동모델의 형태로 지속되어 청년기(또는 성인기)에서도 이성관계와 같은 다른 사람들과의 관계양식을 통해 나타남이 밝혀졌다.

성인-성인 간의 애착과 주양육자(부모)-영아 간의 애착관계에서의 주요한 차이는 성인의 애착행동체계는 주양육자-영아애착과는 달리 상호작용적이라는 것이다. 주양육자와 영아의 관계에서는 일방적으로 영아가 자신보다 강한 주양육자에게 애착을 형성하고 주양육자는 영아를 보살펴주는 역할을 수행하였다면, 성인애착관계에서는 일방적인 애착형성이 아닌 서로에게 애착을 형성한다. 또한 성인-성인 간의 애착에 있어 또 하나의 중요한 차이점은 성인애착관계가 영아애착보다 더 다양한 기능을 수행한다는 것이다. 정서적 결속과 유대감의 기능뿐 아니라, 성인애착은 동료애, 동일한 경험 공유, 성적 결속 등의 다양한 기능을 수행한다. 이처럼 성인애착의 연구에서는 애착의 질에서의 개인차뿐만 아니라 영아애착과의 유사성과 차이점을 살펴보고 있으며, 더 나아가 초기 애착의

2) Hazan과 Shaver의 성인애착척도는 제5장에 자세히 나와 있다.

지속성은 최근까지도 성인애착연구의 주요 주제로 다루어지고 있다.

3) 성인기의 애착유형

성인기 애착유형은 크게 3범주 모형과 4범주 모형 그리고 차원모형으로 분류된다. 여기에서는 이를 범주 모형(category model)과 차원 모형(dimension model)으로 나누어 살펴보기로 한다.

(1) 범주 모형(Category Model)

범주 모형은 이성과의 사랑을 애착과정으로 개념화하여 성인애착연구를 처음 시작한 Hazan과 Shaver(1987)를 통해 제시되었다. Hazan과 Shaver는 관찰이나 심층면접과 같은 일률적인 애착척도 유형에서 벗어나, 피험자의 자기보고식 질문들을 통해 성인애착을 측정 · 분류하였다. 그 결과 시간과 비용의 절감 및 측정과 평가에서 연구자의 개입을 최소화할 수 있다는 장점으로 인해 많은 연구자들이 이 모형에 근거하여 애착연구를 수행하였다.

그러나 영아애착을 안정애착, 회피애착, 저항애착으로 처음 나누었던 Ainsworth의 애착유형이 이후 Main과 Solomon(1990)에 의해 혼란애착이 추가되어 4유형으로 분류되었듯이, Shaver와 Hazan(1988)의 3범주 모형은 Bartholomew와 Horowitz(1991)에 의해 4범주 모형(안정유형, 무시유형, 집착유형, 두려움유형)으로 제시되었다. Bartholomew와 Horowitz(1991)는 Hazan과 Shaver가 분류한 애착유형 중 회피형에 서로 상이한 2가지 유형이 함께 있음을 발견하였다. 즉, Hazan과 Shaver의 회피형에는 상대방에게 상처를 받거나 거절당하지 않기 위해 회피전략을 사용하는 유형(Bartholomew의 두려움유형)과 자신에 대한 신뢰감과 독립성을 지키기 위해 회피전략을 사용하는 유형(Bartholomew의 무시유형)이 공존하고 있다. 따라서 이들은 자신과 타인에 대한 표상을 크게 긍정적/부정적 표상으로 구분하고 이를 기준으로 성인애착의 4범주를 〈그림 4-4〉와 같이 제시하였다.

타인모델 \ 자기모델	긍정	부정
긍정	**안정유형**(secure) 친밀감과 자율성을 편하게 수용	**집착유형**(preoccupied) 관계에 집착함
부정	**무시유형**(dismissing) 친밀감 무시, 의존 거부	**두려움유형**(fearful) 친밀감을 두려워하고 사회적으로 회피

〈그림 4-4〉 Bartholomew와 Horowitz(1991)의 4범주모델

출처: Barltholomew, K., & Horowitz, L. (1991). Attachment styles among young adults: A test of a four-category model. *Journal of Personality and Social Psychology, 61,* 226-244.

Bartholomew와 Horowitz(1991)의 4범주 모형은 자신이 다른 사람으로부터 사랑과 보살핌을 받을 가치가 있는 존재인가 아닌가(자신에 대한 표상: 자기모델) 그리고 타인이 내가 신뢰할 수 있고 나를 도울 수 있는 존재인가 아닌가(타인에 대한 표상: 타인모델)의 여부에 따라 4가지 범주로 나누어진다. 첫 번째, 안정유형은 자신에 대한 만족감과 타인에 대한 신뢰감이 모두 높은 유형으로, 자신과 타인에 대해 모두 긍정적이다(자기긍정-타인긍정). 이 유형은 Hazan과 Shaver의 안정애착 그리고 Main과 Goldwyn(1994)의 자율적 애착유형과 일치한다. 두 번째 무시유형은 타인에 대해서는 부정적이지만 자신에 대해서는 긍정적인 유형으로, 일반적으로 자아존중감은 높지만 대인관계에 대해서는 적대적이고 차갑다(자기긍정-타인부정). 무시유형은 Hazan과 Shaver의 회피애착 그리고 Main과 Goldwyn의 무시애착 유형과 유사하다. 이와 달리 세 번째 집착유형은 자신에 대해서는 무가치하다고 느끼지만 중요한 타인에 대해서는 지나치게 의존하거나 타인을 이상화시킨다(자기부정-타인긍정). 이는 Hazan과 Shaver의 불안양가애착과 유사하며, Main과 Goldwyn의 집착형과 일치한다.

Bartholomew와 Horowitz가 추가한 성인애착유형은 두려움유형이다. 두려

움유형의 사람들은 타인과 친밀한 관계를 형성하지 않으며, 자신과 타인 모두에 대해 부정적이고(자기부정-타인부정), 자아존중감이 낮고 내향적이며, 대인관계에서도 주장성이 부족하다. 그리고 타인과의 친밀한 관계를 회피함으로써 자신을 보호하려는 경향이 있다. 이는 Main과 Goldwyn의 미해결-혼란애착유형과 유사하다.

연구결과 안정애착유형의 성인들은 인지체계가 유연하여 대인관계와 정서표현에 있어 적응적인 것으로 나타났다. 그러나 집착유형, 두려움유형, 무시유형과 같이 불안정애착을 이룬 성인들은 대인관계와 정서적 표현뿐만 아니라 갈등상황과 스트레스에 대처하는 방식에 있어 안정애착유형과 차이가 있었다(Collins & Read, 1990).

Bartholomew와 Horowitz(1991)는 자신들이 제안한 4범주 모형이 Bowlby의 내적 작동모델을 더욱 정교화하는 데 공헌하였다고 주장하였다. 즉, Bowlby는 내적 작동모델로 애착대상의 유용성(애착대상은 내가 지지와 보호를 요청했을 때 도와주는 사람인가)과 자신의 유용성(나는 애착대상으로부터 도움을 받을 수 있는 사람인가) 등 2가지를 자기와 타인표상으로 제시하였지만, 이를 범주화하지는 않았다. 그러나 Bartholomew와 Horowitz는 자신들이 자기와 타인표상을 각각 2수준으로 구분하여 범주화하고(2×2), 각 셀의 특징들을 제시함으로써 내적 작동모델을 보다 정교화하였다고 하였다.

실제로 3범주 모형(Hazan & Shaver, 1987)과 4범주 모형(Bartholomew & Horowitz, 1991)을 비교한 연구들을 보면, 내적 작동모델을 토대로 한 Bartholomew와 Horowitz의 4범주 모형에 대한 지지가 다소 앞서는 것으로 보인다. 세 가지 성인애착유형보다는 네 가지 분류가 불안정 성인애착 집단을 좀더 구체적으로 분류할 수 있기 때문이다(장휘숙, 1997).

한편 국내 성인애착을 살펴본 결과, 성인애착유형에 있어서도 문화적 특성에 따른 차이가 있었다. 대학생을 대상으로 성인애착유형의 문화 간 비교연구를 실시한 김동직과 한성열(1997)의 연구에 의하면, 미국의 성인과 대학생은 무시유형의 비율이 높게 나타난 반면에, 한국 대학생은 무시유형보다 집착유형이 높았다. 이에 대해 김동직과 한성열(1997)은 개별성과 독립성을 강조하는 미국문화와 집단주의적이며 관계지향적인 한국문화의 차이를 반영한 결과라고 설명하였다. 또한 국내 대학생의 애착을 Bartholomew와 Horowitz(1991)의 자료와 비교한 장휘숙(1997)은 한국 대학생은 미국 대학생보다 집착애착유형은 높은 비율을 차지하는 반면에 안정유형과 두려움유형, 무시유형의 비율은 낮게 나타남을 발견하였다(장휘숙, 1997). 한편 국내 성인애착유형을 살펴본 김세진(1999)의 연구에서는 성별에 따른 차이가 발견되어, 성인애착유형에 있어 문화뿐 아니라 성별에 따른 차이도 고려해야 함을 시사하였다.

(2) 차원 모형(Dimension Model)

Keith E. Davis

최근에는 성인 애착을 3범주, 또는 4범주로 분류하는 대신, 연속적인 차원으로 살펴보는 연구가 증가하고 있다. 차원 모형으로 불리는 이 연구는 앞서 3범주 모형에서 나타난 안정애착과 회피애착 그리고 양가애착의 상관관계를 살펴본 결과 안정애착과 회피애착 간의 부적 상관이 안정애착과 양가애착 간의 부적 상관보다 상관의 크기가 더 높게 나타난 데에서 시작되었다. Levy와 Davis(1988)는 애착이 서로 다른 개념의 유형들로 이루어진 범주적 개념이 아니라 연속적인 차원으로 존재하는 차원 모형임을 주장하였다.

Brennan, Clark 그리고 Shaver(1998)는 기존의 모든 성인애착척도들의 문항을 모아 323문항의 애착척도를 제작하였다. 그리고 새로이 만든 척도로 성인애착을 측정하여 살펴본 결과, '회피(avoidance)'와 '불안(anxiety)' 요인이 기존의 모든 애착척도에 내재되어 있음을 발견하였다. 이를 정리하면 다음과 같은 그림으로 나타낼 수 있다(<그림 4-5> 참조). 회피차원의 점수가 높은 성인은 상대방을 의지하거나 상대에게 자신을 개방하는 것을 좋아하지 않은 반면에, 이 차원의 점수가 낮은 성인은 상대방과 편안하게 친밀감을 형성하고 서로 의지하는 데 있어 어려움을 느끼지 않았다. 한편 불안차원의 점수가 높은 성인은 자신의 파트너가 신뢰할 수 있는 반응적이고 좋은 사람인가에 대해 걱정하

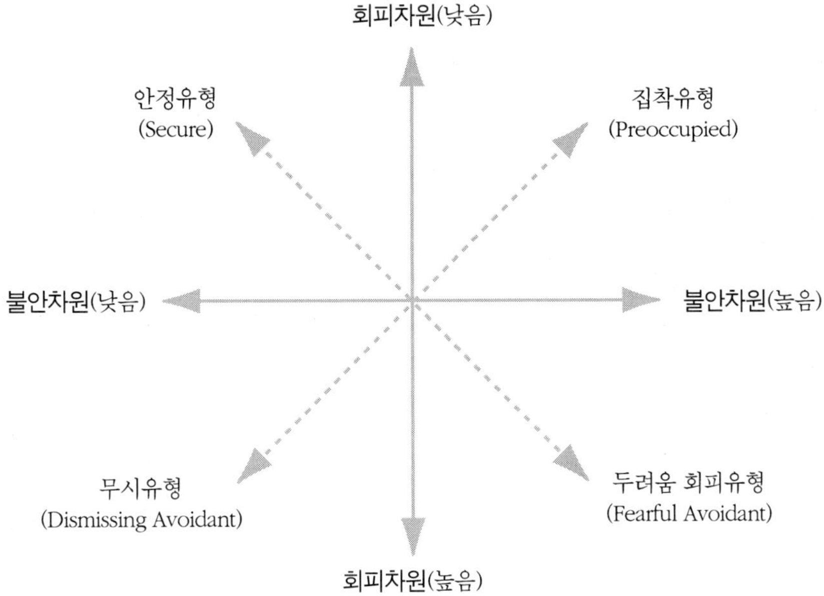

〈그림 4-5〉 성인애착의 차원모형

출처: www.psych.uiuc.edu/~rcfraley/attachment.htm

세로축과 가로축은 차원모형의 2가지 차원, 즉 '회피'와 '불안'이다. 그리고 이 '회피'와 '불안' 차원의 높고 낮음에 따라 4가지 애착유형들이 나타난다.

는 경향이 있었고, 점수가 낮은 성인은 자신의 파트너를 어려움 없이 신뢰하였다. 이와 같이 Brennan과 동료들(1998)은 '회피'와 '불안'의 높고 낮음에 따라 성인애착유형을 연속적인 차원에서 개념화할 수 있음을 제시하였다.

Fraley와 Waller(1998)는 이를 좀더 구체적으로 설명하였다. '회피' 차원은 애착대상에게 가까이 접근하거나 또는 피하는 행동조절체계이다. 즉, 회피가 낮은 사람은 접촉이나 지지를 구하는 애착대상 지향적인 행동을 하는 반면에, 회피가 높은 사람은 애착대상과 접촉을 피하는 애착대상 회피적 행동을 한다는 것이다. 안정형은 '회피'와 '불안'에 대한 역치(threshold)[3]가 높아 사소한 거절 단서에

3) 역치(threshold): 자극에 대해 반응하는 시점(분계점)이다. 생물이 외부환경의 변화, 즉 자극에 대해 어떤 반응을 일으키는 데 필요한 최소한의 자극의 세기이다. 예를 들어 약한 자극에도 흥분하면 역치가 낮고, 강한 자극을 주어야만 흥분하면 역치가 높은 것이다.

는 반응하지 않지만, 집착형은 '불안' 역치가 낮아 애착대상에게 가까이 다가갈 수 있는 경향성(가능성)과 애착대상이 자신에게 관심을 보이는 것에 민감하게 반응한다. 차원 모형을 주장하는 학자들은 애착의 차원모형이 범주모형보다 애착의 내적 작동모델을 정교화하고 확장할 수 있다고 주장하지만, 이에 대해서는 아직까지 연구가 진행 중이다.

Susan J. Spieker

최근 Fraley와 Spieker(2003)는 애착의 차원 모형을 〈그림 4-6〉과 같이 제시하여, 기존의 애착 범주모형이 차원모형에서도 어떻게 적용되는지 알아보았다. 〈그림 4-6〉에서 수평축과 수직축은 차원 모형에서 '회피-근접추구'와 '정서적 갈등-정서적 자신감' 차원을 나타낸다. 회피 전략과 근접추구 전략이 하나의 연속체이듯이, 안정성

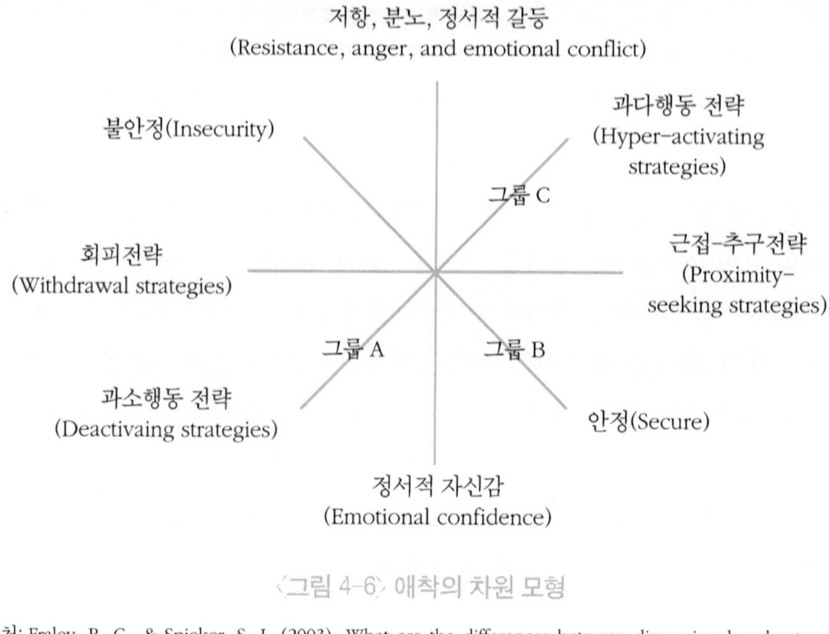

〈그림 4-6〉 애착의 차원 모형

출처: Fraley, R. C., & Spieker, S. J. (2003). What are the differences between dimensional and categorical models of individual differences in attachment? Reply to Cassidy (2003), Cummings (2003), Sroufe (2003), and Waters and Beauchaine (2003). *Developmental Psychology, 39*, 423-429.

과 불안정성 역시 연속체이며 원래의 축들과 선형적 조화를 나타낸다.

기존의 안정애착은 정서적 자신감과 근접추구전략을 사용하며, 불안정애착은 정서적 자신감과 반대인 정서적 갈등(저항과 분노)과 근접추구와 반대 개념인 회피전략을 사용한다. 이와 같이 기존의 범주 중심적인 '애착유형' 도 애착 차원 모형에 쉽게 맞추어진다. 이처럼 Fraley와 Spieker(2003)는 성인애착유형을 다른 애착유형들 간에 서로 분명하게 구분되는 범주 모형에서 보다 연속적인 형태의 차원 모형으로 개념화하였다. 이들은 애착의 연속적인 차원 모형이 기존의 애착 범주 모형보다 애착을 더 정교화하고 확장할 수 있음을 주장하고 있다.

6. 애착과 내적 작동모델

어렸을 적 주양육자와 형성한 애착의 질(안정애착, 불안정애착)은 이후의 삶에 어떤 영향을 미치는가? 애착이론가들은 초기의 애착관계가 전생애 동안 지속적으로 영향을 미친다고 생각한다. 초기의 애착관계를 통해 '내적 작동모델' 을 형성하고, 이 내적인 표상이 영유아기뿐만 아니라 아동기, 청소년기, 성인기와 같은 전생애 동안 영향을 미친다는 것이다. 내적 작동모델의 개념이 제시된 이후, 이를 확인하기 위한 많은 종단연구가 이루어졌다.

1) 내적 작동모델의 개념

Bowlby는 애착을 연약한 한 개인이 보호를 받기 위해, 유능하고 강한 대상에게 의지하는 사회적 관계로 바라보았다. 따라서 인간은 다른 사람의 도움과 보살핌이 절실히 필요한 시기인 영아기에 자신을 가장 많이 보살펴주는 주양육자(어머니)와 애착을 형성하게 되는데, 이러한 애착형성은 생존을 위한 종 특유의 본능인 동시에 동기적 행동체계이다. 주양육자와 애착을 형성한 영아는 이를 통해 내적 표상을 형성하고, 이러한 표상은 이후 다른 사람과의 관계에서 지속적인 영향을 미친다. 특별히 내적 표상과 인지는 아동이 성인으로 성숙되어 갈 때, 더욱 중요한 역할을 수행한다. Bowlby는 '작동모델' 이라는 용어를 사용하여 이들 내적 표상들이 애착경험에 의해 영향을 받고, 새로운 경험을 통해 계속 축적된다고 생각하였다.

내적 작동모델(internal working models)은 인지발달학자인 Piaget의 '표상(representations)' 개념과 비슷하다. Piaget는 Bowlby와 여러 학자들과의 연구모임인 제네바학회 회원이었다. Bowlby는 이곳에서 Piaget와의 교류를 통해 내적 작동모델의 개념을 형성하였다. 부모-자녀 상호작용의 패턴이 자녀의 대인관계 패턴의 기초가 된다는 것은 정신분석학을 비롯한 발달심리학 내에서 새로운 개념은 아니다. 그러나 Bowlby는 이를 내적 작동모델이라는 개념을 통해 새로운 메타심리학[4]으로 발전시켰다.

내적 작동모델의 정의를 살펴보면, Main과 동료들(1985)은 "애착과 관련된 정보를 조직하고 이 정보에 대한 접근을 획득하거나 제한하는 일련의 규칙" 으로 정의하였다. 그리고 Shaffer(2000)는 내적 작동모델을 "영아가 양육자들과의 상호작용을 통해 형성한 자신과 타인 그리고 관계에 대한 인지적 표상" 으로 규정하였다. 즉, 내적 작동모델이란 삶의 초기에서 양육자들과의 애착관계를 통해 형성한 자기 자신과 타인, 자신-타인과의 관계의 영향에 대한 인지적 표상으로, 이는 우리의 전생애 동안 모든 관계에 지속적으로 영향을 미치는 토대가 된다.

내적 작동모델은 감정이나 행동과 관련되어 복합적으로 나타나는 유기체적 개념이다. 안정애착 유아는 자신에 대한 긍정적인 내적 작동모델을 다른 사람과 세상과의 관계에도 일반화시킨다. 반면에 불안정애착 유아는 자신에 대해 사랑받을 가치도 없고 쓸모없다는 부정적인 내적 작동모델을 형성하고 나아가 다른 사람과 세상에 대해서도 자신을 위협하는 위험한 대상으로 여겨 도피하거나 반대로 공격적인 성향을 나타낸다는 것이다.

4) 메타심리학: 경험적 심리학의 한계를 벗어나 현상과 사실, 이론 및 사상들을 포괄적이고 논리적으로 이해할 수 있도록 개념을 체계적으로 종합한 심리학.

이후 새로운 정보가 추가되고 통합되는 과정은 이전에 형성된 내적 모델을 토대로 형성되기 때문에, 초기 애착경험은 이들 내적 작동모델을 통해 지속적으로 영향을 미친다. 특정 관계에 대한 개개인의 내적 작동모델은 자기(self)와 타인(others)에 대한 개념 그리고 관계에 대한 기대감들을 포함하고 있다. 한편 Bowlby는 이들 내적 작동모델의 일부분은 의식으로는 다가갈 수 없는, 즉 무의식의 영역에 있어 변화를 거부한다고 생각하였다. 그러나 'works' 나 'worked' 가 아닌 'working' 이라는 단어가 의미하듯이, 내적 작동모델은 영유아기 이후에도 지속적으로 다양한 애착경험들에 의해 영향을 받고, 새로운 경험을 통해 지속적으로 축적되어 간다. 따라서 Bretherton(1985)은 'working' 이라는 용어가 의미하듯이, 내적 작동모델은 정신적 표상의 역동성을 나타낸다고 주장하였다.

이와 같이 오늘날 전생애적 관점에서의 애착이론의 주요 개념인 내적 작동모델은 영아가 애착대상 인물과의 상호작용 과정에서 발달시키는 전생애 동안의 '관계' 에 대한 표상의 발달과정이다. 한편 많은 연구자들이 연구대상의 발달단계에 따라 각기 상이한 애착유형의 명칭을 제시하였지만, 영아기에서부터 성인기에 이르기까지 애착은 내적 작동모델을 통해 지속되고 있다.

2) 내적 작동모델의 발달

내적 작동모델은 영아가 양육자의 반응성과 접근가능성을 바탕으로 자신과 타인에 대해 형성한 정신적 표상을 의미한다. 자신에 대한 표상은 자신이 가치 있고 사랑받을 만한 사람인가에 대한 것이며, 타인에 대한 표상은 도움이 필요한 상황에서 자신이 애착을 형성한 대상이 의지하고 믿을 만한 사람인가에 대한 표상이다. Bowlby는 어린 시절 부모와의 관계를 통해 어떠한 유형의 애착관계가 형성되었는가에 따라 상이한 내적 표상이 형성되고, 이는 이후의 관계형성에 기초가 된다고 생각하였다. 나아가 일단 형성된 내적 표상은 이후의 관계에 지속적으로 영향을 미쳐 자신의 내적 표상을 확신시켜주는 사회적 관계를 형성하게 된다고 하였다.

애착대상에 대한 표상은 이후 아동의 자아개념이나 대인관계에 대한 표상과도 관련이 있다. 예를 들어, 애착대상인 주양육자가 스트레스 상황에서 유아가 기대하는 도움을 주지 않고 지속적으로 거부하는 경우, 유아의 내적 작동모델에는 부모가 거부적이라는 표상뿐만 아니라 유아 자신도 도움을 받을 만한 가치가 없다는 표상이 발달될 것이다. 이와는 달리 애착대상인 주양육자가 스트레스 상황에서 유아가 기대하는 도움을 주는 경우, 유아의 내적 작동모델에는 부모가 수용적이고 애정적이라는 표상뿐만 아니라 유아 자신이 도움을 받을만한 가치가 있다는 표상을 발달시키게 될 것이다(Bretherton, 1985). 이러한 내적 작동모델은 일단 형성되면 수정이 어렵다. 이는 개인의 내적 작동모델과 일치하는 정보는 기존의 내적 작동모델을 강화시키는 방향으로 수용되는 반면, 그렇지 못한 정보에 대해서는 무의식적으로 왜곡과 방어현상이 나타나기 때문이다(Bowlby, 1989).

애착연구자들은 특유의 상호작용패턴의 반복적 경험에 기초하여, 아동이 자기 자신과 애착인물 간의 상호작용의 특성에 관한 기대를 발달시킨다고 가정한다. 예를 들어, 아동이 넘어졌을 때, 양육자가 즉시 아이를 일으켜 주었던 경험들이 반복되면, 아동은 고통 뒤에는 항상 안심과 위로가 있을 것이라는 기대를 갖게 된다. 그리고 이러한 기대들은 내적 작동모델로 구체화된다.

사진 설명 시계방향으로 왼쪽에서부터 Karlen Lyons-Ruth, Nouis Sander, Nadia Bruschweller, Daniel Stern, Jeremy Nahum, Alexander Morgan
출처: http://www.changeprocess.org/members.html

Daniel Stern(1985)은 내적 작동모델의 기초단위를 "함께하는 방식에 대한 도식(schemata of a way of being with)"으로 묘사하였다. 즉, 내적 작동모델들은 수많은 상호작용경험을 기초로 하여 형성된 "함께하는 방식에 대한 도식"이 결합된 상위구조이며, 이는 애착인물에 대한 아동의 기대에 영향을 미치고 표상을 형성하게 하며, 궁극적으로는 모든 중요한 관계들에서 대상에 대한 행동에 영향을 미치게 된다(〈그림 4-7〉 참조).

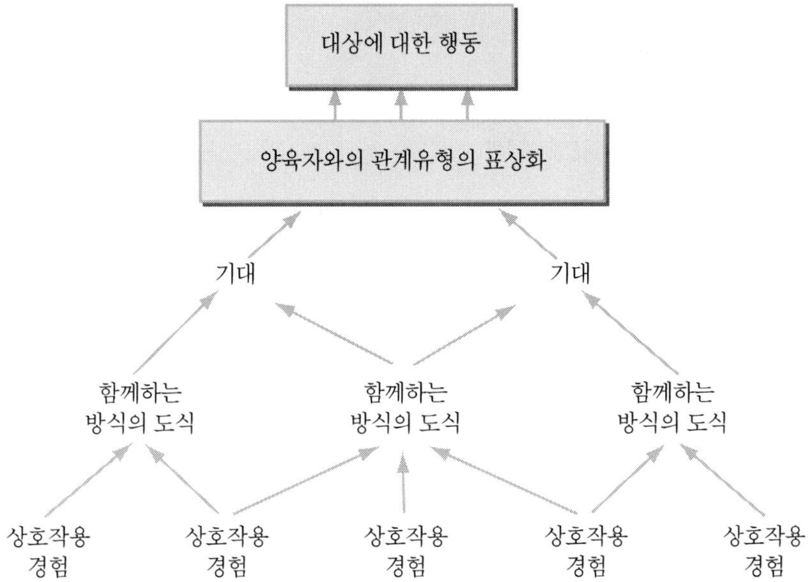

〈그림 4-7〉 경험과 기대, 애착관계의 내적 작동모델과의 관계

출처: Stern, D. N. (1985). *The interpersonal world of the child*. New York: Basic Books.

3) 내적 작동모델의 구조

Mark Baldwin

Baldwin과 그 동료들(1993)은 애착의 작동모델에 관계적 도식이론을 적용시켰다. 관계도식은 상호 간에 어떻게 상호작용하는가에 대한 정보를 포함하는 것으로, 이는 자신에 대한 정보, 상대방에 대한 정보 그리고 일반적인 상호작용방식에 대한 정보를 포함한다.

예를 들어, 어떤 사람이 일상적으로 자신의 파트너에게 껴안기를 요구하고 그 상대방도 이에 대해 껴안는 반응을 보인다면 그 사람은 예측 가능한 상호작용에 대한 관계도식을 형성하게 될 것이다. 이러한 도식은 자신에 대한 정보(나는 신체적 애정표현을 필요로 한다)와 상대방에 대한 정보(내 파트너도 애정적인 사람이다) 그리고 내가 상대방

Paula Pietromonaco

Garth Fletcher

Myron Friesen

에게 껴안기를 요구하면 내 파트너도 나에게 껴안는 행동을 할 것이라는 상호작용방식에 대한 정보를 포함한다. Baldwin과 동료들은 애착의 작동모델은 관계도식으로 구성되어 있다고 하였다. 관계도식이 자신과 타인에 대한 정보로 구성되어 있다는 사실은 기존의 작동모델의 개념과 일치하지만 관계도식이 작동모델에 기여한 점은 부가적으로 상호작용방식에 대한 정보까지를 제공한다는 점이다.

Baldwin(1992)은 작동모델에 포함된 관계도식은 위계적인 형태로 구성되어 있다고 하였다. 가장 상위에는 모든 관계에 적용되는 전반적인 작동모델이 존재하고 보다 아래 수준에는 특정한 관계에만 적용되는 보다 구체적인 작동모델이 존재하며, 가장 하위 수준에는 보다 구체적인 관계에 적용되는 작동모델이 존재한다. Pietromonaco와 Barrett(2000)도 작동모델은 하나의 통합적인 실체라기보다는 위계적인 형태로, 전반적인 관계에 적용되는 상위수준의 작동모델(general working models)과 특정한 관계에 적용되는 하위수준의 작동모델(relationship-specific working models)이 존재하며 한 수준의 정보가 반드시 다른 수준의 정보와 일치할 필요가 없다고 하였다. Overall, Fletcher와 Friesen(2003)도 전반적인 작동모델, 관계유형에 따른 작동모델 그리고 특정한 관계에 대한 작동모델이라는 작동모델의 3단계 위계구조를 지지하였다(〈그림 4-8〉 참조).

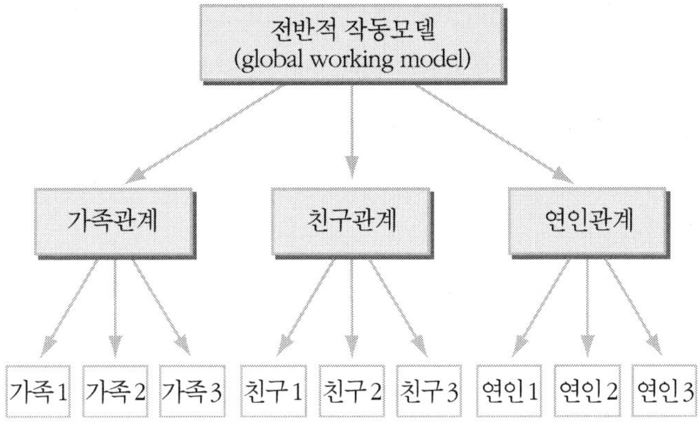

〈그림 4-8〉 애착표상의 모형

출처 : Overall, N. C., Fletcher, G. J. O., & Friesen, M. (2003). Mapping the intimate relationship mind: Comparisons between three models of attachment representations. *Personality and Social Psychology Bulletin, 29*, 1479-1493.

Dominique Treboux

Judith Crowell

4) 애착의 안정성

최근 영아기에 어머니와 형성한 애착 안정성이 전생애발달에 미친 영향을 살펴본 종단연구결과가 연이어 발표되어 관심을 끌고 있다(Hamilton, 2000; Waters, Merrick, Treboux, Crowell, & Albersheim, 2000; Weinfield, Sroufe, & Egeland, 2000). 이들 종단연구들은 영아기에 형성된 애착유형이 청년기와 초기 성인기의 애착유형에도 안정적으로 나타나는지를 20년 이상의 추적연구를 통해 실제적으로 검증한 귀중한 자료이다. 이들 3편의 종단연구들을 분석한 결과, 영아기 애착의 안정성을 지지한 연구결과(Hamilton, 2000; Waters et al., 2000)와 그렇지 않은 연구결과(Weinfield et al., 2000)가 함께 제시되었다.

먼저 영아기 애착의 안정성을 지지한 종단연구들을 살펴보면 다음과 같다. Hamilton(2000)은 영아기에 애착을 측정한 가족생활양식 프로젝트(Family Lifestyle Project: FLS)의 연구대상들 중 청소년 30명을 표집하여 AAI(George, Kaplan, & Main, 1985)를 통해 이들의 애착유형을 살펴보았다. 가족생활양식 프로젝트(FLS)는 가족환경이 아동발달에 미치는 전반적인 영향력을 살펴보는 종단연구로서, 1973년 Eiduson과 동료들에 의해 시작되어 현재 캘리포니아 대학교의 Weisner에 의해 진행되고 있는 대표적인 종단적 영아애착연구 중의 하나이다. Hamilton은 FLS의 연구대상에 전통적인 가족의 청소년과 함께 모자가족과 공동체가족, 동거가족 등의 다양한 가정환경을 가진 청소년들도 연구대상으로 선정하였다. 그 결과 영아기 때 불안정애착으로 분류되었던 18명 중 16명이 청소년기에도 불안정애착이었으며, 영아기에 안정애착으로 나타난 12명 중 9명이 여전히 청소년기에도 안정애착인 것으로 나타났는데, 이는 애착의 안정성이 오랜 시간 동안 지속적인 속성임을 입증한 결과이다.

이러한 결과는 중산층 영아를 대상으로 실시한 Waters와 동료들(2000)의 연구에서도 지지되었다. Waters와 동료들(2000)은 12개월에 '낯선상황실험' 을 통해 영아 애착유형을 분류한 후, 20년이 지난 후에 다시 AAI를 통해 이들의 성인 애착유형을 살펴보았다. 이들은 Hamilton(2000)의 연구가 비록 다양한 가정환경을 고려하였지만 연구대상이 소수였던 것(30명)에 반해, 총 60명의 청소년을 대상으로 하였다. 그 결과 안정애착과 불안정애착 분류 영아의 72%가 성인기에도 동일한 애착유형을 나타내었다. 이는 초기에 형성한 애착유형이 이후 삶의 애착유형에도 지속적으로 영향을 미친다는 Bowlby의 내적 작동모델에 대한 주장을 지지한 결과이다.

그러나 애착과 관련된 모든 종단연구가 Bowlby의 내적 작동모델의 안정성을 지지하지는 않았다(Masters & Wellman, 1974; Mischel, 1968). 최근 Weinfield와 동료들(2000)은 고위험 집단의 성인과 그 자녀들(57명)을 대상으로 한 종단연구에서 태내기부터 자녀가 19세가 될 때까지 애착유형의 안정성과 지속성을 살펴보았다(〈표 4-3〉 참조).

연구대상 어머니들은 대부분 고졸(40%)이었으며 연구 시작 당시 평균 연령이

표 4-3 영아기에서 성인기까지의 애착 안정성(Weinfield와 동료들의 종단적 연구)

성인기 애착유형 (AAI)	영아기 애착유형			
	회피애착(A)	안정애착(B)	저항애착(C)	전체
무시애착(Dismissing: Ds)	9	20	5	34
안정애착(Secure: F)	4	12	2	18
집착애착(Preoccupied: E)	2	2	1	5
전 체	15	34	8	57

출처: Weinfield, N. S., Sroufe, L. A., & Egeland, B. (2000). Attachment from infancy to early adulthood in a high-risk sample: Continuity, discontinuity, and their correlates. *Child Development, 71,* 695-702.

20세로, 어렸을 때 자녀를 출산하였다. 연구자들은 자녀가 18개월부터 19세가 될 때까지 총 11회에 걸쳐 어머니를 인터뷰하였다. 또한 어머니의 우울증과 함께 부모-아동 상호작용의 질, 아동학대 유무, 가족구성원 간의 건강성 등을 살펴보았다. 자녀들은 영아기에 '낯선상황실험'을 통해 애착을 측정하였고, 19세에 AAI를 통해 영아기의 애착과 성인기의 애착 안정성을 비교하였다. 연구결과 피험자 대부분이 계획하지 않은 임신(82%)이어서 임신과 출산, 자녀의 양육과정에서 스트레스가 많았다. 또한 영아기에 측정한 애착유형(안정애착, 저항애착, 회피애착)은 성인기의 애착유형(안정애착, 집착애착, 무시애착)과 통계적으로 유의하지 않았다.

Weinfield와 동료들(2000)은 애착유형을 세분화하는 대신 안정애착과 불안정애착을 크게 2가지로 분류하여 살펴보았다. 그 결과 애착유형의 안정성, 즉 지속성은 일치와 불일치가 서로 비슷하게 나타나 애착유형의 안정성이 불안정성보다 높게 나타난 기존의 종단연구결과들과 다른 결과를 나타내었다(〈표 4-4〉 참조). 따라서 Weinfield와 동료들의 연구에서는 영아기 때의 애착유형보다는 아동학대 경험과 부모-아동 상호작용의 질과 같은 이후 발달에서의 환경적 경험, 특별히 부정적 경험이 성인기의 애착유형에 영향을 미치는 것으로 밝혀졌다.

한편 Weinfield와 동료들은 위의 두 편의 종단연구결과와 상이하게 나타난 자신들의 연구결과가 오히려 내적 작동모델을 통한 애착의 안정성과 지속성을

표 4-4 영아기에서 성인기 애착유형의 일치 정도

애착유형의 지속성 (애착유형의 일치)	영아불안정-성인불안정애착 영아안정-성인안정애착	17명 12명	전체 29명
애착유형의 비지속성 (애착유형의 불일치)	영아불안정-성인안정애착 영아안정-성인불안정애착	6명 22명	전체 28명

출처: Weinfield, N. S., Sroufe, L. A., & Egeland, B. (2000). Attachment from infancy to early adulthood in a high-risk sample: Continuity, discontinuity, and their correlates. *Child Development, 71,* 695-702.

지지한 연구결과임을 주장하여 눈길을 끌고 있다. 이들은 자신들의 연구대상이 앞서 두 편의 종단연구의 대상과 달리 애착과 관련된 삶의 부정적 사건들이 더 심하고 더 반복적으로 겪은 고위험 집단이기에, 자신들의 연구결과는 오히려 애착의 발달과정에 있어 애착의 안정성과 함께 역동성을 나타낸 연구결과라고 설명한다. 따라서 이들 3편의 종단적 연구결과는 전생애에 걸친 애착의 과정은 애착의 안정성(stability)과 변화(change)를 모두 나타낸다는 Vaughn과 동료들(1979)의 주장을 지지한 결과로 정리할 수 있다(Waters et al., 2000).

5) 전생애발달과 애착유형

Goldberg(2000)는 전생애 동안의 애착유형을 〈표 4-5〉와 같이 제시함으로써, 각각의 발달단계에서의 애착유형이 어떻게 안정적으로 이어져 가는지를 정리하였다. 〈표 4-5〉에 제시된 영아기 이후의 애착측정 방법들은 영아기의 애착유형과 이후에 나타난 애착유형이 서로 유사하다는 가정 하에 개발되었다. 실제로 여러 연구결과, 전생애적 관점에서 애착유형은 서로 유사한 것으로 나타났다.

즉, 안정애착으로 분류된 영아는 유아기에도 안정적이었으며, 특별한 환경적 변화가 없는 한 아동기와 청소년기에도 안정적이었다. 그리고 성인기에 이르러서도 자율적인 성인으로 발달하였다. 또한 회피애착으로 분류된 영아나 저항애착으로 분류된 영아도 이와 마찬가지의 결과를 나타내었다. 그러나 영아기에 혼란애착으로 분류된 영아는 이후 발달단계에서 앞서의 애착유형처럼 지속적으로

표 4-5 전생애발달에서의 애착유형

연령	관련 연구	측정방법	분 류			
			안정애착	불안정애착		
영아	Ainsworth et al., 1978 Crittenden, 1985 Main & Solomon, 1986	관찰: '낯선상황실험'	안정 (secure: B)	회피 (avoidant: A)	양가 또는 저항 (ambivalent or resistant: C)	혼란 (disorganized: D)
유아	Cassidy & Marvin, 1987, 1992 (see also Shouldice & Stevenson-Hinde, 1992; Greenberg et al., 1991) Crittenden, 1992	관찰: '낯선상황실험', 기타 재결합 상황	안정 또는 균형(secure/balanced: B)	회피 또는 방어 (avoidant/defended: A)	의존 또는 강압 (dependent/coercive: C)	통제 또는 불안정 (controlling/insecure-other: D)
5~7세	Main & Cassidy, 1988	관찰	안정 또는 균형(B)	회피 또는 방어(A)	의존 또는 강압(C)	통제(D) 또는 불안정
7~11세		아직 표준화된 분류체계가 없음				
청년 전기 (청소년)	Cobb, 1996	관찰	균형 (balanced: B)	제한 (limiting: A)	집착 (preoccupied: C)	혼란 (disorganized: D)
청년 후기 (청년)	청년 후기에서는 성인용 질문지와 척도를 사용함					
성인	Main, Kaplan, & Cassidy, 1985	대화 분석: 성인애착 인터뷰 (AAI)	자율 (autonomous: F)	무시 (dismissing: Ds)	집착 (preoccupied: E)	미해결 (unresolved: U)

출처: Goldberg, S. (2000). *Texts in developmental psychology: Attachment and development*. London: Arnold.

분명하게 분류되지 않았다. 혼란애착의 경우 유아기에는 통제애착으로 분류되었으나, 청년기에는 혼란과 미분류 애착유형으로 나타났다. 아울러 성인기에는 미해결된 애착유형으로 분류되었다. 이들 성인들은 애착관계에 있어 전략의 부재와 상실을 나타내었다.

이처럼 인생의 초기에 형성된 애착은 내적 작동모델이라는 정신적 표상을 통해 전생애 동안 영향을 미친다. 이러한 애착의 지속적인 영향력은 먼저 애착유형의 안정성을 통해 입증되고 있다. 초기에 형성된 애착안정성은 타인과의 관계형성에 대한 긍정적 기대감과 함께 자신의 능력에 대한 유능함뿐만 아니라 실제적으로 타인과의 관계를 긍정적으로 형성할 수 있는 능력을 향상시키며, 정서를 조절하고, 상대방에 대한 공감적 반응을 할 수 있도록 돕는다.

부모와 안정애착을 형성한 아동은 비난받지 않는 수용적이며 개방적인 환경에서 부모와 대화를 통해 애착관계를 형성하기 때문에, 언어를 통한 자신의 감정표현에 자신감을 가지게 된다. 그리고 부모의 욕구와 자신의 욕구를 적절하게 조절할 수 있는 협상능력의 발달로 타인과의 갈등관계를 적절히 조절할 수 있다. 이와 같이 아동과 부모의 애착관계는 부모의 양육태도 외에도 부모-자녀와의 감정이입적이며 개방적인 의사소통을 통해 전생애발달에 영향을 미칠 뿐만 아니라, 아동기 이후 사회적 관계의 확장과 함께 타인과의 관계형성과 사회적 능력에 영향을 미침을 알 수 있다.

6) 애착의 세대 간 전이

왜 어떤 어머니는 다른 어머니보다 영아에게 더욱 민감하게 반응하며, 자녀와의 애착을 안정적으로 형성하는가? 이 질문은 오랫동안 발달심리학과 아동학에서의 주요 주제였다. 그리고 이에 대한 가장 설득력 있는 대답은 어머니 자신의 어머니와 어렸을 적에 형성한 애착경험에 대한 기억, 즉 애착의 내적 표상이다 (Goldberg, 2000). 실제로 어렸을 때 주양육자와의 애착관계에 대한 성인의 아동기 기억을 평가할 수 있는 AAI가 개발됨에 따라 연구자들은 어머니의 어렸을 적

애착관계를 측정할 수 있게 되었고, 더 나아가 애착유형을 구체적으로 분류할 수 있게 되었다(George et al., 1985). 이들 연구의 주요 가정은 어렸을 적 자신의 애착안정성에 대한 어머니의 기억과 느낌, 즉 내적 작동모델이 지금 현재 자신과 자녀와의 관계와 양육에 영향을 미친다는 것이다. 양육자에 대해 긍정적인 작동모델을 형성한 아동은 자신에 대해 긍정적인 개념을 형성하게 되고, 이후 친구나 배우자와 상호 신뢰적 관계를 이루며, 더 나아가 자신의 자녀를 보다 민감하게 양육함으로써 안정애착을 형성하게 한다.

실제로 여러 연구들을 통해 어머니의 어렸을 적 애착이 지금 자녀와 함께 형성해가는 애착유형의 주요 변인임이 밝혀졌다(Posada et al., 1995; van IJzendoorn, 1995, van IJzendoorn et al., 1992). 놀라운 것은 어머니의 어렸을 적 애착이 아동과 이후에 형성하는 애착관계와 이전의 애착관계(forward and backward) 모두를 예측하였다. 즉, 출산 전과 임신기간 동안 수행된 어머니와의 인터뷰는 이후 아동에 대한 애착을 예측하였으며(Ward & Carlson, 1995), 자녀가 6세 때 수행된 인터뷰는 12개월 때 측정한 애착과 정적 상관이 있었다(Main et al., 1985). 특히 아기가 태어나기 전에 영국 어머니의 내적 작동모델을 측정한 Fonagy와 동료들(1991)은 어머니의 내적 작동모델이 이후 영아가 안정애착을 형성할지, 혹은 불안정애착을 형성할지를 75% 정도 예측했다. 이러한 결과는 미국을 위시하여 캐나다와 독일, 네덜란드 등의 여러 국가들에서 수행된 연구에서도 동일하게 나타났으며, 연구대상의 60%에서 높게는 82%가량이 어머니의 내적 작동모델과 자녀의 애착유형이 일치하였다(Benoit & Parker, 1994; Steele, Steele, & Fonagy, 1996; van IJzendoorn, 1995). 어머니의 내적 작동모델과 영아의 애착유형을 살펴본 국내의 연구(장미자와 조복희, 1999)에서도 애착유형간의 일치도는 65%(안정/불안정애착 2범주)와 55%(3범주와 4범주)로 나타났다. 또한 최해운과 동료들(1998)의 연구에서도 일치율은 애착유형의 범주 수에 따라 63~75%(63% 4범주/70% 3범주/75% 2범주)로

Howard Steele

Miriam Steele

Deborah Cohn

나타났다.

Crowell과 Feldman(1991)은 어머니의 내적 작동모델과 어머니-아동 상호작용 행동과의 관계를 살펴본 결과, 안정애착으로 분류된 어머니는 자녀에게 애정적이었으며 분리 시에도 자녀에게 충분한 준비를 시켰다. 그러나 불안정애착유형 중의 하나인 집착애착으로 분류된 어머니는 아동과 헤어지는 것에 대해 매우 불안해하였으며, 회피애착 어머니는 자녀와 신체적으로 거리를 두었고, 분리 시에도 그냥 나가버리는 모습을 나타내었다. 즉, 어머니의 불안정한 내적 작동모델은 비온정적인 양육행동, 안정적인 내적 작동모델은 온정적이며 수용적인 양육행동과 관련되어 있다는 사실은 여러 연구에서도 입증되었다(Cohn, 1992; Crowell & Feldman, 1988; van IJzendoorn, 1995; van IJzendoorn et al., 1992).

이와 같이 개인의 어린 시절 주양육자와 형성된 애착은 내적 작동모델을 통해 자신의 전생애와 다음 세대에까지 영향을 미침으로써, 애착의 세대 간 전이가 이루어진다. 애착의 세대 간 전이에 대한 개념은 발달에 미치는 애착의 영향력의 범위가 수평적인 동시에 수직적임을 나타낸다. 애착의 수직적인 영향력은 특별히 어렸을 적 주양육자와 불안정애착을 형성한 개인에게는 매우 암울한 결과이다. 그러나 초기에 불안정하게 형성된 애착의 내적 작동모델이 언제나 부정적인 결과만을 의미하는 것은 아니다. 초기에 형성된 안정애착이 이후 삶에서 긍정적인 적응을 보장하는 열쇠는 아니며, 또한 불안정애착이 열악한 삶에 대한 지표도 아니기 때문이다. 비록 안정애착을 형성한 아동이라 할지라도 이후 삶에 있어 가정과 개인의 위기로 인해 불안정애착 유형으로 변화될 수 있으며, 또한 불안정애착 아동 역시 이후 친구들이나 연인 또는 배우자와의 관계에 의해 더 긍정적으로 변화할 수 있다. 실제로 어머니의 내적 작동모델이 유아의 애착에 미치는 영향력을 살펴본 전효정(2003)은 모델의 설명력이 20% 이하로 나타남으로써, 어머니의 내적 작동모델 외에 유아의 애착을 설명하는 다른 변인이 있음을 주장하였다. 또한 자녀의 애착과 어머니의 내적 작동모델 간의 관련성을 살펴본 일부 연구에서는 부모의 내적 작동모델이 자녀의 애착과 유의한 관계가 나타나지 않았다(박응임, 1994; 이영환, 1992). Belsky와 Cassidy(1994)가 지적하였듯이, 애착안정성이 미치는 영향에 대한 여러 경로모델이 제시되었지만 이 모델들 중 충분한 증거가 제시된 모델은 아직 없다.

앞서 살펴보았듯이 애착은 개인의 전생애적 발달과 아울러 다양한 발달영역에 영향을 미친다. 가족관계, 사회성, 정서, 인지발달, 정신병리와 신체적 건강에 이르기까지 애착이 미치는 범위는 다양하다. 애착연구자들은 애착이 다양한 발달적 현상에 영향력을 미치고, 아울러 보편적인 적응 지표로서 애착을 사용할 수 있음을 여러 연구들을 통해 밝혔다. 그러나 영아기 애착유형이 이후의 광범위한 발달영역과 다음 세대의 애착형성에 영향을 미친다는 연구결과에 대해, 일부에서는 아직 연구결과가 불충분하다는 지적과 함께 과연 애착이 만병통치약인가하는 문제를 제기하고 있다(Goldberg, 2000). 바로 애착의 영향력에 대한 범위와 한계의 문제이다.

애착의 한계, 즉 범위는 어디에 있는가? Rutter(1997)는 이와 같은 질문이 앞으로 애착연구에 있어 중요한 이슈가 될 것임을 주장하였다. Lewis(1997) 역시 애착이론이 너무 많은 것을 설명하려 하지만, 실제로 설명한 것은 거의 없다고 비판하였다. 복잡한 사회적 관계와 개인의 발달의 복합성을 애착이라는 단일개념으로 모두 설명하려는 것은 불가능하다. 그러나 과거 애착이론의 눈부신 발전은 애착의 놀라운 영향력에만 초점이 맞추어져, 애착의 한계나 제한점에 대한 연구는 잘 이루어지지 않았다. 따라서 애착이론이 보다 강력하면서도 성공적인 이론이 되기 위해서는 애착의 한계와 제한점을 인식하고, 무엇보다 균형을 위한 노력이 절실히 요구된다.

5 애착의 측정

"애착이론은 Bowlby와 Ainsworth의 합작품"이라 할 정도로 이 두 사람이 애착이론에 미친 영향은 지대하다. Bowlby가 애착이론의 아버지로서 애착이론에 대한 전반적인 이론적 토대를 세웠다면, Ainsworth는 Bowlby의 이론을 경험적으로 측정할 수 있는 애착척도를 개발함으로써 애착연구를 발전·확장시킨 애착연구의 어머니이다.

만약 Ainsworth가 개발한 '낯선상황실험'이 없었다면 애착이론이 오늘날처럼 발전하지는 못하였을 것이다. 부모자녀관계에 대한 Bowlby의 애착이론이 독창적이고 매력적이었지만, 단지 이론에 불과할 뿐 과학적으로 입증할 수 없었기 때문이다. Ainsworth가 1960년대 말 어머니와 영아의 애착을 실험·관찰할 수 있는 '낯선상황실험'을 개발함으로써, Bowlby의 이론은 이제 과학적으로 증명할 수 있게 되었다. 특히 '낯선상황실험'은 표준화된 평가절차를 지닌 실험실 관찰방법이기 때문에, 누구나 표준화된 실험을 통해 영아애착을 비교적 자연스럽고 객관적으로 평가할 수 있게 되었다.

그러나 "애착척도는 낯선상황실험이다"라고 칭할 정도로 '낯선상황실험'의 지나친 성공은 상대적으로 영아기 이후의 애착연구와 척도개발을 어렵게 하였다. '낯선상황실험'은 영아를 대상으로 한 애착척도였기 때문에, 유아기와 아동기 애착척도로는 적절하지 않았다. 그러나 애착의 전생애적 관점이 대두되면서, 각각의 발달단계에 따른 애착발달이론과 애착척도 개발이 필요하게 되었으며, 애착의 내적 작동모델의 개념은 영아애착 연구에서 벗어나 전생애적 애착연구의 토대가 되었다.

이 장에서는 Ainsworth의 '낯선상황실험' 외에 영유아기부터 성인기에 이르기까지 애착의 전생애적 발달단계에 따른 다양한 애착척도들을 소개하고자 한다.

1. 영유아기 애착의 측정

영아의 애착을 측정하는 가장 대표적인 방법은 Ainsworth와 Wittig(1969)의 '낯선상황실험(Strange Situation)'이다. 그러나 '낯선상황실험'은 여러 가지 장점에도 불구하고, 자연스러운 영아의 애착행동을 관찰하고 평가할 수 없다는 문제가 있다. 따라서 실험실이 아닌 가정과 같이 자연스러운 일상생활에서의 관찰을 통해 애착을 측정해야 한다는 필요성이 대두되었고, 영유아기 애착척도로 가정에서 자연관찰을 통해 측정하는 애착 Q 분류법(Q-Sort)과 Pederson-Moran의 가정척도가 개발되었다. 또한 유아기의 발달적 특징을 고려한 애착이야기 완성과제(ASCT)가 개발되었다.

1) Ainsworth의 '낯선상황실험'

'낯선상황실험'은 2개의 의자와 영아가 가지고 놀 수 있는 다양한 장난감이 있는 낯선 상황(실험실)에 어머니와 영아가 들어간 후, 정해진 몇 가지 에피소드에서 나타나는 영아와 어머니의 반응을 관찰·분석한 영아애착척도이다.

(1) '낯선상황실험' 절차

생후 1년 동안 영아의 근접추구행동들(울기, 따라가기, 매달리기, 옹알이)은 특정한 양육자(주양육자)에게만 집중된 목표지향적인 행동이다. 이러한 애착행동 시스템에 의하면, 애착대상과 영아의 거리가 가깝고 접촉이 밀접하게 이루어질 때에는 애착행동이 분명하게 드러나지 않지만 영아가 위험하다고 느낄 때에는 뚜렷하게 드러난다.

연구자는 영아에게 매우 낯선 환경인 실험실에서 영아와 어머니 간에 이루어지는 두 번의 분리 상황을 통해 영아의 애착의 질을 측정한다. 특히 어머니와의 분리와 재결합 때 영아가 보이는 행동들 중 접촉추구, 접촉유지, 회피, 저항, 탐색하기, 원거리 상호작용 등 6가지 행동들에 대한 평정을 토대로 영아의 애착유형을 분류한다.

'낯선상황실험'은 원래 Ainsworth가 우간다의 간다(Ganda)에서 수행한 어머니와 자녀의 분리실험에서 시작되었다. 그녀는 볼티모어로 돌아와 우간다에서 했던 연구를 확장하여 다시 실시하였다. 먼저 Ainsworth는 26명의 어머니와 영아(1년 미만)를 대상으로 3주의 집중적인 가정관찰을 하였다. 그러나 볼티모어 연구에서는 영아들이 가정 내에서의 분리경험에 대해 그녀가 우간다에서 관찰한 영아보다 다소 덜 고통스러워함을 발견하였다. Ainsworth는 애착행동이 영아에게 친숙하지 않은 상황에서 더 활성화되어 나타난다는 사실을 인식하고, 보다 힘든 분리상황을 만들기 위해 가정이 아닌 실험실에서 실시하였다. Ainsworth는 이 실험을 통해 영아의 탐색활동과 스트레스 상황에서 양육자가 제공하는 안전기지(secure base)를 영아가 효율적으로 사용하는지를 알아보았다(Ainsworth & Wittig, 1969).

'낯선상황실험' 절차에서는 총 8개의 상황(session)이 주어진다. 그리고 각 상황은 3분씩의 에피소드로 구성되어 있다(〈표 5-1〉 참조). '낯선상황실험'이 이루어지는 실험실 방에는 12~18개월 영아의 흥미를 끌 수 있는 장난감들을 준비하여 영아의 애착행동과 새로운 장남감에 대한 탐색행동을 유발할 수 있는 상황을 제시하였다(〈그림 5-1〉 참조). 즉, '탐색'과 '애착'이라는 2개의 과정에 영

표 5-1 '낯선상황실험' 절차[1)]

에피소드	참 여 자	지속시간	설 명	관찰되는 애착행동
1	어머니, 영아, 실험자	30초	실험자는 어머니와 영아를 실험실로 안내한 후 지침서를 준다.	
2	어머니, 영아	3분	어머니는 의자에 앉아 잡지를 읽고, 영아는 놀이를 한다. 영아의 접근에 응답하지만, 어머니가 먼저 반응을 시도하지는 않는다.	안전기지로서의 어머니
3	어머니, 영아, 낯선 사람	3분	낯선 사람이 들어와 가만히 앉아 있은 후(1분), 어머니와 대화를 하고(1분), 영아에게 접근한다(1분).	낯선 사람에 대한 반응
4	영아, 낯선 사람	3분	첫 번째 분리: 어머니가 나간 후 낯선 사람이 필요한 경우 영아를 위로하고, 그렇지 않으면 의자에 앉아 있는다.	분리불안
5	어머니, 영아	3분	첫 번째 결합: 어머니가 돌아온 후 영아를 반기고 위로한 후, 다시 의자로 돌아와 잡지를 읽는다.	재결합 반응
6	영아	3분	두 번째 분리: 어머니가 방을 나간다.	분리불안
7	영아, 낯선 사람	3분	두 번째 분리: 낯선 사람이 들어와 영아를 위로하거나, 의자에 앉아 있는다.	낯선 사람에 의해 진정되는 정도
8	어머니, 영아	3분	두 번째 결합: 어머니가 돌아온 후 영아를 반기고 위로한 후 의자로 돌아와 잡지를 읽는다.	재결합 반응

출처: Ainsworth, M. D. S., Blehar, M. C., Waters, E., & Wall, S. (1978). *Patterns of attachment*. Hillsdale, NJ: Lawrence Erlbaum.

아가 어떻게 균형을 맞추며 행동하는가를 살펴본다. 그리고 각각의 상황들에서는 안전기지로서 어머니를 활용하고 있다.

초기 애착이론에서는 어머니와 영아와의 애착관계만을 주로 살펴보았다. 그러나 여성의 사회참여가 보편화된 오늘날에는 이제 어머니 외에 다른 성인들도

1) 에피소드 1은 30초간 진행되고, 나머지 에피소드는 모두 3분간 진행된다. 에피소드 4, 6, 7은 영아가 심하게 울거나 어머니가 중단시킬 것을 요청하면 끝낼 수 있다. 에피소드 5와 8은 영아를 진정시키는 데 시간이 더 필요하다면 연장될 수 있다.

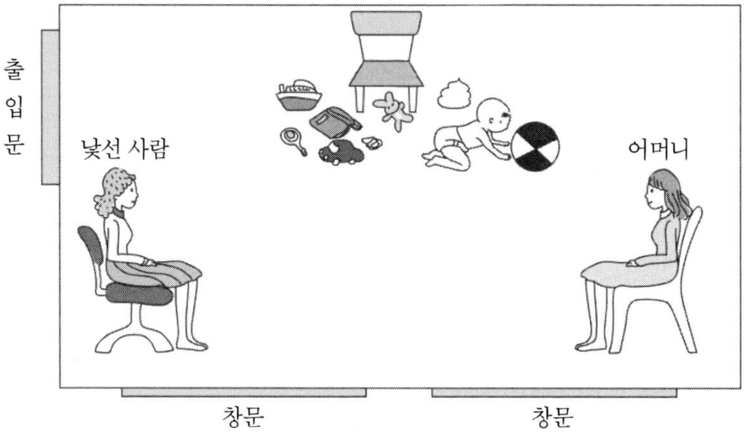

〈그림 5-1〉 낯선상황 실험실

출처: Ainsworth, M. D. S., Blehar, M. C., Waters, E., & Wall, S. (1978). *Patterns of attachment*. Hillsdale, NJ: Lawrence Erlbaum.

영아의 안전기지 역할을 수행하고 있다. 이러한 양육환경의 변화로 인하여 '낯선상황실험' 은 어머니 외에도 아버지와 대리 양육자(예: 이스라엘 키부츠의 보모, 보육기관의 교사)에게도 사용되고 있다(이영환, 1992; Sagi et al., 1985).

(2) 영아애착유형

Ainsworth와 동료들(1978)은 '낯선상황실험' 을 통해 관찰된 영아의 애착행동을 토대로 애착유형을 3가지로 분류하였다. 어머니에게 안정적인 애착을 나타낸 B유형과 불안-회피적 특성을 나타낸 A유형 그리고 불안-저항적 특성을 나타낸 C유형이다. 이를 구체적으로 살펴보면, 안정애착(B) 영아는 안전기반인 어머니가 있을 때에는 애착체계와 탐색체계 중 탐색체계가 활성화되어 적극적으로 주변을 탐색하며 놀이에 몰두한다. 자신의 안전기반인 어머니가 보이지 않을 때에는, 애착체계가 활성화되어 불안이나 울음으로 어머니를 찾는다. 그리고 어머니와의 재결합 시에는 어머니에 의해 쉽게 진정되고 다시 탐색활동에 몰두한다.

그러나 불안정-회피유형(A)과 불안정-저항유형(C)의 영아는 어머니와 함께 있을 때에도 탐색행동이 활성화되지 않아 이리저리 기웃거리며 놀이에 집중하지 못한다. 어머니와의 분리 시 불안-회피 유형의 영아는 거의 저항하지 않으며, 재결합 시에도 어머니에게 안아달라고 요구하지 않고 오히려 어머니를 회피한다. 반면에 불안-저항애착의 영아는 분리 시 가장 격렬하게 저항하고 어머니가 다시 돌아와도 쉽게 진정되기 어렵다. 그리고 어머니를 밀거나 발로 차는 등의 공격적인 행동을 나타낸다.

한편 이 3가지 애착유형은 같은 유형 내에서도 다양한 행동특성을 나타내었기 때문에, Ainsworth와 동료들(1978)은 이를 하위유형으로 세분화하였다. 각각의 하위유형 별 행동특성은 〈표 5-2〉와 같다.

Ainsworth와 동료들(1978)은 애착유형을 하위유형—A_1, A_2, B_1, B_2, B_3, B_4, C_1, C_2—으로 더욱 세분화함으로써, 이들 8가지 하위유형들이 보다 정확하게 애착유형을 분류하고 애착의 질과 관련된 선행요인을 규명하는 데 더 유용하다고 주장하였다. 국내에서는 박응임(1994)과 나유미(1996)가 하위유형을 사용하여 연구를 수행하였지만, 아직까지 대부분의 애착연구들은 적은 표본수로 인하여 A, B, C로 분류한 애착유형을 사용하고 있다.

한편 Main과 Solomon(1990)은 이 3가지 유형에 속하지 않는 애착집단을 발견하여 이를 혼란애착유형(D유형)으로 명명하였다. 혼란애착은 스트레스에 대처하는 행동이 일관적이지 않고, 목표 역시 분명하지 않다. Solomon과 George (1999)는 혼란애착유형의 기준으로 강한 애착행동과 회피, 저항애착행동을 동시에 나타낼 때, 유아가 방향성이 없는 움직임을 나타낼 때, 고정된 이상한 자세나 행동을 취할 때, 얼어붙은 행동이나 정지자세를 보일 때, 부모를 두려워할 때 등을 포함시켰다. 즉, 혼란애착유형은 어머니와의 재회 시 모순되고 혼란스러운 행동을 특징으로 한다. 한편 주양육자와의 분리 동안에 영아가 나타내는 고통의 양(amount of distress)은 영아와 주양육자와의 관계의 강도를 반영하는 특성으로 간주되지만, 안정애착과 불안정애착과 같은 애착유형 분류와는 관계가 없다. 실제로 안정애착과 불안정애착(회피, 저항, 혼란)에 속한 영아들은 주양육자와의

표 5-2 애착의 하위유형별 행동특성

애착유형	하위유형	특 성
B유형 (안정애착)	B_1	어머니와의 재결합 시 어머니를 반기지만, 멀리서의 원거리 상호작용으로도 만족한다. 그리고 어머니와의 분리 시에도 불안해하지 않는다.
	B_2	B_1과 비슷하지만, 어머니에게 좀더 접촉추구와 접촉유지행동을 나타낸다.
	B_3	분리 시 몹시 불안해하며 울지만 결합 시 어머니에 의해 쉽게 진정되고 다시 탐색행동에 몰두한다. 어머니를 반기며 어머니에게 안기려고 달려가는 등 보다 적극적인 접촉추구과 접촉유지행동을 보인다(가장 안정된 애착유형).
	B_4	B_3과 같이 분리 시 몹시 불안해하고 강한 접촉추구와 접촉유지를 원하지만, 재결합 시 어머니에 의해 쉽게 진정되지 않고 탐색행동으로도 잘 전환되지 않는다.
A유형 (불안정-회피애착)	A_1	가장 심하게 회피적 성향을 나타낸다. 재결합 시에도 어머니를 무시하고 접근조차 거의 하지 않는 경향이 있다. 어머니와의 분리 시 불안해하지 않고, 어머니가 안으면 오히려 벗어나려고 발버둥을 친다.
	A_2	A_1보다는 덜 회피적인 애착유형이다. 어머니와의 분리 시 불안해하지 않지만, 어머니에 대한 접촉추구와 회피가 함께 존재한다.
C유형 (불안정-저항애착)	C_1	어머니와의 접근추구와 접촉유지를 강하게 나타낸다. 어머니와의 재결합 시 접촉추구와 저항이 매우 강해, 몸부림을 치거나 어머니를 때리면서 화를 내는 등의 분노와 거부를 표현한다.
	C_2	활발하게 접촉을 추구하기보다는 수동적으로 표현한다. 어머니와 함께 있을 때에도 탐색활동을 거의 하지 않고 상호작용 역시 자신이 먼저 시도하지 않는다. 재결합 시에도 강하게 저항을 나타내지는 않지만, 싫다는 표현을 한다.

분리 기간 동안 정도의 차이만 있지 모두 크고 작은 고통의 반응을 나타낸다. 따라서 영아애착의 질을 결정하는 주 요인은 양육자가 없을 때, 그리고 양육자와의 재회 시 영아가 양육자에게 나타내는 행동이다.

(3) '낯선상황실험' 의 장점

일반적으로 대부분의 연구자들은 '낯선상황실험' 이 영아의 애착행동을 관찰하는 데 가장 좋은 애착 측정도구라는 사실에 동의한다. 영아애착행동을 분류하는 과정에서 관찰자는 영아의 행동에 우선적으로 초점을 두고, 어머니의 행동은 영아의 행동을 보다 잘 이해하기 위한 자료로서 사용한다. 예를 들어, 어머니와 영아의 재결합 상황에서 어머니가 영아의 관심을 얻기 위해 여러 가지 노력을 함에도 불구하고 영아가 어머니를 무시할 때의 점수는 어머니가 들어와 바로 자신이 앉았던 의자로 가서 잡지를 읽는 점수보다 높다. 또한 양육자의 행동은 대부분 에피소드의 지침에 의해 행동함으로써 상당히 제한되어 있다. 이처럼 어머니의 행동이 관찰의 목적에 따라 제한되고 관찰자의 요청에 따라 움직임에 따라, 영아의 행동은 더욱 분명하게 나타난다.

'낯선상황실험' 의 장점을 구체적으로 살펴보면 다음과 같다. 첫째, '낯선상황실험' 은 실험과 임상방법이 적절히 조화된 척도이다. '낯선상황실험' 은 실험실이라는 통제된 상황에서도 비교적 자연스러운 어머니와 영아의 상호작용을 측정할 수 있다.

둘째, '낯선상황실험' 은 표준화된 척도이다. 기존의 동물행동학에서 행해진 실험과 관찰은 다른 연구자들이 반복 실시하기에 어려움이 있다. 그러나 Ainsworth의 '낯선상황실험' 은 일련의 연구절차가 제시되어 있어 반복관찰이 가능하고 또한 다른 연구자들도 실시할 수 있는 표준화된 척도이다.

셋째, '낯선상황실험' 은 객관적이고 과학적인 척도이다. '낯선상황실험' 은 아동의 정서나 무의식과 같이 눈에 보이지 않는 부분을 관찰하는 대신 영아의 가시적이고 객관적인 행동을 관찰함으로써, 연구자의 편견이나 주관이 배제된 객관적이고 과학적인 관찰척도라는 장점이 있다.

넷째, '낯선상황실험' 은 영아를 대상으로 한 효과적인 척도이다. '낯선상황실험' 이전에는 영아를 대상으로 한 척도가 거의 없었으며, 있다 하더라도 주로 어머니를 통해 영아의 행동과 발달을 간접적으로 측정하였다. 그러나 '낯선상황실험' 을 통해 이제 연구자들은 직접적으로 영아의 행동을 관찰할 수 있게 되었다.

(4) '낯선상황실험' 의 한계

'낯선상황실험' 이 애착연구의 확산과 발전에 기폭제 역할을 하였지만, 다음과 같은 몇 가지 문제도 있다. 첫째, 대상 연령의 제한이다. Ainsworth는 '낯선상황실험' 을 12~18개월 영아를 대상으로 고안하였기 때문에, 유아기 이상의 아동을 측정하는 데에는 문제가 있다(Waters & Deane, 1985).

둘째, 신뢰도 측정의 문제이다. '낯선상황실험' 은 신뢰도 확보를 위해 4~6주 후에 반복 측정할 것을 추천한다. 그러나 한 번 실시하는 데에도 많은 인력과 비용이 드는 것을 고려할 때, 두 번 실시한다는 것은 쉽지 않다. 따라서 검사-재검사 신뢰도를 측정하는 것은 현실적으로 불가능하다.

셋째, 인력과 경비 그리고 시간이 많이 소요된다. 최소한 세 명 이상의 인력이 필요하고(비디오 조작자, 낯선 사람, 안내자), 어머니와 영아를 실험실에 초청하여 수행하는 연구이기 때문에 상당히 많은 경비와 시간이 소요된다.

넷째, '낯선상황실험' 의 자료는 엄밀하게 볼 때, 양적이기보다는 질적인 자료이다(Goldberg, 2000). 그러나 발달연구에서 사용하는 대부분의 통계적 방법은 양적 자료에 기초한다. 따라서 연구자들은 '낯선상황실험' 연구의 자료분석에 있어 심각한 제한점에 직면한다. 더욱이 분류된 애착유형들이 편중되게 나타나, 많은 연구자들은 회피와 저항애착을 '불안정' 집단으로 묶거나 저항애착 사례가 너무 적어 이를 삭제하기도 한다. 이러한 결과는 중요한 정보의 상실을 초래하고 결국 애착유형의 독특한 속성을 배제시키는 결과를 야기한다. 이를 극복하기 위해 여러 가지 통계적 방법들을 사용하고 있지만, 아직까지 만족할 만한 방법은 나와 있지 않다.

다섯째, '낯선상황실험' 은 자연관찰이 아니다. 영아와 어머니의 자연스러운 애착상황을 관찰한 것이 아니라, 의도적으로 구성된 인위적이고 제한된 환경에서 이루어진 실험실관찰이다. 따라서 자연관찰을 선호하는 연구자에게 있어 '낯선상황실험' 은 적절한 연구방법이 아니다. 즉, 실험실에서 관찰된 영아의 안전기반행동이 활성화된 애착제어체계를 반영했다기보다는, 오히려 실험실이라는 폐쇄된 환경의 한계를 나타냈다는 설명이다(Posada et al., 1995). 실제로

Ainsworth는 '낯선상황실험'의 성공에도 불구하고, 발달에서 가장 중요하다고 인식했던 자연관찰 방법이 다른 연구들에서 사용되지 않는 것에 대해 실망감을 나타내었다(Ainsworth & Marvin, 1995). 따라서 영아의 애착을 관찰하기 위해서는 실험실보다는 자연스러운 일상생활에서의 모습이 장기적인 관찰을 통해 이루어져야 한다는 주장이 제기되고 있다(Pederson & Moran, 1996).

2) 애착 Q 분류법

Everett Waters

'낯선상황실험'에 대한 한계가 논의된 이후, Waters와 Deane(1985)은 '낯선상황실험'에 대한 대안적 방법으로 애착 Q 분류법(Attachment Q-Sort: AQS)을 제안하였다. 영아의 자연스러운 애착행동을 관찰하고 평가하기 위해서는 실험실이 아닌 가정과 같이 자연스러운 일상생활에서 장기적인 관찰을 통해 측정해야 한다. 애착 Q 분류법은 바로 가정에서 측정할 수 있는 애착척도로, 12~48개월의 영유아애착을 측정하였다.

(1) 애착 Q 분류법의 절차

Q 분류법은 애착연구 이전에 성격연구에서 먼저 사용되었다. Q 분류법은 연구자가 아닌 연구대상이 스스로 자신의 의견을 만들어 가는 독특한 연구방법으로, 주어진 여러 장(일반적으로 75장, 90장, 100장)의 카드문항을 연구대상자가 스스로 분류하여 점수화 하는 방법이다.

애착 Q 분류법은 가정과 일상생활에서 영아가 보이는 행동을 나타낸 90장의 카드로 구성되어 있다(예: 사물보다는 사람에게 더 관심이 있다/하루 중 대부분을 밝고 명랑하게 지낸다). 문항들 중에는 가정에서 일시적인 관찰로는 판단하기 어려운 항목들이 있기 때문에, 어머니와 관찰자 모두가 측정할 수 있지만 비취업 어머니인 경우에는 어머니에 의한 분류가 권장된다(Teti & McGourty, 1996). 그러나 어머니가 카드를 분류할 경우에도 먼저 Q 분류법 문항들과 친숙해져야만

하기 때문에, AQS를 실시하기 전 일정 기간(약 1주) 동안 아이를 관찰해야 한다. 이때 어머니는 훈련된 연구자에게 도움을 받을 수도 있다. 관찰자가 분류할 경우에는 1회 이상 가정을 방문할 것을 권장한다(매 2~4시간).

Douglas M. Teti

어머니(또는 관찰자)는 먼저 영아의 특성을 설명하고 있는 문항이 적힌 카드를 읽고, 자신의 아이와 일치하는 정도에 따라 1점에서 9점까지로 분류한다. 분류방법은 먼저 90장의 카드에 대한 일치의 정도에 따라 세 묶음(일치하지 않는다, 보통이다, 많이 일치한다)으로 나누고 다시 각각의 묶음을 셋으로 나누어 최종적으로 모두 9개의 수준으로 분류한다. 그리고 90장의 카드 중 영아의 특성과 가장 일치하는 행동의 카드는 9점에, 가장 일치하지 않는 행동의 카드는 1점에 놓고 각 수준에 10장의 카드가 놓이도록 한다. 90장의 카드를 점수(1~9점)로 분류하여 나타내면 다음과 같다(〈그림 5-2〉 참조).

AQS는 여러 가지 방법으로 점수를 낼 수 있지만, 가장 보편적인 것은 전문가들에 의해 만들어진 준거분류이다. 연구자는 어머니가 분류한 점수와 준거점수 간의 상관계수를 통해 애착안정성점수를 산출한다. 즉, 분류점수와 준거점수 간의 상관계수가 유아의 애착점수이다. 우리나라의 경우 이영과 박경자, 나유미(1997)가 영아용(12개월) 국내준거점수를 산출하였으며, 미국준거점수(Waters, 1987)와 국내준거점수간의 상관은 .895로 비교적 높게 나타났다.

	일치하지 않는다			보통이다			많이 일치한다			
예:	(1	2	3)	(4	5	6)	(7	8	9)	점 수
	5	9	1	10	26	21	45	78	2	문항번호
	4	74	43	28	55	19	29	32	7	
	.	.	.	.	.	.	.	.	.	
	.	.	.	.	.	.	.	.	.	
	.	.	.	.	.	.	.	.	.	

〈그림 5-2〉 AQS 점수계산

(2) AQS의 타당도

AQS 척도의 타당도와 신뢰도는 비교적 적절한 것으로 여겨진다. 최근 van IJzendoorn과 동료들(2004)은 AQS의 타당도와 신뢰도를 검증하기 위하여 Waters와 Deane(1985)의 AQS를 사용한 139편의 연구들(관찰자 점수)을 메타분석하였다. 그 결과 AQS의 안정성 점수는 '낯선상황실험' 에서 측정된 안정성 점수와 통계적으로 유의($r = .31$)하게 나타남으로써, AQS의 타당도를 검증하였다. 그러나 이 결과는 관찰자 점수 결과만을 분석하였기 때문에, 어머니와 관찰자 중 누구의 관찰이 더 적절한지는 알 수 없다.

Stanley Feldstein

Q 분류법과 '낯선상황실험' 과의 상관을 살펴본 van Dam과 van IJzendoorn(1988)은 어머니가 기록한 Q 분류법 점수와 '낯선상황실험' 의 유형 간에 단지 보통 수준의 상관만이 있었다고 보고하였다. 그러나 Vaughn과 Waters(1990)는 관찰자의 Q 분류법 점수와 '낯선상황실험' 의 유형 간에 높은 상관이 있음을 밝혀냈다. 그리고 사전에 오랜 시간 동안 어머니가 아동행동을 관찰하도록 한 Waters와 Deane(1985)의 연구에서도 Q 분류법 점수와 낯선상황실험 유형 간에는 상관관계가 높게 나타났다. White와 Feldstein(1994)에 의하면 어머니들이 AQS의 항목과 아동의 현재 행동을 연결할 수 있도록 충분히 훈련을 받자 어머니 관찰결과와 '낯선상황실험' 의 결과는 상관이 높게 나타났지만, 오히려 관찰자들의 점수와는 유의하지 않았다.

이와 같이 어머니와 관찰자 중 누구의 관찰이 더 적절한가에 대해서는 학자들마다 의견이 다르다. 다만 사전에 충분한 관찰훈련이 어머니와 관찰자 중 누가 적절한가의 유무보다 더 중요함을 알 수 있다. 따라서 AQS는 관찰자와 어머니 모두 영유아의 안전기반행동과 AQS의 문항들에 대해 충분히 숙지하고, 관찰자들 간의 신뢰도를 확보한 후 측정해야 한다.

(3) AQS의 장점

애착 Q 분류법(AQS) 이전에는 영아의 애착행동을 측정하는 척도로 '낯선상황실험' 이 유일한 애착척도였다. 그러나 앞서 살펴보았듯이 실험실이라는 스트레스 상황에 노출된 영아의 행동은 자연스러운 상황에서의 영아의 애착행동을 제외하는 결과를 초래하였다. 따라서 AQS의 첫 번째 장점은 실험실에서 이루어졌던 애착연구를 자연스러운 가정상황으로 옮긴 것이다. 실제로 낯선 상황이라는 실험실에서 보인 영아의 안전기반행동은 영아의 애착체계를 나타내기보다는 실험실이라는 낯선 환경 자체에 대한 반응일 수도 있다(Posada et al., 1995). 따라서 애착 Q 분류법은 스트레스가 없는 자연스러운 상황 하에서 애착을 측정할 수 있도록 하였다는 점에서 의의를 찾을 수 있다. 또한 문화적으로나 기질적으로 어머니와의 분리에 특별히 민감한 아동에게 스트레스가 전혀 없이 사용될 수 있고, 실험실 연구에 참여하기를 거북해하는 어머니들에게도 폭넓게 사용될 수 있다는 장점이 있다.

둘째, AQS는 애착을 수량화함으로써, 양적인 분석을 가능케 하였다. 따라서 애착과 다른 발달 변인들과의 관계를 통계적으로 살펴보고, 애착유형 분류 시 편중된 분포를 피할 수 있도록 하였다. 실제로 중류층 영아(14~20개월)를 대상으로 '낯선상황실험' 과 애착 Q 분류법을 통해 애착을 측정한 박응임(1994)의 연구에서는 '낯선상황실험' 으로 측정한 결과 안정애착유형이 98%로 나타나 애착유형에 따른 집단 간 비교연구를 할 수 없는 결과가 나타났다. 이는 정도의 차이는 있지만 다른 '낯선상황실험' 연구들에서도 애착유형들 간의 지나친 편중으로 양적인 분석이 어렵다. 그러나 AQS의 애착안정성은 준거점수와 측정점수 간의 상관계수로 측정되어 양적인 분석을 가능케 하고 집단 간 비교연구를 할 수 있다는 장점이 있다.

셋째, Ainsworth의 '낯선상황실험'은 영아기 애착척도이다. 그러나 분리와 재회 시 영아가 주양육자에게 나타낸 행동을 토대로 애착을 측정하였기 때문에, 영아기보다 언어와 인지가 발달한 유아기에는 '낯선상황실험' 을 사용하기 어렵다. 이런 점에서 AQS는 영아의 애착행동 측정에서 벗어나 유아로 확대한 것이라 할 수 있다.

(4) AQS의 한계

앞서 살펴보았듯이 AQS는 '낯선상황실험'의 문제들을 효과적으로 보완한 영유아기 애착척도이지만, 다음과 같은 몇 가지 제한점들이 있다.

첫째, AQS는 '낯선상황실험' 처럼 인력과 경비가 많이 소요되는 연구방법이다. 연구자가 분류할 경우, Q 분류법의 문항을 분류하기 위해 먼저 가정에서 영유아를 4~10시간 동안 관찰해야 한다. 어머니가 분류할 경우에도, 어머니 스스로 아동을 관찰하고 분류할 수 있도록 연구자들이 충분한 시간 동안 어머니를 훈련시켜야 한다. 이러한 시간적 · 경제적 어려움으로 인해, Q 분류법 역시 '낯선상황실험' 처럼 대단위 표집을 실시하기에는 어렵다.

Carollee Howes

Claire E. Hamilton

둘째, AQS는 '낯선상황실험' 에서와 같이 애착유형을 분류하기 어렵다. 비록 회피애착과 저항애착의 분류기준을 세웠지만, 현실적으로 적용하기에는 어려움이 있다. 특히 혼란애착을 명확히 묘사하기 어렵다. Q 분류법을 사용한 애착연구에서 애착유형을 분류하기 위한 시도가 있었지만, 그다지 명확하지 않다(Howes & Hamilton, 1992). 또한 Q 분류법의 자료를 "좋음"(안정애착)과 "나쁨"(불안정애착)으로 이분화하는 것은 매우 위험한 일이다. 왜냐하면 이것은 애착이론의 독특한 특성을 상실하기 때문이다. 따라서 Q 분류법은 '낯선상황실험' 을 대치하는 것이 아니라, 이를 보충하기 위한 방법으로 사용하는 것이 적절하다.

셋째, AQS는 주어진 문항들에 대해서만 피험자가 선택할 수 있는 강제선택 방식이기 때문에, 개인의 고유성이나 분산 정도를 확인하기 어렵고 문항과 문항 간의 독립성을 가정할 수 없다. 일반적으로 통계적 검증은 문항들 간의 독립성을 가정하여 이루어진다. 그러나 AQS는 피험자의 한 문항에 대한 반응이 다른 문항에 대한 반응에 영향을 미칠 수밖에 없다. 이에 대해 학자들은 .05 유의도 수준 대신에 .01 유의도 수준을 사용하는 것과 같은 통계적 유의도 수준을 엄격히 적용함으로써 해결할 것을 제안하였다(장휘숙, 1998).

3) Pederson-Moran의 가정척도

Pederson-Moran의 가정척도(Pederson-Moran Home Assessment)는 Ainsworth의 '낯선상황실험' 과 같이 애착 유형을 분류하기 위해 비교적 최근에 개발된 방법이다. Pederson과 Moran(1995)은 가정에서의 관찰을 통해 영아의 애착과 함께 어머니의 민감성을 측정하기 위해 Q 분류법을 사용하였다.

David Pederson

(1) Pederson-Moran의 가정척도 절차

먼저 2명의 관찰자는 두 시간 동안 가정을 방문하여 영아(8~12개월)를 관찰하고 어머니와 인터뷰를 하면서 어머니의 애착 Q 분류법을 완성한다. 영아와 여러 가지 규정된 활동을 하고, 아울러 어머니에게 Q 분류법이나 인터뷰와 같이 구조화된 과제를 제공한 후, '과제' 와 '영아의 필요' 두 가지로 어머니의 관심을 양분화시킨다.

Greg Moran

가정방문 이후 2명의 관찰자들은 방문과 관찰내용을 기록하여 훈련된 애착연구자에게 제출한다. 이때 훈련된 애착연구자는 가정방문한 집의 영아와 어머니에 대한 사전 지식이 없어야 한다. 관찰자들은 반구조화된 인터뷰를 통해 상황을 자세히 기록하며, 특별히 애착과 관련해서 일어나는 사건들과 어머니와 영아의 행동(예: 방문 시 나타난 영아의 안전추구행동, 영아에 대한 어머니의 접근성)에 대해 자세히 기록한다. 그리고 면접자와 관찰자는 Ainsworth의 '낯선상황실험' 에 의한 애착유형 분류에 따라 어머니와 아동의 관계를 분류한다.

Pederson과 Moran(1996)은 가정분류방법을 여러 연구에 사용하면서 이 도구의 신뢰도를 입증하였다. 그리고 가정분류방법이 '낯선상황실험'의 애착분류와도 상관이 있음을 발견하였다. 예를 들어, 안정/불안정 애착을 비교하였을 때,

가정척도와 '낯선상황실험' (연구소)에서의 분류 중 84%가 일치하였다. 안정, 저항, 회피애착 등 3유형으로 분류하였을 때에도 안정과 저항애착은 75% 이상이 일치하였다. 반면에 회피애착은 40%가 일치하였다고 한다. 이처럼 가정분류 방법은 모성행동이 애착의 예언변인임을 강하게 입증함으로써, 가정평가 측정 도구의 타당성을 지지하였다.

(2) 가정척도의 평가

가정척도 방법은 비교적 새로운 방법으로 아직까지는 널리 사용되지 않아 장단점을 논의하기에는 무리가 있다. 그러나 가정에서 어머니와 영아의 자연스러운 상호작용에 대한 직접적 관찰과 이를 Ainsworth의 애착유형들로 분류하였다는 장점이 있다. 반면에, 아직까지 혼란애착유형은 분류하지 못하였고, 이 방법 역시 Ainsworth의 '낯선상황실험' 과 같이 양적인 통계처리를 하는 데에는 한계가 있다. 또한 앞서 '낯선상황실험' 이나 Q 분류법과 마찬가지로 인력과 경비가 많이 소요되는 점이 단점이다.

Kathryn A. Kerns

4) 애착이야기 완성과제(ASCT)

애착이야기 완성과제는 애착관계에 대한 유아의 표상을 측정하기 위해 Bretherton과 동료들(1990)에 의해 개발된 도구이다. 만 3세아(37개월)를 대상으로 개발하였지만 일반적으로 3~6세 유아를 대상으로 사용하고 있으며, 9~12세 아동을 대상으로 한 연구에서도 사용되었다(Kerns et al., 2004).

(1) 애착이야기 완성과제의 절차

애착이야기 완성과제는 '낯선상황실험' 과 같이 표준화된 내용과 연구절차 그리고 분석지침을 가지고 있다. 애착이야기 완성과제에서는 먼저 이야기 진행을 위해 가족인형(아버지, 어머니, 형제/자매, 할머니)과 기타 인형 소품들(테이블,

작은 접시들, 케이크, 잔디, 바위, 침대, 자동차)을 준비한다. 그리고 표준화된 다섯 가지 이야기에 대해 유아와 대화를 나눈다. 애착이야기 완성과제의 절차와 사용하는 이야기는 다음과 같다(〈표 5-3〉 참조).

표 5-3 애착이야기 완성과제의 절차

순서	애착이야기	중심 주제
예비이야기	생일파티	유아가 실험인형들에 대해 친숙하기 위한 과정
이야기 1	주스를 엎질렀어요	유아에 대한 애착대상의 권위
이야기 2	무릎을 다쳤어요	애착과 보호행동을 이끌어내는 고통
이야기 3	내 방에 괴물이 있어요	애착과 보호행동을 이끌어내는 두려움
이야기 4	부모님이 여행을 가셨어요	분리불안과 대처능력
이야기 5	부모님이 돌아오셨어요	재결합 시 유아의 행동

연구자는 위의 순서에 따라 이야기를 제시한다. ① 저녁식사 시간에 아이가 주스를 엎지르고, ② 바위에서 떨어져 무릎을 다치며, ③ 잠을 자러 방에 들어갔다가 괴물을 보고, ④ 부모님이 3일 동안 여행을 떠나 아이들은 할머니와 집에 남아 있으며, ⑤ 3일 뒤 집으로 돌아온 부모님을 만난다는 이야기이다. 그리고 매 이야기마다 유아에게 "다음에 어떤 일이 일어날지 이야기해줄래?" 라고 질문을 함으로써, 유아가 가족인형과 소품을 사용하여 그 다음의 이야기를 완성하도록 한다.

애착이야기의 전 과정은 비디오로 녹화된다. 자료분석 시 유아의 언어와 비언어적 반응(유아의 얼굴표정, 자세), 행동(인형을 놓는 태도, 유아가 움직인 인형의 위치) 등도 모두 분석한다. 유아의 이야기가 전반적으로 일관성 있고 적절한 해결책을 제시할 때 안정애착으로 분류된다. 만약 "모르겠어요" "다른 이야기해요" 라며 질문을 피하거나, 질문에 대한 방어로 애착이야기 완성과제의 이야기와 상관없이 다른 내용의 이야기를 하려한다면 불안-회피애착이다. 회피애착유아는 이야기의 주제를 회피하거나 부정하고 무시하는 특징이 있다. 이와달리, 불안-혼란애착은 유아의 이야기에 일관성이 없고 비조직적이다. 가끔 초현실적인 반응을 보이거나 이야기에 공격성이 나타난다. 만약 유아가 5개의 이야기 중 1~2개의 이야기에 회피나 이상한 반응을 보일 경우에는 '약간 안정'으로 하여 안정애착유형으로 분류하지만, 3개 이상의 이야기에 대해 회피적이고 혼란적인 반응을 보일 때에는 불안-회피애착과 불안-혼란애착으로 분류한다(Golby, Bretherton, Winn, & Page, 1995).

(2) 애착이야기 완성과제의 장단점

애착이야기 완성과제의 장점은 유아가 즐겨하는 상상놀이를 매개로 자연스럽게 유아의 애착특성을 이끌어낼 수 있다는 것이다. 특히 애착이야기 완성과제는 울기, 매달리기와 같은 애착행동으로 영아의 애착을 측정하였던 '낯선상황실험'의 한계를 극복하였다. 또한 인형놀이는 유아들에게 매우 친숙하고 유아들이 즐겨하는 놀이이다. 상징놀이를 좋아하는 유아들에게 인형을 매개로 한 애착이야기 완성과제는 유아기의 발달적 특성에 적합한 방법이다.

그러나 애착이야기 완성과제는 '낯선상황실험'과 같은 실험실 연구이다. 따라서 '낯선상황실험'이 갖는 척도로서의 한계점을 지니고 있다. 실험실 상황에서 자료를 수집하게 되므로, 이 결과가 가정과 같이 자연스런 상황에서 나타나는 애착관계를 얼마나 반영하는지 알 수 없다. 애착이야기 완성과제가 지닌 이러한 한계로 인해 Bretherton과 동료들(1990)은 애착이야기 완성과제에서 측정한 유아의 애착유형을 자연스런 상황에서의 부모-자녀 애착관계를 관찰한 결과와 비교하여 애착이야기 완성과제의 타당성을 확보할 것을 제안하였다.

또한 애착이야기 완성과제는 유아에 의한 자기보고식 척도이기 때문에, 이에 따른 한계가 지적되었다. 성인에 비해 유아의 정서표현은 당시의 상황에 더 많은 영향을 받고, 좋고 싫음이 분명하다(사진 참조). 비록 어머니와 안정애착을 형성하였다 할지라도, 그날 어머니에게 꾸중을 들었거나 어머니에게 서운한 감정이 있었을 경우 이것이 그대로 애착이야기 완성과제 실험에서 나타날 수 있다. 기분이 쉽게 변하고, 일시적인 기분에 따라 격렬하게 반응하는 유아의 정서적 특성상, 유아에 의한 자기보고는 신뢰성이 떨어진다. 아울러 유아가 애착에 대

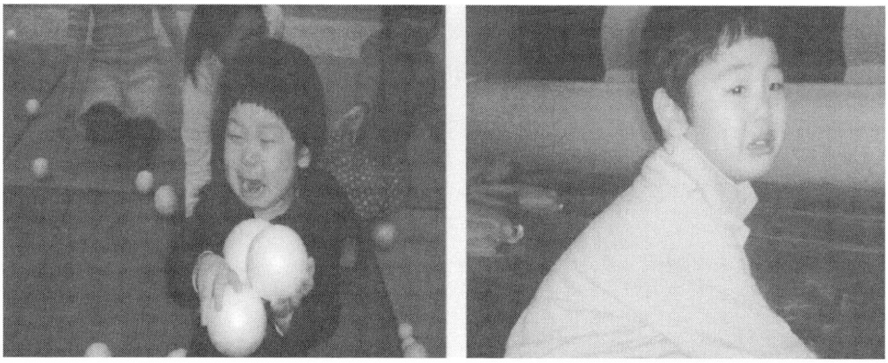

사진 설명 유아가 놀다가 갑자기 울음을 터뜨리고 있다. 기분이 쉽게 변하고 순간적인 감정에 격렬하게 반응하는 유아의 정서적 특성은 자기보고식 척도의 신뢰성을 떨어뜨린다.

한 표상을 자연스럽게 나타내었다 하더라도, 유아의 애착반응을 연구자들이 신뢰성 있게 코딩하는 것 역시 쉽지 않다.

애착이야기 완성과제에 대한 척도의 타당도는 이 척도를 개발한 Bretherton과 그의 동료들(1990)에 의해 주로 검증되어졌다는 점 역시 이 척도가 지닌 한계이다. 그리고 아직까지 '낯선상황실험' 처럼 애착척도로 보편화되어 사용되고 있지 않기 때문에, 좀더 많은 연구가 필요하다. 우리나라의 경우, 이진숙(2003)이 만 5~6세 유아를 대상으로 애착이야기 완성과제를 사용하여 유아의 애착을 측정하였다. 그러나 유아의 애착유형 분류에 대한 평정자 간 신뢰도(평정자 간 일치도 92%)만 구하고 애착이야기 완성과제 척도에 대한 타당도나 신뢰도는 제시하지 않았다. 또한 애착이야기 완성과제에 있는 5가지 이야기에 대한 우리나라와 미국 유아의 구체적인 반응을 비교한 결과, 4번째 이야기인 부모와의 분리 장면에서 Bretherton과 동료들(1990)의 연구에서는 유아들이 부모를 떠나지 못하게 하고(52%), 집에서 부모를 찾는 분리불안(59%)을 나타낸 반면에, 이진숙(2003)의 연구에서는 별다른 저항 없이 부모를 차에 태워 보내고(100%), 집에서 할머니나 동생과 함께 놀이한다(55%)라고 응답하였다. 그러나 Bretherton과 동료들(1990)의 연구에서는 만 3세 유아를 대상으로 하였지만, 이진숙(2003)의 연구에서는 5~6세 유아를 측정하였기 때문에, 이러한 결과가 문화적 차이인지 또는 연령에 따른 발달적 차이인지는 알 수 없다.

이상에서 살펴본 것과 같이 애착이야기 완성과제는 유아기의 애착을 측정하는 또 다른 도구가 될 수 있다. 그러나 아직까지는 더 많은 연구들을 통해 이 척도의 타당도가 확보되어야 할 것이다.

2. 아동기 애착의 측정

아동기에 언어와 인지발달은 급속히 이루어진다. 따라서 아동을 대상으로 한 애착척도는 애착행동 측정에서 벗어나 아동의 자기보고(면접, 질문지, 애착이야기, 그림분석)를 토대로 이루어졌다. 비록 대부분의 아동기 애착척도연구가 2000년도를 전후로 하여 최근에 개발되고 있지만, 아직까지 아동을 대상으로 한 타당성 있는 애착척도는 거의 없는 실정이다.

1) 아동기 애착의 특성

아동기는 애착대상이 주양육자(주로 어머니)인 영유아기에서 이성친구(연인)인 성인기로의 과도기 단계이다. 따라서 아동의 애착대상은 주양육자인지 또는 친구인지 확실하지 않다. 여러 연구들에 의하면 아동이 청소년이 될 때까지는 또래친구에 대한 애착이 나타나지 않으며(Allen & Land, 1999; Bowlby, 1982; Marvin & Britner, 1999), 만약 나타난다 할지라도 부모에 대한 애착의 보완적 역할만을 한다고 하였다(Hazan & Shaver, 1994; Hazan & Zeifman, 1994, 1999).

Joseph P. Allen

Preston A. Britner

그러나 이와 다른 견해도 있다. 아동

중기부터 또래와 근접유지를 추구하며 접촉을 원하는 애착이 시작된다는 주장이다. 최근 Kerns와 동료들(2003)은 3~6학년 아동을 대상으로 여러 다른 상황에서 누구와 같이 있고 싶은지 질문하였다. 그 결과 많은 아동들이 부모보다 또래친구를 더 선호하였다. 그러나 비록 또래에 대한 애착이 나타나도 아이들은 여전히 부모를 안전기지로 생각하였다. 특히 불안하거나 아플 때, 아동은 친구보다 부모와 함께 있기를 원했다. 따라서 아동기에는 비록 친구관계가 중요하지만, 애착측정에 있어 부모에 대한 아동의 애착을 제외해서는 안 될 것이다. 또한 또래친구에 대한 애착의 구성개념이 매우 모호하며, '우정의 질'과 혼동될 수 있기 때문에 이에 대한 주의가 필요하다.

아동기 애착의 특징을 살펴보면 다음과 같다(Kerns et al., 2004). 첫째, 영유아기에 보여주었던 애착대상에 대한 강렬한 애착행동이 아동기에는 감소하거나 잘 나타나지 않는다. 둘째, 인지가 발달하면서 영유아기에 애착행동이 유발되었던 상황이 다른 행동으로 대체될 수 있다. 셋째, 애착체계의 목표가 수정되어, 애착대상에 대한 근접추구보다는 애착대상에 대한 유용성(availability)으로 변화한다. 예를 들어, 주양육자에 대한 신체적 근접추구행동은 주양육자의 사진을 보거나 주양육자와 전화를 함으로써 대체될 수 있다.

Jeffery Aspelmeier

애착대상에 대한 유용성이란 부모-아동 간의 개방적인 의사소통과 아동의 요구에 대한 부모의 반응 그리고 부모의 신체적 접근성으로 나타난다(Bowlby, 1982). 즉, 애착대상에 대한 유용성은 애착대상에 대한 아동의 믿음과 신뢰가 중요한 변인이 된다(Kerns, Tomich, Aspelmeier, & Contreras, 2000). 바로 이러한 특징들로 인해, 아동기 애착의 질은 자연적인 가정환경이나 '낯선상황실험'에서 측정하기 어렵다. 주양육자와의 분리와 결합을 통해 유아애착을 측정하였던 기존의 연구에서 울기, 매달리기와 같은 일련의 애착행동을 통한 애착측정방법은 5~6세 유아에게도 실제로 적절하지 않은데(Main & Cassidy, 1988), 하물며 아동에게는 더욱더 적용상에 문제가 있다. 또한 아동에게 일시적인 분리가 불안이 되지 않는다고 해서 인위적으로 여러 날 동안 분리시킨 후 다시 만나게 만드는 것은 매우 비윤리적인 일이다. 이러한 이유들로 인해 8~12세 아동의 애착은 대부분 자기보고식 측정에 의지하고 있다. 따라서 애착의 내적 작동모델 개념으로 인해 애착연구가 영아애착 연구에서 벗어나 전생애적 발달연구로 진행되어 가고 있는 오늘날에도 아동기의 애착연구는 다른 발달시기의 애착연구와 비교하였을 때 미미한 편이다.

2) 아동기 애착척도 유형

아동기 애착척도는 크게 면접과 질문지, 이야기 완성과제 그리고 가족화 그림 등 4가지 유형으로 분류된다. Kerns과 동료들(2004)은 아동기 애착척도를 〈표 5-4〉와 같이 정리하였다.

〈표 5-4〉에 제시된 바와 같이, 주요인물면접(Important People Interview: IPE)은 아동애착의 위계를 평가하기 위한 척도이다. 주요인물면접에서는 먼저 아동

표 5-4 8~12세 아동의 애착척도

척도 유형	척도	연구자	척도소개
면접	주요인물면접(IPE) (Important People Interview)	Kobak과 동료들 (2003)	애착대상의 위계를 알아보기 위한 면접
	애착대상면접(AFI) (Attachment Figure Interview)	Kerns와 동료들 (2003)	주요 애착대상과 2차 애착대상을 측정
자기보고식 척도 (질문지)	안정성 척도 (Security Scale)	Kerns와 동료들 (2001)	어머니-아동, 아버지-아동관계의 안정성을 알아보기 위한 질문지(15문항)
	회피와 집착애착척도 (Avoidant & Preoccupied Scales)	Finnegan과 동료들 (1996)	회피애착과 집착애착을 알아보기 위한 질문지
애착이야기 척도	인형이야기 완성과제 (Doll Story Completion Task)	Granot와 Mayseless(2001)	4가지 애착유형으로 분류할 수 있음: 안정애착, 회피애착, 양가적 애착, 혼란애착
	분리불안테스트 (Separation Anxiety Test)	Reznick(1993)	애착과 관련된 일련의 사진을 보여준 후, 3가지 애착유형으로 분류: 안정애착(자율애착), 무시애착, 양가애착

애착이야기 척도	아동과 청소년을 대상으로 한 애착면접 (Attachment Interview for Childhood and Adolescence)	Ammaniti와 동료들 (2000)	성인애착면접(AAI)척도를 아동과 청소년용으로 수정한 애착척도. 4가지 애착유형으로 분류: 안정애착, 무시애착, 집착애착, 미해결애착
그림분석	가족화 (Family Drawing)	Fury와 동료들 (1997)	아동이 그린 가족그림 분석을 통해 아동의 애착을 분류: 안정애착, 회피애착, 저항애착

출처: Kerns, K. A., Schlegelmilch, A. S., Morgan, T. A., & Abraham, M. M. (2004). Assessing attachment. In K. A. Kerns & R. Richardson (Eds.), *Attachment in middle childhood* (pp. 46-69). New York: Guilford.

에게 자신의 삶 속에서 가장 중요한 네 사람을 선정하도록 한다. 그리고 다양한 애착관련 상황(예: 놀라서 울고 있을 때)에서 아동이 선택한 4명 중 누구와 함께 있고 싶은지를 순서대로 선택하도록 한다. 아동이 순서대로 뽑은 4명 중 1위와 2위의 애착대상에게 점수를 각각 부여한다(예: 1위는 2점, 2위는 1점). 그리고 이 점수들을 모두 합한 후, 누구의 애착점수가 가장 높은지 계산한다.

5학년을 대상으로 연구한 결과, Kobak과 동료들(2003)은 대부분의 5학년 아동들이 애착위계를 가지고 있었으며, 가장 중요한 애착대상은 부모인 것으로 나타났다. 또한 안정적 애착위계가 없는 아동들은 교사에 의해서도 학교생활에서 적응문제가 있는 것으로 지적되었다.

이와 유사한 척도로 애착대상면접(Attachment Figure Interview: AFI)이 있다. 애착대상면접은 아동들에게 2개의 상황을 제시한 후, 각각의 상황(애착상황과 우정상황)에서 누구와 함께 있고 싶은지를 질문하였다. 여기에서 2개의 질문과 상황은 다음과 같다. 먼저 무서울 때(애착상황) 누구와 함께 있고 싶은지, 그리고 놀고 싶을 때(우정상황) 누구와 함께 있고 싶은가이다. 3~6학년 아동을 대상으로 질문한 결과, 무서울 때와 같은 애착상황에서는 아동들이 주로 부모를 지명하였으며, 놀고 싶을 때와 같은 우정상황에서는 친구들을 지명하였다. 즉, 각각의 상황에 따라 아동의 애착대상은 차이가 있었다. 그러나 이 척도는 아직까지 검사-재검사 신뢰도 자료가 없고, 다른 애착척도와의 관련성을 살펴보지 않았다는 한계가 있다.

이 외에도 아동기 애착을 측정하기 위한 방법들이 다양하게 소개되고 있지만 아직 타당성이 확보된 아동기 애착척도는 없다. 심지어 애착유형에 있어서도 척도들마다 각기 다른 애착유형을 제시함으로써, 아동기 애착연구에 있어 어려움이 많다. 여기에서는 아동기 애착척도들 중 비교적 국내에서 많이 사용되고 있는 가족화척도를 살펴보고자 한다.

3) 아동기 애착척도-가족화

가족화는 일종의 투사적 그림검사(projective drawing test)이다. 투사적 그림검사는 그림을 개인의 내적인 심리상태에 대한 시각적 표상으로 바라본다. 사람이나 집, 나무와 같은 그림의 크기와 비례, 색깔, 형태 그리고 그림을 그린 후 사후질문과정을 통해 아동의 성격이나 특정 태도와 함께 충동이나 불안, 갈등 및 보상 욕구 등을 분석한다.

(1) 가족화의 종류

그림이 개인의 정서와 성격을 평가하는 도구로 사용된 것은 1940년대부터이다. 그림검사는 처음에 정신분열증과 같은 정신장애환자를 위한 척도로 개발되었다. 그러다가 1920년대에 들어서 Goodenough(1926)는 아동을 위한 지능측정의 방법으로 그림검사도구 DAM(Draw-A-Man)을 개발하였다. 그리고 Buck(1948)과 Machover(1949)에 의해 그림을 통해 아동의 성격특성을 알아볼 수 있는 투사적 그림검사가 활성화되기 시작하였다. Buck의 HTP(House-Tree-Person Test)[2]와 Machover의 DAP(Draw-A-Person)[3]는 최근까지도 사용되고 있는 대표적인 투사적 그림검사도구이다. 아동의 그림검사에 대한 타당성에 대해

2) HTP(House-Tree-Person: 집-나무-사람 그림검사): Buck(1948)이 개발한 검사로, 어린 아동에게 친숙한 집과 나무, 사람을 그려보도록 하는 투사적 그림검사이다. 집은 가족이 함께 사는 공간이기에, 집그림을 통해 아동이 내면에 가지고 있는 가족과 가정생활, 가족관계 등의 생각과 소망을 알 수 있으며, 나무그림은 무의식적 상태의 성격구조를 드러낸다. 그리고 사람그림에서는 자기개념과 자신에 대한 표상과 감정들이 투사된다. 그림을 그린 후 사후질문과정이 있으며, HTP에 대한 채점체계도 개발되어 있다.

3) DAP(Draw-A-Person: 사람 그림검사): Machover(1949)가 개발한 척도로, 사람을 그리게 한 후 일련의 사후질문을 통해 아동의 자기상과 신체상, 이상적 자기, 성 정체성 등에 대한 다양한 정보를 얻을 수 있다.

비판이 있지만, 투사적 그림검사에 대한 채점과 해석체계 개발, 신뢰도와 타당도 검증을 위한 여러 연구들이 진행되고 있다. 따라서 최근 HTP와 DAP를 토대로 색채화 검사, 빗속의 아동 그림검사(Draw-A-Child-In-The-Rain), 동물 그림검사, 자화상 검사, 부가적인 인물검사, 가족 그림검사(Draw-A-Family: DAF), 운동성 가족화 검사(Kinetic Family Drawing: KFD), 집단 그림검사(Draw-A-Group: DAG), 운동성 학교 그림검사(Kinetic School Drawing: KSD), 비운동성 학교 그림검사 등 다양한 투사적 그림검사들이 개발되고 있다. 여기에서는 임상 현장에서 가장 많이 실시되고 있는 투사적 그림검사 중 가족 그림검사인 운동성 가족화 검사를 살펴보고자 한다.

(2) 운동성 가족화 검사

운동성 가족화 검사(KFD)는 아동이 자신의 가족에 대해 심리적으로 느끼고 있는 내적인 심리상태를 그림으로 표현하는 검사이다. KFD는 가족구성원들이 무엇인가 하는 모습, 즉 상호작용의 모습을 그리게 함으로써, 가족 간에 형성되어 있는 친밀감과 단절감을 살펴볼 수 있다.

검사자는 아동에게 흰 종이(A4)와 연필, 지우개를 준 후, 자신을 포함하여 가족들 모두가 무엇인가 하고 있는 그림을 그리도록 한다. 아동이 그림을 그리는 데 시간제한은 없지만, 그림 그리는 데 걸린 시간을 종이에 기록한다. 검사자는 아동이 그림을 그릴 때, 그린 순서를 기록한다. 그리고 다 그린 후, 가족 중 빠진 사람이 있는가를 확인하여 기록한다.

다음은 그림을 그린 후, 실험자가 아동에게 하는 질문 내용이다.

- 그림 속의 각 인물에 대한 질문(이 사람은 지금 무엇을 하고 있는가?/이 사람의 좋은 점은?/이 사람의 나쁜 점은?)
- 이 그림을 보면서 무슨 생각을 했는가?
- 이 그림을 보면 무슨 생각이 드는가?
- 이 그림을 그린 상황 바로 전에 어떤 일이 있었는가?
- 앞으로 이 가족은 어떻게 될 것 같은가?

• 만일 이 그림에서 무언가를 바꿀 수 있다면 무엇을 바꾸고 싶은가?

KFD의 해석은 인물의 행동(action)과 그림양식(style), 그린 사물에 대한 상징적 의미(symbol) 등을 통해 이루어진다(Burns & Kaufman, 1970). 다음은 Burns가 제시한 채점기준을 토대로 한 KFD 검사의 분석용지이다(〈그림 5-3〉 참조).

이름 : ______________ 연령 : ______________ 성별 : ______________

1. 스타일
   1) 구획 나누기
   2) 포위하기
   3) 밑선 긋기
   4) 어떤 특정 인물 아래에만 밑선 긋기
   5) 외형만 그리거나 검사지의 테두리를 따라 그리기
   6) 검사지 윗부분에 선긋기
   7) 검사지를 접은 후 구획을 나누어 그리기

2. 상징
   1) 아버지상에 사용된 상징
   2) 어머니상에 사용된 상징
   3) 자기상에 사용된 상징
   4) 기타 인물에 사용된 상징

3. 활동내용
   1) 가족원 각자의 활동내용
      ① 자신 -
      ② 어머니 -
      ③ 아버지 -
      ④ 형, 오빠 -
      ⑤ 누나, 언니 -
      ⑥ 남동생 -
      ⑦ 여동생 -
      ⑧ 기타 -
   2) 가족원들 간의 활동
      ① 자신 -
      ② 어머니 -
      ③ 아버지 -
      ④ 형, 오빠 -

⑤ 누나, 언니 -
⑥ 남동생 -
⑦ 여동생 -
⑧ 기타 -

4. KFD에 나타난 각 인물의 특징
 1) 팔을 더 길게 늘여서 그린 경우( )
  ① 자신 ② 어머니 ③ 아버지 ④ 형, 오빠 ⑤ 누나, 언니 ⑥ 남동생 ⑦ 여동생 ⑧ 기타
 2) 받침대 위에 올라가 있는 것으로 그린 경우( )
  ① 자신 ② 어머니 ③ 아버지 ④ 형, 오빠 ⑤ 누나, 언니 ⑥ 남동생 ⑦ 여동생 ⑧ 기타
 3) 그렸다가 지운 경우( )
  ① 자신 ② 어머니 ③ 아버지 ④ 형, 오빠 ⑤ 누나, 언니 ⑥ 남동생 ⑦ 여동생 ⑧ 기타
 4) 검사지 뒷면에 그린 경우( )
  ① 자신 ② 어머니 ③ 아버지 ④ 형, 오빠 ⑤ 누나, 언니 ⑥ 남동생 ⑦ 여동생 ⑧ 기타
 5) 매달려 있도록 그린 경우( )
  ① 자신 ② 어머니 ③ 아버지 ④ 형, 오빠 ⑤ 누나, 언니 ⑥ 남동생 ⑦ 여동생 ⑧ 기타
 6) 신체 부위를 생략하여 그린 경우( )
  ① 자신 ② 어머니 ③ 아버지 ④ 형, 오빠 ⑤ 누나, 언니 ⑥ 남동생 ⑦ 여동생 ⑧ 기타
 7) 어떤 인물을 생략하여 그린 경우( )
  ① 자신 ② 어머니 ③ 아버지 ④ 형, 오빠 ⑤ 누나, 언니 ⑥ 남동생 ⑦ 여동생 ⑧ 기타
 8) 눈을 피카소의 그림같이 다소 특이하게 그린 경우( )
  ① 자신 ② 어머니 ③ 아버지 ④ 형, 오빠 ⑤ 누나, 언니 ⑥ 남동생 ⑦ 여동생 ⑧ 기타
 9) 모습을 회전해서 그린 경우( )
  ① 자신 ② 어머니 ③ 아버지 ④ 형, 오빠 ⑤ 누나, 언니 ⑥ 남동생 ⑦ 여동생 ⑧ 기타

5. KFD의 역동성(모눈종이 사용)
 1) 신장(cm)
  자기_________ 아버지_________ 어머니_________
 2) 자신의 위치:
 3) 가족 구성원 간의 거리(cm)
  어머니_________ 아버지_________ 그 외_________
 4) 그린 순서:
 5) 인물의 위치:
 6) 인물의 방향

〈그림 5-3〉 동작성 가족화(KFD) 검사의 분석용지

출처: 신민섭 외(2003). 그림을 통한 아동의 진단과 이해 – HTP와 KFD를 중심으로(증보판). 서울: 학지사.

(3) 가족화의 평가

투사적 그림검사는 피험자(아동)의 그림과 사후 질문과정을 통해 검사자가 통합적으로 해석하는 척도이다. 따라서 측정도구의 타당도와 신뢰도 확보가 가장 큰 문제로 지적된다. 많은 투사적 그림검사들이 측정도구의 타당도와 신뢰도에 대한 검증 없이 개발되었고, 성인표집을 사용한 연구결과를 아동의 그림 해석에 그대로 적용하거나, 채점의 규준도 확립되지 않았다. 이는 검사자의 신뢰도와 객관성의 문제와도 직결된다. 따라서 검사자의 전문적 지식과 풍부한 경험이 절대적으로 필요하다.

또한 그림은 개인의 예술적 표현이기 때문에, 그림의 의미나 목적과 내용을 정확히 해석할 수 있는 방법에 대해 합의가 이루어지는 것은 매우 어렵다. 전 세계적으로 위대한 예술품으로 인정받고 있는 그림 중 상당 수는 투사적 그림검사의 기준에서 바라볼 때, 내면적인 문제가 많을 수 있다(예: 피카소의 〈우는 여인〉, 뭉크의 〈절규〉). 그럼에도 불구하고 그 그림의 예술적 심상과 가치는 매우 뛰어나다. 즉, 그림이란 어떤 특성이나 기준에 의해 분류될 수 없음에도 불구하고, 투사적 그림검사자들은 그림의 특징을 문자 그대로 해석하고 단일한 의미를 부여하였다. 따라서 그림을 일차원적 수준으로 축소시키는 결과를 초래하는 우를 범하였다.

사진 설명 뭉크의 〈절규〉

그러나 투사적 그림검사는 심리학자들이 임상에서 가장 자주 사용하는 검사 중의 하나이다. 특히 사회정서적 문제를 가진 아동의 문제를 진단할 때, 가장 많이 사용되는 검사이다(신민섭 외, 2003). 언어는 개인의 의식을 표현하는 중요한 방법이지만, 느낌과 생각을 완전히 표현하는 데에는 무리가 있다. 성인과 같은 논리적 사고와 언어적 유창성이 발달하기 이전인 아동기에 그림은 아동의 내면을 표현하는 가장 자연스러운 표현수단이 된다. 따라서 아동의 투사적 그림검사에 대한 가치를 인정하지만, 그림검사 한 가지만으로 아동의 불안정애착과 같은 사회정서적 문제를 평가해서는 안 될 것이다. 그러므로 다른 정보나 검사결과들을 보충적 자료로 함께 사용해야 한다.

3. 성인기 애착의 측정

성인애착이란 성인이 자신에게 신체적, 심리적 안정감을 제공하는 특정한 사람들(연인, 부모, 배우자 등)과 근접과 접촉을 유지하기 위해 노력하는 안정적 경향성이다(Main et al., 1985). 여기에서 경향성이란 용어는 성인기의 애착이 과거에 형성하였던 애착의 내적 작동모델과 관련되어 있음을 의미한다. 애착의 내적 작동모델은 애착과 관련된 정보를 조직하고 그 정보에 대한 접근을 획득하거나 제한하는 일련의 규칙으로, 자신과 타인에 대한 정신적 표상이다. 즉, 영아기에 양육자와의 반복된 상호작용을 통해 형성된 애착은 내적 작동모델의 형태로 유지되어, 이후 타인과의 관계형성 방식에 지속적으로 영향을 미친다.

1) 자기보고식 질문지

Piaget에 의하면, 추상적 사고과정은 아동기 이후에야 이루어진다. 이제 성인기는 형식적 조작이 가능하며, 눈에 보이지 않는 추상적인 개념을 이해할 수 있고, 아울러 자유로이 가설적 · 연역적 사고를 할 수 있다. 이러한 성인기의 발달적 특징은 질문지와 면접, Q 분류법 등과 같이 보다 심층적인 측정을 할 수 있도록 하였다.

Cindy Hazan

(1) Hazan과 Shaver의 성인애착척도(Adult Attachment Questionnaire: AAQ)

Hazan과 Shaver(1987)는 특별히 연인과의 낭만적 애정관계에 관심을 가졌다. 그들은 영아애착유형을 토대로 성인의 애착유형을 분류하였으며, 성인의 애착관계를 측정하기 위하여 연인과의 관계를

Phillip Shaver

분석하였다.

일반적으로 안정(secure)애착 성인은 연인과의 친밀한 관계형성에 별다른 어려움을 느끼지 않았다. 또한 그들은 자신이 다른 사람에게 버림을 받을 것이라는 두려움이 없었다. 반면에 회피(avoidant)애착 성인은 비록 연인이라 할지라도 다른 사람과 함께 있는 것이 두렵고 다른 사람을 신뢰하는 데 어려움을 나타내었다. 또한 다른 사람에게 자신의 마음을 여는 것을 어려워하였다. 이와 달리 불안-양가(anxious/ambivalent)애착 성인은 연인과 마음을 함께 나누고 친밀한 관계를 원하였지만, 연인이 자신을 진정으로 사랑하는지 의심하고 자신을 떠날 것에 대한 불안이 있었다.

Hazan과 Shaver(1987)의 척도는 각각의 애착유형을 하나의 진술문으로 표현한 후, 피험자들로 하여금 자신의 특성과 가장 적합한 진술문을 하나씩 선택하도록 하였다. 이후 Hazan과 Shaver(1990)는 진술문을 애착유형에 따라 좀더 분

안정애착(Secure) 나는 다른 사람과 가까워지는 것이 비교적 쉽고, 다른 사람에게 편안하게 의지할 수 있다. 나는 내가 버림받거나 또는 다른 사람과 너무 가까워진다고 걱정하지 않는다.
회피애착(Avoidant) 나는 다른 사람과 가까워지는 것이 다소 불안하다. 다른 사람을 완전히 신뢰하는 것은 어려운 일이다. 누군가가 나와 가까워지려 할 때, 심지어 사랑하는 사람이 나와 더욱 가까워지려 할 때 불안함을 느낀다.
불안-양가애착(Anxious/Ambivalent) 나는 다른 사람과 가까워지기를 원하지만 다른 사람들은 나와 가까워지는 것을 주저한다. 나는 내 파트너가 정말로 나를 사랑하는지, 정말 나와 함께 있고 싶은지 자주 의심한다. 나는 다른 사람들에게 피해를 주더라도 내 파트너와 정말 가까워지고 싶다.

〈그림 5-4〉 Hazan과 Shaver(1990)의 성인애착질문지

출처: Hazan, C., & Shaver, P. (1990). Love and work: An attachment-theoretical perspective. *Journal of Personality and Social Psychology, 59,* 270-280.

명하게 구분할 수 있도록 〈그림 5-4〉와 같이 수정하였다.

Hazan과 Shaver의 성인애착척도가 나온 후, 여러 연구자들은 이를 사용하여 성인애착의 유형을 살펴보았다(〈표 5-5〉 참조). AAQ는 초기 낭만적 애착연구에서 많이 사용되었지만, 신뢰도는 비교적 낮게 보고되었다(Levy & Davis, 1988; Shaver & Brennan, 1992). 이는 응답자들이 각각의 애착유형을 표현한 문항이 비록 자신의 특성과 일부 일치하지 않아도 진술문 전체를 받아들이고 선택해야 하는 단점이 있기 때문이다.

결국 이러한 문제점을 보완하기 위해 Collins와 Read(1990)는 Hazan과 Shaver의 척도에 제시된 각각의 애착유형(3범주)에 5문항씩 15문항을 구성함으

표 5-5 AAQ를 사용한 성인애착 연구

AAQ를 사용한 연구	연구대상	표본 수	평균 연령	애착 유형		
				안정 애착	회피 애착	불안-양가애착
Hazan & Shaver(1987)	14~82세 (신문광고로 모집)	620명	36세	56%	25%	19%
Hazan & Shaver(1987)	대학생	108명	18세	50%	23%	20%
Hazan & Shaver(1990)	18~79세 (신문광고로 모집)	670명	39세	55%	30%	19%
Feeney & Noller(1990)	대학생	374명	18세	56%	25%	15%
Collins & Read(1990)	대학생	113명	19세	63%	27%	19%
Kirkpatrick & Davis(1994)	대학생	406명	21세	60%	21%	19%
Pistole & Clark(1995)	대학생	248명	27세	55%	27%	19%
Carver(1997)	대학생	576명	무응답	64%	29%	8%

출처: www.richardatkins.co.uk/atws/page/42.html

Nancy L. Collins

로써, 응답자들이 더 민감하게 반응할 수 있도록 하였다. 그리고 Hazan과 Shaver가 척도의 진술문에 포함시키지 않았던 애착의 주요 특성인 애착대상의 접근가능성과 유용성에 대한 믿음, 애착대상과 이별할 때의 반응 등에 대해 각각 1개씩의 진술문을 제시하여 총 18문항을 만들었다(〈그림 5-5〉 참조). 이 성인애착척도는 5점 척도이며, 이후 Collins(1996)에 의해 다시 개정되었다.

- 나는 다른 사람에게 의지하려는 내 자신을 용납하기가 힘들다(A_v)
- 사람들은 내가 필요로 할 때 내 가까이에 없다(A_v)
- 나는 다른 사람들에게 편안히 의지한다(S)
- 사람들은 내가 필요로 할 때 내 가까이에 있다(S)
- 나는 다른 사람들을 완전히 믿기 어렵다(A_v)
- 내가 필요로 할 때 사람들이 내 가까이에 있어 의지할 수 있다는 확신을 하기 어렵다(A_x)
- 나는 버림받을까 봐 걱정하지 않는다(S)
- 내가 사랑하는 사람이 나를 진정으로 사랑하지 않을까 자주 걱정한다(A_x)
- 다른 사람들이 마지못해 나와 가까이 있음을 발견한다(A_x)
- 나는 사랑하는 사람이 나와 함께 있고 싶어하지 않을까 자주 걱정한다(A_x)
- 나는 다른 사람과 완전히 하나로 융합되고 싶다(A_x)
- 다른 사람과 완전히 하나가 되고 싶은 이 욕구가 가끔 나를 사람들에게서 멀어지게 한다(A_x)
- 나는 사람들과 친해지는 것이 비교적 쉽다(S)
- 나는 사람들이 나에게 가까이 다가오는 것을 별로 걱정하지 않는다(S)
- 나는 사람들과 가까워지는 것이 다소 불편하다(A_v)
- 나는 사람들이 나와 너무 가까워지려하면 불안해진다(A_v)
- 나는 사람들이 나에게 의지하는 것이 편안하다(S)
- 내가 사랑하는 사람은 가끔 내가 편하게 느끼는 것보다 나와 더 친밀해지기를 원한다(A_v)

※ S(안정애착)　　A_v(회피애착)　　A_x(불안-양가애착)

〈그림 5-5〉 Collins와 Read(1990)의 성인애착척도(Adult Attachment Scale: AAS)

출처: Collins, N. L., & Read, S. J. (1990). Adult attachment, working models and relationship quality in dating couples. *Journal of Personality and Social Psychology, 58*, 644-663.

(2) Bartholomew와 Horowitz의 관계 질문지(Relationship Questionnaire)

Hazan과 Shaver(1987)의 성인애착척도(AAQ)에서는 성인애착을 3가지 범주(안정애착, 회피애착, 불안-양가애착)로 구분한 반면에, Bartholomew와 Horowitz(1991)는 7점척도로 측정하여 4가지 범주(안정형, 집착형, 무시형, 두려움형)로 분류하였다(〈그림 5-6〉 참조). Bartholomew와 Horowitz(1991)의 연구에서는 안정형이 47%로 가장 높은 비율로 나타났으며, 다음으로 두려움형(21%), 무시형(18%) 그리고 집착형(14%)의 순이었다.

다음은 다른 사람들과 관계를 맺을 때 나타날 수 있는 유형입니다. 4가지 유형의 진술문을 읽고 자신과 일치하는 정도를 ○ 또는 ∨표 하시기 바랍니다.

번호	진술문	전혀 그렇지 않다		보통이다			매우 그렇다	
1	나는 다른 사람들과 감정적으로 가깝게 지내는 것이 쉽다. 나는 다른 사람에게 의존하는 것과 다른 사람들이 나에게 의존하는 것을 편하게 느낀다. 혼자 지내게 될까 봐, 또는 다른 사람들이 나를 받아주지 않을까 봐 걱정하지는 않는다.	1	2	3	4	5	6	7
2	나는 다른 사람들과 감정적으로 가깝게 지내지 않는 것이 편하다. 독립심을 느끼고 자기 충족감을 느끼는 것이 나에게는 매우 중요하다. 나도 다른 사람에게 의존하지 않고, 남들도 나에게 의존하지 않는 것이 좋다.	1	2	3	4	5	6	7
3	나는 다른 사람들과 감정적으로 아주 가깝게 지내기를 원하지만 다른 사람들은 종종 내가 원하는 것만큼 나와 가까워지는 것을 주저하는 것 같다. 친밀한 관계를 맺지 못하고 있는 것이 불편하지만 때때로 내가 그들을 중요하게 느끼는 것만큼 그들이 나를 중요하게 여기지 않을까 봐 걱정이 된다.	1	2	3	4	5	6	7
4	나는 다른 사람들과 가깝게 지내는 것이 불편하다. 감정적으로 친밀한 관계를 맺고 싶지만, 다른 사람들을 완전히 신뢰하거나 그들에게 의존하기가 어렵다. 다른 사람들과 가까워지게 되면 상처를 입을까 봐 걱정이 된다.	1	2	3	4	5	6	7

위 4가지 진술문 중 자신을 가장 잘 설명해주거나 자신과 가장 가까운 진술문 하나를 고르세요. (　　)번

〈그림 5-6〉 Bartholomew와 Horowitz(1991)의 관계 질문지(RQ)

출처: Bartholomew, K., & Horowitz, L. M. (1991). Attachment styles among young adults: A test of a four-category model. *Journal of Personality and Social Psychology, 61,* 226-244.

Dale W. Griffin

Leonard M. Horowitz

안정(secure)애착 성인은 다른 사람과 관계를 형성하고 서로 친밀하게 지내는 데 별 어려움을 나타내지 않았다. 그리고 자신이 버림받거나 혼자 남겨질 것에 대한 두려움이 없었다. 그러나 집착(preoccupied)애착 성인은 다른 사람과의 친밀한 관계를 지나치게 갈망하고 다른 사람들이 자신을 그리 좋아하지 않을까 봐 두려워하였다. 반면에 무시(dismissing)애착 성인은 다른 사람과 친밀한 관계를 갖는 것을 의존적이라 생각하여 보다 독립적인 것을 원하였다. 마지막으로 두려움(fearful)애착 성인은 친밀한 관계를 두려워하는 동시에 관계형성도 어려워하였다. 그리고 다른 사람에게 상처받으면 어쩔까 하는 두려움이 공존하였다.

이후 Griffin과 Bartholomew(1994)는 애착유형을 하나의 진술문으로만 표현한 Bartholomew와 Horowitz(1991)의 척도를 보완하여 30문항으로 된 관계척도 질문지(Relationship Scales Questionnaire: RSQ)를 만들어 성인의 애착유형을 좀더 객관적으로 측정할 수 있도록 하였다(〈표 5-6〉 참조).

표 5-6 Griffin과 Bartholomew(1994)의 관계척도 질문지(RSQ)

	문항	전혀 아니다	…	다소 그렇다	…	아주 그렇다
1	다른 사람을 믿고 의지하기가 어렵다.	1	2	3	4	5
2	독립심을 느끼는 것은 내게 매우 중요하다.					
3	다른 사람과 정서적으로 친밀해지는 것은 쉬운 일이다.					
4	다른 사람과 완전히 한 마음이 되기를 원한다.					
5	다른 사람과 너무 친밀해지면 상처를 받을 것 같아 걱정이 된다.					
6	정서적으로 친밀한 관계가 없을 때가 편안하다.					
7	다른 사람을 필요로 할 때는 언제라도 그들을 믿고 의지할 수 있을지 확신이 서지 않는다.					

8	다른 사람과 정서적으로 완전히 친밀해지기를 원한다.					
9	외톨이가 될까 봐 걱정이 된다.					
10	다른 사람을 믿고 의지하는 것을 편안하게 느낀다.					
11	내 이성친구(연인)가 진정으로 날 사랑하지 않을 것이라고 걱정하는 때가 종종 있다.					
12	다른 사람을 완전히 신뢰하는 것이 어렵다.					
13	다른 사람이 나와 너무 가까워질까 봐 걱정이 된다.					
14	정서적으로 친밀한 관계를 원한다.					
15	나는 다른 사람이 나를 믿고 의지하는 것을 편안하게 느낀다.					
16	내가 다른 사람을 가치 있게 보는 것만큼 다른 사람들은 나를 가치 있게 생각하지 않는 것 같아 걱정이 된다.					
17	사람들은 내가 꼭 필요로 할 때는 내 곁에 있다.					
18	다른 사람들과 완전히 한 마음이 되기를 원하는 나의 희망을 알고 사람들이 놀라서 피하는 경우가 때때로 있다.					
19	나 혼자서 충분하다는 느낌은 나에게 매우 중요하다.					
20	누구든 나에게 너무 가까이 다가오면 나는 불안해진다.					
21	내 이성친구(연인)가 내 곁에 머물러 있지 않을 것이라고 걱정할 때가 종종 있다.					
22	다른 사람이 나를 믿고 의지하는 것을 허용하지 않는 편이다.					
23	버림받을까 봐 걱정이 된다.					
24	다른 사람과 가까워지는 것이 불편하다.					
25	사람들은 내가 원하는 만큼 가까워지기를 주저하는 것 같다.					
26	다른 사람을 믿고 의지하지 않는 편이다.					
27	내가 다른 사람을 필요로 할 때는 그들이 내 곁에 있을 것이다.					
28	다른 사람이 나를 용납하지 않을까 봐 걱정이 된다.					
29	내 이성친구(연인)는 종종 내가 편안하게 느끼는 정도보다 내가 자기에게 더 가까워지기를 원한다.					
30	다른 사람과 친밀해지는 것은 내게는 비교적 쉬운 일이다.					

출처: Griffin, D. W., & Bartholomew, K. (1994). Models of the self and other: Fundamental dimensions underlying measures of adult attachment. *Journal of Personality and Social Psychology, 67*, 430-445.

(3) Brennan과 동료들의 친밀한 관계경험척도(Experiences in Close Relationships Scale: ECR)

Brennan과 동료들(1998)은 지금까지의 자기보고식 애착척도들을 통합하여 482개의 문항들을 수집하였다. 그리고 중복정도를 평가하여 최종 60개의 문항을 추출하여 이를 요인분석하였다. 그 결과 회피(avoidance)와 불안(anxiety)의 2요인이 산출되었다. 요인분석 점수를 토대로 살펴본 결과 4집단의 성인애착유형(안정형, 집착형, 무시형, 두려움형)이 나타났고, 총 36문항이 추출(7점 척도)되었다. ECR의 신뢰도는 불안차원 .91, 회피차원 .94로 비교적 높게 나타났다. 그리고 Brennan과 동료들(1998)의 연구에서 나타난 4집단 애착유형은 앞서 살펴본 Bartholomew와 Horowitz(1991)의 애착유형과 동일하였다.

다음은 친밀한 관계경험척도(ECR)의 문항들이다. 짝수문항은 불안차원, 홀수문항은 회피차원의 문항이다(〈표 5-7〉 참조).

표 5-7 Brennan과 동료들(1998)의 친밀한 관계경험척도(ECR)

	문항	전혀 아니다		다소 그렇다			아주 그렇다	
1	사귀는 사람에게 내 속의 깊은 감정을 보여주기 싫다.	1	2	3	4	5	6	7
2	사귀는 사람에게 버림받을까 봐 걱정된다.							
3	사귀는 사람과 가까워지는 것이 매우 편하다.							
4	내가 맺는 관계에 대해 걱정을 많이 한다.							
5	내가 사귀는 사람이 나와 가까워지려고 하면, 나는 내 자신이 그 사람과 멀어지는 것을 느낀다.							
6	내가 사귀는 사람에게 관심을 가지고 돌보는 만큼 그들이 나에 대해 관심이 없을까 봐 걱정한다.							
7	사귀는 사람이 나와 지나치게 가까워지려고 하면 불편하다.							
8	사귀는 사람과 헤어지게 될까 봐 걱정을 많이 한다.							
9	사귀는 사람에게 내 모든 것을 보여주는 것이 편하지 않다.							
10	나는 사귀는 사람에 대해 강렬한 감정을 느끼고 있으며 그/그녀도 나에 대해 그렇게 느끼기를 바란다.							
11	내가 사귀는 사람과 가까워지고 싶지만 실제로는 계속 멀어지기만 한다.							
12	난 종종 사귀는 사람과 완전히 하나가 되고 싶지만 이런 나의 모습이 그들을 겁나게 해서 멀어지게 한다.							

13	내가 사귀는 사람이 나와 너무 가까워지게 되면 신경이 쓰인다.							
14	(사귀는 사람 없이) 혼자 있게 될까 봐 걱정된다.							
15	사귀는 사람과 내 사적인 생각과 감정을 나누는 것이 편안하다.							
16	사람들과 매우 가까워지려는 나의 바람은 때때로 사람들을 겁나게 해서 멀어지게 한다.							
17	사귀는 사람과 지나치게 가까워지는 것은 피하려 한다.							
18	내가 사귀고 있는 사람이 나를 사랑한다는 것을 계속 확인받는 것이 필요하다.							
19	내가 사귀는 사람과 가까워지는 것은 쉬운 편이다.							
20	때때로 나는 사귀는 사람에게 더 많은 감정과 헌신을 보여달라고 강요한다.							
21	나는 사귀는 사람에게 의지하는 것이 어렵다.							
22	나는 사귀는 사람에게서 버림받을 것을 걱정하지 않는다.							
23	사귀는 사람과 지나치게 가까워지는 것은 싫다.							
24	만약 내가 사귀는 사람의 관심을 끌 수 없으면, 나는 짜증이 나거나 화가 난다.							
25	사귀는 사람에게 모든 것에 대해 이야기한다.							
26	내가 사귀는 사람(들)이 내가 원하는 만큼 나와 가까워지고 싶어 하지 않는다는 것을 안다.							
27	나는 사귀는 사람에게 내 문제와 고민을 이야기한다.							
28	사귀는 사람이 없을 때, 나는 다소 불안하고 불안정하다.							
29	사귀는 사람에게 의지하는 것이 편하다.							
30	사귀는 사람이 내가 원하는 만큼 내 옆에 있어주지 않으면 좌절감을 느낀다.							
31	사귀는 사람에게 위로와 조언과 도움을 요청하는 것이 어렵지 않다.							
32	내가 사귀는 사람을 필요로 할 때, 그들이 없으면 좌절감을 느낀다.							
33	내가 힘들 때, 사귀는 사람에게 기대는 것이 도움이 된다.							
34	사귀는 사람이 나에 대한 어떤 것을 마음에 들어하지 않을 때, 나는 정말 기분이 나쁘다.							
35	위안과 위로 등을 포함한 많은 부분들에서 사귀는 사람에게 기댄다.							
36	사귀는 사람이 나와 함께 시간을 보내지 않을 때는 화가 난다.							

출처: Brennan, K. A., Clark, C. L., & Shaver, P. R. (1998). Self-report measures of adult romantic attachment. In J. A. Simpson & W. S. Rholes (Eds.), *Attachment theory and close relationships* (pp. 46-76). New York: Guilford.

2) 면접법: George, Kaplan, Main의 성인애착면접

성인기 애착의 질을 측정하는 척도에는 앞서 살펴본 자기보고식 척도 외에 성인들로 하여금 초기 아동기 때의 애착과 관련된 경험을 이야기하게 하여 아동기 애착경험과 현재의 애착관계를 살펴보는 면접법이 있다. 성인애착면접(Adult Attachment Interview: AAI)은 애착의 내적 작동모델을 토대로 개발된 반구조화된 면접법이다. Main과 동료들(1985)은 현재의 상태에서 아동기의 애착경험과 기억을 분석함으로써 성인애착을 분류하였다.

먼저 피면접자는 어렸을 때, 부모와의 관계를 가장 잘 나타내는 형용사 5개를 선택한다. 그리고 이 단어들을 어렸을 때의 특정 기억과 연관하여 설명한다. 면접한 모든 내용은 녹음되고, 모두 8가지에 의해 평가된다. 이를 구체적으로 살펴보면, 피면접자의 어머니와의 애정관계, 아버지와의 애정관계, 부모와의 역할반전, 어렸을 때의 기억에 대한 질, 부모에 대한 분노, 관계에 대한 이상화, 관계에 대한 격하 그리고 서술의 일관성 등이다. AAI는 자신들의 양육자와 겪은 아동기 경험에 대한 정서적, 인지적 표상을 평정하기 때문에, 실제 내용보다 성인으로서 부모의 행동에 대해 회상하고 통합하며 개념화하는 능력이 더 중요하다. 〈그림 5-7〉은 AAI에서 실시하는 면접 내용 중 일부분이다.

Carol George

안녕하세요? 이번 연구에서는 아동기 때 양육된 경험이 부모역할을 할 때나 살아갈 때 어떠한 영향을 미치는지에 대해 알아보고, 또한 어떻게 느끼고 있는지에 대해 알아보려고 합니다. 여기서는 아동기 때 가족과의 관계, 어떤 영향을 주었는지에 대해 주로 어린 시절부터 현재까지의 전반적인 질문이 될 것입니다.

1. 가족과 관련된 이야기를 좀 해주십시오. 어디에 살았었는지, 이사한 경험이 많았는지, 부모님께서는 무슨 일을 하셨었는지와 같은 것들에 대해서 이야기를 하려고 합니다(할아버지, 할머니를 자주 만났었나요? 할아버지와 할머니가 당신이 태어나기도 전에 돌아가셨다면 그

분들에 대해서 얼마나 알고 계시는지요? 식구 이외에 같이 살았던 사람이 있었나요? 형제자매들은 같이 살았나요? (2, 3분이 넘지 않는 범위에서 가족에 대해 간단한 질문을 한다).

3. 기억해낼 수 있는 가장 어린 시절로 돌아가서서(5~12세), 당신의 어머니와 당신과의 관계를 표현해줄 수 있는 5개의 형용사나 단어를 제시해주시기 바랍니다. 저는 이 형용사를 받아 적어두었다가 나중에 각각에 대해서 왜 그 형용사를 선택했는지 질문을 드리겠습니다(순서대로 각 단어와 관련된 사건이나 기억을 묻는다. 적절한 대답을 주었다고 생각되면 다음 단어로 넘어가고, 그렇지 않다고 생각될 때는 다시 한 번 특정 기억을 물어본다. 처음 언급했던 형용사를 다른 말로 대신하는 경우 처음 언급했던 형용사에 대해 다시 질문한다. 판에 박히거나 전형적인 대답을 하는 경우 좀더 구체적인 기억을 떠올려보도록 요청한다).

4. 아버지에 대해서도 똑같은 질문과 과정을 반복한다.

5. 부모님 중 누구와 더 가까웠습니까? 그 이유는? 다른 쪽 부모와 덜 가까웠다고 느낀다면 그 이유는 무엇일까요?

8. 어린 시절에 부모로부터 심하게 내쳐진 것 같은 경우나 부모가 돌봐주지 않았다고 느낀 적이 있습니까? 물론 지금 생각해보면 그것은 정말 아무것도 아니었다고 생각될 수도 있겠지만, 제가 묻고 싶은 것은 어린 시절에 거부당했다고 느꼈던 적이 있는지입니다.
   - 그때가 몇 살이었습니까? 그리고 당신은 그렇게 느꼈을 때 어떻게 했습니까?
   - 당신의 부모가 왜 그렇게 행동했다고 생각하십니까? 당신이 그렇게 느끼는 것을 그때 부모가 알았다고 생각하십니까?

〈그림 5-7〉 George, Kaplan, Main의 성인애착면접(AAI)

출처: George, C., Kaplan, N., & Main, M. (1985). *The attachment interview for adults*. Unpublished Manuscript, University of California, Berkeley.

AAI를 통해 성인의 애착표상을 살펴본 결과 Ainsworth와 동료들이 '낯선상황실험' 에서 발견한 안정, 회피, 저항 등의 3가지 애착유형과 함께 이후 발견된 혼란애착과 매우 유사한 애착유형이 성인에게서도 나타났다. 자율형(autonomous: F), 무시형(dismissing: Ds), 집착형(preoccupied: E) 등의 애착유형과 미해결-혼란형(unresolved-disorganized: U/D) 애착유형이 발견된 것이다. 즉, 성인의 자율애착은 영아기의 안정애착과, 무시애착은 영아의 회피애착과 유사하며, 집착애착은 저항애착과 비슷하다. 심지어 성인의 미해결-혼란애착은 영아기의 혼란애착과 일치한다. 따라서 Main과 Goldwyn(1998)은 영아기에 형성된 애착의 질적 특성이 내적 작동모델을 통해 성인기에도 계속된다고 주장하였다.

3) Q 분류법: Kobak의 성인애착 Q 분류법

Q 분류법은 Stephenson에 의해 고안된 성격측정법으로, 오늘날에는 피험자에게 많은 종류의 문항이나 그림자료를 제시한 후, 피험자로 하여금 자신의 성격특성이나 성향을 가장 많이 나타낸 문항에서부터 가장 적게 나타낸 문항에 이르기까지 순차적으로 분류하게 하는 방법으로 다양하게 사용되고 있다. 애착척도에서 가장 보편적으로 사용되고 있는 Q 분류법은 Waters와 Deane(1985)의 애착 Q 분류법(AQS)이다. 이 척도는 아동의 내적 작동모델을 측정하기 위한 척도로서, 관찰자나 부모가 자연상황에서 아동의 행동을 관찰한 후 이를 근거로 90개의 애착 Q 분류법 카드들을 1점에서 9점까지 순차적으로 분류한다.

한편 성인애착 Q 분류법(Adult Attachment Q 분류법: AAQ)은 Kobak(1989)이 고안한 척도로서, 성인애착면접(AAI)에 대한 대안적 방법이다. Kobak(1989)의 성인애착 Q 분류법에서는 특별히 성인의 정서조절 전략(최소정서전략 대 최대정서전략)을 토대로 정서조절과 애착유형 간의 관계를 살펴보았다. 그 결과 개인의 정서조절은 애착유형(안정형, 무시형, 집착형)과 관련된 것으로 나타났다. Kobak은 이후 Hazan과 함께 부부관계 Q 분류법(Marital Q 분류법)도 개발하였다(Kobak & Hazan, 1991).

애착의 내적 작동모델 개념이 제시된 이후 다양한 성인애착척도가 나타났으며, 성인애착척도를 정리하면 〈표 5-8〉과 같다. 특히 자기보고식 질문지의 경우 〈표 5-8〉에 제시된 것 외에도 다양하게 개발되었다. 〈그림 5-8〉은 미국 애착이론 웹 사이트(The Attachment Theory Website: ATWS)에 있는 자기보고식 성인애착척도 목록들로, 아직 국내에 소개되지 않은 척도들이 많아 본 지면에 소개하였다.

표 5-8 성인애착척도 유형

척도 유형	척 도	관련 연구
자기보고식 질문지	1. Hazan과 Shaver(1987)의 성인애착척도(Adult Attachment Questionnaire)	Collins & Read, 1990 Davis et al., 1994 Feeney & Noller, 1990
	2. Bartholomew와 Horowitz(1991)의 관계 질문지(Relationship Questionnaire)	Brennan et al., 1991 Scharfe & Bartholomew, 1994
	3. Brennan, Clark과 Shaver(1998)의 친밀한 관계 경험척도(Experiences in Close Relationships Scale: ECR)	
면접법	1. George, Kaplan과 Main(1985)의 성인애착면접(Adult Attachment Interview: AAI) - Main & Goldwyn(1998)에 의해 개정	Bakermans-Kranenburg & van IJzendoorn, 1993 Benoit & Parker, 1994 Crowell & Treboux, 1991 Crowell et al., 1995 Fonagy, Steele, & Steele, 1992 Sagi et al., 1994
	2. Bartholomew와 Horowitz(1991)의 애착면접(Attachment Interview)[4]	Griffin & Bartholomew, 1994 Scharfe & Bartholomew, 1994
	3. Crowell(1990)의 현재관계면접(Current Relationship Interview: CRI)[5]	Owens & Crowell, 1992 Crowell et al., 1995
Q 분류법	1. Kobak(1989)의 성인애착 Q 분류법(Adult Attachment Q 분류법) - Kobak & Hazan(1991)의 부부관계 Q 분류법(Marital Q 분류법)으로 개정	

4) Bartholomew와 Horowitz(1991)의 애착면접은 성인애착의 원형(prototypes)을 측정하는 척도이다. "원형(prototypes)"은 Bowlby의 애착이론을 토대로 한 개념으로, 자신과 타인에 대한 생각(긍정적/부정적)을 토대로 성인애착을 분류하였다. 그 결과 무시형, 회피형, 집착형, 두려움형 등 4가지 유형으로 나누어졌다.

5) 현재관계면접은 성인의 파트너십 관계 안에서의 애착표상을 살펴본 척도로서, AAI와 유사한 형태의 질문들로 구성되어 있다. 점수는 파트너와의 경험, 대화 스타일, 신뢰성 등을 토대로 파트너의 행동과 피면접자의 행동 그리고 피면접자의 대화스타일(화, 경멸, 이상화, 수동적 언어양식, 상실에 대한 두려움, 집착)을 통해 이루어진다.

- 10 Item Attachment Scales(Brennan & Shaver, 1995; Brennan, Shaver, & Hazan, 1989)
- Adult Attachment Scale(Collins, 1996; Collins & Read, 1990)
- Attachment Style Measure(Simpson, 1990)
- Attachment Style Prototypes(Levy & Davis, 1988)
- Attachment Style Scales(Becker & Billings, 1997)
- Revised Experience in Close Relationships Scale(Fraley, Waller, & Brennan, 2000)
- Measure of Attachment Qualities(Carver, 1997)
- Relationship Questionnaire(Bartholomew & Horowitz, 1991)
- Relationship Scales Questionnaire(Griffin & Bartholomew, 1994)

〈그림 5-8〉 자기보고식 성인애착척도

출처: www.richardatkins.co.uk/atws/

6 애착과 영아의 기질

아이들은 모두 독특한 존재이며, 갓 태어난 신생아라 할지라도 아기들은 특정한 자극에 대해 각기 다르게 반응한다. 기저귀가 젖었거나 배가 고플 때 어떤 영아는 온 방이 떠나가도록 울음을 터트리지만 어떤 영아는 입을 움직이며 조금 보챌 뿐이다. 자녀의 울음소리를 듣고 달려와 안아주고 보살필 때, 어떤 영아는 바로 울음을 그치지만, 어떤 아기는 지칠 때까지 계속 울음을 터트리며 진정되지 않는 경우도 있다. 이처럼 생애 초기부터 개인차를 나타내는 특성을 기질이라 부른다.

울음을 터트렸을 때 양육자에 의해 쉽게 진정되는 영아와 아무리 달래도 울음을 그치지 않는 영아에 대한 양육자의 양육행동은 다를 수밖에 없다. 영아의 행동은 양육자의 양육행동을 변화시키고, 영아와 어머니의 정서적 유대관계에도 영향을 미친다. 따라서 영아의 기질은 어머니의 양육행동과 함께 애착의 질에 영향을 미치는 가장 큰 요인으로 간주된다.

기질이 생물학적 토대를 지니고 있는 것처럼, 애착 역시 안정적이며 범문화적인 생물학적 토대를 지니고 있다. Bowlby에 의하면 애착은 정해진 발달단계를 거치고 영아기라는 특정 기간에 나타나며, 이후 사회정서발달의 기초가 된다고 한다. 이처럼 기질과 애착 모두 생물학적인 토대를 지니고 있고 이후 발달의 기초가 되며 모두 생애 초기에 나타난다는 공통점을 지니고 있다. 따라서 기질과 애착의 관계는 많은 연구자들의 관심의 대상이 되어 왔다.

기질이 애착의 주요 변인으로 인식되고 있지만, 기질과 애착관련 선행연구 결과들은 일관성이 없다. 기질이 애착과 직접적인 관련이 있다는 연구가 있는가 하면, 관련이 없다는 연구 그리고 기질이 애착관련 변인에 매개되어 간접적으로 영향을 미치고 있다는 연구들이 함께 제시되고 있다.

따라서 이 장에서는 애착의 영향요인 중 아동요인인 기질의 개념과 이론에 대해 살펴보고, 다음으로 기질과 애착과의 관계를 다양한 각도에서 검토해 보고자 한다.

1. 기질의 개념

기질은 생애 초기부터 나타나는 일관되고 안정적인 특성을 의미하는 것으로, 인간의 행동과 성격발달에 있어 개인차의 근원으로 여겨진다. 여기에서는 기질의 다양한 개념과 정서의 구성개념으로서의 기질에 대해 살펴보고자 한다.

1) 기질의 정의

기질에 대한 정의는 학자들에 따라 매우 다양하다. Vasta, Haith 그리고 Miller(1999)는 기질의 개념을 정의하는 데 도움이 되는 다음과 같은 세 가지 질문을 통해 기질을 설명하고 있다.

Ross Vasta

Marshall Haith

Scott Miller

(1) 기질은 타고 나는 것인가?

기질에 대한 가장 근본적인 물음은 아이들이 머리카락이나 피부색깔을 선천적으로 가지고 태어나듯이 아기의 반응양식인 기질도 선천적인 것인가 하는 문제이다. 기질의 생물학적 특성은 기질에 대한 일반적인 특성인 동시에 가장 근본적인 질문이기도 하다. 심지어 어떤 연구자들은 유전적으로 타고난 것만을 기질에 포함시켜야 하다고 주장한다(Buss & Plomin, 1984).

Robert N. Emde

일란성 쌍생아와 이란성 쌍생아 연구를 통해 알 수 있듯이, 기질의 어떤 부분은 유전자를 통해 전달된다. 낯선 사람에 대한 아동의 행동반응('낯선상황실험')과 시각벼랑에서의 공포반응 실험에서 일란성 쌍생아는 이란성 쌍생아보다 더 유사한 반응을 나타내었다(Emde et al., 1992; Goldsmith, Buss, & Lemery, 1997; Plomin et al., 1993; Robinson et al., 1992). 그러나 기질이 비록 유전적이며 생물학적인 특성을 지니고 있지만, 영유아의 어떤 행동이 기질을 가장 잘 나타내는지에 대해서는 아직까지 확실하게 밝혀지지 않았고 영아의 모든 행동들이 유전적인 토대 위에서 나타

JoAnn L. Robinson

나는 것은 분명 아니다(Goldsmith et al., 1997). 또한 기질이 선천적으로 타고나는 속성이라 할지라도, 기질 역시 아동의 환경에 의해 영향을 받고 있음을 무시할 수는 없다.

(2) 기질은 안정적인 속성인가?

Karen Hooker

기질에 관한 두 번째 물음은 기질은 안정적인 속성을 가진 것인가의 문제이다. 안정성의 문제는 유전과 환경 연구자들 모두에게 흥미있는 주제이다(Hooker et al., 1987). 기질의 유전적 모델을 지지하는 학자들은 아동의 특정 반응양식이 시간이 경과해도 안정적인 것으로 나타난다면, 이것은 유전적 구조로 설명할 수 있다고 주장한다. 반면에 환경론자들은 이러한 기질의 안정성은 아동이 동일한 환경 속에서 지속적으로 생활함으로써 나타나는 결과일 뿐이라고 생각한다(Bates, 1987; Wachs, 1992).

기질연구가들은 기질이 유아기, 아동기, 심지어 성인기까지도 지속성이 있는 것으로 믿는다(Caspi & Silva, 1995). 실제로 낯가림이 심한 영아는 유아기에도 여전히 낯선 사람을 두려워하고, 아동기에도 여전히 까다로운 성향을 보여주고 있다. 특히 낯선 사람이나 상황에 대해 움츠러드는 경향을 보이는 행동억제(behavioral inhibition)는 상당히 지속성이 있는 것으로 나타났다(Kagan, 1992).

Theodore Wachs

Avshalom Caspi

Ann Sanson

그러나 이러한 지속성도 극단적인 경우, 즉 매우 수줍어하거나 매우 외향적인 경우 또는 행동억제 수준이 매우 높거나 낮은 경우에만 해당되는 것으로 보인다(Kerr et al., 1994; Sanson et al., 1996). 우리나라의 2~4세 아동의 행동억제에 관한 단기종단연구(정옥분 외, 2003)에서도 2세와 4세라는 2년의 기간 동안 극단적인 행동억제를 보이는 유아들의 경우에만 지속성이 있는 것으로 나타났다. 이러한 결과는 유전적으로 많은 영향을 받는 것으로 보이는 기질특성도 환경의 영향에 의해 변할 수 있다는 것을 의미한다.

(3) 기질은 생의 초기에 나타나는 속성인가?

기질을 정의함에 있어서 중요한 세 번째 물음은 기질은 생의 초기에 나타나는 속성인가, 즉 아동의 반응양식은 생의 초기부터 분명하게 나타나는 것인가에 대한 문제이다.

최근 몇몇 연구에 의하면 태아의 일부 특성들, 예컨대 심장박동률이나 활동수준 등은 임신기간 중에 비교적 안정적으로 나타났는데, 이것은 출생 이후 어머니가 보고한 영아 기질의 주요 예측변인이었다(DiPietro et al., 1996; Eaton & Saudino, 1992). 이들 연구결과는 기질이 생의 초기에 나타나는 속성임을 보여주는 것이다. 그러나 신생아들에게서 나타나는 기질 중 자극 민감성이나 부정적 반응과 같은 극히 일부분만이 이후에도 지속적으로 관찰되었을 뿐(Plomin et al., 1993; Riese, 1987; Stifter & Fox, 1990; Worobey & Blajda, 1989), 신생아에게서 나

Janet A. DiPietro

Warren O. Eaton

Kimberly Saudino

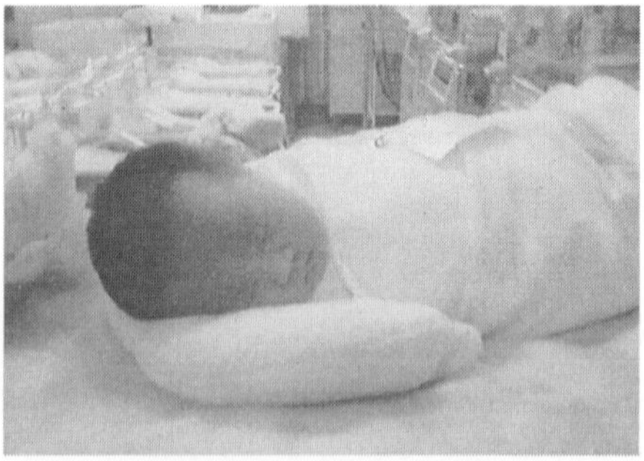

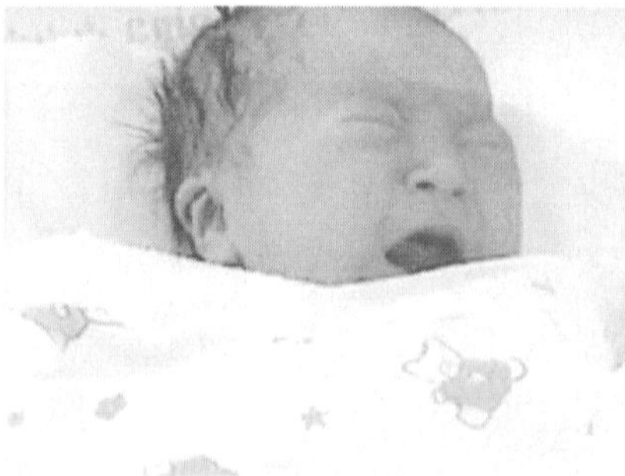

사진 설명 신생아라 할지라도 기질에 따라 주로 잠만 자거나 자주 깨어 우는 아기도 있다. 그러나 이러한 차이는 연령의 증가와 함께 점차 사라진다.

타난 기질 특성 중 대부분은 이후 사라졌다(사진 참조). 더욱이 기질을 반영하는 것으로 추정되는 행동들이 모두 다 발달의 초기에 나타나는 것은 아닌 것으로 보인다(Bates, 1987).

요약하면, 비록 많은 심리학자들이 기질은 타고나는 것이고 안정적인 것이며 생의 초기에 나타나는 것이라고 주장한다 하더라도 모든 학자들이 여기에 동의하는 것은 아니다.

특히 Thomas와 Chess(1986)의 '조화의 적합성(goodness-of-fit)'의 개념이 소개되면서 개인과 환경 간의 적절한 조화에 대한 관심이 높아지고 있다. 기질은 변할 수 있으며, 그리고 이 변화를 촉진하는 주요요인 중의 하나는 바로 자녀의 기질양식과 부모가 사용하는 양육 간의 적절한 조화이다. 이처럼 기질은 기본적으로 유전적 과정에 토대를 두지만, 환경과의 상호작용을 통해 변화된다.

Gordon Allport

2) 정서의 구성개념으로서의 기질

기질의 표현형은 생물학적 측면과 환경적 조건 모두에 따라 달라질 수 있다. 특히 기질의 구성개념은 정서반응(예: 공포, 기쁨, 분노)과 정서의 강도, 자극에 대한 민감성, 특정 정서를 표현하는 경향성, 자기규제 능력 등의 정서적 측면과 밀접하게 연관되어 있다

(Goldsmith, 1993). 따라서 정서의 구성개념으로서 기질의 개념을 파악하려는 연구가 오래전부터 제시되고 있다.

정서와 기질 간의 관련성에 대한 연구는 아직 기질연구가 본격화되기 훨씬 이전부터 시작되었다. Allport(1937)는 기질을 개인의 정서표현 특성과 같은 것으로 간주하였다. 이후 Allport(1961)는 기질의 개념을 좀더 구체적으로 설명하였다. 즉, 기질이란 개인의 일반적인 기분상태, 습관적인 반응의 강도와 속도, 기분의 변동을 나타내는 것으로, 그는 이러한 기질적 속성이 대부분 타고나는 유전적 토대를 지니고 있다고 생각하였다.

최근에 와서는 기질을 정서표현의 개인차로 보는 학자들도 있다. Derryberry와 Rothbart(1997)는 기질을 개체의 반응성과 자기조절에서 보이는 생물학적인 개인차라고 정의하였으며, Goldsmith(1989) 역시 기질을 기본정서를 경험하고 표현하는 데서 나타나는 개인차로 정의하였다.

이전에 정서의 구성개념으로서 기질을 설명한 학자들은 대부분 기질을 유전적인 토대를 지니고 있는 정서적 속성으로 생각하였다(Allport, 1961; Derryberry & Rothbart, 1997; Goldsmith et al., 1987). 그러나 다른 한편으로 비록 유전적 과정에 바탕을 두지만 발달과정에서 경험하는 사회적 상호작용에도 중점을 두는 시각이 제시되고 있다.

사진 설명 최근에는 기질을 개체의 반응성과 자기조절에서 보이는 생물학적 개인차로 정의하기도 한다. 자유놀이 시간에 놀잇감을 적극적으로 탐색하는 영아와 앉아서 쳐다만 보는 영아.

이러한 관점에서 최근 Bates(2004)는 정서의 구성개념으로서의 기질을 〈그림 6-1〉과 같이 정리하였다. 〈그림 6-1〉에 나타난 것과 같이 정서는 외부 환경과의 상호작용과 개인 내부의 조절과정 및 동기와 상호 영향을 주고받는다. 정서는 정신활동과 신체활동에 있어 핵심역할을 한다. 특정의 요구와 목표라고 할 수 있는 동기는 정서에 관계없이 활동에 직접 영향을 미칠 수도 있다.

하지만 정서사건은 이들 동기가 활동에 미치는 영향을 매개하는 경향이 있다. 의식적이건 무의식적이건 조절도 정서사건에 혹은 정신적·신체적 활동에 직접적으로 영향을 미칠 수 있다. 조절에는 기본적인 신경 인지적 과정(예: 주의집중)뿐만 아니라 보다 진보된 신경 인지적 과정(예: 자기 자신에게 대안반응을 고려하도록 의식적으로 상기시킴)도 포함된다.

환경적 영향은 아마도 동기와 조절에 가장 직접적으로 영향을 미칠 것이다. 또한 환경적 영향은 이를 통해 정서와 활동에 영향을 미친다. 동기와 조절에서 나타나는 개인차의 기본은 기질적 경향성(예: 새로운 상황에 대해 두려워하는 경향)이다. 이러한 개인차는 정서뿐만 아니라 궁극적으로 인지나 행동에서도 나타나게 된다.

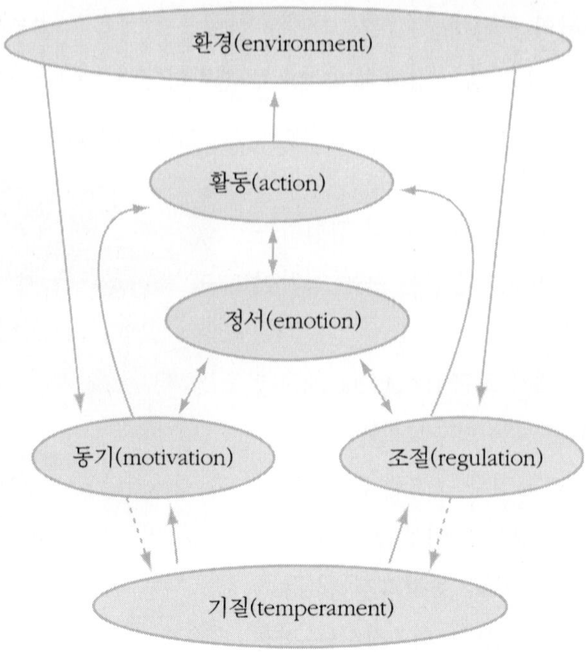

〈그림 6-1〉 정서의 구성개념으로서 기질의 개념적 도식

출처: Bates, J. E. (2004), p. 435.

2. 기질의 이론

Brian E. Vaughn

Kelly K. Bost

Alexander Thomas

Stella Chess

애착이론과 기질이론은 모두 생물학적 토대를 지니고 있지만, 개인차에 대한 설명은 각기 다르다. 애착이론에서는 어머니의 민감성과 같은 양육태도에 의해 애착의 질이 다르지만, 기질이론에서는 아동의 타고난 기질적 속성이 다르기 때문에 기질의 표현양식이 다르게 나타난다고 생각한다. 그러나 기질이 무엇인지, 즉 기질의 구성개념에 대해서는 기질연구자들마다 다르게 설명한다. 국내에서는 Thomas와 Chess의 NYLS모형과 Buss와 Plomin의 EAS모형, Rothbart모형 등과 같이 몇몇 기질연구들을 중심으로 기질이론이 소개되었다. 여기에서는 기질의 다양한 이론들을 행동양식이론과 성격발현이론, 정서생리규제이론, 사회적 구성개념이론 등으로 분류한 Vaughn과 Bost(1999)의 연구를 중심으로 기질과 애착과의 관계를 살펴보고자 한다.

1) 행동양식이론

행동양식이론(Behavioral-Style Theory)에서는 무엇보다 기질을 행동에서의 개인차(behavioral individuality)로 간주한다. 즉, 행동의 내용이나 동기보다는 외현적으로 나타나는 행동양식을 기질로 설명한 이론이다. 행동양식이론에서는 기질을 행동양식으로 개념화함으로써 개인이 동일한 동기와 능력을 가지고 있어도 이를 어떻게 표현하는가에 차이가 있다고 여긴다.

행동양식이론의 이론적 기원으로는 기질유형을 4가지 체액(다혈질 · 우울질 · 담즙질 · 점액질)에 근거해서 분류한 고대 그리스 철학자 히포크라테스까지 거슬러 간다. 현대에 와서는 Thomas와 Chess의 뉴욕종단연구(New York Longitudinal Study: NYLS)모형이 여기에 포함된다. 기질연구에서 가장 오랜 기간 동안 실시되었고 아울러 현대 기질연구의 초석으로 불리는 이 연구는 1956년 미국에서 두 명의 소아과의사 Alexander Thomas와 Stella Chess에 의해 약 30여 년간 141명의 아동을 대상으로 유아기부터 성인기까지 진행되었다.

Thomas와 Chess(1977)는 부모들과의 인터뷰를 통해 영아의 기질을 살펴보았다. 그리고 같은 참여연구자인 Birch는 이들 행동의 목록을 귀납적으로 분류하여 9가지 기질의 구성요인으로 구분하였다. 여기에는 활동성과 규칙성, 접근/회피성, 적응성, 반응강도, 반응역치, 기분, 산만성, 주의집중력 등이 있다. 9가지 기질요인의 행동특성은 〈표 6-1〉에 제시되어 있다.

Thomas와 Chess는 이 9가지 특성을 기준으로 하여 영아의 기질을 순한(easy) 영아, 까다로운(difficult) 영아, 반응이 느린(slow-to-warm-up) 영아 등 세 가지

표 6-1 NYLS 기질의 구성요인

구성요인	설 명
활동성(activity)	젖먹기, 목욕하기, 옷입기 등의 일상생활에서 영아가 하는 신체활동의 양
규칙성(rhythmicity)	수유시간, 수면의 주기, 배변습관 등의 예측가능성
접근/회피(approach/withdrawal)	새로운 사건이나 자극(장난감이나 음식 등)에 영아가 어떤 반응(접근 또는 회피)을 보이는가?
적응성(adaptability)	변화된 상황에 영아가 얼마나 쉽게 적응하는가?
반응강도(intensity)	영아가 보이는 긍정적 또는 부정적 반응의 강도
반응역치(threshold)	영아의 반응을 유발하는 데 필요한 자극의 양
기분(mood)	영아가 보이는 행복하고 기분좋은 반응의 빈도와 불행하거나 부정적인 행동의 빈도
주의산만성(distractibility)	외부 사건이나 자극에 의해 영아가 현재 하고 있는 행동이 쉽게 방해받는 정도
지구력(attention span and persistence)	어떤 활동의 지속시간과 장애에 직면했을 때 그 활동을 계속하려는 의지

출처: Thomas, A., & Chess, S. (1986). The New York Longitudinal Study: From infancy to early adult life. In R. Plomin, & J. Dunn (Eds.), *The study of temperament: Changes, continuities, and challenges*. Hillsdale, NJ: Erlbaum.

사진 설명 순한 기질의 영아가 낯선 사람에게도 미소를 보이며, 교사가 주는 음식을 잘 받아먹고 있다.

유형으로 구분하였다. 전체 연구대상의 40%를 차지하는 순한 기질의 영아는 행복하게 잠을 깨고, 장난감을 가지고 혼자 잘 놀며, 쉽사리 당황하지 않는다. 규칙적인 생물학적 시간표에 따라 수유나 수면이 이루어지고, 낯선 사람에게도 미소를 보이며 이들로부터 음식도 잘 받아먹는다. 그리고 새로운 생활습관에 쉽게 적응하며 좌절에 순응한다(사진 참조). 연구대상의 10%를 차지하는 까다로운 기질의 영아는 눈을 뜨기 전부터 울고, 생물학적 기능이 불규칙적이다. 이들은 불행해 보이고 적대적이며 조그만 좌절에도 강한 반응을 보이며, 새로운 사람이나 상황에 적응하는 데 많은 시간이 필요하다. 연구대상의 15%를 차지하는 느린 기질의 영아는 수동적이고, 새로운 상황에 대해 움츠러드는 경향을 보인다. 이들은 새로운 상황을 좋아하지 않지만, 다시 기회가 주어지면 결국 흥미를 가지고 이에 참여한다.

이 연구에서, 초기의 기질은 이후에도 지속되는 것으로 나타났다. 영아기에 까다로운 기질을 보였던 아동은 이후의 학교생활에서도 또래와의 관계나 주의집중에 문제를 보였으며, 반응이 느린 아동은 새로운 환경에 빨리 적응하는 데 문제를 보였다(Thomas, Chess, & Korn, 1982). 그러나 모든 영아가 이 세 집단 가운데 하나로 분류될 수 있는 것은 아니었으며, 35% 정도의 영아는 어느 집단에도 속하지 않는 것으로 나타났다.

Thomas와 Chess의 9가지 특성을 기준으로 하여 우리나라 영아의 기질을 조사한 연구(최영희, 1987)에서 9개 기질영역의 점수를 성별에 따라 비교해본 결과, 4개 영역에서 유의한 성차가 발견되었다. 즉, 남아가 여아보다 접근성이 높고, 반응강도가 약하며 기분이 긍정적이고, 주의산만성이 높은 것으로 나타났다.

행동특성이론에서 언급하는 기질특성과 애착과의 관련성을 살펴보면, 순한 아동이 보이는 행동특성은 안정애착유형의 행동특성과 유사한 반면, 까다로운 아동이 보이는 행동특성은 저항애착유형과, 느린 아동이 보이는 행동특성은 회피애착유형과 유사하다고 볼 수 있다.

2) 성격발현이론

기질의 성격발현이론(Emergent-Personality Theory)은 성격의 기초적 토대로 기질을 설명한 이론이다. 기질은 유전적이고 삶의 초기부터 발현된다. 또한 매우 안정적인 속성을 지니고 있어, 기질은 이후 발달에서도 지속적으로 나타난다. 이와 같이 성격발현이론에서는 기질을 발달 초기에 나타나는 인간의 타고난 성격특성으로 인식함으로써 기질의 생물학적, 유전적 측면을 강조하고 있다.

이 이론의 대표적인 학자는 행동유전학자인 Robert Buss와 성격심리학자인 Arnold Plomin이다. Plomin과 Buss는 기질이 유전적이고 안정적인 성격특질인 정서성(emotionality)과 활동성(activity), 사회성(sociability)과 충동성(impulsivity) 등의 4가지 측면으로 구성된다고 생각한다. 그리고 이 4가지 요소의 첫 글자를 따서 EASI모형으로 명명하였다. 이후 이들은 기질모형을 수정하여 충동성을 제외한 정서성(emotionality)과 활동성(activity), 사회성(sociability)의 EAS모형을 주장하였다(Buss & Plomin, 1984).

Robert Plomin

정서성은 아기가 환경으로부터의 자극에 부정적으로 반응하고, 또한 얼마나 빨리 자극되는가를 나타낸 개념이다. 예를 들어, 정서성이 높게 측정된 아기는 갑작스런 소리에 쉽게 깨고 강렬하게 운다. Plomin은 정서성 측면에서 나타나는 영아들의 차이가 영아의 신경체계에서의 선천적인 차이에 기인한다고 생각하였다. 어떤 영아는 선천적으로 다른 영아보다 자극에 더 민감하게 각성되고 격렬하게 반응한다. 출생 직후 몇 달 동안 정서성은 영아가 편안하지 않은 상황에서 나타내는 일반적인 불안반응(예: 울음)을 통해 나타난다. 그리고 1세 이후의 정서성은 두려움이나 분노반응과 연결되어 나타났다. Plomin은 이러한 영아의 행동양식의 발달은 영아의 경험에 달려 있다고 생각하였다.

활동성은 아기의 속도나 에너지와 관련되어 있다. 활동성 측면에서 높게 측정된 아기들은 언제나 움직이며 새로운 곳을 탐색하고, 자주 격렬한 활동을 나타낸다. 대부분의 기질특성에 대한 정의들처럼, 활동성에서는 아기가 무엇을 하기를 좋아하는가가 아니라, 아기가 어떻게 행동하는지에 초점을 두고 있다. 활동성 수준은 영아가 얼마나 빠르게 움직이며 갈 수 있는지에 의해 결정된다.

사회성은 타인에 대한 영아의 선호도에 대한 개념이다. 사회성 측면에서 높게 측정된 아이들은 혼자 있기보다 다른 사람과 친밀하게 접촉하며 상호작용한다. 사회성은 사물보다는 사람으로부터 오는 자극을 선천적으로 더 좋아하는가에 대한 것으로, 낯선 사람에 대한 아기의 반응을 평가함으로써 측정된다.

이처럼 성격은 유전적 토대를 지닌 기질에 의해 점차 발현된다. 성격발현이론에서는 기질의 유전적 특성을 강조하기 때문에 Buss와 Plomin은 이 3개의 기질 속성들이 이후 발달에서 지속적으로 나타나는 것을 측정할 수 있는 척도개발과 연구에 심혈을 기울였다. 그리고 Buss와 Plomin이 다른 동료들과 실시한 연구(DeFries, Plomin, & Fulker, 1994; Plomin & DeFries, 1985)에서는 이들 기질적 속성이 이후 발달에서도 매우 안정적으로 나타났다. 그러나 이와 유사한 다른 척도를 살펴본 연구(Susman-Stillman, Kalkoske, Egeland, & Waldman, 1996)에서는 보통 수준의 상관만이 나타나 Buss와 Plomin의 연구에서처럼 그리 높은 안정성을 나타내지 못했다. 그럼에도 불구하고 Buss와 Plomin에 의해 제시된 이들 3가지 기질적 속성은 기질연구에서 널리 사용되고 있다.

비록 EAS모델이 기질의 생물학적 측면을 중시하였지만, 앞서 언급한 것과 같이 EAS모델 연구자들은 상호작용적 관점에서 기질을 다루고 있다. 이들은 영아의 정서성, 활동성, 사회성 수준이 비록 영아 자신의 유전자에 의해 결정되었다 할지라도, 영아의 전반적인 사회성발달은 기질이 사회적, 물리적 환경과 어떻게 상호작용하는가에 달려 있다고 생각한다. 따라서 성격발현이론의 관점에서는 유전적으로 타고난 기질이 이후 성격의 기본이라고 간주하므로, 이러한 과정에서의 애착경험을 중요시한다.

3) 정서생리규제이론

H. Hill Goldsmith

기질의 정서생리규제이론(Theories of Emotional/Physiological Regulation)은 기질을 개체의 반응성과 자기조절에서 보이는 생물학적 개인차로 정의한 이론으로, Goldsmith와 Campos가 대표적인 학자이다. Goldsmith와 Campos(1982)는 심리생리학적 이론에 근거하여 기질을 정서표현을 조직하는 구조로 인식하였다. 그리고 정서의 조직화는 행동유형으로 나타난다고 하였다. 정서발달에서 이러한 관점은 전통적인 정서에 대한 관점과는 다르다. Goldsmith와 Campos는 기본정서(기쁨/즐거움, 화, 분노 등)가 사회적 · 환경적 요인과 관계없이 인간에게 내재된 것으로, 출생 이후 내적인 심리적 과정과 사회적 · 대인관계적 활동을 조절한다고 생각한다(Goldsmith et al., 1987). 따라서 이들은 기질을 기본정서(primary emotion, 1차 정서)를 표현하는 경향성에서의 개인차로 정의하고, 기질은 기본정서 이외에도 얼굴표정, 목소리, 자세 ,몸짓, 운동표현체계(motoric expressive system)를 통해서도 표현된다고 하였다.

기질과 성격의 관계는 '공격성' 과 같은 성격특성이 기본정서인 '분노(anger)' 의 경험과 표현에 있어 나타나는 개인차에 의해 영향을 받는다고 볼 수 있다. 이 이론은 다른 요인이 성격특성들에 영향을 미침을 인정하지만, 이들 성격특성과 기질에서 나타나는 개인차 간에 강력한 관련성이 있음을 가정한다. 또한

Goldsmith는 기질관련 특성의 목록에 대근육활동과 같은 운동표현체계를 포함시켰다. 왜냐하면 활동수준은 정서적 각성을 나타내기 때문이다.

비록 이 이론이 행동양식이론이나 성격발현이론의 내용과 일부 유사하지만, Goldsmith와 Campos는 동기적 구성요소와 유전성의 측면에서 구별된다고 생각하였다. Goldsmith는 많은 정서표현들이 동기적 상태를 나타내고 있으며, 종 특유의 속성은 강력하게 특정 방향으로 나타나지만, 그것이 유전자에 의해 유전된 것은 아니라고 하였다.

한편 Rothbart와 Derryberry(1981)는 기질에 있어 2가지 중요한 이론적 토대를 제공하였다. 즉, '공포경향성(proneness to distress)' 과 '행동억제(behavioral inhibition)' 이다. 이중 낯선 상황이나 새로운 사회적 관계에 다가가기를 두려워하거나 회피하는 위축된 행동을 보이는 '행동억제' 는 특별히 Kagan과 동료들의 연구에 의해 관심을 받게 된 주제이다. Kagan(1989)은 행동억제를 아동이 낯설거나 도전적인 상황에 처해 불안해하거나 힘들어하는 정서적 불균형을 나타내는 반응양식이나 행동으로 정의하였다. 행동억제의 측정은 낯선 사람과 물건이 있는 낯선 장소에서 유아가 나타내는 행동을 통해 이루어진다. 즉, 유아가 낯선 이에게 자발적으로 말을 하거나 접근하는 데 걸린 시간과 새로운 장난감에 가까이 다가가거나 만지는 데 걸리는 시간 그리고 어머니와의 접촉시간 등을 측정한다. 이처럼 '행동억제' 의 측정과 '낯선상황실험' 은 상당히 유사하다. 따라서 Kagan(1984)은 애착연구에서 '낯선상황' 에 대한 아이의 반응이 애착의 질에 따른 반응이 아니라, 단지 낯선 것에 대한 유아의 반응, 즉 유아의 기질에 대한 차이를 나타내는 것이라고 생각하였다. 이처럼 기질의 정서적 측면을 강조하는 이론에서는 유아의 반응을 애착유형의 차이보다는 기질에서의 차이로 간주한다.

Mary Rothbart

4) 사회적 구성개념이론

John Bates

사회구성개념으로서의 기질(Temperament as Social Construction)이론에서는 기질의 유전적 특성보다는 상호작용적 측면, 즉 사회적 관계에서의 기질을 강조한다. 이 이론의 대표적인 학자인 Bates(1980)는 Thomas와 Chess와 함께 뉴욕종단연구를 수행한 동료이다. 그는 Thomas과 Chess처럼 기질을 관찰 가능한 행동으로 개념화하였지만, 기질적 측면에서 개인 차이보다는 부모의 상호작용에 관심을 가졌다.

Bates와 Bayles(1984)는 유아의 까다로움과 관련된 영아기의 다양한 속성들을 살펴보고, 특별히 유아와 어머니와의 상호작용에서 까다롭다고 평정된 유아가 순하다고 평정된 유아보다 어머니의 강압적인 통제를 더 많이 받음을 발견하였다. 그러나 유아의 기질과 양육자의 상호작용에 대한 연구결과가 항상 일치하는 것은 아니다. 오히려 까다로운 기질을 가진 유아의 어머니가 자녀에게 더욱 열중하며 애정적으로 돌본다는 상반된 연구결과도 있다(Bates et al., 1982; Lengua, West, & Sandler, 1998). 따라서 Bates는 유아의 기질과 부모의 성격특성이 유아와 부모의 상호작용에 미치는 영향력을 탐색하는 연구를 통해 이 둘의 관계를 일반화하는 것이 바람직하다고 주장하였다.

이러한 연구결과들은 유아와 부모의 상호관계가 반드시 일방적이지 않음을 의미한다. 어떤 연구자들은 기질 자체가 아닌 부모의 성격특성이 자녀의 기질을 지각하는 방식과 상호작용하는 방식을 결정하는 요인이라고 주장하였다(Baker & Heller, 1996; Caspi et al., 1995). 즉, 유아의 기질은 부모의 기준이나 가치에 따라 부모에 의해 다르게 인식된다는 것이다. 최근 Bates(2004)는 앞서 살펴본 것과 같이 기질을 외부환경과 개인의 내적인 조절과정 그리고 동기와 지속적으로 상호작용하는 정서의 구성개념으로 주장하였다. 이와 같이 사회구성개념으로서의 기질구성이론은 다른 기질이론들보다 기질과 환경과의 상호작용적 측면을 강조한다.

한편 사회구성개념으로서의 기질이론은 어떤 면에서는 애착이론에서의 애착관계와 유사하다. 기질적 까다로움과 애착은 상호작용 파트너가 필요하고, 이 두 이론 모두 각기 기질과 애착을 이후의 내적이며 대인관계적인 활동영역 내에서 긍정적, 부정적 적응을 위한 경로로 인식하기 때문이다.

3. 기질과 애착

기질과 애착 모두 생물학적 특성을 지니고, 생애 초기에 나타나 이후 발달의 기초가 되는 공통점을 갖고 있다. 이와 동시에 기질은 환경과 상호영향을 주고받으며, 이러한 사회적 상호작용은 이후 애착형성 과정에 영향을 미치고 있다. 따라서 이 절에서는 애착형성과 밀접하게 연관된 어머니의 양육행동과 자녀의 행동문제와 함께 기질과 애착과의 관계를 살펴보고자 한다.

1) 기질과 양육행동

영아의 기질과 부모의 양육행동은 서로 영향을 미친다. 영아의 기질은 부모, 특히 주양육자인 어머니와의 관계에 영향을 미친다. 예를 들어, '까다로운' 기질을 가진 영아는 부모를 좌절하게 만들고, 부모로 하여금 영아에게 기대를 덜 하는 형태로 부모의 양육태도에 영향을 미치게 된다. 부모의 양육태도 또한 영아의 기질을 변화시킨다. 수줍고 소심한 기질을 가지고 태어났다 하더라도 외부 세계에 대한 대처양식을 부드럽게 촉진시키는 환경에서 양육되는 영아는 이러한 속성이 점차 소멸되는 반면, 사교적이고 과감한 성격을 가지고 태어났다 하더라도 지나치게 스트레스를 주는 환경은 영아를 소심하게 만든다. 이와 같이 부모의 태도와 영아의 기질 간의 상호작용은 쌍방적 원칙에 근거한다. 즉, 영아의 발달은 자신이 타고난 기질과 그를 사회화시키는 사람의 양육태도 간의 상호작용의 산물이다. 부모-자녀 간의 상호작용을 통해 부모는 자녀가 타고난 유전적 요인에 변화를 주는 역할을 한다. 느린 기질을 가진 영아는 활발한 기질을 가진 영아만큼 부모가 요구하는 진도에 맞춰 나가지 못한다. 만약 이에 실망하여 부모가 관심을 갖지 않는다면 영아는 더욱 위축되고 발달과업을 제대로 이루지 못하게 될 것이다. 그러나 부모가 이러한 성향을 무시하고 적극적으로 개입한다면 영아는 자신의 행동을 바꾸게 될 것이다.

Thomas와 Chess(1977)는 이와 같이 영아의 기질과 환경이 상호작용하여 바람직한 결과를 산출한다는 '조화의 적합성(goodness-of-fit)' 모델을 제시하였다. 예를 들어, 어머니가 매우 질서정연한 성격이라면 불규칙적인 영아를 양육하는 데 상당히 어려움을 겪게 되고, 그 결과 어머니는 수유를 더 자주하거나 낮잠을 재우기 위해 노력하고 자녀양육에 있어 긴장과 갈등을 더 많이 겪을 것이다. 그러나 영아가 좀더 느긋한 성격의 어머니를 만났다면 어머니와 더 편안한 관계를 유지할 것이다.

Eleanor Emmons Maccoby

Mary Gauvain

이러한 상호작용의 조화와 부조화는 인간관계뿐 아니라 물리적 환경 내에서도 나타난다. 높은 활동성 수준을 지닌 영아가 비좁은 아파트에 거주하고, 예민한 영아의 이웃에 시끄러운 이웃이 있다면, 더 많은 갈등과 문제가 나타나 영아와 어머니의 상호작용 자체에 영향을 미치기 때문이다.

영아의 기질과 환경이 상호영향을 주는 것은 Maccoby와 동료들(1984)의 연구에 잘 나타나 있다. 이들은 유아가 12개월 때에는 유아의 까다로운 기질과 순한 기질에 따라 어머니의 훈육행동에 별다른 차이가 없었지만, 18개월이 되었을 때에는 까다로운 기질의 자녀를 둔 어머니가 자녀의 훈육행동에서 부정적 훈육을 더 많이 하고, 가르치려는 노력은 오히려 감소함을 발견하였다. Gauvain과 Fagot(1995)는 자신의 자녀가 까다로운 기질을 지니고 있다고 느끼는 어머니들이 다른 어머니들에 비해 자녀와 매일의 상호작용 속에서 학습과 발견의 기회를 제공하지 않음을 발견하였다. 또한 이 아이들이 5세가 되었을 때 인지발달을 살펴본 결과, 인지적 문제해결과 관련된 과업을 잘 수행하지 못한 것으로 나타났다. 이와 같이 영아의 기질적 특성은 사회적 상호작용의 질에 영향을 미쳐, 아동의 사회정서발달뿐 아니라 인지발달에도 영향을 미친다. 즉, 영아의 이상적 발달은 영아의 기질과 부모의 양육행동이 얼마나 조화를 이루는가에 달려 있다고 한다.

부모가 영아의 기질에 따라 양육행동을 조절한다면 그 결과는 보다 조화로운 관계가 된다. 반면, 영아의 기질과 부모의 양육행동이 조화를 이루지 못하면, 부모나 영아 모두 갈등을 경험하게 된다(사진 참조). 까다로운 영아의 부모가 인내심을 가지고 영아의 요구에 민감하게 대처한 경우에는, 아동기나 청년기에 더 이상 까다로운 기질을 보이지 않았다(Chess & Thomas, 1982).

그러나 까다로운 영아를 대상으로 인내심과 민감성을 보이는 것이 누구에게나 쉬운 일은 아니다. 사실상 많은 부모들이 까다로운 영아에게 쉽게 화를 내고

사진 설명 까다로운 영아의 부모가 인내심을 가지고 영아의 요구에 민감하게 대처하면 그 결과는 보다 조화로운 관계가 될 것이다.

사진 설명 영아의 기질과 부모의 양육행동이 조화를 이루지 못하면, 부모나 영아 모두 갈등을 경험하게 될 것이다.

처벌적인 훈육을 하게 되는데, 이것이 '조화의 부적합성(poorness-of-fit)' 의 예이다(van den Boom, 1995). 이런 경우 영아는 까다로운 기질을 계속 유지하고 사춘기에는 문제행동을 더 많이 보였다(Chess & Thomas, 1982). 우리나라 아동의 기질적 특성과 부모의 훈육방법에 관한 연구(문혁준, 2000)에서도 까다로운 기질을 가진 아동의 부모는 순한 기질을 가진 아동의 부모에 비해 비효율적인 훈육방법을 사용하며, 자녀훈육 시 보다 더 과잉반응을 보였다. 이는 까다로운 영아의 어머니는 순한 영아의 어머니보다 강압적 통제를 더 많이 보이는 반면, 애정적 태도는 적게 보인다는 선행연구(임양미, 1994; 최영희, 1990)와 일치하는 결과라고 할 수 있다.

그러므로 이러한 영아의 기질을 제대로 파악함으로써 부모와 자녀 간에 보다 조화로운 관계를 유지할 수 있다. 부모의 역할은 아동의 타고난 잠재력을 최대한 발휘할 수 있도록 풍부한 환경을 제공해주는 것이다. 아동으로 하여금 다양한 환경에 노출시켜서 그들이 무엇을 좋아하며 어떤 것에 능숙한지를 판단하고, 이를 최대한 지원해줄 수 있어야 한다. 공격적이고, 겁이 없고, 충동적인 남아는 일반적으로 다루기가 어렵다. 이들의 양육을 포기하여 방치하거나 벌로 다스리는 것은 쉽지만, 그 결과는 이들을 통제할 수 없게 된다는 것이다. 그러나 적절하게 통제하고, 이들의 행동에 대해 민감하게 반응하는 부모는 상이한 결과를 유도해낼 수 있다. 이처럼 동일한 기질을 가진 아동이라도 부모의 양육태도에 따라 사회적으로 성공한 사람으로 성장할 수도 있고, 부적응자로 성장할 수도 있다.

2) 기질과 행동문제

기질과 관련된 대부분의 연구들은 이후의 행동문제와 직 · 간접적으로 관련되었다고 여겨지는 영아의 두 가지 성격적 측면, 즉 까다로움(level of difficulty)과 행동억제(level of inhibition)를 중심으로 수행되어 왔다(Vasta, Haith, & Miller, 1999).

(1) 까다로운 영아

Thomas와 Chess는 자신들의 종단연구에서 '까다로운' 유형으로 분류된 영아들이 다른 영아들보다 아동기에 더 많은 행동문제를 나타내었다고 보고하였다(Thomas et al., 1968). 이러한 연구결과는 기질이 나중에 문제행동을 보일 가능성이 있는 아동을 초기에 찾아낼 수 있는 선별방법으로 사용될 수 있음을 암시한다(Rothbart, Posner, & Hershey, 1995).

그러나 흥미로운 사실은 이에 대한 종단연구에서는 유아기에 까다로운 기질을 나타낸 대부분의 아이들이 성인이 되었을 때에는 까다로움을 보이지 않았다는 것이다(Thomas & Chess, 1984). 실제로 다른 연구에서도 이와 유사한 연구결과가 나타났다(Korn, 1984; Lee & Bates, 1985). 이와 달리 또 다른 연구에서는 영아기와 유아기 때에 까다로운 기질로 분류된 아동은 아동기와 청소년기, 심지어 성인기에 이르기까지 행동과 적응상에 문제가 있는 것으로 나타났다(Bates et al., 1991; Caspi et al., 1995, Rothbart, Ahadi, & Hershey, 1994).

그러나 왜 까다로운 기질이 이후의 발달에 이러한 유형의 문제행동을 나타내는지에 대해서는 제대로 설명하지 못하고 있다. 이에 대한 한 가지 가능한 설명은 자주 울고 참지 못하는 기질적 특성, 즉 까다로운 기질로 분류된 영아는 부모가 긍정적인 방법으로 반응하지 못하고, 아동-양육자 관계에서 문제를 나타내게 됨에 따라, 궁극적으로 아동의 행동문제를 야기한다는 것이다. 이러한 설명은 앞에서 언급한 '조화의 부적합성(poorness-of-fit)' 개념과 관련이 있다(Crockenberg, 1986).

또 다른 가능한 설명은 아동의 기질보다는 기질에 대한 부모의 시각에 문제가 있다는 것이다. 실제로 부모들을 조사한 결과, 자녀를 까다로운 기질로 평가한 일부 부모들은 아동 자체의 기질적 특성보다는 자녀양육에 대한 부모 자신의 태도와 기대로 인해 자녀가 행동문제를 지니고 있다고 평가하였다(Garrison & Earls, 1987; Sanson, Prior, & Kyrios, 1990). 몇몇 연구에서는 1세 때의 영아의 기질은 어머니의

William T. Garrison

Felton James Earls

Marissa Diener

Sarah C. Mangelsdorf

Donna M. Gelfand

M. W. DeVries

Arnold Sameroff

성격특성이나 태내기 동안 자녀에 대한 어머니의 기대에 의해 예측될 수 있는 것으로 밝혀졌다(Diener, Goldstein, & Mangelsdorf, 1995; Mebert, 1989, 1991; Vaughn et al., 1987). 또 다른 연구(Teti & Gelfand, 1991)에서는 영아의 까다로운 기질에 대한 어머니의 인식은 어머니 자신의 자기효능감과 크게 관련이 있는 것으로 나타났다.

한편 까다로운 기질이 항상 행동문제와 연관된 부정적 속성만을 갖는 것은 아니다. 까다로운 기질이 비록 장기적으로는 위험을 내포하지만, 그럼에도 불구하고 동물행동학적 관점에서 볼 때, 이점이 있다. 예를 들면, 영아들을 대상으로 한 비교문화연구결과 동부아프리카에서 까다로운 기질을 가진 것으로 분류된 영아는 가뭄기간 동안의 생존 가능성이 다른 영아들보다 더 높았다. 아마도 이는 까다로운 기질의 영아들이 어머니로부터 관심과 보살핌을 더 많이 요구하기 때문인 것으로 여겨진다(DeVries & Sameroff, 1984).

(2) 행동억제 영아

행동문제와 관련이 있는 것으로 여겨지는 또 다른 기질특성은 행동억제이다. 행동억제(behavioral inhibition)란 아동이 낯설거나 도전적인 상황에서 불안해하거나 힘들어 하는 등 정서적 불균형을 나타내는 반응양식이나 행동을 말한다

Kenneth Rubin

(Kagan, 1989; Rubin & Asendorpf, 1993). 영아들에게 있어 이러한 특성은 새로운 장난감이 제시되었을 때에 우는 것과 같이, 새로운 것에 부정적인 반응을 보임으로써 드러난다. 1세가 되면 영아들은 낯선 상황이나 사람을 대할 때 더욱 수줍어하고 소심해지며 두려움을 보인다(Schmidt & Fox, 1994). 까다로운 영아와 마찬가지로 행동억제를 보이는 영아 역시 이후 발달에서 여러 가지 행동문제를 야기할 위험이 있다(Kagan, 1998; Rubin & Asendorpf, 1993).

Jens Asendorpf

행동억제에 관해 가장 잘 알려진 연구는 Jerome Kagan과 동료들에 의해 이루어진 연구이다(Kagan, 1994, 1998). 이들은 행동억제의 기원을 생리적이거나 기질적인 생물학적인 요인에 기초한 것으로 보았으며, 행동억제가 아동기 내내 안정적인 특성이라는 사실을 발견하였다.

Louis A. Schmidt

Kagan은 행동억제 연구를 실시하기 위해 2세 아동 중에서 극도로 행동억제를 보이는 아동과 그 반대의 아동을 구분하였다. 아동의 행동억제는 낯선 사람과 물건이 있는 낯선 장소(예: 대학 실험실)에서 아동이 보이는 행동을 관찰하여 측정하였다. 그리고 낯선 상황에서 매우 위축된 아동(15%)과, 반대로 두려움 없이 활기차게 행동한 아동(15%)을 선정한 후 다시 5.5년과 7.5년이 경과한 후에 이들의 초기 반응양식이 지속적인지를 살펴보았다(Reznick et al., 1986).

Steven J. Reznick

Nathan A. Fox

아동의 행동억제를 측정하기 위한 방법으로는 일반적으로 다음과 같은 방법이 사용된다. 먼저 낯선 성인과 함께 일련의 문제를 해결하는 과제 수행과 낯선 또래와의 상호작용 그리고 학교에서 이들의 사회적 행동을 평가하는 등의 행동측정방법이다. 이들 측정방법을 통해 억제/비억제 유형으

사진 설명 Jerome Kagan이 행동억제 연구에 관해 설명하고 있다.

로 분류된 아동들은 6년 후에 실시한 검사에서도 75%의 아동이 일치하는 것으로 나타났다. 더욱이 행동억제 아동의 대부분은 어두움에 대한 공포나 집을 떠나 캠프여행을 가는 것에 대한 두려움과 같이 다른 유형의 두려움과 불안을 지닌 것으로 나타났다(Kagan, Reznick, Snidman, Gibbons, & Johnson, 1988). 이처럼 아동의 초기 반응양식인 행동억제 역시 이후의 발달에서도 지속적으로 나타나 비교적 안정된 속성임을 알 수 있다.

두 번째 방법은 행동억제가 생물학적 토대를 지니고 있는가를 알아보기 위해 연구자들이 심장박동이나 동공확장과 같이 인간의 스트레스에 대한 반응과 관련이 있는 생리적 반응을 연구하는 방법이다(Kagan, Reznick, & Snidman, 1988). 생리적 반응 연구방법 역시 행동측정방법과 유사한 결과를 얻는 것으로 보인다. 2세에 행동억제로 분류된 아동들은 2학년 때에 실시한 낯선 상황에서도 강한 생리적 반응을 보였다(Kagan, Reznick, & Snidman, 1988). 이들 결과들은 행동억제가 생물학적 토대를 지니고 있으며 안정적인 특성임을 의미하는 것이다. 최근 스웨덴에서 이루어진 일련의 연구들에서도 이들 결과들을 지지하는 것으로 나타났다(Kerr, Lambert, & Bem, 1996; Kerr et al., 1994).

그러나 이러한 행동억제의 안정성과 생물학적 토대에 대해 이견을 제기한 연구도 없지 않다. 왜냐하면 극도의 행동억제를 보인 아동들의 경우에만 지속성이 있는 것으로 나타난 경우가 있기 때문이다(Kagan, Reznick, & Gibbons, 1989; Reznick et al., 1989). 까다로운 기질처럼 수줍음과 소심함은 아동들의 경험과 사회화와 관련된 요인의 영향을 받는다. 초기에 부정적 정서성을 나타낸 영아라 할지라도 어머니가 민감하고 반응적인 경우에는 영아의 울음과 짜증이 감소되었다(Belsky, Fish, & Isabella, 1991).

한편, 행동억제 아동은 특정 훈육에 노출되었을 때에 보다 빨리 강하게 양심의 발달이 이루어지는 것으로 보인다(Kochanska, 1997; Kochanska, Murray, & Coy, 1997). 이러한 결과는 아동의 행동억제 역시 까다로운 기질과 마찬가지로 긍정적인 측면이 있음을 보여주는 것이다.

Grazyna Kochanska

3) 기질과 애착과의 관계

기질이란 생애 초기부터 나타나는 생물학적이며 안정적인 특성으로, 인간의 행동과 성격발달에 있어 개인차의 근원으로 여겨지고 있다. 애착은 모든 사람에게서 나타나는 보편적이며 생물학적인 속성인 동시에 이후 사회정서발달의 기초가 된다. 이처럼 기질과 애착은 모두 생의 초기에 나타나고, 생물학적인 특성을 지녔으며, 또한 이후 발달의 토대라는 공통점이 있다. 따라서 최근 20여 년간 영아기와 아동기, 성인기에서 애착과 기질의 관계를 설명하기 위해 많은 연구들이 이루어졌다. 그러나 이들 연구결과들은 매우 다양하다. 선천적으로 이미 결정되어 타고나는 유전적 속성인 기질과는 달리 애착의 질은 주양육자와의 상호작용을 통해 결정되기 때문이다.

기질과 애착 간의 관계를 살펴본 선행연구들은 상반된 두 가지 입장으로 구분된다. 즉, 어머니에 대한 영아의 애착발달에서 어머니의 반응적 행동이 주요 변인이듯이 영아의 반응적 행동양식인 기질은 영아에 대한 어머니의 애착발달에 있어 중요한 역할을 한다는 입장과, 이와는 달리 애착에 미치는 기질의 영향력이 그리 크지 않다는 주장이다.

먼저 영아의 기질이 애착과정에 미치는 영향력은 정도의 차이만 있을 뿐 분명히 존재한다고 주장하는 학자들은 주로 영아애착 분류에 미치는 기질의 영향력과 양육자와 아동이 함께 상호작용적으로 형성해 가는 조화의 적합성에 대한 기질의 직접적 영향력을 중심으로 살펴보았다. 애착에 미치는 기질의 영향력을 살펴본 연구들에 의하면, 영아의 까다로운 기질은 어머니에게 자녀양육의 어려움을 가중시켜 불안정애착을 형성하는 원인으로 작용하였다.

특히 Kagan(1984, 1989)은 기질적으로 '순한' '까다로운' '느린' 기질로 분류된 영아의 분포(Thomas & Chess, 1977)와 '안정애착' '저항애착' '회피애착'으로 분류된 영아의 백분율(Ainsworth et al., 1978)을 비교하였다. 그 결과 기질과 애착의 분포비율이 상당히 유사함을 발견하였다. 이를 토대로, Kagan은 영아의 다양한 기질이 애착의 유형에 분명히 영향을 미친다고 생각하였다(<표 6-2> 참조). 주변 환경에 쉽게 적응하지 못하고 낯선 상황을 싫어하는 까다로운 기질의 영아는 '낯선상황실험' 이 너무 힘들고 괴로워 어머니의 위로에 쉽게 진정되기 어렵기 때문에 저항애착아로 분류된다는 것이다. 반면에 느린 기질의 영아는 수줍음과 느린 반응성으로 인해 회피애착아로, 이와 달리 쉬운 기질의 영아는 낯선 환경에도 쉽게 적응하고 기분도 긍정적이므로 안정애착아로 분류되기 쉽다고 주장하였다.

이러한 Kagan의 주장에 의하면 양육자의 민감성과 같은 양육방법보다는 영아의 기질이 애착발달에 가장 큰 영향을 미친다. 그러나 기질과 애착연구를 살펴볼 때, 기질은 영아의 애착에 직접적인 영향을 미친다는 연구보다는 서로 관계가 없거나 관계가 있어도 극히 미약하다는 연구가 더 많아, Kagan의 기질가설(temperament hypothesis)은 그다지 호응을 받지 못하고 있다(Shaffer, 2000).

특히, 기질적으로 까다로운 영아가 훈련을 통해 민감한 양육자에 의해 양육되었을 때, 대부분의 아기들이 안정애착을 형성하였다(van den Boom, 1995). 그리고 34편의 연구를 메타분석한 van IJzendoorn과 동료들(1992)의 연구에서는 영아 변인보다는 어머니 변인이 애착의 질에 더 많은 영향을 미쳤다. 즉, 영아의 기

표 6-2 기질유형(Thomas & Chess, 1977)과 애착유형(Ainsworth et al., 1978)의 분포 비교

기질유형	기질분포	애착유형	애착분포
순한 기질	40%	안정애착	66%
까다로운 기질	10%	저항애착	12%
느린 기질	15%	회피애착	20%

질보다는 어머니의 양육태도가 애착형성에서 더 중요한 변인임을 암시하였다.

그러나 기질적으로 까다로운 영아도 어머니가 아이의 기질에 맞춘 양육을 했을 때 어머니와 안정애착을 형성하였다는 연구결과(Mangelsdorf et al., 1990; van den Boom, 1995; van IJzendoorn et al., 1992)가 기질이 전혀 중요하지 않음을 의미하는 것은 아니다. 오히려 영아의 기질 자체보다는 기질과 어머니의 양육행동과의 조화, 즉 조화의 적합성이 더 중요함을 의미한다.

Thomas와 Chess(1977)는 영아의 반응양식인 기질이 물리적, 사회적 주변환경과 조화를 이룰 때를 '조화의 적합성'이라 하였다. 반대로 영아의 기질과 주변환경이 서로 적절한 조화와 균형을 이루지 못하였을 때를 '조화의 부적합성' 이라 하였다. 이러한 조화의 적합성과 조화의 부적합성 모델은 기질 그 자체보다는 양육환경인 어머니의 성격과 영아의 기질 간의 조화가 성공적인 애착발달에 영향을 미침을 설명한 것이다(Chess & Thomas, 1999).

안정애착은 영아가 양육자로부터 받는 양육과 자신의 기질이 조화롭게 이루어질 때 형성되고, 불안정애착은 양육자가 여러 가지 원인들로 인해 영아의 기질적 특성에 맞추지 못하였을 때 발달할 가능성이 높다(van den Boom, 1995). 따라서 Seifer와 Schiller(1995)는 어머니와 자녀의 조화의 적합성에 대한 기질의 영향력을 살펴보았다. 그 결과 아동과 양육자가 함께 발달해가는 애착관계 유형에 자녀의 기질과 어머니의 자녀양육 패턴이 직접적으로 영향을 미치는 것으로 나타났다.

한편 영아의 기질은 아동이 어머니의 양육을 어떻게 받아들이는가에 영향을 미쳐 다시 어머니의 양육태도에 영향을 미칠 수 있다. 동일한 양육이라 할지라도 영아의 기질에 의해 어머니가 다르게 받아들이기 때문이다. 이러한 이유로 인해 까다로운 기질의 아동은 순한 기질의 아동보다 어머니와 안정적인 애착을 형성하기 어렵다. 그러나 까다로운 기질의 영아라도, 어머니가 보다 여유 있고 평온하게 자녀를 양육한다면 아이는 보다 적응적인 아이가 된다(사진 참조). 이와 같이 기질이 어머니의 양육태도와 애착관계에 직·간접적으로

Ronald Seifer

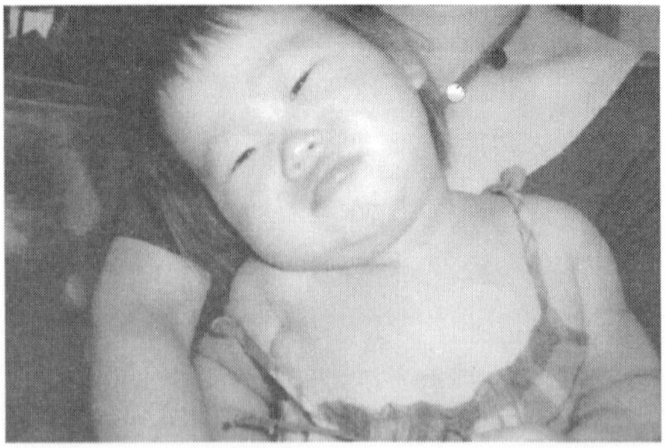

사진 설명 까다로운 기질의 영아를 어머니가 달래주고 있다. 까다로운 기질의 영아라 할지라도 어머니가 편안하게 양육하면 아이는 보다 적응적인 아이가 된다.

영향을 미친다는 연구결과는 국내외적으로 많이 있다(박혜주, 2004; 최영희, 1990; 홍계옥과 정옥분, 1995; Seifer & Schiller, 1995; van den Boom, 1994).

낯선 상황에서 C유형(저항애착)으로 분류된 영아들의 경우 양육자와의 애착형성 때문이 아니라 애착유형을 평가한 낯선 상황 자체에 대한 영아의 과민반응, 즉 영아의 기질로 인해 그러한 유형으로 분류되었을 가능성이 있다. 기질적 특성은 활동수준과 마음의 진정능력(soothability), 산만성(distractibility) 등을 내포하기 때문에, 어떤 학자들은 기질이 '낯선상황실험' 자체에 영향을 미친다고 생각하였다(Calkins & Fox, 1992; Goldsmith & Harman, 1994; Kagan, 1994; Thompson, Connell, & Bridges, 1988).

Ross A. Thompson

그러나 이와 상반되는 입장에서는 영아의 기질이 어머니와의 상호작용의 질에 영향을 주어 애착체계 기능의 모델 내에서 이미 고려되었기 때문에 기질로 애착을 밝힐 수 없다고 주장한다. 실제로 Bates와 동료들(1985)의 연구에 의하면 기질과 낯선 상황에서 측정한 영아 애착유형과의 관계를 분석한 결과, 애착유형에 대한 기질의 영향력이 나타나지 않았다. Belsky(1984) 역시 생후 3개월과 9개월에 측정한 영아의 기질과 12개월에 '낯선상황실험'을 통해 측정한 영아의 애착유형 간에 서로 상관관계가 없음을 보고하였다. 국내에서도 영아의 기질과 어머니에 대한 애착을 살펴본 연구(박응임, 1994)와 기질과 아버지에 대한 애착을 살펴본 연구(이영환, 1992), 타인양육 영아의 기질과 애착을 살펴본 연구(양연숙, 2000)에서도 기질에 따른 차이가 나타나지 않았다.

Jay Belsky

이에 대해 영아의 기질 자체보다는 영아와 부모가 기질적으로 서로 맞지 않거나(Buss & Plomin, 1984), 자녀의 기질적 특성에 대한 어머니의 만족도가 떨어질 때(Crockenberg, 1981)에만 부정적으로 작용한다는 연구결과도 제시되고 있다. 실제로 이영환(1992)의 연구에서는 기질과 애착이 직접적인 영향력은 없었지만, 기질에 대한 성별과 애착유형에서 상호작용 효과가 나타났으며, 양연숙(2000)의 연구에서도 타인양육 특성이 기질과 상호작용하는 것으로 나타났다. 이들 연구결과는 기질이 애착에 미치는 영향력이 직접적이지 않음을 시사하고 있다.

한편 미국 내 대표적인 종단적 쌍생아연구인 루즈빌 쌍생아연구(Finkel, Wille, & Matheny, 1997)[1]에서는 일란성쌍생아들이 이란성쌍생아들보다 애착분류에서 더 높은 일치성을 나타내었다. 비록 이 연구에서 사용한 애착척도가 비표준화된 척도였지만, 이러한 연구결과는 애착 역시 기질처럼 유전적 속성을 지니고 있음을 나타낸 결과이다. 그러나 형제자매의 애착을 살펴본 Ward, Vaughn 그리고 Robb의 연구(1988)에서는 동성 형제간의 애착안정성에서의 일치율이 61%, 남매의 애착일치율은 64%로 나타났다. 이는 루즈빌 쌍생아연구에서의 일란성쌍생아의 애착일치율과 비슷한 수치이다.

동일한 양육자에게 동일한 양육환경을 제공받지만 유전적으로 아무런 관계가 없는 아이들의 애착일치율은 어떨까? Sagi와 동료들(1995)은 키부츠에서 집단양육되고 있는 아이들의 애착일치율을 살펴보았다. 그 결과 '낯선상황실험'을 통해 보육교사(metaplet)와의 애착의 질을 측정한 결과, 68~70%의 일치율이 나타났다. 이러한 연구결과는 루즈빌 쌍생아연구(Finkel, Wille, & Matheny, 1997)에서 나타난 애착일치율이 기대 이상으로 낮은 결과임을 알 수 있다.

최근 행동유전학적 관점(behavioral genetic study)[2]에서 Bokhorst와 동료들

1) 루즈빌 쌍생아연구(Louisville Twins Study): 500여 명의 쌍생아와 이들의 형제자매를 대상으로 한 루즈빌 쌍생아연구는 연구대상이 영아기일 때부터 시작되어 아동기, 청년기로 이어지고 있는 미국 내 가장 큰 규모의 대표적 종단연구 중의 하나이다.

2) 행동유전학(behavioral genetic study): 심리유전학(psychogenetics)이라고도 불린다. 개체의 유전적 조성 및 유전과 환경의 상호작용이 행동에 미치는 영향을 연구하는 학문분야이다.

(2003)은 영아의 기질과 어머니-영아의 애착안정성에서 유전(genetics)과 공유환경(shared environment)과의 관계를 살펴보았다. 157명의 일란성과 이란성쌍생아를 대상으로 기질과 영아애착에 미친 유전과 환경적 영향을 분석한 결과, 먼저 유전적 요인은 영아의 기질(반응성)에 있어 77%를 설명하였다. 반면에 '낯선상황실험' 을 통해 측정한 영아애착(안정애착/불안정애착)의 공유환경은 52%를 설명하였다. Bokhorst와 동료들(2003)은 이 결과에 대해 유전적 요인이 애착보다는 기질(반응성)에 더 큰 영향을 미치며, 기질(반응성)과 애착과의 관련성이 그리 높지 않다고 설명하였다. 이와 같이 기질과 애착연구는 영아의 기질이 영아와 양육자의 애착형성에 미치는—특히 영아의 기질이 영아애착 분류에 미치는 영향력을 중심으로 이루어져 왔지만, 아직까지 기질을 비롯한 유전적 요인이 애착에 미치는—영향력에 대해서는 상이한 의견을 보이고 있다.

7 애착과 양육자의 특성

앞서 제6장에서 영아의 애착발달에 주도적인 영향을 미치는 요인 중 영아 변인인 영아의 기질을 살펴보았다면, 제7장에서는 애착관계에서 자녀변인과 함께 또 하나의 축을 이루는 양육자 변인과 그 특성을 알아보고자 한다. 애착은 영아와 주양육자 간의 밀접한 관계에서 이루어지는 상호작용적 과정이다. 따라서 초기 애착연구에서는 영아가 주양육자인 어머니에게 형성하는 정서적 유대감을 애착으로 규정하였다. 그러나 오늘날에 와서는 여성의 취업과 같은 양육환경의 변화로 영아가 어머니 외에 아버지나 교사와 같은 대리양육자에게 형성하는 결속도 애착으로 본다. 이는 애착이 종의 생존을 위해 내재된 기제이기 때문에, 자신을 위험에서 보호해줄 수 있는 강한 대상(어머니, 아버지, 교사 등)에게 형성하는 애정적 결속도 애착의 범주 안에 포함되기 때문이다. 따라서 최근 애착이론에서는 애착을 영아가 어머니에게 형성하는 정서적 결속에서 더 나아가 아버지와 교사에게 형성하는 정서적 결속으로까지 확대하였다.

그렇다면 어머니가 영아에게 형성하는 애정적이고 정서적인 결속은 애착이라고 볼 수 있는가, 혹은 아닌가? 이에 대해 초기의 애착이론가들은 애착이 아니라고 주장하였다. 애착이론은 개체의 생존을 설명하기 위한 진화론적 관점에서 출발하였기 때문에 어떤 의미에서 본다면 어머니의 생존에 위배되는 지극히 이타적인 양육행동을 애착으로 설명할 수 없었기 때문이다. 또한 영아는 어머니가 자신의 생존을 위해 의존할 수 있는 대상이 아니다. 따라서 애착이론은 어머니와 영아, 두 사람 간의 관계에서 어머니에 대한 영아의 정서적 유대감만을 애착으로 규정하였다. 그러나 애착은 두 사람 간의 정서적 유대감이라는 관점이 대두되면서, 영아에 대한 어머니의 정서적 유대감도 애착으로 보는 애착의 양방향적 관점이 제기되기 시작하였다.

따라서 이 장에서는 영아의 애착형성에 가장 많은 영향을 미치고 있는 것으로 알려진 주양육자인 어머니와 아버지 그리고 보육교사와 같은 대리 양육자의 특성과 영향을 살펴보고, 아울러 애착의 양방향적 관점을 토대로 자녀에 대한 어머니의 애착 연구들을 살펴볼 것이다.

1. 어머니의 특성과 변인

애착이론에서 어머니가 차지하는 비중은 매우 크다. 어머니는 혼자서 생존할 수 없는 어린 자녀의 안전기지로서, 어머니와 자녀의 상호작용의 질은 자녀의 애착형성에 있어 가장 중요한 요인이다.

1) 어머니에 대한 이론적 관점의 변화

영아의 애착발달에서 영아와 어머니와의 상호작용의 질은 가장 중요한 애착 변인 중 하나이다. 그러나 어머니 역할의 중요성은 애착이론뿐 아니라 다른 발달이론에서도 오랫동안 다루어져 온 중요한 주제이다.

(1) 발달이론과 애착이론

초기 애착이론가인 Ainsworth(1969)는 애착이론에 대한 개념적 · 이론적 토대를 형성하기 위해 먼저 어머니-영아 관계의 기원과 발달에 관한 이론을 살펴보았다. 그리고 이들 이론들을 비교함으로써, 기존의 발달이론과 구별되는 애착이론의 독특성을 제시하였다. 이들 3가지 이론들을 살펴보면 다음과 같다.

먼저 정신역동적 접근에서는 영아를 기본적 · 생리적 추동(drive)[1]을 추구하는 존재로 개념화하였다. 영아는 자신의 미분화된 욕구인 추동을 감소시키기 위해 어머니와 정서적 유대를 형성한다는 것이다. 정신역동적 접근에서는 특별히 수유활동을 통해 어머니와 영아의 정서적 유대가 이루어진다고 생각하였다. 또한 이 이론에서는 애착 대신 '성욕'과 '죽음의 본능'을 인간의 가장 근본적인 1차 동기라고 생각하였다.

한편 학습이론에서는 영아-어머니의 관계도 다른 행동들과 마찬가지로 '학습의 법칙'에 의해 설명된다고 생각하였다. 학습자로서의 영아와 학습경험의 제공자로서의 어머니에 초점을 둔 것이다. 따라서 기존의 정신역동이론과 학습이론에서는 애착이 아닌 선천적인 초기 생리학적 추동과 다양한 강화물을 강조함으로써, 어머니와 영아의 관계형성에서 영아를 비교적 수동적 존재로 인식하였다.

그러나 Ainsworth(1969)는 애착이론을 설명하는 데 있어, 정신역동이론이나 학습이론과는 달리 영아를 보다 능동적인 존재로 강조하였다. 애착이론에서 영아는 성숙을 기다리는 아직 미분화된 욕구 덩어리로서의 존재도 아니며, 경험을 통해 채워져야 하는 백지상태와 같은 존재도 아니다. 오히려 영아는 양육자와의 정서적 결속을 이끄는 사회적 상호작용을 실행할 수 있는 능력이 유전적으로 그

1) 추동(drive): 일부에서는 이를 본능으로 번역하여 사용하고 있지만, 본능(instinct)과 추동(drive)은 정신분석적 관점에서 다른 개념이다. 비록 본능과 추동 모두 환경의 영향을 받지 않고 종의 모든 구성원에게 나타나는 공통적인 행동을 의미하지만, 프로이트는 이미 결정된 활동(determinded activity)을 나타내는 의미로 본능을 사용하고 대신 밀물처럼 밀려오는 미분화된 욕구(undifferentiated need)를 나타내는 개념으로는 추동을 사용하였다.

리고 생물학적으로 내재되어 있는 능동적 존재이다. 비록 영아의 행동목록이 울기, 빨기, 응시하기 등과 같이 아주 제한적이라 할지라도 영아가 행하는 행동들은 성인의 관심을 불러일으키고 성인의 양육행동을 이끌어내는 데는 매우 효과적이기 때문에, Bowlby와 Ainsworth는 어머니와 영아의 관계형성에 있어 영아의 주도적인 역할을 강조하였다. 그러나 기존의 이론에서는 영아-어머니의 최초의 관계형성 과정에서 영아의 주도성을 강조하였음에도 불구하고, Bowlby와 Ainsworth를 중심으로 한 초기 애착이론가들은 실제 애착형성 과정에 있어서는 주양육자에 의한 양육경험의 질에 의해 영아애착의 질이 이루어진다고 생각하였다.

애착이론가들이 어머니의 양육행동이 영아의 애착형성에 결정적인 영향을 미친다고 생각한 이유는 다음과 같다. 먼저 양육자의 양육행동은 양육자마다 매우 다양하다. 단지 양적인 면에서의 다양성뿐만 아니라, 미숙한 양육행동에서부터 숙련된 양육행동에 이르기까지 질적으로도 다양하다. 그리고 성인은 영아를 위한 올바른 양육목표를 설정하고 보다 긍정적인 관계형성을 위한 구체적인 방법들을 고려할 수 있는 인지적 능력을 소유하고 있다. 반면에 영아는 성인과 비교할 수 없을 정도의 단순한 인지능력만을 지니고 있다. 이러한 이유들로 인해 애착이론가들은 초기 어머니의 양육행동에 초점을 맞추었다.

애착이론 이외의 기존의 정신역동이론과 학습이론에서도 영아에 대한 어머니의 역할을 각기 다르게 설명하고 있지만, 무엇보다 영아의 발달과정에 있어 어머니 역할의 중요성을 강조하였다는 것에는 이들 이론들이 모두 일치한다. 따라서 초기 애착연구에서 애착이 처음 형성되는 영아기에 그리고 아버지보다 영아와 더 많은 시간을 보내는 어머니에게 관심의 초점이 맞추어진 것은 어쩌면 당연한 일인지 모른다.

(2) 양육행동에 관한 Ainsworth의 연구

영아의 애착발달에서 가장 중요한 변인은 영아와 어머니와의 상호작용의 질이다. 특히 Bowlby는 영아와 어머니와의 상호작용의 질은 영아기의 애착뿐만 아니라 이후의 발달, 특히 정신건강에 중요한 영향을 미친다고 생각하였다. Ainsworth와 다른 학자들과의 교류를 통해 발간된 「모성양육과 정신건강」(1951)이라는 보고서에서 그는 불안정한 정신건강의 시작은 바로 어머니와의 관계에서 비롯된다고 주장하였다. 그리고 정신건강에서 가장 중요한 것은 어린아이들이 자신의 어머니(또는 대리 양육자)와 함께 서로 만족스럽고 즐거운 마음으로 따뜻하고(warm), 친밀하며(intimate), 지속적인(continuous) 관계를 형성하는 것이라고 설명하였다.

한편 Ainsworth는 Bowlby가 제시한 '따뜻하고 친밀하며 지속적인 관계' 의 개념에서 더 나아가 '양육행동' 이라는 구체적이고 객관적인 행동들을 제시하였다. 즉, 추상적인 의미에서의 '관계' 의 개념이 아니라, 보다 객관적인 '행동' 의 개념으로 구체화하였다. Ainsworth는 영아애착의 질(안정애착/불안정애착)을 결정하는 중요한 요인은 바로 어머니가 자녀와 어떤 상호작용을 했는가에 의해 결정된다고 생각하였다. 그녀의 이러한 생각은 바로 우간다와 볼티모어에서의 집중적인 가정관찰 연구를 통해 이루어졌다.

Ainsworth는 우간다에서 2주에 한 번씩 가정을 방문하고 2시간 동안 영아와 어머니들을 관찰하면서 어머니들의 신체적 접촉의 양과 영아의 신호에 대한 어머니의 민감성 그리고 어머니의 유용성(availability)을 측정하였다. 우간다에서의 관찰결과 그녀는 3가지 유형, 즉 안정애착(securely attached), 불안정애착(insecurely attached), 미분화애착(not-yet-attached)을 발견하였다(Ainsworth, 1967). 이들 안정애착과 불안정애착 그리고 미분화애착 등 세 집단 간에 가장 구별되는 특징은 자극제공자로서 어머니의 탁월함이었다. 자발적으로 자녀에게 많은 자극을 제공하는 어머니들의 영아는 안정적으로 애착을 형성한 반면에, 낮은 신체적 접촉과 낮은 유용성을 제공한 어머니들의 영아는 미분화애착을 형성하였다.

우간다에서 미국으로 돌아온 후 Ainsworth는 우간다에서의 관찰연구를 토대로 볼티모어에서 대규모의 종단연구를 수행하였다. 그리고 1년 후 '낯선상황실험' 이라는 표준화된 관찰방법을 통해 영아의 애착을 분류하였다. 볼티모어 연구에서는 우간다 연구보다 관찰기록을 더욱 정교하게 하고 통계적 분석방법을 더 세련되게 하였지만, 실제 두 지역의 연구결과는 매우 유사했다.

볼티모어에서 Ainsworth는 Bell과 함께 특별히 영아의 울음에 대한 어머니의 반응을 자세히 분석하였다. 초기 애착이론에서는 중요한 애착신호로 고통에 초점을 두었기 때문이다. 그 결과 그들은 영아들의 울음의 양은 안정적이지 않은 반면에, 울음에 대한 어머니의 태도는 매우 안정적 속성임을 발견하였다. 또한 3개월까지 관찰된 어머니의 둔감성은 이후 4～6개월 동안 영아의 울음과 관련이 있었다. 자녀의 욕구에 민감하지 못한 어머니의 자녀들은 더 격렬하게 많은 시간 동안 울었다. 아울러 이후의 연구에서도 초기에 반응적인 어머니와 상호작용을 한 영아들은 이후 관찰에서도 덜 울고 더 다양한 의사소통(옹알이, 몸짓)을 하는 것으로 나타났다. 이러한 관찰결과를 토대로 Ainsworth와 Bell(1969)은 다음과 같은 결론을 내렸다.

첫째, 양육행동이 영아의 울음에 미치는 영향은 영아의 울음이 양육행동에 미치는 영향보다 크다. 둘째, 초기 어머니의 반응성은 이후 영아의 울음을 감소시킨다. 셋째, 6개월 이후에 많이 우는 영아는 초기에 반응성이 낮은 어머니의 아이들이다. Ainsworth와 Bell은 9～12개월 영아의 울음은 영아의 신호인 동시에 영아와 어머니와의 의사소통 유형을 나타낸다고 생각하였다. 영아의 울음에 반응적인 어머니는 일반적으로 영아의 다른 신호에도 반응적이기 때문에 더욱 민감한 양육행동을 나타내기 때문이다.

이를 토대로 Ainsworth는 영아애착의 세 유형이 가정에서의 양육행동과 아주 밀접하게 연관되어 있음을 발견하였다(Ainsworth et al., 1978). 즉, 안정애착으로 분류된 영아의 어머니는 울음 외에도 미소나 옹알이, 응시와 같은 영아의 여러 작은 신호들에 대해 민감하게 반응하였다. 그리고 자녀를 대하는 데 있어 정서적으로 표현적인 동시에 유연하였다. 생후 9～12개월 된 안정애착 영아의 어머니들은 다른 애착유형의 어머니보다 자녀에게 정서적으로 친밀하고, 아이를 거부하기보다 수용하였으며 그리고 영아의 활동을 방해하기보다는 협력하였다.

그러나 회피애착 영아의 어머니는 거부적 양육행동을 보였다. 자녀와의 친밀한 신체접촉을 편안하게 받아들이지 못하였고 심지어 슬픈 상황에서도 반응이 느렸다. 그리고 영아에 대해 긍정적 감정보다는 자주 분노나 좌절을 나타내었다. 또한 안정애착 영아의 어머니보다 영아를 다루는 데 있어 엄격하고 불필요한 간섭으로 영아의 활동을 방해하였다. 즉, 자녀와 거리를 두는 어머니의 태도와 아이를 거절하는 어머니의 행동은 회피애착을 예측하였다. 저항애착 영아의 어머니는 비일관적으로 반응하는 것이 그 특징이다. 회피애착 영아의 어머니처럼 영아의 신호에 민감하지 못하였고, 영아와의 신체적 접촉에 서투르고 자발적인 애정표현을 잘하지 못하였다.

이와 같이 '낯선상황실험' 에서 보여진 영아행동과 이보다 먼저 관찰된 가정에서의 어머니의 양육행동은 서로 연관되어 있었다. Ainsworth는 가정에서 어머니로부터 민감한 양육을 경험한 아동이 가정뿐만 아니라 낯선 상황에서도 그들 특유의 행동패턴을 보이는 것을 발견하였다. 즉, 자녀에 대한 어머니의 양육행동 방식은 '낯선상황실험' 에서 나타나는 영아의 애착반응을 예측해주는 가장 확실한 예측변인이었다 (Ainsworth et al., 1978).

Marianne S. De Wolff

영아의 애착형성과 어머니의 양육행동이 연관되어 있다는 Ainsworth의 연구결과는 이후 다른 연구들에서도 입증되었다(Isabella, 1993; Isabella & Belsky, 1991; van IJzendoorn et al., 1992). 최근 De Wolff와 van IJzendoorn(1997)은 영아애착에 영향을 미치는 어머니의 양육행동을 살펴본 66편의 연구들을 정리하여 안정적인 영아애착에 영향을 미치는 양육특성을 다음과 같이 정리하였다(〈표 7-1〉 참조).

Lisa J. Berlin

실제로 여러 연구결과, 저항애착은 영아의 참을성 없는 기질이나 행동양식에도 기인하지만(Cassidy & Berlin, 1994), 대부분의 경우 어머니의 비일관적인 양

표 7-1 안정적인 영아애착을 예측해주는 어머니의 양육행동

양육 행동	특 징
민감성 (sensitivity)	영아의 신호에 즉각적으로 그리고 적절하게 반응
긍정적 태도 (positive attitude)	영아에게 긍정적인 감정과 애정 표현
동시성 (synchrony)	영아와 부드러우면서도 쌍방적인 상호작용(reciprocal interactions) 교환
상호성 (mutuality)	어머니와 영아가 함께 같은 일에 주목하여 함께 상호작용 활동
지지 (support)	영아의 활동을 옆에서 가까이 지켜보며 정서적 지원 제공
자극 (stimulation)	영아에게 자주 직접적인 활동 제공

출처: De Wolff, M. S., & van IJzendoorn, M. H. (1997). Sensitivity and attachment: A meta-analysis of parental antecedents of infant attachment. *Child Development, 68,* 571-591.

육태도에 기인하는 것으로 나타났다(Ainsworth et al., 1978; Isabella, 1993; Isabella & Belsky, 1991). 이러한 결과를 토대로 볼 때, 애착형성에 있어 영아의 특성(특히 영아의 기질)이 어느 정도 중요한지에 대해서는 아직까지 연구자들마다 일치된 결과가 없지만, 가정에서의 어머니 양육행동이 '낯선상황실험' 에서의 영아의 애착행동을 예측해주는 변인인 것은 분명한 듯하다.

2) 애착연구와 관련변인

초기 사회성발달이 부모의 양육태도와 양육행동에 의해 영향을 받는다는 것은 애착이론뿐만 아니라 거의 모든 이론에서 밝혀진 내용이다. 애착이론에서는 특히 애착은 어머니의 양육태도 중에서도 민감성과 관련이 있으며, 그 외에도 어머니의 개인적 특성이나 생태학적 특성과도 관련이 있다고 한다.

(1) 어머니의 민감성

민감성은 Ainsworth에 의해 처음 제시된 개념이다. Ainsworth는 우간다에서 어머니들과의 인터뷰 결과를 발표하면서 민감성을 처음 언급하였고, 이후 볼티모어 연구에서 체계화하였다. Ainsworth(1967, 1969)는 영아애착의 질이 영아가 주양육자(즉, 어머니)로부터 받는 관심과 보살핌에 의해 주로 결정된다고 생각하였다. 초기부터 자녀에게 반응적이며, 자녀의 신호에 민감하게 반응하고, 정서를 표현하며, 탐색활동을 장려하고, 자녀와 친밀한 접촉을 즐기는 어머니의 자녀는 안정애착을 형성하지만, 자녀에게 반응적이지 않고, 무관심하거나 또는 지나치게 과잉보호하는 어머니의 자녀는 불안정애착을 형성하였다. 이러한 관찰결과에 착안하여 Ainsworth는 이후 볼티모어 연구에서 어머니의 양육행동을 보다 정교화하여, 동료들과 함께 민감성/비민감성, 수용/거부, 협력/방해, 접근성/무시 등의 개념으로 어머니의 양육행동을 구성하고 측정하였다. 그리고 이들 어머니의 양육행동 중에서도 영아의 애착과 가장 관련된 변인은 영아의 신호에 즉각적이고, 적절하게 반응하는 민감성임을 발견하였다.

Ainsworth와 동료들(1978)이 설명한 어머니의 민감한 양육행동을 살펴보면 다음과 같다. 첫째, 어머니는 영아의 신호에 맞추어 행동할 수 있다. 하지만 자신의 욕구와 필요에만 몰입되어 있는 어머니는 영아의 신호와 조화를 이루지 못한다. 둘째, 어머니는 영아의 신호들을 적절히 해석하고 반응할 수 있다. 마지막으로 어머니의 반응은 영아가 좌절을 견디어 낼 수 있는 시간 내에 신속히 이루어져야 한다. 최근 이미정(1998)은 Ainsworth와 다른 학자들의 이론을 토대로 신호에 대한 지각(awareness)과 정확한 해석(interpretation), 반응의 즉각성(promptness), 반응의 적절성(appropriateness) 등의 4개 영역을 부모의 민감성이라고 규정하였다.

이와 같이 민감성은 자녀를 버릇없게 키우거나 과잉보호하는 것과는 전혀 다른 개념으로, 어머니가 영아의 신호를 주목하고 그 신호를 정확하게 해석하며 즉각적으로 적절한 반응을 제공하는 긍정적인 양육형태이다. 반면에 어머니가 자녀를 적대적으로 대하거나 불쾌하게 대하는 것은 민감성과 반대되는 개념인 어머니의 둔감성(insensitivity)에 해당한다. 둔감한 어머니는 아기의 심리상태를 적절히 파악하지 못하고 엉뚱한 반응과 자극만 제공함으로써, 자녀의 필요와 욕구를 충족시켜주지 못한다.

사실 대부분의 어머니들은 자녀의 욕구와 필요한 모든 것을 충족시켜주기를 원하고 자녀를 위해 자신의 많은 것들을 희생하며 돌본다. 그러나 이러한 어머니의 희생적인 양육행동과 자녀들이 원하는 것을 충족시켜주는 것은 동일하지 않다. 오히려 어머니가 희생적으로 자녀를 돌보아도 자녀의 욕구를 적절하게 채워주지는 못한다. 실제로 많은 어머니들이 영아의 신호 중에서도 특별히 울기 등과 같은 고통 신호는 민감하게 지각하지만, 침묵의 신호나 짧게 나타내는 신호는 잘 지각하지 못하는 것으로 나타났다. 또한 자녀가 첫 아이일 경우 울음의 의미조차 제대로 파악하지 못하는 부모들도 우리 주변에서 쉽게 볼 수 있다. 어머니들은 아기가 우는 것이 배고파서인지, 지루해서인지, 기저귀가 젖어서인지, 또는 고통 때문인지 구분하기 어려워한다. 많은 어머니들이 자녀에게 반응하면 할수록 더 크게 울고 몸부림치며 심지어 어머니를 거부하는 몸짓에 좌절한다. 어머니의 둔감한 양육행동은 자녀가 원하는 것을 충족시키고자 하는 어머니의 의도와 관계없이 나타날 수 있다.

영아가 주양육자인 어머니와 형성하는 관계의 질은 그들의 이후 발달, 특히 사회성발달에 결정적인 영향을 미친다. 어머니와의 애착을 토대로 영아는 자신에 대한 신념과 나아가 타인에 대한 신념 그리고 관계를 형성하고 조직하는 규칙과 기대인 내적 작동모델을 형성함으로써, 이후 새로운 상황과 관계들에서 잘 적응해 나가게 된다(Colin, 1996). 따라서 어머니들의 이러한 어려움을 돕고자 부모의 민감성을 개선하기 위한 프로그램이 개발·실시되고 있다. 부모의 민감성을 발달시키기 위한 부모훈련 프로그램은 부모들에게 구체적인 도움이 되는 것으로 밝혀졌다(van den Boom, 1990, 1995). 심지어 우울증에 걸린 어머니에게도 도움을 제공하였으며, 어머니와 아이의 안정애착뿐만 아니라 이후 아이의 지적 능력 향상에도 효과가 있었다(Lyons-Ruth et al., 1990).

이제 어머니의 민감성은 영아의 애착형성과 이후 발달에 있어 매우 중요한 요인으로 인식되었다. 그러나 어머니의 양육행동, 특별히 어머니의 민감성과 영아애착과의 관련성을 살펴본 여러 연구들 중에서 Ainsworth와 동료들의 연구(1978)에서만큼 상관이 높게 나타난 연구는 드물다. 또한 어머니의 민감성과 영아애착과의 유의한 관계가 나타나지 않은 연구들도 함께 제시되고 있다(박경자, 1997; 홍계옥과 정옥분, 1995). 실제로 영아애착을 '낯선상황실험'과 Q-Sort로 동시에 측정한 후 어머니의 민감성과의 관련성을 살펴본 결과, 어머니의 민감성이 Q-Sort를 통해 측정한 영아의 애착안정성과는 상관이 있었지만 '낯선상황실험'을 통해 측정한 영아의 안정애착과는 유의한 관계가 없었다(Seifer et al., 1996). 이들 간의 관련성을 살펴본 연구들에서 사용한 측정도구와 상황이 다양하기 때문에 연구들 간의 비교가 그다지 적절치 않다는 지적이 있다(De Wolff & van IJzendoorn, 1997). 따라서 최근에는 어머니의 민감성이 영아의 애착안정성에 핵심적인 역할을 하기보다는 어느 정도의 관련성을 가지고 있는 하나의 변인으로 바라보는 시각과 어머니의 민감성이 다른 어떤 변인들보다 주요 요인이라는 시각이 함께 제시되고 있다. 그럼에도 불구하고 아직까지는 영아의 기질과 유전적 경향성 및 행동특성이 어머니와 영아의 상호작용에 영향을 미치고 있지만, 어머니의 민감성에 의해 조절될 것이라는 생각이 주류를 이루고 있다.

(2) 어머니의 개인적 특성

어머니의 민감성 외에 영아의 애착형성에 영향을 미치는 주된 요인으로는 어머니의 성격특성과 어렸을 적 자신의 어머니와 형성한 애착경험, 어머니의 대화형태 그리고 임신의 계획여부 등이 있다. 여러 연구결과, 특히 어머니가 우울증으로 진단되었을 때에는 거의 예외 없이 대부분의 영아들은 불안정애착을 형성하였다(Radke-Yarrow et al., 1985; Teti et al., 1995). 우울증에 걸린 어머니들은 자주 아기의 신호를 무시함으로써 자녀와 서로 즐겁고 상호적인 관계를 형성하지 못하였다. 이러한 어머니를 둔 영아들은 어머니의 부적절한 양육행동과 반응결핍에 화를 내게 되고, 나중에는 우울증에 걸리지 않은 다른 정상적인 성인들과

Marian Radke-Yarrow

의 관계에서도 부모에게처럼 화를 내며 반응하였다.

자녀에게 무관심하거나 적절하게 반응하지 못하는 어머니의 또 다른 개인적인 특성으로는 어머니 자신의 불행했던 아동기 경험 때문이라는 의견이 있다. 어렸을 때 부모에게 자주 무시당하고 사랑받지 못하였으며 심지어 학대받았다고 느끼는 어머니들은 자신의 의도와 관계없이 실제 자녀양육에 있어서 부적절한 양육을 함으로써, 자녀가 불안정애착을 형성하도록 하는 경우가 많았다. 이들은 자신이 아동기에 받았던 부적절한 양육경험으로 인해 자녀에게만큼은 자신이 받지 못하였던 따뜻하고 긍정적인 양육을 제공하겠다고 다짐하지만, 아이가 떼를 쓰거나 울 때 자신도 모르게 화를 내고 감정적으로 행동함으로써 자녀에게 오히려 학대에 가까운 양육을 하였다. 이들은 특히 '이상적인' 부모자녀관계를 상상하여, 아직 어린 아기에 불과한 자녀들이 완벽하게 행동하며 부모인 자신을 사랑하기를 기대하였다. 그래서 자신이 달래도 아기가 계속 울고 짜증을 내면, 어린 자녀에게 자신의 감정을 폭발시키거나 자신이 마치 자격 없고 무능한 부모인 것처럼 위축된다. 또한 자신의 기대에 자녀가 부응하지 못할 경우, 마치 자신이 옛날 어머니에게 거부되었던 것과 같은 느낌을 자녀로부터 받아 감정이 격해지고 결국에는 자신의 자녀를 무시하거나 학대하였다.

Klaus E. Grossmann

또한 어머니의 대화형태 역시 영아의 애착유형과 관련되어 있다. Grossmann과 Grossmann(1984)은 어머니의 대화를 냉정형과 온유형, 단순 쾌활형 등으로 구분하여 살펴본 결과, 온유형 대화를 하는 어머니의 영아가 안정애착을 가장 많이 형성하였다고 보고하였다. 가정환경검사(Home Observation for Measurement of the Environment: HOME)를 통해 가정환경과 영아애착과의 관련성을 살펴본 연구에서도 어머니의 언어적 반응성은 영아의 안정애착과 관련이 있었다(김종순, 1989; Bates et al., 1985).

Karin Grossmann

그리고 미리 임신을 계획하지 못하였거나 원하지 않은 자녀가 출생하였을 경우에도 어머니의 양육행동에 영향을 미칠 수 있다. 체코

슬로바키아에서 실시되었던 종단연구에서는 임신을 의도하지 않은 임산부가 출산한 자녀와 임신을 원하였던 임산부가 출산한 자녀를 비교하였다(Matějček, Dytrych, & Schuller, 1980). 그 결과 비록 출생 시에는 모두 건강하였지만 9년 후에는 임신을 원하지 않은 집단의 자녀들이 병원에도 더 많이 가고 신체적으로 허약하였으며, 학교생활에서도 잘 적응하지 못하였다. 심지어 이 자녀들이 성인이 된 이후 이들의 결혼과 직업, 친구관계 등에 대한 만족도를 살펴본 결과, 어머니가 원하지 않은 출산을 한 집단의 자녀들의 만족도가 떨어졌으며 신체적으로도 덜 건강한 것으로 나타났다(David, 1992, 1994). 이처럼 자녀에게 관심이 없는 부모들은 초기 양육뿐만 아니라 이후의 양육에서도 덜 민감한 것으로 여겨진다.

Zdenek Matějček

Henry P. David

(3) 생태학적 특성

앞서 살펴보았듯이, 영아애착의 질은 어머니의 민감성과 성격특성, 어머니의 어렸을 적 경험, 어머니의 대화형태, 임신의 계획 유무 등과 같은 어머니의 다양한 개인적인 특성들에 의해 영향을 받는다. 그러나 이러한 어머니의 양육행동과 개인적인 특성들은 어머니가 처해 있는 가족과 주변의 특성과 무관하지 않다. 연구결과, 배우자의 지지와 부부관계의 질, 사회경제적 배경 그리고 사회적인 지지 역시 자녀에 대한 어머니의 양육행동에 영향을 미침으로써, 영아의 애착형성에 직·간접적으로 영향을 미치는 것으로 밝혀졌다.

특히 남편의 지지와 부부관계의 질은 어머니의 양육행동뿐만 아니라 영아의 애착에 영향을 미치는 변인이다. 남편으로부터 지지를 받고 있다고 여기는 어머니들은 보다 긍정적이고 민감한 양육행동을 보였다. 이와 같이 남편의 지지는 대부분의 여성들에게 가장 중요한 자원이었다(Crnic et al., 1983). 그리고 아버지의 정서적이고 실제적인 지지는 어머니의 양육행동과 아울러 자녀의 애착에도

Keith Crnic

Howard J. Markman

Martha J. Cox

영향을 미쳤다(Howes & Markman, 1989).

결혼만족도 역시 애착에 직·간접적으로 영향을 주었다. Cox와 동료들(1989)은 유사한 사회경제적 배경을 지닌 부모들을 대상으로 친밀하고 행복한 결혼생활을 하고 있다고 응답한 집단과 그렇지 않다고 응답한 집단으로 나누어 영아에 대한 부모의 반응과 양육행동을 비교하였다. 그 결과 불행한 결혼생활을 영위하고 있다고 응답한 부모들은 자녀에게 덜 민감한 양육행동을 나타냈으며, 자녀에 대해서도 호의적이지 않았다. 아울러 어머니로서 자신의 역할에 대해서도 긍정적이지 않았으며, 결국 자녀와 안정적인 결속관계를 형성하지 못하였다. 이와 달리 행복하다고 응답한 부부들의 경우 서로 자녀에 대한 상대방의 양육을 지지하고 적극적으로 도와주었다. 이와 같이 배우자와의 관계, 특별히 배우자의 지지는 아내에게 강력한 정서적 지원이 되고, 더 나아가 과거 자신의 부모와 형성한 애착에 대한 불안정성을 완화시켜 자녀와의 친밀한 관계를 증진시켰다(사진 참조).

사진 설명 남편이 자녀를 등에 업은 채, 아내와 다정하게 서 있다. 남편의 지지와 실제적인 도움은 어머니에게 강력한 정서적 지원이 되어 어머니와 자녀의 애착을 증가시킨다.

부부의 결혼만족도는 영아의 애착에 직접적인 영향을 주는 대신, 부모의 양육체계에 영향을 미침으로써 애착에 간접적으로 영향을 미친다는 연구도 있다(Belsky & Rovine, 1988). Isabella(1994)의 연구에서도 부부관계의 질과 사회적 지지가 자녀의 애착에 직·간접적으로 영향을 미치는 것으로 나타났다. 부부의 결혼만족도뿐만 아니라 출산과 양육에 대한 사회의 공공정책과 지지에 대한 부모의 만족도 역시 애착에 영향을 미치는 주요 변인이다. 또한 영아가 경험한 애착의 질은 사회적 지원에 대한 아버지의 만족도와 자녀출산 후 어머니의 만족도에 의해 예측되는 것으로 나타났다(Belsky & Isabella, 1988; Sroufe, 1985). 가정의 재정적·건강적 문제도 애착형성에 영향을 미치는 요인에 포함된다. 최근 대규모 종단연구 중의 하나인 NICHD(1997)에서 발표한 내용 중 불안정애착이 중류층보다 사회경제적으로 저소득층인 가정에서 빈번하게 나타났다. 이와 같이 부모와 자녀의 상호작용은 어머니의 개인적인 특성 외에도 어머니와 가정을 둘러싼 생태학적 맥락에 의해서도 영향을 받음을 알 수 있다.

Sandra Scarr

생태학적 관점에서 최근의 가장 큰 사회적 변화는 취업모의 증가와 이에 따른 타인양육의 증가이다(Scarr, 1998). 맞벌이가족의 지속적인 증가는 단지 애착에 영향을 미치는 하나의 변인이 아닌, 보다 복합적인 생태학적 변화이다. 하루종일 부모와 분리를 경험해야 하는 맞벌이 가족에서 자녀들이 부모와 안정애착을 형성하기는 결코 쉽지 않을 것이다. 그러나 사회참여 여성의 증가는 다른 한편으로 국가와 사회로 하여금 질 높은 보육에 관심을 갖도록 영향을 미쳤다. 이와 같이 가족과 사회의 네트워크는 애착과 상호작용적인 영향을 미친다. 어머니의 취업은 사회적인 흐름으로 자리잡아가고 있으며, 이제 아이들은 더욱 어렸을 때부터 타인양육을 받고, 앞으로도 계속 그럴 것이다.

따라서 보육에 관한 주제는 앞으로도 지속적인 연구와 논의가 필요하다. 그러나 기존의 발달이론은 대부분 개체의 변화에 중점을 두고 발달을 기술하였다. 그리고 환경은 개체에게 주어진 것으로 고정적이며 잘 변화하지 않고 영향을 미치는 요인으로 인식함으로써, 환경은 독립변인으로 개체의 변화는 종속변인으로 설명하여 왔다는 한계가 있다. 따라서 이제는 애착연구에 있어서도 일방적인 측면에서 벗어나, 쌍방적 맥락과 생태학적 관점에서 접근하여야 할 것이다.

2. 아버지의 특성과 변인

Bowlby는 초기에 영아와 주양육자와의 독점적 애착관계를 설명하기 위해 단일속성(monotropy)의 개념을 주장하였다. 이는 동물행동학자인 Lorenz의 각인 이론에 근거한 개념으로, 영아는 오로지 한 사람과 애착관계를 형성하며 이 한 사람은 주로 어머니라는 설명이다. 그러나 실제로 아이들은 어머니 외에 할머니나 아버지에게도 동시에 애착을 형성하기도 한다.

1) 아버지에 대한 이론적 관점의 변화

Ainsworth를 중심으로 한 초기 애착이론에서는 주로 어머니가 자녀를 돌보는 시대적 상황 속에서 주양육자를 어머니로 규정하고, 대신 아버지의 존재와 그 역할에 대해서는 별다른 언급을 하지 않았다. 그러다가 1970년대 중반에 이르러 Ainsworth의 제자인 Lamb과 Kotelchuck을 중심으로 아버지와 자녀의 관계에 관심을 나타내기 시작하였다. 오늘날에는 여성의 활발한 사회진출로 인해 자녀의 주양육자가 어머니와 아버지 모두로 변화되어 가고 있다.

비록 Bowlby가 초기에 애착의 단일속성적 성격을 강조하였지만, 그는 초기부터 최근의 논문에 이르기까지 "어머니(mother)"라는 용어를 직접적으로 사용하지 않고 대신 "주요 애착대상(principal attachment-figure)" 또는 "양육자(caregiver)"라는 용어를 사용하였다. 이는 애착대상이 생물학적인 어머니뿐만 아니라 필요하다면 다른 대상도 가능함을 시사하였다고 여겨진다. 그러나 Bowlby는 아버지나 입양부모, 조부모, 이모, 보모(보육교사)는 애착대상으로는 어머니보다 상대적으로 덜 중요하다고 생각하였다.

이는 다른 연구에서도 동일하게 나타났다. 아버지의 경우 어머니에 비해 아동과의 상호작용 시간이 적고, '임신' 과 '출산' 이라는 자녀와 어머니만의 생물학적 특성으로 인해 대부분의 연구에서 아버지보다는 어머니가 관심의 대상이었다. 어머니와 비교하였을 때, 아버지는 상대적으로 양육 참여시간이 적고 대신 영아와의 활동적인 놀이 참여시간은 많다. 아버지에 대한 초기 연구자인 Kotelchuck(1976)에 의하면 오직 25%의 아버지들만이 정기적으로 자녀를 양육하였고, 어머니보다 영아와 더 많은 시간 동안 놀아 주었다. 비록 오늘날에 이르러서는 많은 아버지들이 자녀양육에 직접적으로 참여하고 있지만, 이 연구가 수행되었던 1970년대의 경우 가부장적인 가치관으로 인해 어머니 대신 아버지가 자녀양육을 하던 경우는 매우 드물었다.

전 세계적으로 다른 나라의 아버지들에 비해 자녀양육에 많이 참여하는 스웨덴 아버지들도 1개월 이상 영아를 책임지고 양육한 경우는 51명 중 17명에 불과하였다(Lamb et al., 1982). 그리고 아버지들 스스로도 자신들이 기대하였던 것보다 자녀양육에 덜 참여하고 있으며, 배우자에 비해 매우 미약한 참여를 하고 있다고 생각하였다. 이러한 연구결과들을 토대로 볼 때, 아버지 역시 자녀의 애착 대상이지만 어머니에 비해 영아와 함께 있는 시간이 절대적으로 부족하여 비교적 천천히 애착이 형성되는 것으로 여겨진다.

사진 설명 아버지와 자녀와의 놀이 모습. 아버지는 어머니에 비해 양육행동보다는 놀이행동에 몰두한다. 따라서 어머니보다는 다소 천천히 애착이 형성되는 경향이 있다.

실제로 Schaffer와 Emerson(1964)의 연구에 의하면, 대부분의 영아들이 어머니 외에도 아버지와 애착을 형성하였으며, 18개월에는 연구대상의 80%가 아버지와 애착을 형성하였다. 심지어 영아들 중 일부는 어머니 이외의 다른 사람들과 일차적인 애착관계를 형성하였으며, 그 대상은 대부분 아버지였음을 발견하였다. Schaffer와 Emerson의 연구는 동물행동학이라는 탄탄한 이론적 근거를 토대로 한 Bowlby와 그의 동료들의 연구에 밀려 비록 빛을 보지는 못하였지만, 어머니 이후 아버지가 영아의 애착대상이 되며 심지어 아버지와 첫 번째 애착을 형성하였다는 사실을 발견하였다는 데 의의가 있다.

만약 영아가 한 사람, 주로 어머니와 애착을 형성한다는 애착의 단일속성설과 애착의 여러 기능 중 보호적 기능만이 오늘날까지 지속되었다면, 아버지는 영아의 애착대상이 될 수 없었을 것이다. 그러나 이제는 애착연구에 있어 애착대상에 대한 단일속성적 특성에서 벗어나 위계적 속성으로 나아가고 있다(사진 참조). 즉, 영유아의 애착은 제일 먼저 어머니(또는 아버지가 위에 있을 수도 있다), 그 다음에 아버지, 조부모, 형제자매, 친척 등의 순서대로 형성된다는 것이다. 애착이론에서는 어머니를 아동의 가장 중요한 일차적 보호자로 인식하지만, 아버지가 어머니 대신 충분한 보호와 양육을 제공할 때, 아버지가 일차적인 애착대상이 될 수도 있다. 비록 대부분의 아버지가 자녀의 애착대상이 되어도 실제로 자녀와 함께 있는 시간이 절대적으로 부족하여 아버지에 대한 영아의 애착은

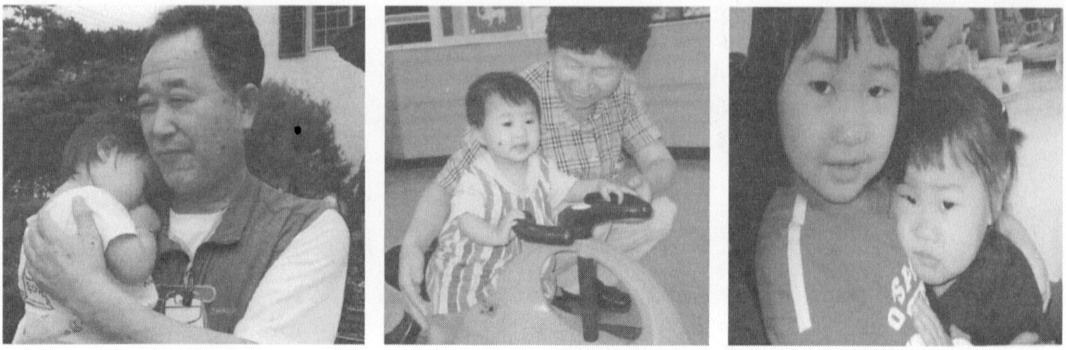

사진 설명 아이는 어머니와 아버지 외에 조부모와 형제자매에게도 애착을 형성한다.

어머니에 대한 애착에 비해 다소 늦게 형성되는 경향이 있지만, 아버지는영아의 직접적인 애착대상이 되기도 한다.

아버지는 아동의 애착대상자일 뿐 아니라, 어머니-영아의 관계에도 영향을 미치는 것으로 나타났다. 또한 아버지가 주 양육자일 경우 영아와 아버지애착은 급속도로 발전된다. 따라서 Lamb(1975)은 아버지를 "아동발달의 숨은 공로자"로 묘사함으로써, 영아의 애착형성에 있어 아버지역할의 중요성을 강조하였다. 또한 애착의 전생애적 발달에 대한 관심과 함께 애착에서 아버지 역할의 중요성이 여러 연구들을 통해 입증되고 있으며(이영환, 1992; Cox et al., 1992; Karen, 1994; van IJzendoorn & De Wolff, 1997), 특히 아동기와 청소년기의 정신병리가 아버지의 특성과 밀접한 관계가 있는 것으로 나타났다(Phares & Compas, 1992).

Vicky Phares

Bruce E. Compas

2) 애착연구와 관련변인

영아와 아버지에 대한 초기 연구의 대부분은 어머니-영아 관계를 지나치게 강조하였던 기존 연구들에 대한 반발로 시작되었다. 영아와 아버지의 관계를 연구하는 학자들은 어머니-영아 관계가 영아의 삶에 있어 가장 중요한 그리고 유일한 관계이며, 영아가 이후에 형성하는 모든 발달과 관계의 원형(prototype)이라는 의견에 반대한다. 따라서 최근에는 아버지 애착에 영향을 미치는 관련 변인과 애착의 질을 향상시키기 위한 예측요인을 규명하기 위한 연구들이 제시되고 있다.

(1) 영아와 아버지애착 연구

아버지애착 연구는 어머니애착 연구와 비교하였을 때, 아직까지 연구의 질과 양적인 면에 있어 매우 미미한 것은 사실이다. 그럼에도 불구하고 최근 전생애적 관점에서의 애착발달연구가 활성화되어짐에 따라 아버지애착 연구도 국내외적으로 조금씩 활발하게 시행되고 있다.

① 초기 아버지애착 연구

영아의 애착형성에 있어 아버지 역할에 대한 본격적인 관심은 Ainsworth의 제자인 Lamb(1975)과 Kotelchuck(1976)에 의해 1970년대 중반부터 시작되었다. 이들은 Ainsworth의 어머니와 영아 애착연구를 토대로 아버지와 영아의 애착연구를 실시하였다. Lamb은 Ainsworth가 가정에서 어머니와 자녀의 상호작용 관찰로 애착연구를 시작하였듯이, 가정에서의 아동관찰을 토대로 아버지애착 연구를 실시하였다. 그 결과 그는 자녀가 어머니에게처럼 아버지에게도 신호를 보냄을 발견하였다. 또한 그는 주양육자(어머니)에 대한 영아의 애착행동이 보이기 시작하는 생후 7개월경에 어머니뿐만 아니라 아버지에게도 근접과 접촉을 위한 애착행동을 나타내며, 10개월에는 이미 아버지와 애착을 형성한 영아들이 많이 있음을 보고하였다(Lamb, 1985).

Kotelchuck(1976)은 애착대상과 영아의 분리와 재결합에 대한 Ainsworth의 '낯선상황실험' 을 토대로 영아의 아버지애착 연구를 실시하였다. Kotelchuck(1976)은 각각 12명씩의 남아와 여아(총 24명)를 5회(6, 9, 12, 18, 21개월)에 걸쳐 〈표 7-2〉에서와 같이 '낯선상황실험' 을 좀더 정교하게 수정하여 아버지애착을 측정하였다.

Kotelchuck은 영아의 애착유형을 분류하는 대신, 어머니가 방에 들어오고 나갈 때 영아가 아버지와 낯선 사람에게 나타내는 행동을 자세히 관찰하였다. 즉, 각각의 사람들(어머니, 아버지, 낯선 이)이 나갈 때 문까지 영아가 따라간 시간과 놀이에서의 변화, 울기, 돌아왔을 때의 접촉시간 등을 관찰하였다. 대부분의 경우 아버지와 어머니에 대한 영아의 반응이 서로 비슷하였으며, 낯선 사람에 대한 반응과는 분명하게 다른 반응을 나타내었다. 또한 Kotelchuck은 부모들과의 양육행동에 대한 인터뷰를 토대로, 자신이 개조한 '낯선상황실험' 에서 영아가 나타내는 행동과 부모의 양육방식 간에 관계가 없음을 발견하였다. 영

표 7-2 어머니-아버지-낯선 사람 실험관찰 에피소드 순서

에피소드	방에 유아와 남아 있는 사람	
	순서 1	순서 2
1	어머니와 아버지	어머니와 아버지
2	어머니	아버지
3	어머니와 낯선 사람	아버지와 낯선 사람
4	낯선 사람	낯선 사람
5	낯선 사람과 아버지	낯선 사람과 어머니
6	아버지	어머니
7	아버지와 어머니	어머니와 아버지
8	아버지	어머니
9	아버지와 낯선 사람	어머니와 낯선 사람
10	낯선 사람	낯선 사람
11	낯선 사람과 어머니	낯선 사람과 아버지
12	어머니	아버지
13	어머니와 아버지	아버지와 어머니

출처: Goldberg, S. (2000). *Texts in developmental psychology: Attachment and development*. London: Arnold.

아의 애착유형과 어머니의 양육행동이 밀접한 연관이 있다는 Ainsworth의 연구결과와 달리, 영아의 애착과 아버지의 양육행동 간에는 관계가 없는 것으로 나타났다.

한편 Main과 Weston(1981)은 '낯선상황실험' 을 이용하여 걸음마기 유아 44명을 대상으로 이들이 어머니와 아버지에게 형성하는 애착을 측정하였다. 이들은 유아와 어머니가 형성한 애착유형이 유아와 아버지와의 애착관계형성에 어떤 영향을 미치는지를 알아보기 위하여 어머니와 아버지에 대한 애착을 모두 측정하고 이를 비교하였다. 그 결과 이들은 유아의 어머니에 대한 애착과 아버지에 대한 애착형성에 있어 질적인 차이가 있음을 발견하였다. 양부모와 안정애착을 형성한 유아들(12명)도 있었지만, 한쪽 부모와만 안정애착을 형성한 아동(어머니에게만 안정애착 11명, 아버지에게만 안정애착 10명)도 있었고, 또한 양부모와 모두 불안정애착을 형성한 아동(11명)도 있었다.

이러한 연구결과는 한쪽 부모에게 형성한 애착 특성으로 다른 쪽 부모의 애착을 예측하기 어려움을 말해준다. 하지만 부모 모두에게서 안정애착을 형성한 유아는 자신감과 타인에 대한 공감능력에서 높은 점수를 받았다. 이와 같이 유아가 어머니 또는 아버지와 형성하는 애착이 각기 독립적으로 다르게 나타나지만, 애착이 유아의 사회성발달에 미치는 영향력은 매우 분명한 것으로 밝혀졌다. 두 부모와 모두 안정애착을 형성한 유아는 사회적으로 매우 반응적이었으며, 부정적인 정서가 낮게 나타났다. 또한 한쪽 부모와 안정애착을 형성한 유아는 부모 모두와 안정애착을 형성하지 못한 유아보다 더 반응적이었으며, 반면에 부정적인 정서는 덜 나타내었다(〈그림 7-1〉 참조).

Main과 Weston(1981)의 연구는 아동에 대한 부모의 영향을 동시에 살펴본

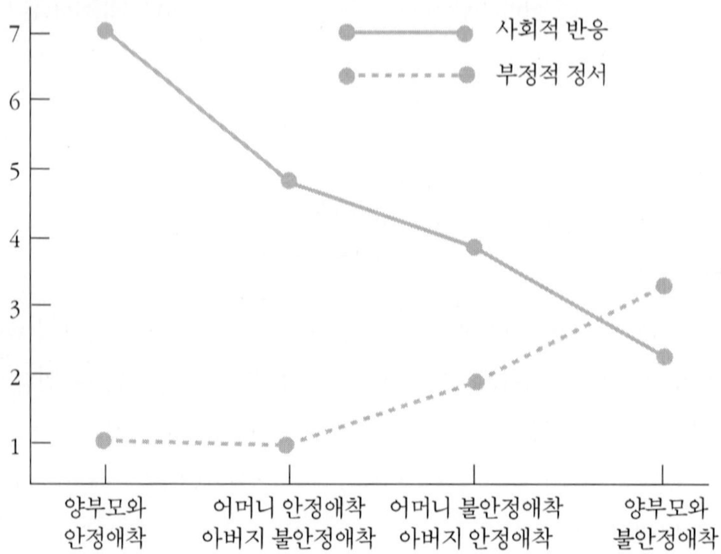

〈그림 7-1〉 부모와 안정/불안정 애착을 형성한 유아의 사회정서발달

출처: Shaffer, D. R. (2000). *Social and personality development* (4th ed.). Belmont, CA: Wadsworth.

것으로, 아동의 애착형성에 있어 어머니뿐만 아니라 아버지의 중요성을 입증하였다. 특히 어머니와 불안정애착을 형성하였지만 아버지와 안정애착을 형성한 아동은 두 사람 모두에게 불안정애착을 형성한 아동보다 낯선 사람과 더 효율적인 관계를 맺을 수 있음을 보여주었다. 이와 같이 아버지애착은 불안정적인 어머니와의 애착에 따른 영향을 경감할 수 있으며, 더 나아가 어머니와의 불안정애착이 세대 간 전이되는 악순환의 고리도 단절할 수 있다.

② 아버지애착의 최근 연구

초기 아버지애착 연구에서는 어머니뿐만 아니라 아버지에게도 영아가 애착을 형성한다는 것을 입증하기 위해 어머니와 아버지애착을 비교하고 어머니와 아버지애착의 형성 시기를 규명하여 어머니애착척도가 아버지애착 측정에도 타당한가를 비교분석하는 연구가 주로 이루어졌다. 최근의 연구에서는 초기 아버지애착 연구결과를 다시 검증하고 아버지애착과 어머니애착의 차이를 심층적으로 분석한 연구들도 있다. 아울러 어머니애착과 구별되는 아버지애착의 독특성과 아버지애착에 영향을 미치는 관련변인을 살펴보고 더 나아가 아버지애착의 질을 향상하기 위해 이를 예측하는 요인을 규명한 연구 등 보다 다양한 연구들이 이루어지고 있다.

William Schafer

먼저 초기 애착연구결과들을 다시 살펴본 연구들 중에는 아버지와 어머니에게 형성하는 애착의 특성과 함께 애착형성시기를 비교 분석한 연구들이 있다. 특히 한쪽 부모에게 형성한 애착으로 다른 쪽 부모의 애착을 예상하기 어려웠다는 Main과 Weston(1981)의 연구결과와 달리 어머니와 아버지의 애착이 동일하다는 최근의 연구결과(Fox, Kimmerly, & Schafer, 1991; Rosen & Rothbaum, 1993)도 함께 제시되고 있다. 즉, 유아가 아버지보다 어머니와 먼저 애착을 형성하며, 유아와 아버지와의 애착은 바로 어머니와 형성한 애착유형과 동일한 애착을 형성한

Fred Rothbaum

다는 것이다. 이와는 달리 Main과 Weston(1981)의 연구결과를 지지한 연구들(Cox et al., 1992; van IJzendoorn & De Wolff, 1997)도 있어, 유아가 어머니, 아버지에게 모두 동일한 애착을 형성하는지 아닌지에 대해서는 좀더 연구가 진행되어야 할 것이다. 그러나 아버지가 유아의 사회정서발달에 매우 중요한 역할을 담당하고 있다는 사실에는 대부분의 연구에서 일치하였다.

대표적인 애착 종단연구[2] 중의 하나인 Grossmann 부부와 동료들의 연구(2002)에 의하면, 자녀가 놀이를 주도할 수 있도록 사건과 공간을 마련하고, 필요시 정서적, 육체적 지원을 제공한 아버지의 민감하고 구성적인 놀이행동이 아동이 16세가 되었을 때의 자율애착(AAI 측정)과 관련되어 있음을 발견하였다. 반면 청소년기의 애착표상(AAI)과 '낯선상황실험'으로 측정된 영아애착유형 간에는 아무런 관계가 없는 것으로 나타났다. 따라서 Grossmann은 아버지가 영아를 보살펴줄 때의 민감성보다는 놀이 상황에서의 민감성이 아버지에 대한 영유아의 애착발달에 더 중요한 역할을 하고 있음을 주장하였다.

David Oppenheim

Jaipaul Roopnarine

여러 나라들(미국, 오스트레일리아, 이스라엘, 이탈리아, 인도, 일본)을 대상으로 한 비교문화연구에서도 자녀양육에 있어 어머니와 아버지의 역할이 서로 다른 것으로 나타났다. 즉, 어머니는 자녀를 달래주고, 신체적 욕구를 채워주는 존재로 인식되는 반면에, 아버지는 보다 탐색적이고 재미있는 놀이 상대자로 생각하였다(Lamb & Oppenheim, 1989; Roopnarine et al., 1990). 또한 아버지를 어머니와 마찬가지로 애착대상으로 인식한 후에도, 아이들은 여전히 아버지를 놀이 상대자로 인식하였다(사진 참조).

이상에서와 같이 여러 연구결과 아버지-영아, 어머니-영아의 상호작용은 서로 질적으로 다르게 나타난다(사진 참조). 영아와 아버지, 어머니와의

2) 애착의 놀라운 영향력으로 인하여, 전생애 동안의 애착발달을 연구하기 위해 전세계적으로 여러 개의 종단연구들이 실행되고 있다. 이 중에서도 미국 미네소타의 Egeland와 Sroufe의 연구와 독일의 Grossmann 부부의 연구 그리고 이스라엘의 Sagi와 동료들의 연구가 가장 대표적인 애착 종단연구들로 손꼽히고 있다.

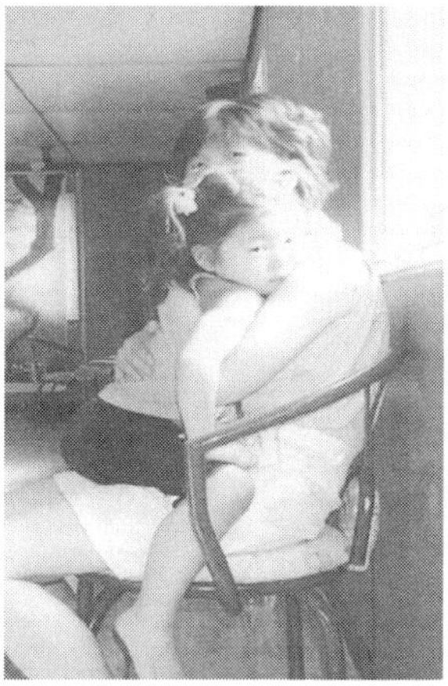

사진 설명 어머니가 속상해하는 유아를 안아 달래주고 있고(왼쪽), 아버지는 유아와 즐겁게 놀이하고 있다(오른쪽).

Ross D. Parke

상호작용을 비디오로 살펴본 결과 어머니는 아동을 부드럽게 돌보며 양육하지만 아버지는 보다 즐겁고 활동적인 놀이를 많이 하였다(Power & Parke, 1983; Yogman, 1983). 즉, 아버지는 '보호자(protector)' 보다는 '놀이친구(playmate)' 의 역할을 수행하였다. 또한 걸음마기 유아들의 경우 어머니에게는 애착행동을 나타낸 반면에, 아버지에게는 친교행동(affiliative behavior)을 더 많이 하였다(Clarke-Stewart, 1978; Cohen & Campos, 1974; Lamb, 1977). 따라서 스트레스 상황에서는 애착대상으로서의 어머니를 그리고 즐거운 상황에서는 놀이친구로서의 아버지를 선호한다(Cox et al., 1992).

그러나 놀이 상대자로서의 아버지역할은 오늘날 아버지들이 자녀양육에서 수행하고 있는 여러 역할들 중의 하나이다. 가부장적인 가치관의 변화와 함께 자녀수의 감소, 여성취업률의 증가는 많은 아버지들에게 더 다양한 부모역할을 수행하도록 요구하고 있다. 상당수의 아버지들이 틈틈이 자녀를 직접 돌보는 데 참여하고 있을 뿐만 아니라, 심지어 육아휴직과 같은 제도를 적극적으로 사용하여 어머니 대신 직접 자녀양육을 하고 있는 경우도 점차 증가하고 있다. 이

David R. Shaffer

제 아버지는 아이들에게 있어 어머니의 역할을 수행하는 애착대상인 동시에 아이들의 놀이친구이며 동료이다. 따라서 Shaffer(2000)는 이러한 아버지의 다양한 역할을 '다재다능한 친구'로 묘사하였다.

한편 영아의 아버지애착을 측정하는 척도는 대부분 어머니애착을 측정한 Ainsworth의 '낯선상황실험'을 이용하였다. '낯선상황실험'은 발달심리학 연구에서 새로우면서도 매력적인 연구방법으로 오늘날 유용한 영아 연구 방법 중의 하나로 인정받고 있다. 그러나 '낯선상황실험'은 영아와 어머니와의 애착관계를 측정하기 위해 개발된 척도이기 때문에, 무엇보다 '낯선상황실험'이 아버지와 영아의 애착관계를 측정하는 데 적절한가에 대한 문제가 제기되고 있다. 특히 8개의 연구를 메타분석한 van IJzendoorn과 De Wolff(1997)는 기존의 연구들을 분석한 결과 어머니의 민감성이 안정애착의 가장 큰 변인이었다는 연구결과와 대조적으로 아버지의 민감성은 전혀 유의하지 않게 나타나, 아버지애착을 측정할 수 있는 척도개발의 중요성을 다시 한 번 강조하고 있다. 또한 어머니에 대한 영아의 애착형성에 어머니의 민감성이나 온정성과 같은 양육행동이 큰 영향을 미친 것과는 달리, 아버지에 대한 영아의 애착은 아버지와 자녀와의 상호놀이나 활동수준과 같은 전혀 다른 차원이 영향을 미칠 수 있음을 고려하여 연구가 진행되어야 할 것이다.

(2) 아버지의 특성과 관련변인

최근 아버지애착에 대한 관심과 함께 그 중요성이 조금씩 증가하면서 어머니애착과 구별되는 아버지애착의 독특성과 아버지애착에 영향을 미치는 관련변인 및 아버지애착의 질을 향상시키기 위한 예측요인들을 규명하는 연구가 이루어지고 있다.

Cox와 동료들(1992)은 첫 자녀가 3개월일 때 아버지와 어머니를 개별적으로 인터뷰하고, 자유놀이 상황에서 15분씩 영아와 부모들의 상호작용을 별도로 관찰하였다. 연구의 타당성을 높이기 위하여 한쪽 부모를 실험한 후 7~10주 뒤에 다른 쪽 부모를 실험하였다. 그리고 연구대상의 절반은 아버지를, 나머지 절반은 어머니를 먼저 관찰하였다. 영아가 12~13개월이 되었을 때, 부모들을 각기 영아와 함께 '낯선상황실험' 을 실시한 결과 어머니와 아버지의 애착형성에 있어 차이가 나타났다. 즉, 어머니의 경우 상호작용의 질과 영아와 보낸 시간의 양이 영아의 안정애착을 예측하였지만, 아버지의 경우 놀이에 대한 아버지의 기대와 태도가 영아와의 관계의 질을 결정하는 데 더 큰 영향을 미치는 것으로 나타났다.

이처럼 이들 연구에서 아버지의 양육행동이나 영아와의 상호작용 경험이 아버지애착의 질과 유의하지 않은 것은 어머니와 아버지의 상호작용이 질적으로 다르기 때문이다. 정상적으로 어머니와 아버지가 모두 있는 가정의 경우 대부분 어머니는 보호자로 그리고 아버지는 놀이친구로서 아동의 애착대상이 된다. 앞서 살펴보았듯이 영아가 아버지와 어머니에게 형성하는 애착의 속성은 동일하지 않기 때문에, 여러 연구들에서 양육행동과 상호작용의 주요 변인으로 사용되어 온 양육에서의 민감성과 온정성의 경우 아버지와의 관계를 밝히는 데 적절하지 않다는 지적이다.

대표적 종단적 연구의 하나인 Grossmann과 동료들의 최근 연구(2002)에서도 아버지가 영아를 보살펴줄 때의 양육 민감성보다는 영아의 탐색행동을 촉진시키는 놀이상황에서의 민감성(play sensitivity)이 영아가 아버지에게 형성하는 안정애착의 주요 변인임을 발견하였다. 이들은 독일의 44가족을 대상으로 자녀가 영아기와 유아기, 6세, 10세 그리고 16세가 되었을 때 애착을 측정하였다. 그 결과 자녀가 놀이를 주도할 수 있도록 시간과 공간을 마련해주고, 놀이에서 아동의 제안을 기꺼이 받아주며, 필요할 때 정서적, 육체적인 지원을 적절히 제공해 주는 아버지의 민감한 놀이행동은 유아기뿐만 아니라 6세, 10세, 16세가 되었을 때의 자녀의 안정-자율애착(AAI 측정)과 관련되어 있음이 밝혀졌다. 특히 10세

사진 설명 가위바위보 게임에서 진 아버지가 청소년 자녀를 업어주고 있다. 자녀가 놀이를 주도하도록 하고 놀이에서 자녀의 제안을 기꺼이 받아줄 때, 자녀는 안정애착을 형성하기 쉽다.

사진 설명 청소년기 애착은 어머니의 양육 민감성보다는 아버지의 놀이 민감성에 더 많은 영향을 받는다.

까지는 아버지의 놀이 민감성과 영아기에 측정한 영아-어머니애착의 질이 아동의 내적 작동 모델을 예측하였지만, 청소년기에 측정한 애착 표상은 오직 아버지의 놀이 민감성과만 관련이 있었다. 이와 같이 자녀가 어머니 또는 아버지와 형성하는 애착의 주요 변인은 질적으로 다르고, 오히려 어머니의 양육 민감성보다는 아버지의 놀이 민감성이 청소년기 애착표상을 예측하는 주요 변인이라는 Grossmann과 동료들(2002)의 연구결과는 아버지애착의 중요성과 독특성을 실제적으로 입증하였다. 그리고 아버지의 놀이 민감성은 초기 아버지와 아동의 애착안정성, 즉 단기적인 애착안정성보다는 장기적인 애착표상에 더 효과적인 변인임을 제시하였다(사진 참조).

그러나 최근 많은 아버지들이 과거와 비교도 되지 않을 정도로 영아의 양육에 직접적으로 참여하고 있고, 이혼과 같은 가정의 불안정성으로 인해 아버지가 주 양육자인 경우도 점차 증가하고 있다. 이러한 변화의 상황에서 아버지의 애착과 어머니의 애착이 질적으로 다르고 각기 아동의 애착발달에 상이한 영향을 미친다는 결론을 내리는 것은 성급하다. 따라서 이제는 지금까지 진행되어 온 연구결과들을 확인하기 위한 연구가 필요한 시점이다.

한편 아버지-영아애착의 관련변인을 살펴본 연구에서는 일반적으로 어머니 애착에서와 마찬가지로 부모의 성격특성과 부부관계의 질, 영아의 기질 등을 살펴보았으며, 연구결과 역시 어머니애착에서와 마찬가지로 다양하게 나타났다. 그러나 이들 변인들 외에 최근 애착의 전생애 발달에 따른 관심이 증가하면서 2차적, 3차적 애착인물의 중요성이 제시되고 있다. 특히 여러 종단연구결과, 이혼이나 질병, 부모의 죽음과 같은 중요한 인생사건들이 영아기에 형성된 안정애착을 이후 불안정애착으로 전환할 수 있음이 밝혀졌다. 그리고 이러한 삶의 위기들은 어머니와 아버지의 구분 없이 모두의 애착안정성에 영향을 미쳤다(〈그림

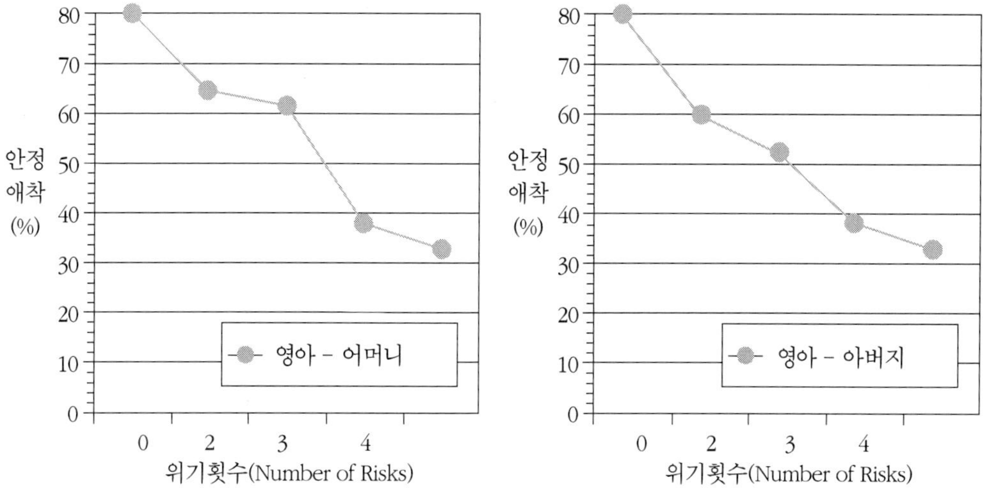

〈그림 7-2〉 삶의 위기와 영아-어머니, 영아-아버지의 애착안정성

출처: Belsky, J., Rosenberger, K., & Crnic, K. (2000). The Origins of attachment security. In S. Goldberg, R. Muir, & J. Kerr (Eds.), *Attachment theory: Social, developmental, and clinical perspectives*. Hillsdale, NJ: The Analytic Press.

7-2〉 참조).

그러나 이러한 부정적인 인생사건들 속에서도 아동들은 자신을 정서적으로 지원해 주는 2차, 3차의 애착인물에 의해 비교적 건강하게 성장할 수 있었다. 따라서 정서적 안정성과 탄력성에 관련된 연구들에서는 최소한 한 사람 이상의 활용 가능한 애착인물의 중요성을 제시하고 있다. 실제로 Belsky(1996)는 126명의 영아(남아, 첫째)와 그들의 아버지를 대상으로 살펴본 결과, 어머니와 아버지뿐만 아니라 애착을 형성할 수 있는 가족이 많을수록 영아는 안정적으로 애착을 형성하였음을 발견하였다. 이러한 2차적, 3차적 애착인물의 잠재적인 보호영향은 1,000명 이상의 아동과 가족에 대한 미국의 대규모 연구인 NICHD(1997)연구에서도 확인되었다.

또한 영아기의 애착 측정 이후 20여 년 가까이 이들을 추적한 종단연구 결과, 부모의 사망과 이혼, 심각한 질병, 학대, 우울 등과 같이 자녀의 애착에 부정적

사진 설명 Everett Waters(맨 왼쪽)가 동료 Gary Cox-Steiner, Alan Sroufe와 함께

인 영향을 미치는 삶의 부정적인 사건들 중 연구대상의 과반수 부모들이 이혼을 함으로써(Hamilton, 2000), 이혼이 자녀가 겪는 삶의 부정적인 사건 중 가장 보편적인 사건임이 밝혀졌다. 이러한 결과는 오늘날 급속한 가정의 해체를 겪고 있는 우리에게도 시사하는 바가 크다. 실제로 우리나라의 이혼율은 조이혼율(인구 1천 명당 이혼건수) 2.5명, 유배우 이혼율(배우자가 있는 15세 이상 인구 1천 명당 이혼건수) 5.2명으로 상당히 높은 편이다(통계청, 2008). 오늘날 가족의 불안정성은 우리나라의 심각한 사회문제로 대두되고 있다. 애착의 안정성을 종단적으로 추적한 Waters와 동료들(2000)의 연구에 의하면 연구대상 중 44%의 어머니들이 삶의 부정적 사건들이 애착의 질을 변화시켰다고 응답하였으며, 부정적 사건이 애착을 변화시키지 않았다고 응답한 경우는 22%에 불과하였다. 이와 같이 부정적인 인생사건들 속에서도 아동들이 안정애착을 지속적으로 형성하고 건강하게 자랄 수 있도록 정서적으로 지원할 수 있는 2차, 3차의 애착인물은 매우 중요하다. 따라서 이를 가정에서뿐만 아니라 사회적으로도 지지할 수 있는 지원체계를 형성하는 것은 매우 시급한 과제이다.

3. 대리양육자의 특성과 변인

앞서 살펴보았듯이 최근의 가장 큰 사회적 변화는 이혼으로 인한 가족해체와 취업모의 증가 그리고 이에 따른 타인양육의 증가이다. 이제 여성의 사회참여는 일부 여성들에 의한 선택의 문제가 아니라, 당연한 현실로서 우리 앞에 놓여 있다. 따라서 이러한 사회적 환경이 어머니와 영아의 애착에 미치는 영향에 관한 논쟁은 아동발달에서 가장 중요한 주제 중 하나이다.

1) 대리양육자에 대한 이론적 관점의 변화

Robert C. Pianta

최근 보육시설을 이용하는 연령대가 급격히 낮아지면서 영아 보육에 대한 관심이 증가하고 있다(사진 참조). 그러나 주양육자와의 밀접한 정서적 유대관계를 강조한 애착이론에서 유아기가 아닌 영아기에 그리고 가정이 아닌 기관에서 대리양육을 받는 것이 영아의 안정애착 형성에 부정적인 영향을 미치지는 않는지에 대해 많은 논란이 있어왔다. 실제로 어머니의 취업이 어머니와 영아의 애착과정에 미치는 영향에 대해서도 서로 상이한 결과를 나타내고 있다.

사진 설명 교사들이 돌 이전의 어린 영아들을 돌보고 있다.

어머니와 안정애착을 형성해야 하는 시기에 대리양육자의 보살핌이 아이의 애착에 어떤 영향을 미치는지, 어머니와 안정애착을 형성해야 하는 아이가 보육교사와 애착을 형성하였다면 혹시 교사와의 애착이 어머니와의 애착발달에 부정적인 영향을 미치지는 않는지, 대리양육을 시작하여야 한다면 언제가 자녀의 애착발달에 있어 가장 적절한지 등 보육과 관련된 영아의 애착은 매우 민감한 주제이다.

'낯선상황실험' 을 통해 애착을 측정한 일련의 연구에서는 어머니가 취업모인 영아가 전업주부인 영아보다 덜 안정적인 애착을 형성하는 것으로 나타났다(Belsky & Isabella, 1988; Belsky & Rovine, 1988). 그리고 종일제 취업모의 영아는 반일제 취업모의 영아보다 '낯선상황실험' 을 통해 측정한 결과 안정애착의 비율이 낮게 나타났다(Clarke-Stewart, 1989). 그러나 모든 연구자들이 이러한 결과를 지지하는 것은 아니다. 또한 이러한 결과는 보육이 영아에게 해로우므로 보육시설의 운영을 중지하라는 것은 더더욱 아니다.

오히려 이들 연구결과들은 '낯선상황실험' 측정방법의 신뢰도에 대한 문제를 야기하였다. Ainsworth의 '낯선상황실험'은 영아애착 측정방법에 있어 가장 보편적으로 사용된 척도이다. '낯선상황실험'은 영아에게 '어머니와의 이별'과 '낯선 사람'이라는 다소 스트레스적인 상황을 제공함으로써 애착을 측정한다. 매일 어머니와 이별과 재회를 반복하는 취업모의 영아들은 어머니가 떠나도 다시 돌아온다는 사실을 이미 경험적으로 체득하였다. 따라서 어머니가 떠날 때 극심한 불안을 나타내고 어머니와 재회할 때 어머니를 열광적으로 반기는 반응을 보이는 영아를 안정애착아로 분류하는 '낯선상황실험' 측정방법은 아주 어렸을 때부터 보육시설에 맡겨졌던 영아들에게는 그리 적합한 방법이 아니다. 보육시설에 다니는 영아들은 어머니와의 이별과 재회가 일상의 생활이며, 어머니와 헤어져도 일정 시간 후에는 어머니가 다시 돌아온다는 사실을 알기 때문에, 어머니와의 이별과 재회 시, 연구자가 기대하는 불안과 반가움을 표현하지 않을 수 있기 때문이다. 늘 어머니와의 이별과 재회를 반복하는 보육시설의 영아에게 어머니와의 재회 시 강렬한 반가움과 안정감을 표현하도록 기대하는 것은 현실적으로 어려운 일이다.

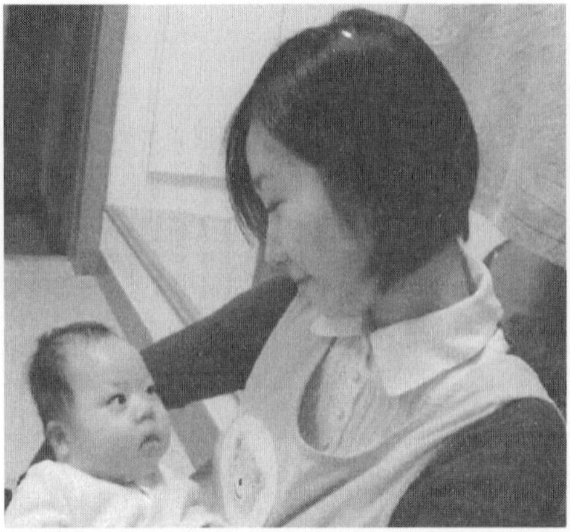

사진 설명 영아가 교사와 눈맞춤을 하고 있다. 영아는 교사와도 애착을 형성한다.

Frits Anthony Goossens

한편 보육시설의 영아들이 어머니와 강하게 애착을 형성하고 있지 않다고 할지라도, 그들은 교사와 안정애착을 형성할 수도 있으며 (사진 참조) 이러한 교사와의 애착은 어머니-영아 관계의 상당 부분을 보충하고 있는 듯하다(Goossens & van IJzendoorn, 1990). 어머니와의 애착의 질과 관계없이 보육교사와 안정애착을 형성한 영아들

Bengt-Erik Anderson

은 보다 활동적으로 놀이에 참여하고 또래와의 관계형성 수준도 높았다(Howes et al., 1988). 또한 감정이입을 더 잘하고 성취지향적이며, 독립적이고 목표지향적인 행동을 나타내었다(Oppenheim, Sagi, & Lamb, 1988). 심지어 보육교사와 형성한 영아의 애착의 질은 4세 때 영아의 사회정서발달을 예견하였다(Sagi et al., 1985). 이러한 보육경험은 아동의 사회정서발달 외에 언어발달과 인지발달에도 긍정적인 영향을 미쳤다(Clark-Stewart et al., 1994; Lamb & Sternberg, 1990). 스웨덴에서 실시된 2편의 종단연구에서도 초기 보육경험이 아동기와 청소년기에 이르기까지 인지와 사회성발달에 긍정적인 영향을 미치는 것으로 나타났다(Anderson, 1992; Broberg et al., 1997).

그러나 NICHD(1997)에서 실시한 대규모의 종단연구에서는 보육경험 그 자체가 아동의 애착에 영향을 미치지 않는 것으로 밝혀졌다. 오히려 NICHD 연구에서는 민감성이 낮은 어머니의 아이들이 ① 낮은 질의 보육을 경험할 때, ② 보육시설에서 오랜 시간을 보낼 때, ③ 보육시설이 자주 바뀔 때 더욱 불안정애착을 형성하는 것으로 나타났다. 흥미로운 사실은 남아들은 보육시설에서 오랜 시간을 보낼 때 불안정애착을 보인 반면, 여아들은 보육시설에서 적은 시간을 보낼 때 불안정애착을 나타냈다는 점이다. 이는 활동적인 남아의 특성으로 인해, 오랜 시간 동안 보육시설에 있는 것이 여아보다 남아에게 더 어려울 수 있음을 의미한다.

보육이 애착에 미치는 효과를 해석할 때, 어머니 변인을 제외시켜서는 안 된다. 즉, 어떤 어머니는 경제적인 이유로 생계유지를 위해 취업하지만, 어떤 어머니는 직업적 성취와 자아성취를 위해 취업한다. 또 어떤 어머니는 집에서 살림하는 것을 좋아하지만, 또 어떤 어머니는 밖에서 일하는 것을 더 좋아한다. 따라서 어머니의 취업과 관련된 여러 가지 변인—취업조건, 직업만족도—이 고려되어야 하며, 단지 취업유무가 아니라 어머니가 현재의 상황을 어떻게 지각하고 있는가가 더 중요한 변인임을 인식해야 할 것이다(Hock & DeMeis, 1990).

Ellen Hock

Cynthia A. Stifter

이는 어머니의 취업이 언제 모성분리불안[3]을 야기하는지에서 분명하게 나타난다(Hock & Schirtzinger, 1992; McBride, 1990). 어떤 어머니는 아기와 헤어질 때 강한 정서적 압박, 즉 높은 수준의 불안을 나타낸다. 한 연구에 의하면 높은 분리불안을 나타낸 취업모들은 둔감한 양육을 나타냈으며, 아이들 역시 회피애착유형을 나타내었다(Stifter, Coulehan, & Fish, 1993). 문제는 어머니의 취업유무 그 자체가 아니라, 취업이 어머니에게 미치는 영향, 즉 궁극적으로 영아와 어머니 관계에 미치는 영향이다.

이제 어머니의 취업은 사회적인 흐름으로 자리잡아가고 있다. 그리고 아이들은 더욱 어렸을 때부터 타인양육을 받고, 앞으로도 계속 그럴 것이다. 따라서 보육에 관한 주제는 앞으로도 지속적인 연구와 논의가 필요하다. 보육의 시작 시기는 물론이고, 보육이 애착에 어떤 영향을 미치는가에 대해서는 더 많은 연구들이 이루어져야 할 것이다.

2) 애착연구와 관련변인

최근 보육시설을 이용하는 연령대가 급격히 낮아지면서 영아보육에 대한 관심이 증가하고 있다. 유아기가 아닌 영아기에 그리고 가정이 아닌 기관에서 양육을 받는 것이 주양육자와의 밀접한 정서적 유대관계를 강조한 애착이론에서는 조심스러운 주제이다. 그러나 이미 어머니의 취업이 보편화된 오늘날에는 보육이 애착에 미치는 부정적 영향에 대한 연구보다는, 질적인 보육시설의 특성을 밝히는 연구들이 이루어지고 있다.

3) 모성분리불안(maternal separation anxiety): 자녀와 분리될 때, 일부 어머니들이 느끼는 강한 부정적 정서반응.

(1) 보육과 애착연구

오늘날 보육과 애착연구에서는 언제 보육을 시작하는 것이 아동의 애착발달에 적절한가에 관한 보육의 시작 시기와 영아가 교사와 형성한 애착이 영아와 어머니와의 안정애착형성에 어떠한 영향을 미치는지에 대한 복합애착 문제가 대표적인 쟁점 가운데 하나이다. 보육의 시작 시기와 영아의 애착안정성과의 관련성을 살펴본 국내 연구에서 6개월 이전에 보육을 시작한 영아가 이후에 보육을 시작한 영아보다 어머니와 안정애착을 형성하였음을 보고한 연구가 있다(김영명과 이순형, 1999). 이는 더 이른 연령에 보육시설에 들어간 영아가 보육교사에게 더 안정애착을 형성하였다는 Howes(1990)의 연구와 유사한 맥락이다.

그러나 영아가 생후 1년 이내에 주 20시간 이상의 타인양육을 받을 경우 어머니와의 애착형성에 부정적이라는 연구결과들(Belsky & Rovine, 1988; Lamb & Sternberg, 1990)도 함께 제시되고 있다. 이들 연구들에서는 영아와 보육교사와의 상호작용 시간에 있어 영아가 어머니와 떨어져 교사와 오랜 시간을 함께 지내게 된다면, 이는 영아와 어머니와의 불안정한 애착관계를 형성하는 위험요소가 되지만, 반면에 보육시설에서 오랜 시간을 교사와 함께 보내는 것은 영아와 보육교사와의 안정애착을 증진시키는 것으로 보고하였다.

앞서 살펴보았듯이 초기 애착이론에서는 영아의 애착이 위계적으로 형성된다고 생각하였다(Bretherton, 1985). 즉, 영아가 1차적 애착대상과 형성한 애착의 질에 따라 2차, 3차 등 이후의 애착관계의 질이 결정된다는 것이다. 그러나 최근 보육교사와 영아와의 애착연구가 증가하면서 영아가 보육교사와 어머니에게 형성하는 애착의 질이 독립적이라는 주장이 제시되고 있다(Howes et al., 1988). 이들은 영아가 성인들(어머니, 아버지, 보육교사 등)과 형

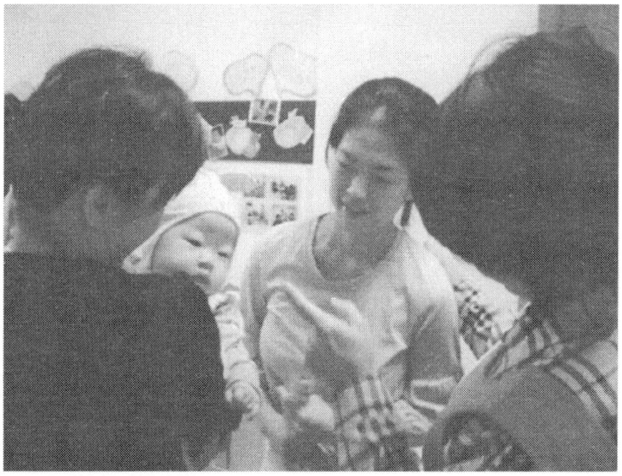

사진 설명 어머니가 자녀를 데리고 집에 가려 하고 있다. 교사와 영아와의 애착은 영아의 어머니와의 애착을 위협하지 않는다.

성하는 애착이 위계적 순서보다는 동시적으로 형성되며, 특별히 어머니애착의 질과 관계없이 독립적으로 애착의 질을 형성한다고 주장한다(Main & Weston, 1981; Sagi et al., 1985). 또한 영아가 보육교사와 형성한 애착이 영아와 어머니와의 애착관계를 보완하는 역할을 수행한다는 연구결과들도 잇달아 나오고 있다(김영명, 1997; 손혜숙, 1998, 신지연과 최석란, 2005; Howes et al., 1988; Oppenheim et al., 1988). 부모의 방임과 학대로 특수시설에서 양육된 영유아들을 대상으로 살펴본 결과, 특수시설에서 교사와 긍정적인 애착관계를 형성한 영유아는 이후 긍정적인 사회정서발달을 이룬 것으로 나타났다(Howes & Ritchie, 1999). 복합애착의 보상적 역할은 학대와 같은 특수한 여건뿐만 아니라 보육시설에 있는 일반적인 유아의 경우에도 나타났다. 어머니와 불안정애착을 형성한 유아라도 보육시설에서 교사와 안정애착을 형성하였다면, 이후 발달에서 주도적이고 성취지향적이며, 다른 사람들에 대한 감정이입을 잘하였다(Oppenheim et al., 1988). 또한 또래관계에서도 유능하였으며(신지연과 최석란, 2005; Howes & Hamilton, 1993), 보육시설에서 문제행동이 적게 나타났다(김영명, 1997).

이들 연구에서 나타났듯이, 보육교사와 영아와의 애착은 영아와 어머니와의 애착을 위협하지 않을 뿐만 아니라, 어머니와 형성한 불안정애착 문제들을 어느 정도까지는 보상하는 것으로 여겨진다. 그러나 최상의 발달은 영아가 어머니와 보육교사 모두와 안정애착을 형성한 경우이다. 신지연과 최석란(2005)은 종일제 보육시설을 다니는 2세 영아의 어머니와 교사를 대상으로 영아의 사회정서적 행동을 평가하게 한 결과, 가정과 보육시설 모두에서 안정애착을 형성한 영아가 가장 높은 점수를 기록하였다. 이처럼 어머니와 교사는 영아에게 모두 중요한 영향을 미친다. 따라서 보육교사의 질적인 특성과 변인이 무엇인지 살펴보는 것은 영아의 안정애착형성을 위해 매우 중요하다.

(2) 보육교사의 질적인 특성과 변인

보육이 아동발달에 미치는 효과에 관한 선행연구들에서 공통적으로 제기되어 온 내용은 바로 보육의 질이다. 수준 높은 보육시설과 교사의 질은 빈곤층 가정의 결핍된 환경을 보상하여, 가난한 가정의 아동들에게서 나타나는 낮은 인지능력을 보완해준다(Howes et al., 1988). 또한 언어발달과 학습준비도, 사회성 등에도 긍정적인 영향을 미치는 것으로 나타났다(McCartney, 1984). 질적인 보육프로그램은 오히려 바람직하지 않은 가정의 부정적 효과를 보완할 수 있기 때문이다.

Kathleen McCartney

Susan D. Holloway

이러한 결과는 보육교사와 영아의 애착에 있어서도 그대로 적용된다. 어머니와 불안정한 애착관계를 형성한 아동이 오히려 질적인 보육환경에서 교사와의 안정애착을 통해 정서와 지적 발달이 촉진될 수 있다는 Howes와 동료들(1988)의 연구는 애착형성에 있어 보육환경과 아울러 보육교사의 질의 중요성을 제시하였다.

질적인 보육요인에 관해서는 이전부터 여러 연구들이 이루어졌다. 이들 요인들을 살펴보면 교사와 유아의 상호작용의 질, 물리적 공간배열, 공간의 크기, 놀이자료의 적절성과 다양성, 실외공간의 질, 집단 크기, 교사 대 유아비율, 교사의 전문성과 근무환경, 교육과정, 지속적인 평가과정, 가정 및 지역사회와의 관계 등 여러 요인들이 있다. 한편 Holloway와 Reichhart-Erickson(1988)은 보육의 효과에 영향을 주는 환경적인 요인이 너무 다양하여 이를 크게 물리적 환경과 인적인 환경으로 구분하였다(사진 참조). 일반적으로 물리적 환경은 공간배치, 교실의 크기, 활동의 다양성, 집단의 크기, 교사 대 아동비율, 교육과정, 놀잇감의 수와 다양성 등이 포함되며, 인적인 환경은 교사의 전문성, 교사-유아 상호작용, 교사의 가치관과 교육목표, 교사의 이직률, 교사 재교육, 교사의 자격 등으로 이루어져 있다.

Clarke-Stewart(1994)는 질적인 보육환경에 대한 선행연구들을 종합하여 살펴본 결과, ① 물리적 환경, ② 보육교사, ③ 교육과정, ④ 학급 내 유아의 수 등

사진 설명 (좌) 유아들이 교사와 이야기 나누기를 하고 있다(인적 환경).
(우) 어린이집에서 유아가 교구를 가지고 친구와 놀이하고 있다(물리적 환경).

이 보육의 질을 결정하는 주요 요인임을 발견하였다. 그러나 이들 요인 중 어떤 요인이 가장 중요한가에 대해서는, 아직까지는 물리적 환경보다 교사-유아 간의 상호작용과 같은 인적 환경이 더 중요하다는 주장이다(McCartney et al., 1982). 유희정(1996) 역시 유아 대 보육교사의 비율, 집단의 크기, 근무시간, 보육자의 자격 유무 등을 들고, 이 중에서 특히 보육교사의 질을 가장 중요한 질적 요인으로 제시하였다.

한편 방과 후 아동보육시설의 질적 요인을 살펴본 노성향(2001)은 방과 후 아동보육시설의 질적 수준과 유의한 교사변인으로 교사의 급여와 경력임을 발견하였다. 또한 시설운영비 지원이 방과 후 아동보육기관의 전체 질적 수준과 건강과 안전, 학습환경, 교육과정 영역에서 가장 설명력이 큰 변수였다. Vandell, Henderson과 Wilson(1988)의 종단연구에서는 잘 훈련된 교사, 높은 질의 교재, 교사-유아비율, 적은 유아수 등을 질적인 보육요인으로 꼽았다. 이외에도 보육교사가 지각한 교사와 취업모와의 관계가 교사의 보육행동에 영향을 미치는 것으로 나타났다. 이처럼 보육의 질에 있어 보육교사의 질은 매우 중요하며, 이는 영아와의

Deborah Lowe Vandell

안정애착형성에 있어서도 필수적이다.

Howes와 동료들(1999)은 교사-영아의 상호작용 시간의 양과 일대일 개별 상호작용, 교사의 적절한 개입에 대한 인식, 교사의 민감성 등을 영아와 교사와의 주요 애착형성 요인으로 꼽았다(사진 참조). 이 중에서도 영아와 교사와의 상호작용 시간의 양은 안정애착형성에서 논란의 대상이다. 영아가 어머니를 떠나 보육기관에서 많은 시간을 보내는 것은 영아와 어머니 간의 안정애착형성에 부정적 요인으로 작용하기 때문이다(Belsky & Isabella, 1988). 그러나 영아와 교사의 애착형성에 있어서는 상호작용에서 짧은 시간보다 긴 시간이 교사에 대한 안정애착형성에 유리한 것으로 나타났다(Barnas & Cummings, 1994; Raikes, 1993). 특히 Colin(1996)은 보육환경의 질 외에도 교사와 영아가 함께 얼마나 많은 시간을 보냈는가를 통해 애착대상의 위계가 결정된다고 주장함으로써, 종일제 보육기관에서 특별히 보육환경의 질과 함께 상호작용 시간의 중요성을 강조하고 있다.

Helen Holz Raikes

사진 설명 어린이집에서 교사와 영아가 눈을 맞추고(왼쪽) 피부접촉을 하며(오른쪽) 상호작용하고 있다. 교사와 영아의 상호작용은 보육기관의 질을 결정하는 매우 중요한 요인 중 하나이다.

안정애착형성에 있어서는 단지 상호작용 시간의 양만이 중요한 것은 아니다. 즉, 교사의 민감한 반응과 개별화된 상호작용이 포함될 때, 유아는 교사와 안정애착을 형성하였다(서원경, 2006; Howes et al., 1988). 특히 보육기관에서 보여지는 영아의 사회정서발달은 어머니와의 안정애착 유무와 관계없이 영아와 보육교사와의 안정애착 관계가 가장 중요하였다는 신지연과 최석란(2005)의 연구는 특별히 어머니와 떨어져 보육기관에 있는 영아가 보육교사에게 형성하는 애착의 중요성을 강조하고 있다. 이는 영아와 어머니애착의 질보다 보육교사와의 애착의 질이 유아기의 또래놀이 수준과 자아개념 그리고 사회적 능력의 강력한 예측변인이었다는 Howes와 동료들(1988)의 연구와도 일치한다.

이들 연구들에 의하면 영아가 주양육자인 어머니와 형성하는 초기 애착은 이후의 사회적 상호작용을 결정하는 고정적인(불변의) 특성이기보다는 유동적인 가능성의 범위를 나타내는 발달적 경로(developmental trajectory)이다. 또한 영아가 어머니와 보육교사에게 질적으로 상이한 애착을 형성함으로써, 애착이 위계적 순서(어머니-아버지-교사)보다는 동시적이고 독립적으로 이루어질 수 있음을 시사한다.

우리나라 보육시설은 2000년 19,276개소였으나 맞벌이가족의 증가로 2007년 12월 말까지 30,856개소로 증가하였다(중앙보육정보센터, 2008). 이제 우리나라에서 보육시설을 이용하는 유아의 수는 100만 명을 넘어섰다. 구체적으로 살펴보면, 전체 2세 미만 영아의 22.6%와 유아의 43.3%에 해당하는 영유아가 보육시설을 이용하고 있다. 이제 영유아에게 보육시설은 가정만큼이나 중요한 양육장소가 되었으며, 보육교사와의 애착 역시 영유아의 발달에 있어 지대한 영향을 미칠 것으로 생각된다. 따라서 앞으로는 어머니를 중심으로 한 애착관계에서 벗어나 다양한 애착대상들에 대한 연구와 아울러 영아애착의 질을 증진시킬 수 있는 프로그램들이 개발되어야 할 것이다.

4. 어머니애착에 대한 새로운 관점

애착은 Bowlby(1969)가 처음 다른 동물들에 비해 긴 양육기간과 양육자의 절대적인 보호와 도움이 필요한 영아기를 진화론적 관점에서 설명한 개념이다. 즉, 두 사람 간의 친밀한 정서적 관계에서 아동과 같은 약한 편에서 부모나 교사와 같이 자신보다 강하고 현명한 존재에게 형성하는 결속만을 애착으로 규정하였다. 반대로 성인이 아동에게 형성하는 결속과 같은 정서적 유대감은 애착이 아닌 것으로 인식하였다. 그러나 최근 어머니가 자녀에게 형성하는 정서적 유대감도 애착으로 바라보는 새로운 시각이 등장하였다. 여기에서는 애착연구에서 다소 생소한 어머니애착에 대한 개념과 이와 관련된 최근 연구들을 소개하고자 한다.

1) 어머니애착에 대한 이론적 관점의 변화

앞서 제5장에서 영아기부터 성인기에 이르기까지 전생애에 걸쳐 살펴본 애착은 모두 주양육자(부모, 교사)에 대한 아동 편에서의 애착이다. 비록 청년기와 성인기에 이르러서는 애착의 대상이 이성친구와 연인, 배우자로 바뀌어 가지만, 대부분의 애착연구에서는 애착을 성인들에 대한 아동 편에서의 정서적 유대감으로 규정하였다. 이는 애착이 진화론적 관점에서 영아의 생존을 위해 내재된 인간이라는 종 특유의 속성이기 때문이다. 특히 Ainsworth(1973)는 어머니와 영아의 밀접한 정서적 유대관계에서 어머니에 대한 자녀 편에서의 결속만을 애착으로 규정하고, 대신 어머니 편에서의 아동에 대한 결속은 애착이 아닌 양육자의 민감성과 같은 어머니의 양육체계로 개념화하였다. 즉, Bowlby와 Ainsworth는 애착을 "영아와 주양육자 간에 형성하는 밀접하면서도 친밀한 정서적 결속"이라는 큰 그림에서 "보호"라는 보다 구체적인 그림으로 정리한다.

Bowlby가 어머니 편에서의 자녀에 대한 정서적 결속을 애착에 포함시킬 수 없었던 가장 근본적인 이유는 당시의 동물행동학으로는 자기희생으로까지 나타

사진 설명 Lorenz의 각인연구.

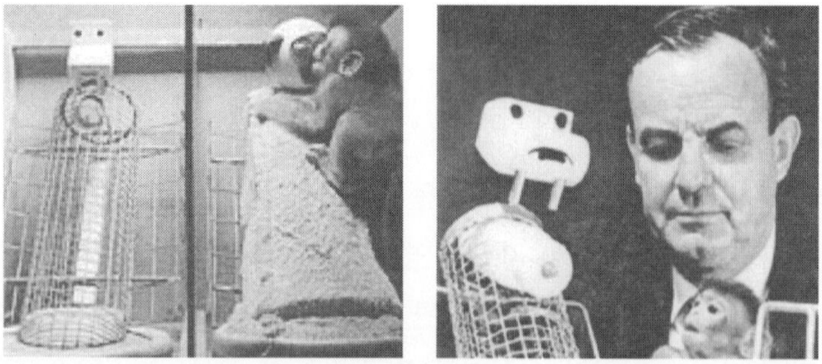

사진 설명 Harlow의 '철사엄마'와 '헝겊엄마' 실험.

나는 자녀에 대한 어머니의 정서적 유대를 이론적으로 설명할 수 없었기 때문이다. 동물행동학은 Darwin의 진화론적 관점에서 모든 종의 발달을 연구하는 학문이다. 진화론의 본질은 한정된 자원을 획득하는 과정에서 특정 개체는 살아남고, 다른 개체는 사라진다는 자연선택(natural selection)의 개념이다. 개체의 생존이 가장 중요한 진화론과 동물행동학에서는 개체의 생존과 상충되는 자녀에 대한 어머니의 자기희생적 유대를 이론적으로 설명할 수 없었으며, 이로 인해 새끼와 어미의 밀접한 유대관계를 살펴본 대부분의 동물행동학 연구는 주로 새끼에 대한 어미의 행동보다는 어미에 대한 새끼의 행동에 초점이 맞추어져 연구가 이루어졌다(예: Lorenz의 각인연구, Harlow의 '철사엄마'와 '헝겊엄마' 실험). 따라서 동물행동학을 주요 이론적 토대로 삼은 Bowlby의 애착연구 역시 어머니에 대한 영아의 애착에만 일방적으로 초점이 맞추어졌다.

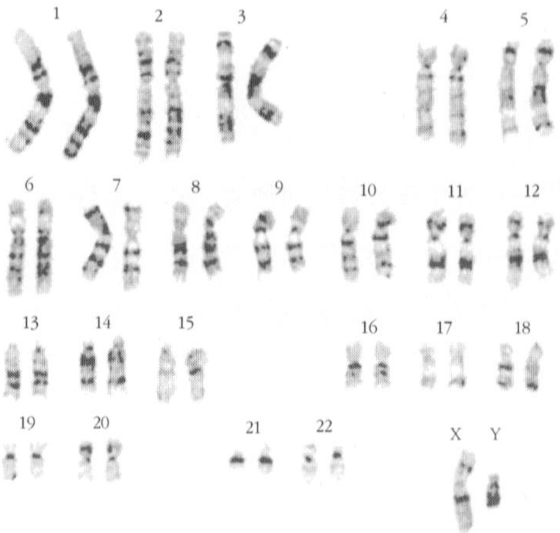

사진 설명 인간의 염색체 23쌍.
사회생물학에서는 자연선택에서 선택되는 것은 개체가 아닌 인간의 유전자라고 생각한다.

그러나 이후 개체의 생존보다는 유전자의 전달을 중시하는 사회생물학은 이러한 애착의 개념을 변화시켰다. 자연선택에서 선택되는 것은 개체가 아닌 유전자이며, 개체는 유전자가 증식되기 위

Sandra Ferketich

한 수단으로서의 운반자에 불과하다는 Wilson(1980)의 사회생물학적 관점에서 애착을 바라볼 때, 어머니의 자녀에 대한 맹목적이며 자기희생적인 정서적 결속, 즉 자녀에 대한 어머니의 애착은 유전자의 생존을 위해 어머니에게 선천적으로 내재된 생물학적 본능이라고 볼 수 있다. 따라서 애착을 어머니와 자녀 양쪽의 측면에서 바라보는 새로운 시각이 제시되었다. 애착은 두 사람 간의 사회적 관계이며, 특별히 두 사람 사이의 쌍방적 관계이기 때문에, 어머니에 대한 자녀 편에서의 정서적 결속만이 애착이 아니라, 어머니 편에서의 자녀에 대한 결속도 애착이라는 것이다(Carter-Jessop, 1981; Cranley, 1981, 1992; Fuller, 1990; Hinde, 1979; Mercer & Ferketich, 1990a, b; Müller, 1994). 이와 같이 최근에 이르러서는 일부 학자들을 중심으로 애착을 어머니에 대한 자녀의 정서적 결속과 같은 단일 방향적 관점에서 탈피하여 어머니와 자녀의 정서적 결속이라는 양방향적 애착개념으로 바라보아야 한다는 새로운 시각이 제기되고 있다.

2) 어머니애착 연구와 관련변인

(1) 어머니애착의 개념

영아에 대한 어머니의 애착은 학자들마다 어머니애착(maternal attachment) 또는 어머니-영아 애착(mother-to-infant attachment), 영아에 대한 어머니의 애착(mother's attachment to infants), 부모애착(parental attachment) 등 다양한 용어를 사용하고 있다. 그리고 의학과 간호학에서는 어머니애착을 "모아애착"으로 지칭한다. 어머니애착에 관한 다양한 용어에서도 나타나듯이 아직까지 학자들 사이에서 자녀에 대한 어머니애착에 대해 일치된 개념 정의는 없다.

Robert A. Hinde

영아, 즉 자녀에 대한 어머니애착 연구의 이론적 토대를 제시한 대표적인 학자는 동물행동학자인 Hinde(1979)이다. 그는 어머니에 대한 영아의 반응을 '애착'으로, 그리고 영아에 대한 어머니의 반응을 '양육자의 민감성' 의 개념으로 구분하였던 Bowlby 당시에도, '애착' 이라는 용어를 영아에 대한 어머니의 반응뿐만 아니라 영아가 자신의 어머니와 형성하는 사회적 유대(social bond)의 개념으로 인식하였다. Hinde는 Bowlby 애착이론의 가장 주요한 이론적 토대인 유대(bond)는 동물행동학적 용어로서, 친자, 부부, 암수 등의 결속을 의미하는 양 방향적이며 상호작용적인 속성임을 지적하였다. 유대(bond)의 이러한 속성에 의해, 애착의 개념은 일부 학자들을 중심으로 어머니에 대한 아동 쪽에서의 애착에서 나아가 자녀에 대한 어머니애착을 포함하는 것으로 확대되기 시작하였다.

한편 자녀 편에서의 애착만을 애착으로 간주한 기존의 애착이론에서 자녀에 대한 어머니의 애착과 비슷한 개념으로 사용된 것은 Ainsworth가 볼티모어 연구에서 처음으로 제안한 '양육자의 민감성' 이다. 애착을 부모의 양육체계와 상호작용하는 아동 내의 조절체계로 제한하였던 Bowlby와 Ainsworth는 영아애착체계와 상대되는 개념인 자녀에 대한 어머니의 애착을 설명하기 위해 '양육자의 민감성' 개념을 제시하였다. 그러나 Ainsworth가 제시한 양육자의 민감성은 그 용어에서도 나타나듯이, 어머니의 양육행동에만 초점이 맞추어져 있을 뿐만 아니라 영아의 신호에 대한 어머니의 적절한 반응으로 한정되어 있다. 즉, 영아 주도적인 애착행동 신호에 대한 어머니의 반응만을 의미하고 있다는 점에서 개념적 한계가 있다.

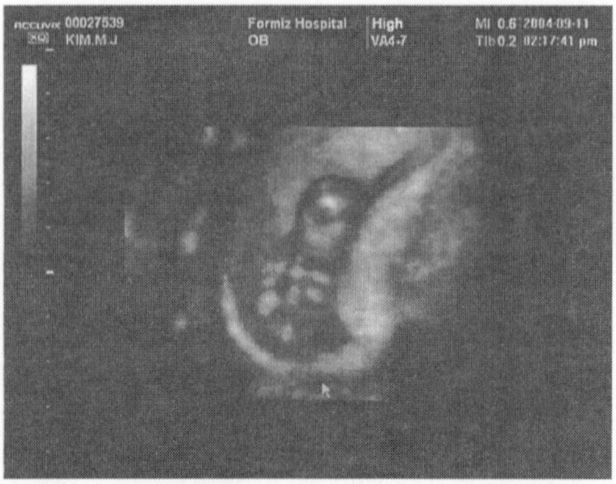

사진 설명 어머니 뱃속의 태아 사진. 부모는 아기가 태어나기 이전부터 뱃속의 아기에게 애착을 형성한다. 태동이나 태아 사진은 이러한 애착을 더욱 촉진시키는 역할을 한다.

따라서 Ainsworth가 제시한 양육자의 민감성은 자녀에 대한 어머니애착의 속성을 일부 설명하고 있지만, 포괄적으로 포함하고 있지는 못하다. 또한 부모와 아동 간의 애착을 살펴본 연구들에서도 입증되었듯이, 부모와 아동 간의 애착은 아동보다 부모에게서 먼저 나타난다(사진 참조). 부모는 아기가 태어나기 이전부터 태아와 대화를 나누고, 태동과 같은 태아의 존재감을 통해 아기에게 애착을 형성할 준비가 되어 있다(Bloom, 1995; Cranley, 1981; Fuller, 1990; Grossmann et al., 1985; Müller, 1993).

양육자의 민감성 외에 자녀에 대한 어머니애착과 유사한 개념으로는 어머니의 양육태도가 있다. 어머니의 양육태도[4]는 부모가 자녀를 대하고, 가르치고, 돌보는 데에 있어 나타나는 태도와 행동(박성연, 1989)으로, 부모가 자녀를 양육함에 있어 나타나는 일반적인 행동과 태도를 포함한다. 현미숙(2004)은 어머니의 양육행동을 수용, 공감, 거부, 스트레스 등의 하위요인으로 구성된 '양육역할' 과 융통성, 합리적 권위, 통제 등의 '관리역할' 그리고 격려와 증진의 '발달자극역할 '로 구분하여 제시하였다. 이와 같이 어머니의 양육태도는 애착과 같이 생의 초기에 형성되는 생물학적인 토대보다는 자녀의 발달과정과 함께 지속되는 훈육방법과 행동이기 때문에, 특별히 자녀와 어머니의 정서적 결속을 강조한 어머니의 애착과는 분명히 구별되는 개념이다. 실제로, 영아에 대한 한국 어머니의 애착척도를 개발한 황현주와 정옥분(2006)은 한국 어머니애착 척도의 타당화 과정에서 Müller의 모아애착 척도와 Schaefer의 어머니양육태도 척도와의 상관관계를 살펴본 결과, 어머니애착 척도와 모아애착 척도와의 상관(.79)이 어머니애착척도와 어머니 양육태도 척도와의 상관(.51) 보다 높게 나타남으로써, 영아에 대한 어머니애착이 어머니의 양육태도와 서로 유사하지만 동일하지 않은 구분되는 구성개념임을 입증하였다.

이상에서 살펴본 것과 같이 애착은 이제 영아가 영아기에 양육자(주로 어머니)에게 형성하는 애정적인 유대감만은 아니다. 애착은 부모와 자녀 사이에 발달하는 생물학적으로 내재된 정서적 유대감이며, 다른 사람과 구분하여 강하게 서로를 향하고 접촉을 유지하고자 하는 욕구나 바람이다(사진 참조). 그리고 영아에 대한 어머니애착은 이러한 양방향적인 애착개념을 토대로 하여, 영아에 대한 어머니의 정서적 결속이며, 종의 생존을 위해 생물학적으로 내재되어 있고, 영아

4) 학자에 따라 양육태도와 행동을 구분하여 연구를 진행하는 경우도 있지만, 대부분의 경우 양육태도와 행동을 특별히 구분하지 않고 혼용하여 쓰고 있다.

사진 설명 자녀가 어머니에게 애착을 형성하듯이 어머니도 자녀에게 애착을 형성한다.

에 대한 헌신적인 보호로 나타난다.

비록 오늘날의 애착연구가 전생애적 관점으로 확대되어 영아뿐만 아니라 아동, 청년, 성인의 애착관계로 확산되고 있지만, 결국 안정애착이나 불안정애착과 같은 애착의 질적 차이는 바로 처음 애착이 형성되었던 영아기에 좌우된다. 영아기에 형성되는 자녀에 대한 어머니애착은 영아의 애착형성에 직접적인 영향을 미칠 뿐만 아니라(Klaus & Kennell, 1976), 언어발달, 표현능력, 문제해결능력, 호기심, 자기통제력 등과 같은 영아기 이후의 발달에도 영향을 미치는 것으로 나타났다(방경숙, 2000). 이는 대부분의 시간을 어머니와 보내는 영아에게 있어, 자녀에 대한 감정과 태도를 통해 표출되는 정서적 결속인 어머니애착이 어머니의 양육행동에 영향을 미쳐 영아발달에 직접적인 영향을 주기 때문이다(Bromwich, 1990; Mercer & Ferketich, 1990a, b). 이와 같이 자녀에 대한 어머니의 애착은 앞으로 어머니로서의 역할수행, 즉 민감성과 같은 양육행동과 아동의 정서적, 심리적 발달에 영향을 미친다는 점에서 그 중요성이 부각되고 있다. 따라서 앞으로의 애착연구는 양 방향적 관점에서의 어머니애착 연구가 확산되어 영아에 대한 어머니애착의 개인차를 규명하는 연구들이 다각적으로 이루어져야 할 것이다.

(2) 어머니애착의 관련변인

어머니와 자녀의 관계는 임신과 동시에 형성되기 시작하지만, 실제적인 어머니-자녀 관계는 아기의 출생 이후 이루어진다. 지금까지 밝혀진 영아에 대한 어머니 애착에 영향을 미치는 관련 변인으로는 어머니와 영아의 초기접촉과 영아의 개인적 변인(기질, 성별, 월령) 그리고 어머니 자신의 내적 작동모델 등이 있다.

① 초기접촉

영아에 대한 어머니애착 연구에 있어 논란이 되는 것은 애착형성에 대한 민감기(sensitive period)의 존재 유무와 함께, 만약 민감기가 존재한다면 그 시기가 언제인가에 대한 것이다. Klaus와 Kennel(1976)은 출생 후 몇 시간이 어머니가 영아에 대한 결속을 형성하는 민감기로 생각하였다. 따라서 그들은 출생 직후를 어머니와 영아가 정서적 애착을 형성하는 데 있어 매우 중요한 시간이라고 여겼다. 그들은 어머니가 자녀를 키우는 고된 과정을 견디는 것은 자녀의 양육이 힘든 일이라는 것을 경험하기 이전에 이미 영아에 대한 강한 정서적 결속, 즉 애착을 형성했기 때문이라고 생각하였다.

Klaus와 Kennell의 민감기 가설은 분만 직후 신생아에 대한 어머니의 애착행동을 살펴본 여러 연구에 의해 지지되었다. 즉, 신생아와 어머니가 많은 접촉을 할수록 아기에게 더 반응적이 되었으며, 자녀에 대한 애착 역시 증가하였다(김봉선, 1994; Bialoskurski et al., 1999; Mercer & Ferketich, 1990a). 그러나 이와 상반된 연구결과들도 많이 있다(Campbell & Taylor, 1979; Goldberg, 1983; Mercer & Ferketich, 1994; Rode et al., 1981; Singer et al., 1985). 특히 이들 연구들에 의하면 공통적으로 어머니와 신생아의 초기접촉 효과가 일시적이며 지속적이지 않았다. 입양을 한 양부모들의 자녀애착을 살펴본 Singer와 동료들(1985)의 연구에서는 비록 신생아 때 초기 접촉을 하지 않았어도 건강하게 자녀애착을 형성하였음이 밝혀졌다. 또한 어머니와 신생아와의 초기 접촉 효과에 대한 지속성을 살펴본 Goldberg(1983)에 의하면 초기접촉 효과는 매우 일시적인 것으로 나타났다. 즉, 어머니와 신생아를 출산 직후 9일 동안 관찰한 결과, 신생아와 초기부터 접촉한 어머니는 통제집단보다 단지 3일간 자녀에게 반응적이고 다정하였으며, 그 이후에는 실험집단과 통제집단 간에 그리 유의한 차이가 나타나지 않았다.

또한 출산 직후 어머니와 신생아가 가지는 초기 접촉은 자녀에 대한 어머니 애착뿐만 아니라, 어머니에 대한 자녀의 애착에도 별다른 영향을 미치지 않았다. Rode와 동료들(1981)은 질병이나 미숙아 등의 이유로 태어난 직후 곧바로 몇 주 동안 입원하였던 영아(12~19개월)들을 대상으로 어머니에 대한 영아애착을 살펴본 결과, 71%가 어머니에게 안정애착을 형성하였으며, 이 수치는 신생아 때 입원하지 않은 통제집단 영아의 안정애착 수치와 별다른 차이가 없었다.

이와 같이 초기접촉은 애착발달에 있어 결정적으로 중요한 변인은 아닌 것으로 여겨진다. 출산 직후 어머니가 신생아를 안고, 어머니의 심장 박동소리를 신생아에게 들려주며, 수유하는 등의 직접적인 초기접촉을 통해 일정 기간 동안 자녀에 대한 어머니의 애착을 증진시킬 수 있지만, 지속적인 효과를 나타내지는 못하였다. 따라서 자녀에 대한 어머니의 애착은 출산 후 잠시 동안 형성되기보다는, 장기간의 사회적 상호작용에 의해 형성되는 유대관계인 것으로 보인다(Mercer & Ferketich, 1994).

② 영아의 개인적 특성

초기접촉 외에 애착발달에 영향을 미치는 또 하나의 중요한 변인은 영아의 기질과 성별, 월령 등과 같은 개인적 특성이다. 기질과 애착 간의 관계를 살펴본 선행연구들은 상반된 두 가지 입장으로 구분된다. 즉, 어머니에 대한 영아의 애착발달에서 어머니의 반응적 행동이 주요 변인이듯이 영아의 반응적 행동양식인 기질은 영아에 대한 어머니의 애착발달에 있어 중요한 역할을 한다는 입장과 이와 달리 애착에 미치는 기질의 영향력이 그리 크지 않다는 주장이다.

영아의 기질이 애착과정에 미치는 영향력은 분명히 존재하며, 다만 정도의 차이가 있는 것으로 주장하는 학자들은 주로 영아애착 분류에 미치는 기질의 영향력과 양육자와 아동이 함께 상호작용적으로 형성해가는 조화의 적합성에 대한 기질의 직접적 영향력을 중심으로 살펴보았다(Kagan, 1994; Seifer & Schiller, 1995). 이를 구체적으로 살펴보면, 낯선 상황에서 저항애착으로 분류된 영아들의 경우 양육자와의 애착형성 때문이 아니라 애착유형을 평가한 낯선 상황 자체에 대한 영아의 과민반응, 즉 영아의 기질로 인한 차이라는 것이다. 즉, 기질적 특성은 활동수준과 마음의 진정능력(soothability) 또는 주의산만성(distractibility) 등을 내포하기 때문에, 어떤 학자들은 기질이 '낯선상황실험' 자체에 영향을 미친다고 생각하였다(Calkins & Fox, 1992; Goldsmith & Harman, 1994; Kagan, 1994;

Thompson, Connell, & Bridges, 1988).

또 다른 문제는 조화의 적합성과 관련된 문제로, 아동과 양육자가 함께 발달해 가는 애착관계 유형에 자녀의 기질과 어머니의 자녀양육 패턴이 직접적으로 영향을 미친다는 것이다. 예를 들어, 까다로운 기질의 영아는 어머니가 민감하고 즉각적으로 반응하기 어렵다. 또한 아기의 기질은 아동이 어머니의 양육을 어떻게 받아들이는가에 영향을 미칠 수도 있다. 즉, 동일한 양육이라 할지라도 영아의 기질에 따라 영아에게 다르게 받아들여지기 때문이다. 이와 같이 기질이 어머니의 양육태도와 애착관계에 직간접적으로 영향을 미친다는 연구결과는 국내외적으로 많이 있다(박응임, 1994; 최영희, 1990; 홍계옥과 정옥분, 1995; Seifer & Schiller, 1995; van den Boom, 1994).

그러나 이와 상반되는 입장에서는 애착형성 이전에 영아의 기질이 이미 모아 상호작용의 질에 영향을 미치기 때문에 기질만으로는 애착을 설명할 수 없다고 주장한다. 실제로 Bates와 동료들(1985)의 연구에 의하면 기질과 낯선 상황에서 측정한 영아애착유형과의 관계를 분석한 결과, 기질의 애착유형에 대한 영향력이 나타나지 않았다. 국내에서도 영아의 기질과 아버지에 대한 애착을 살펴본 이영환(1992)과 타인양육 영아의 애착을 살펴본 양연숙(2000)의 연구에서도 기질에 따른 차이가 나타나지 않았다.

한편 기질 외에 애착에 영향을 미치는 아동변인으로는 자녀의 성별과 자녀의 월령(개월 수)이 있다. 그러나 성별과 월령은 애착연구에서 기질과 같이 집중적으로 관심 있게 다루어진 변인은 아니다. 낯가림, 분리불안과 같은 애착의 행동유형은 생후 6~18개월경에 나타나는 보편적이며 생물학적인 현상이기 때문에, 성별과 개월 수에 따른 차이는 주요 분석대상으로 다루어지지 않았다.

③ 어머니의 내적 작동모델

어머니 애착에 미치는 주요 변인으로는 기질, 성별과 같은 아동 변인 외에, 왜 어떤 어머니는 다른 어머니보다 영아에게 더욱 정서적으로 밀접하며 긍정적으로 반응하는가 하는 어머니 관련 변인이 있다. 특별히 어머니의 애착에 있어 나타나는 이러한 차이들은 오랫동안 발달심리학과 아동학에서의 주요 주제였다. 최근까지 이에 대한 가장 합리적인 해답은 어머니 자신의 아동기 경험에 대한 기억 때문이라는 주장이다(Vasta et al., 1999).

성인애착면접(AAI)을 통해 어머니의 아동기적 애착관계를 4집단—자율(autonomous), 무시(dismissing), 집착(preoccupied), 미해결(unresolved)—으로 분류하여 현재 어머니의 자녀양육과의 관련성을 살펴본 결과, 어렸을 적 자신의 애착안정성에 대한 어머니의 기억과 느낌은 지금 현재 자신과 자녀와의 관계와 양육에 영향을 미치는 것으로 나타났다(Crowell & Feldman, 1991; van IJzendoorn, 1995; van IJzendoorn et al., 1992). 즉, 어머니의 어렸을 적 애착이 실제로 지금 자녀와 함께 형성해가는 애착유형의 주요 변인임이 밝혀졌다. 또한 임신기간 동안 수행된 어머니의 인터뷰는 이후 아동에 대한 애착을 예측하였으며(Steele, Steele, & Fonagy, 1996; Ward & Carlson, 1995), 자녀가 6세 때 수행한 어머니의 인터뷰는 12개월 때 측정한 애착과 정적 상관이 있었다(Main et al., 1985).

어머니의 내적 작동모델과 어머니의 양육태도의 관계를 살펴본 국내연구에서는 상반된 연구결과가 나타났다. 즉, 어머니의 안정적인 내적 작동모델은 온정적이며 수용적인 양육행동과 그리고 안정적이지 못한 내적 작동모델은 부정적인 양육행동과 관련되어 있다는 연구결과(이현미, 1997; 전효정, 2003)와 부모의 애착 내적 작동모델 유형에 따라 차이가 없었다는 결과(박응임, 1994; 이영환, 1992)가 함께 제시되었다. 이러한 연구결과는 애착연구에 있어 문화적 특수성과 개별성의 중요성을 더욱 강조하게 된다. 어머니애착에 비해 상대적으로 많은 연구가 수행되어 온 영아애착 연구에서도 문화적 특수성은 많은 관심을 불러일으켜 왔다. 애착이 종 특유의 생물학적 속성을 지녔으며 애착의 안전기반 현상은 모든 문화권에서 발견되는 보편적 현상이지만, 문화마다 독특하게 이루어지는 부모 자녀 관계와 애착행동 특성을 간과한 채 한 문화권에서 설정한 측정방법과 기준으로 비교하는 것은 분명 적절하지 않기 때문이다.

애착연구에 있어 이러한 문화적 독특성을 고려하여, 황현주와 정옥분(2006)

은 최근 한국 어머니 애착의 척도를 개발한 후 어머니 애착에 영향을 미치는 관련변인을 살펴보았다. 그 결과 영아의 개인적 특성(성별, 월령, 기질)과 배우자 변인(남편의 지지, 결혼만족도) 보다 어머니 자신의 모에 대한 애착안정성이 영아에 대한 어머니의 애착에 가장 많은 영향을 미쳤다. 이러한 연구결과는 어머니가 어렸을 때 자신의 어머니와 형성한 애착관계, 즉 어머니의 내적 작동모델이 자신의 자녀에 대한 어머니 애착의 주요 변인임을 입증한 것이다. 이와 같이 생애 초기에 형성한 영아와 어머니의 애착은 전생애를 넘어 다음 세대에 이르기까지 중요한 영향을 미치고 있다.

8 애착과 발달 및 정신병리

애착은 개인의 사회정서발달과 밀접한 관련이 있다. 영아는 양육자와 애착을 형성하거나 애착대상을 상실하는 과정에서 강렬한 정서적 경험을 하게 되며, 양육자와의 지속적인 상호작용을 통해 내적 작동모델을 형성한다. 이와 같이 형성된 내적 작동모델은 사회적 관계에서 아동의 기대와 행동, 지각에 영향을 미침으로써 또래관계나 성인기의 연인관계와 같은 이후의 인간관계의 초석이 된다. 각 개인은 어린 시절 부모와의 관계에 따라 상이한 내적 표상을 형성할 것이고, 일단 형성된 내적 표상은 이후의 관계에 지속적으로 영향을 미쳐 자신의 내적 표상을 확신시켜주는 사회적 관계를 형성하게 된다.

애착은 인지발달과도 관련이 있다. 웃기, 울기, 탐색하기와 같은 애착행동은 인지발달과 밀접한 관련이 있으며, 인지발달수준이 높아질수록 영아는 보다 정교한 내적 작동모델을 형성하게 된다. 내적 작동모델은 정보처리과정에 영향을 미치며, 특히 선택적 주의집중능력이나 기억과 밀접한 관련이 있다.

초기의 애착경험이 이후의 발달과 관련이 있다는 사실에 비추어 볼 때에 애착관계에서의 문제는 정신병리와도 관련이 있다고 생각할 수 있다. 애착문제로 인해 발생하는 대표적인 정신병리로는 분리불안장애, 반응성 애착장애, 경계성 인격장애 등을 들 수 있으며, 이처럼 애착문제가 정신병리를 유발한다는 사실은 어린 시절 부모와의 관계가 개인의 발달에 지대한 영향을 미친다는 사실을 말해주는 것이다. Bowlby는 아동발달에서 부모의 결정적인 역할에 가장 관심을 가졌으며, 실제로 그는 생의 후반부에 이에 대한 연구에 상당 시간을 할애하였다.

이 장에서는 부모자녀 간의 애착관계가 아동의 사회정서발달과 인지발달에 어떠한 영향을 미치는지를 살펴보고, 나아가 애착관계의 문제가 아동의 정신병리와 어떠한 관련이 있는지를 살펴보고자 한다.

1. 애착과 사회정서발달

애착은 영아가 도움이 필요한 경우에 양육과 보호를 받을 수 있다는 기대에 근거한 두 사람 간의 정서적 유대감이라고 할 수 있다. 따라서 애착은 개인의 정서발달과 밀접한 관련이 있다. 또한 이러한 정서적 유대감은 내적 작동모델을 통해 이후의 사회적 관계에 영향을 미치게 된다.

1) 애착과 정서발달

Bowlby는 애착형성이나 분리의 과정에서 영아는 다양한 정서를 경험하게 된다고 하였다. 불안감을 느끼는 상황에서 불안감을 최소화하고 안정감을 최대화하는 것이 애착형성의 주된 동인이라는 점에서 애착과 정서는 밀접한 관련이 있다. 또한 영아가 표현하는 정서에 대해 양육자가 어떠한 반응을 보이는가에 따라 상이한 애착유형이 형성될 것이고, 이처럼 형성된 애착유형에 따라 이후 영아의 정서표현이나 부모의 반응도 상이하게 나타난다.

(1) 애착과 정서

Bowlby(1979)는 영아가 양육자와 애착을 형성하고, 이러한 관계를 유지하고, 애착대상을 상실하는 과정에서 강렬한 정서적 경험을 하게 된다고 하였다. 영아는 애착이라는 유대감을 형성하는 과정에서 사랑이라는 정서에 빠지는 것과 유사한 정서를 경험하게 되며, 이러한 유대감이 지속되면 즐거움의 정서를 경험하게 되고, 그렇지 못하면 분노의 정서를 경험하게 된다. 유대감을 상실하는 것에 대한 두려움은 불안의 정서를 유발하며, 실제로 유대감을 상실하게 되면 슬픔의 정서를 경험하게 된다. 이러한 관점에서 본다면 애착의 형성에는 적어도 한 가지 이상의 정서가 관련되어 있음을 알 수 있다.

이 같은 정서적 반응은 진화론적 압력에서 비롯된다. 애착관계를 형성하면 긍정적인 정서를, 이를 상실하면 슬픔을 경험하도록 선천적인 성향을 부여받은 영아는 애착을 형성하기 위해 적극적으로 행동하게 되며, 이러한 행동은 영아의 생존능력을 향상시키게 된다. 이처럼 영아와 양육자 간의 애착에 대한 Bowlby의 초기의 관점은 생존가능성과 관련된 진화론적 관점에 초점을 맞춘 것이었다. 따라서 영아가 위험에 처하거나 놀랐을 때 양육자에 대해 근접성을 추구하는 것이 애착의 특징이라고 하였다. Bowlby는 특정한 종류의 사건은 영아에게 불안감을 유발하며 영아는 이러한 불안감을 감소시키기 위해 양육자와 근접성을 추구하거나 이들로부터 위안을 얻고자 한다. 영아에게 불안감을 유발하는 요인은 크게 영아요인(피로, 배고픔, 질병 등), 양육자요인(양육자의 부재, 양육자가 근접성을 저해하는 경우 등) 그리고 환경요인(놀라게 하는 사건의 발생 등)으로 분류할 수 있으며, 어떤 요인에 의해서든지 불안이 유발되면 영아는 양육자에게 신체적으로나 심리적으로 다가가고자 한다.

Ainsworth와 그 동료들(1978)도 안정애착에 대해 언급하면서 두렵거나 놀라거나 불안한 느낌과는 상반되는 안정감을 강조하였다. 이들은 양육자의 역할은 위험을 제거하거나 위험으로부터 영아를 벗어나게 하는 것으로, 보호적인 행동임과 동시에 영아의 위험에 대한 지각과 그 결과로서 생긴 정서에 대해 반응하는 것이라고 하였다. 영아의 정서표현방식은 모델링을 통해 습득되므로 어머니의 정서표현에서의 차이는 영아의 애착유형과 관련이 있다. Ainsworth의 애착 유형은 바로 영아가 어떻게 정서를 조절하고 표현하는가와 관련된 것이다. 영아의 정서적인 신호에 대한 부모의 반응은 영아가 정서경험을 체계화하고 안정감을 형성하는 데 결정적인 역할을 하며, 안정감을 제공해주는 안전기지로서 양육자의 일관성 있는 행동은 영아의 부정적인 정서를 감소시킨다고 하였다(Seifer & Schiller, 1995).

Mario Mikulincer

Mikulincer, Shaver와 Pereg(2003)은 사람들은 불안감이 유발되는 상황에서 이를 감소시키기 위하여 세 가지 전략을 사용한다고 하였다. 첫 번째 전략은 안전에 근거한 전략(security based strategy)이다. 사람들은 불안감을 유발하는 자극을 인식하게 되면 이를 감소시키기 위하여 상대방에게 신체적 · 심리적 근접성을 추구한다. 이러한 경우 상대방이 긍정적인 반응을 보이게 되면 안정감이 생기고 불안감은 감소하게 된다. 두 번째 전략은 회피전략(avoidance strategy)이다. 회피전략에서도 사람들은 불안감을 유발하는 자극을 인식하게 되면 이를 감소시키기 위하여 상대방에게 신체적 · 심리적 근접성을 추구한다. 이러한 경우 상대방이 긍정적인 반응을 보이면 안정감이 생기고 불안감은 감소하겠지만 상대방에 대한 접근이 불가능하거나 상대방이 접근하려는 요구를 거부하게 되면 불안감이 고조되고, 그 결과 사람들은 상대방으로부터 긍정적인 반응을 포기하고 자신의 불안감을 억누르거나 상대방과 거리를 두게 된다. 세 번째 전략은 과잉활성화전략(hyperactivation strategy)이다. 과잉활성화전략에서도 마찬가지로 사람들이 불안감을 유발하는 자극을 인식하게 되면 이를 감소시키기 위하여 상대방에게 신체적 · 심리적 근접성을 추구한다. 그러나 상대방이 접근에 대해 거부반응을 보이면 불안감은 고조되고, 그 결과 과도하게 접근을 추구하게 되고 다시 거부당하는 순환이 일어나게 된다. 이러한 순환은 상대방이 마침내 긍정적인 반응을 보임으로써 안정감에 근거한 전략으로 옮아가거나 상대방으로부터 긍정적인 반응을 얻기를 포기하는 회피전략으로 옮아가면서 끝나게 된다. Mikulincer와 그 동료들은 안전감에 근거한 전략을 사용하는 경우 사람이나 사물에 대해 보다 긍정적인 생각을 갖게 되고, 이러한 긍정적인 생각은 고통스러운 상황을 해결할 수 있는 능력을 향상시키게 된다. 반면 회피나 과잉활성화 전략은 보다 부정적인 생각을 갖게 하며, 그 결과 고통스러운 상황을 해결할 수 있는 능력을 저하시킨다고 하였다.

Everett Waters

이처럼 애착의 중요한 구성요소로 아동이 느끼는 불안감을 감소시키고 안정감을 강조하였다는 점에서 Sroufe와 Waters(1977)는 애착이론이 바로 정서조절이론이라고 하였다.

(2) 양육자의 반응과 애착유형

애착이론은 정서발달의 두 가지 측면에 관심을 가지고 있다. 첫째, 영아의 정서에 양육자가 어떻게 반응하는가에 따라 애착의 유형이 결정된다는 것이다. 둘째, 애착이론은 초기의 애착유형이 이후의 정서표현과 조절에 영향을 미친다고 가정한다. 즉, 일단 특정한 애착유형이 형성되면 이는 이후 아동과 어머니의 정서반응에 차이를 유발하는 요인으로 작용한다.

Bowlby는 영아의 정서에 대한 부모의 반응이 애착의 핵심이라고 하였으며, Ainsworth도 영아의 정서적 신호에 대한 양육자의 반응이 애착형태를 결정짓는 일차적인 요인이라고 하였다. Ainsworth는 애착의 발달에서 양육자의 반응으로 특히 민감성을 강조하였다. Ainsworth의 우간다연구와 볼티모어연구 모두에서 애착유형을 평가하는 주요 요소 가운데 하나는 영아의 신호에 대한 어머니의 민감성이었다. Bell과 Ainsworth(1972)도 영아의 울음과 어머니의 반응성에 대한 연구에서 초기의 어머니의 반응성은 이후 유아의 울음을 감소시키는 역할을 한다고 하였다. 그리고 '낯선상황실험' 에서 영아가 애착대상을 탐색을 위한 안전기지로 삼고 스트레스 상황에서 유발되는 정서적 불안감을 조절하기 위한 자원으로 양육자를 어떻게 활용하는가를 애착유형을 구분하는 핵심적 요인으로 간주하였다.

애착의 형성에서 가장 중요한 요소는 영아가 표현하는 정서에 대한 성인의 반응, 즉 영아가 표현하는 정서를 양육자가 수용하는 정도의 문제이다. 어머니의 정서인식이 영아의 애착행동에 어떠한 영향을 미치는가에 대한 연구에서 1세 영아의 얼굴표정 사진을 보고 영아가 표현하는 정서가 긍정적, 부정적 혹은 혼합된 정서인지에 대한 반응을 분석한 결과, 안정, 회피, 저항유형 영아의 어머니들 간에 차이가 나타났다. 긍정적 정서표현에 대해서는 세 집단 간에 차이가 나타나지 않았으나 부정적 정서표현에 대해서는 회피유형 아동의 어머니의 반응수준이 낮았으며, 혼합된 정서표현에 대해서는 안정유형과 저항유형 영아의 어머니는 모든 범주의 정서에 대해 반응을 보인 반면, 회피유형 아동의 어머니는 낮은 수준의 긍정적 정서나 호기심에 대해서만 반응을 하는 것으로 나타났는데, 이는 회피유형 아동의 어머니의 정서인식 수준이 낮은 것임을 보여주는 것이다. 이처럼 영아의 정서표현에 대한 어머니의 반응에서 차이를 보이는 것은 어머니 자신의 애착유형이 자녀와의 관계에 영향을 미치는 것으로 볼 수 있다. 임신부를 대상으로 비디오에 등장하는 유아의 표정인식에 대한 Blokland의 연구에서도 안정유형 어머니가 가장 높은 점수를 얻었고, 비디오에 등장하는 유아와 동일한 표정을 짓는 것으로 나타났다. 저항유형 어머니는 그 다음으로 정확하였으며, 회피유형은 덜 정확하고 덜 표현적인 것으로 나타났다(Goldberg, 2000).

Goldberg, MacKay-Soroka와 Rochester(1994)는 애착유형별 어머니의 반응에 대한 연구에서, 회피애착 유아의 어머니는 유아가 잘 놀고 있을 때에 반응을 하며 부정적 정서를 표현할 때에는 오히려 물러나는 반면, 안정애착 유아의 어머니는 유아가 잘 놀고 있을 때에는 오히려 혼자 놀도록 하고 고통을 표현할 때에 보다 많은 상호작용을 한다고 보고하였다. 유아가 새로운 경험을 할 때 어머니의 대처전략에 대한 연구에서도 안정애착 아동의 어머니는 용기를 북돋아주고 위안을 제공해주는 반면, 불안정애착 아동의 어머니는 접근을 강요할 뿐 위안을 제공하지 않았다. 볼티모어 종단연구에서도 안정애착 아동의

Susan Goldberg

Jude Cassidy

어머니는 융통성이 있는 반응을 보이는 반면, 회피애착 아동의 어머니는 표현력이 부족하고 경직되어 있으며, 저항애착 아동의 어머니는 자신의 아기뿐만 아니라 다른 성인에게도 자주 분노와 두려움을 표현하며 덜 행복해하는 것으로 나타났다. 그리고 혼란애착 유형의 어머니는 다른 집단의 어머니들에 비해 정서표현에 대한 정보가 일관성이 없는 것으로 나타났다(Cassidy & Berlin, 1994).

결론적으로 안정애착 아동의 어머니는 보다 정확하게 자녀의 정서를 해석하고 자발적으로 이에 반응을 하는 반면, 불안정애착 아동의 어머니는 정서표현 수준이 낮았거나 자녀의 부정적 정서의 강도를 실제 수준보다 낮게 평가하였다. 이러한 사실은 유아의 정서반응에 대한 어머니의 반응이 유아가 애착유형을 형성하는 데 영향을 미친 것으로 볼 수 있다.

(3) 애착유형에 따른 아동과 어머니의 정서반응

자녀가 표현한 정서에 대해 어머니가 어떻게 반응하는가에 따라 애착유형이 결정되기도 하지만 이러한 애착유형에 따라 이후에 아동이 보이는 정서반응이나 어머니의 정서반응도 상이하게 나타난다. 안정애착 아동은 자신의 보호와 편안함의 욕구를 자유롭고 직접적으로 표현하는 반면, 회피유형 아동은 자신의 애착욕구를 표현하는 데 제한적이며, 저항유형 아동은 자신의 정서를 과장하여 표현한다. 즉, 안정애착 아동은 양육자와 분리가 이루어지기 전에 충분히 긍정적인 정서를 교환하며, 따라서 분리 이후 일시적으로 고통스러운 정서를 경험한다 하더라도 부모와 재결합을 하게 되면 다시 빠르게 긍정적인 정서로 되돌아오게 된다. 회피애착 아동은 긍정적이건 부정적이건 정서표현이 현저하게 부족한 반면, 저항애착 아동은 분리 이전이나 이후에 부정적인 정서반응이 지배적이다. 성인애착면접을 통해 관찰한 성인의 반응도 이와 유사하다. 자율유형은 적절한 정서반응을 통해 어린 시절의 애착경험을 기술하는 반면, 무시유형은 고통스러웠던 기억을 기술하면서 정서표현이 거의 나타나지 않으며, 집착유형은 이러한 기억을 서술하면서 분노로 가득 차 있다(Goldberg, 2000). 이처럼 애착유형에 따

R. Rogers Kobak

라 이후 개인이 표현하는 정서반응은 차이가 있다.

청년을 대상으로 한 연구에서 Kobak과 그 동료들(Kobak et al., 1987; Kobak & Sceery, 1988)은 정서조절이 애착체계의 중요한 특징이라고 하였다. 자율애착유형의 청년은 애착대상으로부터 자신의 고통스러운 정서가 수용될 수 있다는 기대를 가지고 있으므로 이들로부터 정서적 지지를 얻기 위해 상호작용을 시도하는 반면, 무시애착유형은 자신의 고통스러운 정서를 타인으로부터 수용받지 못한다는 생각이 지배적이므로 이들과의 상호작용을 피하게 되며, 집착애착유형은 양육자가 지나치게 자신의 고통스러운 정서에 반응함으로써 자율성과 자신감의 발달을 저해한다는 생각이 지배적이므로 이들로부터 자신을 방어하기 위해 강한 부정적 감정을 표출하게 된다. 그러므로 애착대상에 대한 개인의 내적 작동모델은 고통스러운 정서를 조절하는 방식과 관련이 있다. 자신이 고통스러운 신호를 보냈을 때 양육자가 이에 대해 효과적으로 반응할 것이라는 내적 작동모델을 가지고 있는 경우에는 양육자에게 적극적으로 근접성을 추구하게 되는데, 이러한 전략은 안정감을 회복할 수 있는 가장 효율적인 방법이다(Main, 1990). 반면 자신의 고통에 대해 양육자로부터 선택적인 반응이 나타날 것이라는 내적 작동모델을 가지고 있을 때에는 과소활성화(deactivating)와 과잉활성화(hyper-activating)라는 전략을 사용하게 된다(Kobak et al., 1993). 과소활성화는 애착욕구와 관련된 정보들을 억제하는 것을 포함하는데, 이는 회피/무시유형의 특성이다. 과잉활성화는 애착행동과 감정표현이 과장되게 나타나는데, 이는 저항/집착유형의 특성이다(〈그림 8-1〉 참조).

이와 유사하게 Cassidy(1994)도 정서조절은 애착전략의 한 측면이라는 유사한 관점을 제시하였다. 안정감은 개방적이고 융통성 있는 정서표현과 관련이 있는데, 여러 다양한 정서에 반응적인 부모의 자녀는 정서를 표현하는 것이 관계에서 유용하다는 사실을 알게 된다. 반면, 회피는 정서표현을 최소화하는 것과 관련이 있는데, 이러한 경우 양육자는 부정적인 정서표현을 무시하는 경향이 있으며 그 결과, 아동은 양육자의 거부에 대비하여 감정표현을 억누르거나 왜곡시

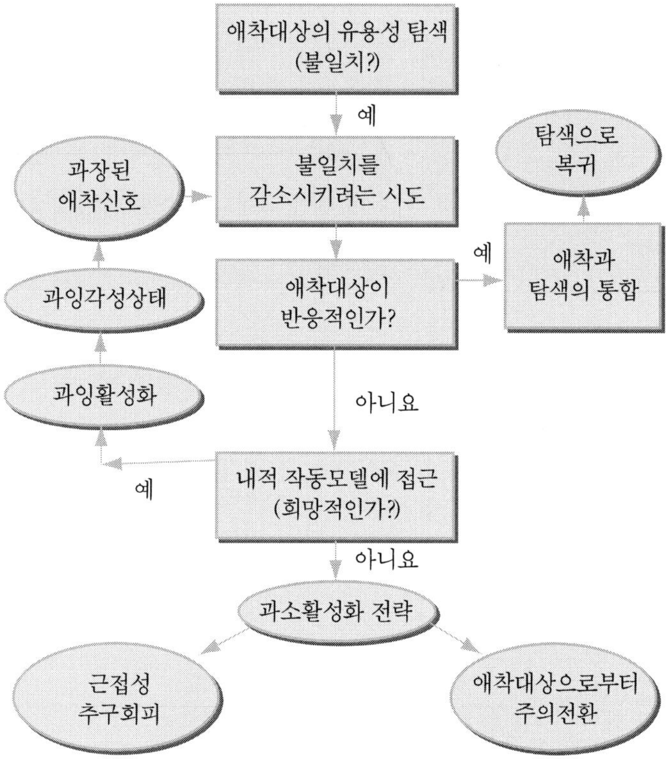

〈그림 8-1〉 과소활성화와 과잉활성화전략

출처: Kobak, R. R., Cole, H. E., Ferenz-Gillies, R., Fleming, W. S., & Gamble, W. (1993). Attachment and emotion regulation during mother-teen problem solving: A control theory analysis. *Child Development, 64*, 231-245.

키는 것을 학습하게 된다. 또한 저항은 과장된 정서표현과 관련이 있는데, 양육자는 아동의 부정적인 정서에 대해 선택적이고 일관성 없는 반응을 보이는 경향이 있으며, 그 결과 아동은 양육자의 관심을 끌기 위해 과장된 감정을 표현한다고 하였다. 또한 Crittenden(1992)은 정보를 구하는 방식에 있어서도 안정애착 아동은 인지적 정보와 정서적 정보 간에 균형을 이루지만 회피애착 아동은 주로 인지적 정보에 의존하고 저항애착 아동은 정서적 정보에 의존한다고 하였다.

2) 애착과 사회성발달

애착이론가들은 인간은 생의 초기에 양육자와의 지속적인 상호작용을 통해 내적 작동모델을 형성하게 되고, 이는 이후의 사회적 관계에서 아동의 기대와 행동, 지각에 영향을 미침으로써 이후의 또래관계나 성인기 연인관계의 초석이 된다고 하였다.

(1) 애착과 또래관계

생애 초기의 애착관계는 아동기에서의 또래관계와 밀접한 관련이 있다. 안정애착으로 분류되었던 유아들은 아동기에도 또래와 보다 긍정적인 상호작용을 주고받으며, 또래들은 안정애착 아동들을 좋아하고, 교사들도 이들을 보다 협동적이고 사회적으로 유능한 것으로 평가하였다(Belsky & Cassidy, 1994).

William L. Roberts

또한 초기의 사회적 능력의 발달에는 Ainsworth의 애착유형분류의 중요한 요인 가운데 하나로 알려진 어머니의 민감성이 큰 영향을 미치는 것으로 나타났다. 사회적으로 유능한 아동의 어머니는 취학 전 아동이 부정적 정서반응을 보일 때에 단호하게 반응했지만, 그와 동시에 아동이 스트레스를 받은 원인이 무엇인지를 이해하고 인정해주는 데 있어서 민감성을 보였다(Roberts & Strayer, 1987). Putallaz(1987)의 연구에서도 또래집단에서 인기 있는 아동의 어머니는 그렇지 않은 아동의 어머니보다 아동의 정서에 민감한 것으로 나타났다.

Martha Putallaz

안정애착을 형성한 아동은 자신들이 어려움에 처해 있을 때 도움을 받을 수 있는 외부 체계가 존재한다는 사실을 알고 있는 반면, 불안정애착 아동은 그러한 확신이 없기 때문에 자신의 정서표현을 억제하거나 극도로 예민하게 반응한다. 안정애착을 형성한 유아는 자신을 사랑받을 만한 가치가 있는 존재로 인식하기 때문에 전반적으로 긍정적인 정서를 나타내고, 또래의 행동에 긍정적인 방식으로 반응하며, 또래에 대한 감정이입이 더 잘 이루어지는 반면, 불안정애착을 형성한 아동은 자신이 또래로부터 거부될 것으로 예측함으로써 공격적이고 적대적이며 충동적으로 행동하는 것으로 나타났다(Sroufe, 1983; Sroufe & Fleeson, 1986). 또한 안정애착을 형성한 유아는 타인에게 보다 감정이입적이고 친사회적인 행동을 많이 하며, 이들로부터 적극적인 도움을 청하는 행동을 배우는 반면, 회피애착아동은 정서표현과 조절에서 억제를 배우게 된다(Brenner & Salovey, 1997).

Peter Salovey

우리나라의 연구에서도 안정애착을 형성한 유아는 정서지능이 높고 타인의 감정에 공감하고 타인과 원만한 관계를 형성하는 것으로 나타났다(유효순, 2003). 또한 유아가 어머니와 교사와의 애착이 모두 안정적일 때 유치원에서 행동상의 문제를 덜 보이며 적응을 잘하는 것으로 나타났다(오재연, 2005). 그리고 실제 치료놀이활동 프로그램을 통해 부정적 애착표상은 보다 긍정적 애착표상으로 변화하였으며, 그 결과 대인 간 문제해결능력이나 사회적 행동이 상당히 향상된 것으로 나타났다(하은실, 2007).

이와는 달리 미네소타 종단연구에서는 안정애착 유아 중 일부도 이후 아동기에 행동문제를 보인 것으로 나타났다(Erickson, Sroufe, & Egeland, 1985). 행동문제를 보인 안정애착 유아들의 어머니는 이들에 대한 정서적 지지도가 낮았고, 유아기에 적절한 지도를 하지 않은 것으로 나타났다. 반면 불안정애착 유아 중 아동기에 행동문제를 보이지 않은 유아들의 어머니는 보다 지지적이고 애정적이며 적절한 지도를 하는 것으로 나타났다. 즉, 발달 초기에 안정애착을 경험한 아동도 이후 성장과정에서 어머니가 적절한 보살핌이나 지지를 보이지 않은 경우에는 적절한 보살핌을 보인 경우보다 행동문제를 보이는 비율이 높았다. 또한 불안정애착 유아로 평가된 경우라도 이후 어머니가 적절한 보살핌을 한 경우에는 그렇지 않은 경우보다 이후의 발달에서 적응을 보다 잘하는 것으로 나타났다.

(2) 성인기의 애정관계

애착의 영향은 영아기에 국한되는 것이 아니라 성인기까지도 지속적으로 영향을 미치는 것으로 나타난다. Bowlby는 어린 시절 부모와 형성된 애착관계는 전생애에 걸쳐 개인의 사회적 적응에 영향을 미친다고 하였다. 즉, 초기의 애착관계는 청년기의 연인관계나 성인기의 부부관계에 영향을 미친다고 볼 수 있다.

Hazan과 Shaver(1987)는 어린 시절 부모와의 애착관계를 성인기의 사랑관계에 적용시켰다. 이들은 유아기 애착에 대한 Ainsworth(1979)의 애착유형연구에 근거하여 성인기의 애착양식을 세 가지 유형으로 분류하였다. 첫째, 안정유형(secure style)은 자신이 사랑받을 만한 가치가 있고 자신이 원할 때 도움을 줄 수 있는 외부 세계를 가지고 있다는 내적 표상이 형성된 유형이다. 이들은 쉽게 타인과 친밀한 관계를 유지하고 상호의존적이며 상대방으로부터 버림받을까 두려워하지 않는다. 반면 회피유형(avoidant style)은 자신의 가치와 필요할 때 도움을 줄 외부 세계에 대한 내적 표상이 불확실한 유형을 의미한다. 이들은 타인과 너무 가까워지는 것을 두려워하고, 쉽사리 상대방을 믿거나 의지하지 못한다. 세 번째 유형인 불안-양가유형(anxious/ambivalent styles)은 자신이 사랑받을 만한 가치가 없고 필요할 때 타인으로부터 도움을 받을 수 없다는 내적 표상이 형성된 유형이다. 이들은 자신은 상대방과 가까워지기를 간절히 바라지만 상대방은 그에 상응하지 못한다고 생각한다. 그래서 상대방이 자신을 진심으로 사랑하지 않을까 봐 걱정하며 관계에 자신이 없다.

이처럼 상이한 애착유형에 따라 사랑을 경험하는 방식에서도 차이를 보이게 된다. 안정애착유형은 자아존중감이 높고 타인에게도 긍정적인 생각을 가지고 있으므로 상호 간에 친밀하고 신뢰로운 관계를 형성하는 반면, 회피애착유형은 친밀감에 대한 회피나 공포반응을 보이는 것으로 나타났다. 또한 불안/양가 애착유형은 정서적으로 의존적이고 상대방에게 강박적으로 몰두하는 경향을 보였다(Feeney & Noller, 1990; Hazan & Shaver, 1987).

또한 Bartholomew와 Horowitz(1991)는 연인관계와 교우관계의 중요성과 느낌을 탐색하기 위한 반구조화된 면접법을 고안하였다. 이는 외로움, 수줍음, 타인을 신뢰하는 정도, 타인의 눈에 비친 자신의 인상과 상호관계에서 변화되기를 원하는 점 등에 대한 질문을 근거로 안정유형, 무시유형, 집착유형, 두려움유형으로 분류된다.

Bartholomew와 Horowitz는 작동모델이 자기표상과 타인표상의 두 부분으로 구성되어 있으며, 이는 다시 자신과 타인에 대한 긍정적 또는 부정적 사고로 구분할 수 있다고 하였다. 이들은 애착양식과 자아존중감, 사회성과의 관계를 검토하였다. 연구결과, 안정, 무시유형은 집착, 두려움유형보다 자아존중감이 높은데, 이는 자신에 대한 긍정적 사고와 관련된 것으로 볼 수 있으며, 안정, 집착유형은 무시, 두려움유형보다 사회성이 높은데, 이는 타인에 대한 긍정적 사고와 관련된 것으로 볼 수 있다. 어느 누구도 특정한 형태의 원형에 들어맞는 것은 아니며 시간의 경과에 따라 변화하기도 하지만 Bartholomew와 Horowitz는 초기의 부모자녀관계가 성인기의 대인관계에 영향을 미친다고 하였다.

Kim Bartholomew

2. 애착과 인지발달

Bowlby는 인지심리학이 애착이론의 토대가 되는 학문분야 가운데 하나라고 생각하였다. 애착은 정보처리, 선택적 주의집중능력이나 기억과 관련이 있고, 영아가 보이는 애착행동은 인지발달과 밀접한 관련이 있으며, 인지발달수준이 높아질수록 영아는 보다 정교한 내적 작동모델을 형성하게 된다.

1) 애착과 정보처리

인간의 아기는 다른 어떤 정보보다도 시각적인 정보에 가장 먼저 관심을 보이며, 특히 움직임이 많은 사람의 얼굴표정에 관심을 집중한다. 그 다음으로는 청각적인 것에 관심을 보이는데, 높은 소리와 음조의 변화가 있는 소리에 관심을 갖는다. 이처럼 아기들은 출생 시부터 주변의 환경에 대해 선택적인 관심을 갖는데, 애착과 관련된 정보도 그 가운데 하나이다.

정보처리과정에서 사람들은 상대방에게 특정한 반응을 유도하는 방식으로 행동하고 자신의 내적 작동모델에 근거하여 상대방의 반응을 해석하며, 자신의 내적 작동모델과 일치하는 상대방에게 접근하려는 경향이 있다. 따라서 애착유형에 따라 상이한 내적 작동모델을 형성하므로, 이에 따라 정보처리에서도 차이를 보이게 된다. 애착이 인지발달과 관련이 있다는 사실은 가족에 대한 표상에서 두드러지게 나타나는데, 안정애착 아동은 그림에서 보다 완벽하고, 성별 구분이 있고, 개별적인 대상을 그렸으며, 가족원 가운데 특정 인물을 생략하지 않고 모든 구성원을 그렸다. 반면 불안정애착 아동은 배경이 없거나 인물이 땅에 서 있지 않고 성별 구분도 없이 불완전한 그림을 그렸으며, 가족구성원 가운데 특정한 인물이 생략되는 경우가 많았다(〈그림 8-2〉 참조). 연구결과, 안정애착유형은 불안정애착유형보다 인지적으로 유능하며, 불안정유형 가운데서도 회피유형이 저항유형보다 유능한 것으로 나타났다. 그리고 애착과 지능점수와의 관련성은 그다지 높지 않으나 애착과 언어발달 간의 관련성은 비교적 높은 것으로 나타났다(Goldberg, 2000).

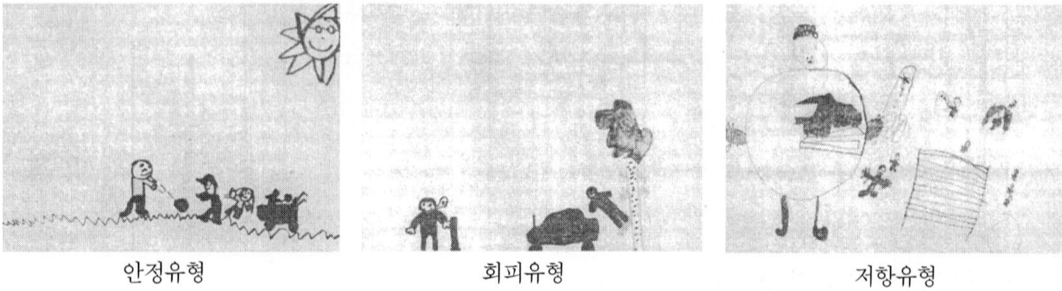

안정유형 회피유형 저항유형

〈그림 8-2〉 아동의 그림에 나타난 애착유형별 차이

출처: Goldberg, S. (2000). *Attachment and development*. Hillsdale, NJ: The Analytic Press.

청소년과 성인을 대상으로 한 연구에서도 안정유형은 면담과정에서 상위인지 능력의 작동으로 자신의 기억이 잘못될 수 있다는 사실과 아울러 타인은 자신과 상이한 관점을 가질 수 있다는 사실을 인식하였으며, 현재의 생각이 어린 시절의 실제 경험과 차이가 있을 수 있다는 사실을 인식하였다. 그러나 무시유형은 어린 시절의 기억으로의 접근이 불가능하여 간단하고 불완전한 대답을 하였으며, 의미기억과 일화기억 간의 충돌로 인해 상대적으로 일관성 없는 이야기를 만들어내는 것으로 나타났다. 반면 집착유형은 일관성이 없는 이야기를 함과 동시에 지속적으로 불필요한 이야기를 하는 것으로 나타났다. 따라서 애착유형은 애착과 관련된 정보를 처리하는 독특한 방식과 관련이 있으며 이러한 차이는 역으로 애착유형을 분류하는 기준이 되기도 한다.

우리나라의 연구에서도 대학생들의 진로에 대한 역기능적 사고는 부모와의 애착관계와 관련이 있는 것으로 나타났는데, 부모와의 애착수준이 낮을수록 자신의 진로에 대해 역기능적 사고를 많이 하는 것으로 나타났다. 그러므로 부모와의 애착관계는 유아기뿐만 아니라 청년 후기의 사고에도 영향을 미치는 중요한 요인임을 알 수 있다(최현영, 2005).

2) 애착과 선택적 주의집중

선택적 주의집중능력은 애착과 인지발달과의 관련성에 대한 연구에서 가장 두드러지는 영역으로 볼 수 있다. Main(1991)은 영아를 대상으로 한 연구에서 안정애착 영아는 양육자와 환경 모두에 대해 균형 잡히고 융통성 있는 주의집중을 하는 반면, 회피애착 영아는 환경에만 주의집중을 하고 양육자에게는 거의 주의집중을 하지 않으며, 저항애착 영아는 환경적인 정보는 무시하고 양육자에게 과다하게 주의집중을 한다고 하였다. 이는 안정애착 아동뿐만 아니라 회피애착 아동과 저항애착 아동 모두가 나름대로 조직적인 선택적 주의집중전략을 가지고 있다는 것을 의미하는 것이다. 이에 대해 Crittenden(1995)은 예측할 수 있는 양육자의 반응을 경험한 안정애착 영아는 양육자의 행동을 기대할 수 있으므로 적절한 선택적 주의집중이 이루어지지만 예측할 수 있는 애착대상을 경험하지 못한 불안정애착 영아는 양육자의 행동을 예측할 수 없으므로 회피유형의 경우 양육자에게 거의 주의집중을 하지 않고 주변의 사물에 주의집중을 하는 반면, 저항유형은 오히려 양육자에게 과도하게 주의집중을 하게 됨으로써 주변의 사물에 주의집중을 할 수 없게 된다고 하였다.

아동기에도 애착유형은 선택적 주의집중에 중요한 역할을 한다(Main, 1991). 안정애착아동은 영아들과 마찬가지로 양육자에게 인사를 한다든가 자신이 하고 있는 활동에 그들을 끌어들임으로써 함께 놀거나 필요한 정보를 교환한다. 회피유형 아동은 애착대상이 돌아오는 것이 그다지 중요하다고 생각하지 않기 때문에 다른 활동으로 매우 분주하거나 이들에게 주의집중을 하지 못하는 반면, 저항유형 아동은 과다하게 양육자와의 관계에 집착한다. 따라서 저항유형 아동은 양육자의 부재상황에서 안정유형이나 회피유형보다 주변의 사물에 대해 조직적인 탐색을 덜 하며, 애착대상이 되돌아오면 놀이나 탐색활동을 최소 수준으로 줄이고 이들과의 관계에 집착한다. Main은 불안정 유형은 전생애에 걸쳐 애착대상을 감시하고 주의집중을 유도하기 위한 전략에 몰두하는 반면, 안정유형은 그럴 필요가 없으므로 주변의 사람이나 사물에 대해 균형 있는 주의집중이 이루어질 수 있다는 것이다.

3) 애착과 기억

Roger C. Schank

감각기관을 통해 전달되는 정보는 기억에 저장되고 이후의 주의집중이나 내적 표상의 내용에 영향을 미치게 된다. 출생 초기 영아의 기억은 감각운동적 표상이나 도식에 한정되어 있으며, 무의식적인 행동의 순서나 결과와 관련된 절차기억(procedural memories)에 제한되어 있다. 그리고 일생 동안 사람들은 무수히 많은 행동을 수행하는 데 있어서 이러한 절차기억에 의존하게 된다고 하였다(Tulving, 1985).

Schank(1982)는 기억이 연속적인 도식의 위계형태로 존재한다고 하였다. 이들 가운데 어떤 것은 특정한 경험과 가까운 반면 또 다른 것들은 상당히 포괄적인 것이다. 여기서 도식의 개념은 상당히 중요한 의미를 갖는데 이는 바로 절차기억의 상징적인 형태라고 볼 수 있다. 잠자는 시간이나 식사시간에 이루어지는 행동양식은 바로 절차기억의 형태로 부호화된다. 양육자와의 반복적인 상호작용에 대한 도식은 관계에 대한 정보로서 내적 작동모델에 통합되고 이후의 경험에 영향을 미치게 된다(Goldberg, 2000).

1세 말경에는 의미기억(semantic memories)이 나타나는데, 이는 전반적인 사건을 요약하여 상징적으로 부호화하는 것으로, 안아달라고 팔을 올리는 몸짓과 같이 생존과 밀접한 관련이 있다(Tulving, 1972). 아동이 성장함에 따라 의미론적 기억의 발달에서 언어능력이 점차 큰 역할을 수행하게 되며, 직접적인 경험에 근거하지 않은 정보도 이에 통합된다. 학령 전기에는 또 다른 형태의 기억이 나타나는데 이것을 일화기억(episodic memory)이라고 한다. 일화기억은 직접적인 경험에 근거한 생생하고 세부적이며 시간의 흐름에 따라 조직화된 기억이다.

그러나 일화기억과 의미기억이 항상 일치하는 것은 아니다. 의미기억은 개인의 경험뿐만 아니라 타인으로부터 받아들인 정보까지를 포함하기 때문에 일화기억과 의미기억 간의 불일치가 일어날 수 있다. 즉, 의미기억 속의 어머니는 반응적인 인물로 남아 있을 수 있지만 실제로 어머니는 가끔씩 다른 문제에 몰두해 있어서 반응적이지 않은 경우도 있다. 이러한 차이를 충분히 이해하기 위해서는 자신과 타인의 관점에 대한 이해가 선행되어야 하며, 이는 아동이 응집력 있는 내적 작동모델을 발달시키는 데 중요한 역할을 한다. 그러나 만약 부모자녀 간의 의사소통이 방해를 받아 부모로부터 불일치하는 정보를 그대로 받아들이라는 강한 압력을 받게 되어 이러한 상호통합능력이 방해를 받게 되면 유입되는 정보는 내적 작동모델로 통합되는 데 문제가 발생한다. 예를 들어, 아버지가 자살하였다는 사실을 목격하였음에도 불구하고 어른들이 아버지의 죽음이 질병이나 사고로 인한 것이었다고 지속적으로 주입시키게 되면 일화기억과 의미기억 간에 불일치가 일어나며 비일관적인 내적 작동모델이 형성될 수 있다. 그 결과, 아동은 의식적으로 기억을 왜곡시킴으로써 실제의 경험을 접근이 불가능한 무의식적인 형태로 저장하게 된다. 이러한 정보의 억압이나 왜곡은 바로 불안정 애착 아동에게서 흔히 나타나는 행동반응이다.

4) 애착행동과 인지발달

Piaget는 인지발달이론의 기본적인 틀로서 도식의 개념을 수용하였으며, 빨기나 잡기와 같은 최초의 도식은 환경의 요구에 따라 점차 변화해나간다고 하였다. Piaget는 환경과의 상호작용을 통해 도식이 변화해 나가는 과정을 적응이라고 하고, 적응은 동화(assimilation)와 조절(accomodation)이라는 두 가지 과정을 통해 이루어진다고 하였다. 동화는 기존의 도식을 사용해 새로운 자극을 이해하는 것으로, 이는 자신의 내적 욕구를 충족시키기 위해 환경을 변화시키는 것이다. 반면, 조절은 기존의 도식으로는 새로운 사물을 이해할 수 없을 때에 기존의 도식을 변경하는 것이다. 애착행동은 바로 이러한 동화와 조절의 과정을 반영한다.

Jerome Kagan

Kagan(1971)은 애착행동의 중요한 매개가 되는 웃기, 울기, 탐색하기와 같은 유아의 행동은 특정한 형태의 인지활동을 나타내는 반응이라고 보았다. Kagan은 '웃기'는 어떤 자극에 대한 성공적인 동화를 의미한다고 한다. 즉, 처음에는 친숙하게도 낯설게도 보였던 어떤 대상이 마침내 친숙한 것임을 깨닫게 되었다는 의미이다. 예를 들어, 유아에게 여러 번 본 적이 있는 얼굴을 보여주면 유아는 몇 초 동안 숨도 쉬지 않고 그 얼굴을 들여다보다가 갑자기 그 얼굴을 기억해 낸 것처럼 환하게 웃는다. 그때의 미소는 "아하! 내가 아는 얼굴이구나!"라는 의미일 수 있다는 것이다.

이와는 달리 울기는 동화의 실패를 의미한다. 유아가 지각적 불일치를 경험했지만, 어떤 반응을 보여야 할지 모를 때에는 '울기' 반응을 보인다고 한다. 예를 들어, 낯선 사람이 불쑥 나타났을 때 유아는 어떤 반응이든 보여야 한다고 생각할지 모른다. 그러나 그 사람이 누구인지 또는 그 사람의 습관이 어떤 것인지를 모르기 때문에 유아는 그 사람의 행동을 통제하거나 조정하는 반응을 할 수가 없다. 이와 같이 유아는 자신을 자극시키지만 자신이 예측하고 통제할 수 없는 자극을 대할 때에는 울게 된다는 것이다.

탐색반응 또한 지각적 불일치로 인해 나타난다. 유아는 친숙한 것과 친숙하지 않은 것이 섞여 있는 대상에 매혹되는데, 그것이 자신의 기존표상에 부합되는지 아닌지를 보기 위해 새로운 자극을 동화시키려고 애쓴다. 새로운 자극이 유아를 지나치게 자극하거나 위협하지 않는 한, 그리고 위로받고 싶을 때마다 달려갈 수 있는 애착대상과 멀리 떨어져 있지 않는 한 유아는 탐색을 계속하게 되며, 탐색결과 유아는 마침내 조절을 하게 된다. 조절은 기존의 도식으로는 새로운 사물을 이해할 수 없을 때, 기존의 도식을 변경하는 것을 말한다. 예를 들어, 유아는 낯설지만 상냥한 사람을 주의 깊게 살펴본 후 마침내 그 사람에 대한 심상을 형성하게 되며, 이후에 그 사람을 알아보고는 활짝 웃게 되는데, 이것이 조절과정이다(정옥분, 2006).

3. 애착과 정신병리

부모자녀 간의 애착관계가 개인의 사회정서발달 및 인지발달과 관련이 있다는 사실에 비추어 볼 때, 애착관계에서의 문제는 정신병리를 유발할 수 있을 것으로 짐작할 수 있다. 여러 학자들은 왜 애착에서의 문제가 정신병리를 유발하는가를 애착의 세대 간 전이현상으로 설명하고 있으며, 전이과정에서 양육자의 민감성과 반영능력의 중요성을 강조하였다.

1) 애착문제와 정신병리의 관련성

애착문제가 정신병리를 유발하는 유일한 요인이라고는 볼 수 없으나 아동의 까다로운 기질, 비효율적인 부모역할과 가족 내의 문제와 더불어 중요한 위험요인 가운데 하나라는 사실에는 많은 학자들이 의견을 같이하고 있다(〈그림 8-3〉

참조). 연구결과, 애착유형에 따라 생리적 기능이나 호르몬 조절에서 차이가 나타난다. '낯선상황실험' 이전과 이후의 코르티솔 수준에서도 안정유형에 비해 회피, 양가, 혼란유형의 영아들은 급격하게 증가하는 것으로 나타났으며(Spangler & Grossmann, 1993), 안정유형에 비해 혼란유형의 영아는 어머니와 분리될 때에 심장박동에서 급격한 차이를 보인다(Hofer, 1995; Reite, 1990). 특히 회피유형의 경우 행동으로 표현되지는 않지만 이처럼 호르몬 수준에서는 급격한 변화가 있었다는 사실은 회피유형이 의도적으로 행동을 억압하고 있음을 확신시켜 주는 것이며, 동시에 이처럼 표현되지 못한 정서반응은 이후 정신병리를 유발할 가능성이 높다는 사실을 짐작하게 한다.

애착문제가 하나의 장애로 인식되고 분류되기 시작한 것은 DSM-III에서부터였다. 발달장애의 분류기준은 학자들에 따라 다양하지만, 최근 보편적으로 사용

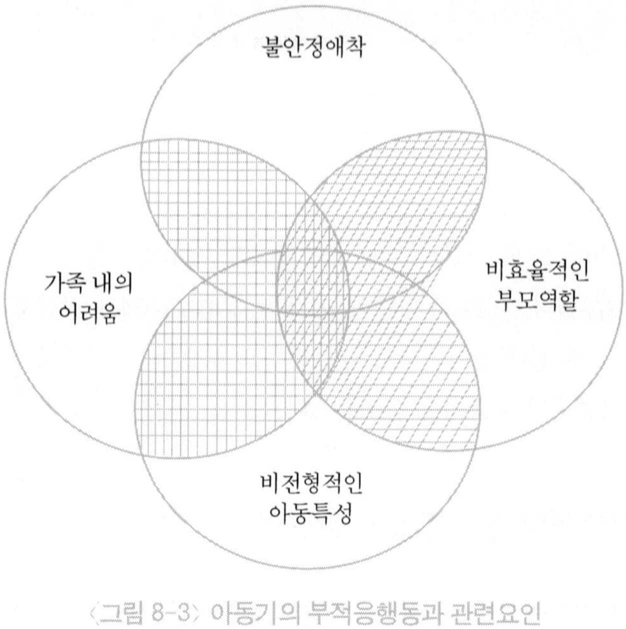

〈그림 8-3〉 아동기의 부적응행동과 관련요인

출처: Greenberg, M. T. (1999). Attachment and psychopathology in childhood. In J. Cassidy & P. R. Shaver (Eds.), *Handbook of attachment: Theory, research, and clinical applications*. New York: Guilford.

되는 DSM-IV(Diagnostic and Statistical Manual of Mental Disorders) 분류기준 가운데 애착문제와 관련된 장애로는 분리불안장애, 반응성 애착장애, 경계성 인격장애 등을 들 수 있다.

(1) 분리불안장애

분리불안장애(Separation Anxiety Disorder)는 집 또는 애착대상과의 분리에 대해 심한 불안을 보이는 것이다(〈표 8-1〉 참조). 분리불안장애가 있는 아동은 애착

표 8-1 분리불안장애의 진단기준

A. 집 또는 애착대상과의 분리에 대한 불안이 발달수준에 부적절하게 지나친 정도로 나타나며, 다음 3가지(또는 그 이상) 상황에서 드러난다.
  (1) 집 또는 주된 애착대상과 분리되거나 분리가 예상될 때 반복적으로 심한 불안을 느낀다.
  (2) 주된 애착대상을 잃거나 그에게 해로운 일이 일어날 것이라고 계속적으로 심하게 걱정한다.
  (3) 운 나쁜 사고가 생겨 주된 애착대상과 분리될 것이라는 비현실적이고 지속적인 걱정을 한다(예: 길을 잃거나 납치되는 것).
  (4) 분리에 대한 불안 때문에 학교나 그 외의 장소에 지속적으로 가기 싫어하거나 거부한다.
  (5) 혼자 있거나 주된 애착대상 없이 지내는 데 대해 지속적이고 과도하게 두려움을 느끼거나 거부한다.
  (6) 주된 애착대상이 가까이 있지 않은 상황이나 집을 떠나는 상황에서는 잠자기를 지속적으로 싫어하거나 거부한다.
  (7) 분리의 주제와 연관되는 반복적인 악몽을 꾼다.
  (8) 주된 애착대상과의 분리가 예상될 때 반복적인 신체증상을 호소한다(예: 두통, 복통, 오심, 구토).

B. 장애기간이 적어도 4주 이상이어야 한다.

C. 18세 이전에 발병한다.

D. 사회적, 학업적(직업적) 또는 다른 중요한 기능 영역에서 임상적으로 심각한 고통이나 장애를 일으킨다.

E. 광범위성 발달장애, 정신분열증, 다른 정신증적 장애 기간 중에만 증상이 나타나는 것이 아니어야 하며, 청소년과 성인에서는 광장공포증이 있는 공황장애로 잘 설명되지 않아야 한다.

출처: 미국정신의학협회(1994). 정신장애의 진단 및 통계 편람(4판)(이근후 외 공역). 서울: 하나의학사.

대상으로부터 분리될 경우 사회적 위축을 느끼고, 일과 놀이에 집중하지 못하며, 자신에게 위험을 초래할 수 있는 사건에 대해 공포감을 느낀다(미국정신의학협회, 1994).

분리불안은 정상적인 발달과정에서 나타날 수 있는 행동이며, 애착이 형성된 대상으로부터의 분리에 대해 아무런 불안을 보이지 않는 것도 문제라고 볼 수 있다. 분리불안장애를 보이는 아동은 강하게 애착이 형성되어 있는 대상으로부터 분리되는 것에 대해 극심한 스트레스를 보이며, 분리되어야 하는 상황을 회피하게 된다. 분리불안장애는 학교공포증과도 관련이 있으며, 신체화증상으로 나타나는 경우도 있다. 또한 분리불안장애는 공황장애와 광장공포증에 선행되어 나타나기도 하는데, Bowlby(1973)도 애착의 제2권 『분리』를 출간하면서부터 이미 애착의 문제가 광장공포증, 동물공포증, 학교공포증과 같은 특정한 정신병리와 관련이 있음을 시사하였다.

(2) 반응성 애착장애

반응성 애착장애(Reactive Attachment Disorder)는 부적절한 사회적 관계를 형성하는 것으로 5세 이전에 시작된다(〈표 8-2〉 참조). 반응성 애착장애에는 억제형과 탈억제형의 두 가지 유형이 있다. 억제형은 지나치게 조심스럽고, 사회적인 관계를 발달단계에 맞게 적절한 방법으로 시작하거나 반응하지 못하는 유형이고, 탈억제형은 애착대상의 선택기준이 없고 무분별하게 애착이 형성되는 경우를 의미한다(미국정신의학협회, 1994). 반응성 애착장애는 자폐증과 그 증상이 유사하여 유사자폐증이라고도 한다. 그러나 자폐와는 달리 부모자녀 간의 애착이나 친밀한 관계형성이 증상치료의 기본이 된다. 최근 여성취업과 이혼율이 증가하면서 이와 비례하여 반응성 애착장애가 증가하고 있는 것도 바로 이러한 사실을 뒷받침해주고 있다.

연구결과, 반응성 애착장애아동의 경우 불안회피유형이 35%, 불안갈등유형이 30%, 불안혼란유형이 35%로 나타났으며, 안정애착유형은 거의 나타나지 않았다. 반면, 정상아동의 경우 안정애착유형이 65%, 불안회피유형이 20%, 불안

표 8-2 반응성 애착장애의 진단기준

A. 대부분의 상황에서 심하게 손상되고 발달적으로 부적절한 사회적 관계형성이 5세 이전에 표현되고, 다음 (1), (2)와 같이 표현된다.
 (1) 지속적으로 대부분의 사회적 관계를 시작하지 못하고, 발달적으로 적절하지 못한 방식으로 반응한다. 지나치게 억제적이고, 경계적이며, 심하게 양가적이고 상반된 반응을 나타낸다.
 (2) 확산적인 애착이 무분별한 사교성, 적절한 선택적인 애착능력의 결여로 드러난다(예: 낯선 사람에 대한 지나친 친근감, 애착대상을 선택하지 못함).

B. 진단기준 A항에 속하는 장애가 단지 발달지연(정신지체에서와 같이)으로만 설명되지는 않으며, 광범위성 발달장애의 기준에 부합되지 않는다.

C. 병적인 보살핌이 다음 항목 가운데 적어도 1개 항목에서 드러난다.
 (1) 안락감, 자극, 애정 등 소아의 기본적인 감정적 욕구를 지속적으로 방치
 (2) 소아의 기본적인 신체적 욕구를 지속적으로 방치
 (3) 돌보는 사람이 반복적으로 바뀜으로써 안정된 애착형성을 저해

D. 진단기준 C항의 병적 보살핌이 진단기준 A항의 손상된 행동에 영향을 미쳤을 것이라고 추정된다(예: 진단기준 A항의 장애는 진단기준 C항의 병적 보살핌 이후에 시작되었다).

출처: 미국정신의학협회(1994). 정신장애의 진단 및 통계 편람(4판)(이근후 외 공역). 서울: 하나의학사.

갈등유형이 10%, 불안혼란유형이 5%로 나타나 애착유형과 반응성 애착장애가 관련이 있음을 시사하고 있다(이순행, 1995). 이러한 유형분포는 학대아동을 대상으로 한 연구에서 회피유형이 33.3%, 저항유형이 23.8%, 혼란유형이 42.9%로 나타났다는 Crittenden(1985)의 연구결과와도 일치하는 것이다. 또한 반응성 애착장애아동의 어머니는 정상아동의 어머니보다 민감성 수준이 낮은 것으로 나타났다(심은미, 2001).

(3) 경계성 인격장애

경계성 인격장애(Borderline Personality Disorder)는 대인관계와 자아상 및 감정의 불안정성 그리고 심한 충동성이 광범위하게 나타나는 것으로, 이는 성인기

John G. Gunderson

초기에 시작되며 다양한 상황에서 나타난다(미국정신의학협회, 1994)(〈표 8-3〉 참조). 경계성 인격장애는 현대 사회의 대표적인 정신질환으로 15~20%의 임상환자가 이 집단에 속한다고 할 만큼 높은 비율을 차지하고 있으며, 이는 애착문제와 관련이 있다(Gunderson & Zanarini, 1987).

Gunderson(1984)은 경계성 장애로 진단되는 개인들의 범위를 한정하기 위해 일련의 기준을 제시하였는데, 이 기준에는 충동성, 낮은 성취수준, 의도적인 자살시도, 경미한 정신증적 경험들, 불안정한 대인관계 등이 포함된다. 그 가운데 가장 특징적인 것은 애착관계에서의 손상인데, 이들은 치료자와 강한 애착관계를 형성하고자 하거나 대인

표 8-3 경계성 인격장애의 진단기준

대인관계, 자아상 및 감정에서의 불안정성, 심한 충동성이 광범위하게 나타나며, 이러한 특징적 양상은 성인기 초기에 시작하여 여러 가지 상황에서 일어난다. 다음 중 5가지(또는 그 이상) 항목을 충족시킨다.

(1) 실제적이거나 가상적 유기를 피하기 위한 필사적인 노력
　☞ 주의: 진단기준 5에 열거한 자살 또는 자해행위는 포함되지 않음
(2) 극적인 이상화와 평가절하가 반복되는 불안정하고 강렬한 대인관계 양식
(3) 정체감 혼란: 심각하고 지속적인 불안정한 자아상 또는 자아지각
(4) 자신에게 손상을 줄 수 있는 충동성이 적어도 2가지 영역에서 나타남(예: 낭비, 성관계, 물질남용, 무모한 운전, 폭식)
　☞ 주의: 진단기준 5에 열거한 자살 또는 자해행위는 포함되지 않음
(5) 반복적인 자살행동, 자살시늉, 자살위협, 자해행위
(6) 현저한 기분의 변화에 따른 감정의 불안정성(예: 간헐적인 심한 불쾌감, 과민성 불안 등이 수 시간 정도 지속되지만 수일은 넘지 않음)
(7) 만성적인 공허감
(8) 부적절하고 심한 분노 또는 분노를 조절하기 어려움(예: 자주 울화통을 터뜨림, 항상 화를 내고 있음, 자주 몸싸움을 함)
(9) 일과성으로 스트레스에 의한 망상적 사고 또는 심한 해리증상

출처: 미국정신의학협회(1994). 정신장애의 진단 및 통계 편람(4판)(이근후 외 공역). 서울: 하나의학사.

관계에 지나치게 민감하고 정체감 형성에서 문제를 보인다.

경계성 인격장애의 세대 간 전이와 어린 시절의 학대 경험과의 관련성을 탐색하는 데 있어 성인애착면접은 유용한 지침으로 사용된다. Fonagy와 그 동료들(1995)은 런던의 카셀 병원에 입원한 85명의 비정신증 환자에게 차례로 성인애착면접을 실시한 결과, 이들 중 약 40%는 DSM III-R의 기준에서 말하는 경계성 인격장애에 해당하였으며, 경계성 장애 진단면접(DIBS)을 사용해서 평가했을 때에는 33%가 Gunderson이 말하는 경계성 인격장애 기준에 합치하는 것으로 나타났다. Hobson과 그 동료들이 수행한 12명의 경계성 환자에 대한 연구에서도 이들 모두가 집착유형(E_3) 범주에 속하는 것으로 나타났다(Patrick et al., 1994).

경계성 장애환자는 다음과 같은 세 가지 특징을 갖는 것으로 나타났는데, 첫째, 높은 비율의 성적 학대경험, 둘째, 반영적 기능의 저조, 셋째, 학대경험을 해

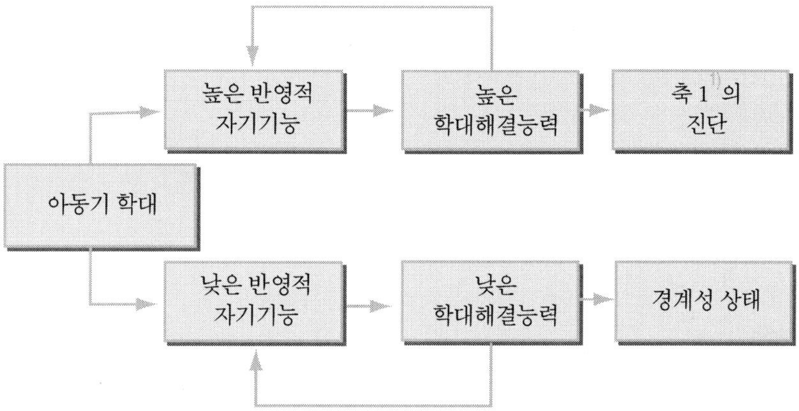

〈그림 8-4〉 아동기의 학대관계와 경계성 장애의 가설적 모형

출처: Fonagy, P., Steele, M., Steele, H., Leigh, T., Kennedy, R., Mattoon, G., & Target, M. (1995). Attachment, the reflective self, and borderline states: The predictive specificity of the Adult Attachment Interview and pathological emotional development. In S. Goldberg, R. Muir, & J. Kerr (Eds.), *Attachment theory: Social, developmental, and clinical perspectives.* New York: Analytic Press.

1) DSM-IV의 다축평가에는 5개의 축이 포함되며, 축 1은 인격장애를 제외한 여러 장애나 상태를 분류하기 위한 것이다.

소하는 능력의 결여이다. 이러한 사실은 심한 학대경험이 반영적 기능을 억제함으로써 이러한 학대를 해결하지 못하고 경계성 장애로 발전할 가능성이 높다는 것이다(〈그림 8-4〉 참조).

어린 시절의 학대 경험이 반드시 경계성 인격장애로 발전되는 것은 아니다. 아동이 학대를 받았으나 애착관계가 형성되어 있다면, 반영적 과정으로 인해 심각한 성격장애로 발전되지는 않는다(Mullen et al., 1988; Palmer et al., 1993). 한 개인이 자신에게 중요한 대상의 정신상태를 이해하지 못하게 되면 지적 표상화(mentalization)가 일어나지 못하게 되고 내적 탐색이 불가능해지며 대인관계에서의 문제를 초래하게 된다. 그 결과 이들은 자신과 타인의 정신적 표상을 더 이상 구별하지 못하게 된다. 그리고 공격적인 충동이나 환상들을 통해 자기 자신에 대한 테러가 일어나게 된다.

2) 정신병리와 관련된 기제

애착연구자들은 왜 애착문제가 정신병리를 유발하는가에 대해 애착의 세대 간 전이로 설명하고 있으며, 그 중심적인 개념으로 민감성과 반영능력을 들고 있다.

(1) 애착의 세대 간 전이

Joseph Breuer

애착의 세대 간 전이에서 전이(transference)의 개념은 정신분석학의 전이의 개념과 유사하다. 처음으로 인간에게서 나타나는 전이현상을 발견한 사람은 Joseph Breuer였다. 그는 자신의 환자를 치료하는 과정에서 아버지에 대한 집착적인 사랑이 치료자인 Breuer에게 향하여 상상임신으로까지 발전하게 된 한 여성의 사례를 통해 전이현상을 소개하였다. 이는 어린 시절의 부모에 대한 감정이 이후 다른 사람에게 잘못 연결되어 나타나는 것을 지칭하는 의미로 사용되었다. 즉, 전이는 과거 특정인에게 향했던 감정이 이후 이와는 무관한 다른 사람에게 향하는 것으로, 이것은 치료의 장애 요소가 될 수도 있지만 이와 동시에 촉진제가 될 수도 있다고 하였다(Freud, 1905). 이후 전이의 개념은 많은 변화를 거치게 되는데, Fairbairn(1952)은 대상관계이론의 관점에서 전이란 내면화된 초기의 관계가 이후에 다시 외현화되는 것이라고 하였다. 그리고 이후 외현화되는 것은 대상 혹은 대상표상이 아니라 그 대상과 관계를 형성한 자기에 대한 표상이라고 하였다. 이는 Bowlby의 전이의 개념과 상당히 유사하다고 볼 수 있다.

Bowlby는 Freud의 전이개념을 발전시켜 전이를 내적 작동모델로 설명하였다. 즉, 내적 작동모델이 이후의 대인관계 상황에서 직접적으로 표현된 것을 전이라고 하였다. Bowlby의 애착모델은 아동의 애착안정성과 양육자의 내적 작동모델 간의 관련성을 증명해주는 애착의 세대 간 전이를 연구하는 기초가 되었다. 애착의 세대 간 전이에 대한 연구는 성인애착면접(George, Kaplan, & Main, 1985; Main & Goldwyn, 1991)에 의해 가능하게 되었는데, 성인애착면접은 내적 작동모델이 기능하고 있다는 증거를 제공해주었다.

애착의 세대 간 전이는 부모와 자녀의 내적 작동모델 간에 관련성이 있음을 의미한다. 즉, 부모로부터 어린 유아에게 애착의 전이가 이루어지며, 이는 선천적 요인들에 의해서가 아니라 양육자의 특징적인 행동과 관련이 있다는 것이다. 이러한 관련성을 규명하기 위한 연구에서 18개월의 유아를 안정유형과 불안정유형으로 구분하여 어머니와 함께 있는 상황과 아버지와 함께 있는 상황으로 구분하여 '낯선상황실험' 을 실시하였다. 그리고 성인애착면담에 근거하여 어머니와 아버지를 각각 분류하였다. 그 결과, 성인애착면담에 근거한 어머니의 애착유형과 '낯선상황실험' 에 근거한 유아-어머니의 애착유형 그리고 성인애착면담에 근거한 아버지의 애착유형과 '낯선상황실험' 에 근거한 유아-아버지의 애착유형 간에 유의한 상관이 있는 것으로 나타났다. 그러나 성인애착면담에 근거한 어머니나 아버지의 애착유형이 유아와 다른 쪽 부모와의 애착관계에 영향을 미쳤다는 증거는 나타나지 않았다. 즉, 아버지의 애착안정성도 유아-어머니 간 애착관계에 주목할 만한 영향을 미치지 않았으며, 어머니의 애착안정성도 유아-아버지 간 애착관계에 영향을 미치지 않는 것으로 나타났다.

이러한 연구결과는 생후 첫 18개월에 유아-부모관계의 안정성에 대한 부모의 내적 작동모델들의 영향력을 확실히 지지해주는 것이다. 어머니와 아버지가 각각 다른 쪽 부모의 반응과는 독립적으로 자신의 내적 작동모델을 자녀에게 전이시킨다는 것이다. 이러한 연구결과는 부모의 내적 작동모델에 근거하여, 유아가 최초의 양육자와 관련된 각각 구분되는 일련의 기대를 발전시키고 유지시킨다는 것을 보여준다. 그러나 그러한 차별화된 내적 작동모델이 애착관계들에 대한 유아의 일반적인 태도와 어떻게 언제 결합되는지에 대해서는 아직 밝혀지지 않았다. Heintz Werner(1948)는 발달적 관점에서 초기의 구조들은 지속적으로 유지되며, 직접적으로 수정되지는 않더라도 발달적으로 더욱 정교한 구조들을 형성하고, 통합을 이룬다고 하였다. 어린 아동은 독립적으로 주양육자의 내적 작동모델을 부호화하고, 구분하고, 분리시키는 능력을 가지고 있어서 아동은 여러 사람 가운데 한 명의 양육자에 대한 선호를 보일 것이며, 좋아하거나 지배적인 모델을 따르게 될 것이다.

(2) 전이의 과정: 민감한 반응성

많은 애착연구자들은 Bowlby의 연구에 근거하여 세대 간 전이의 과정모델을 고수하고 있으며, 이를 다음과 같이 4단계로 설명하였다. 첫째, 부모의 아동기 애착관련 경험들은 부모 자신의 내적 작동모델에 통합되고, 둘째, 이러한 내적 작동모델은 부모로 하여금 자녀에 대한 정신적 표상의 발달에 영향을 미치게 되며, 셋째, 민감한 양육행동의 기초가 되는 부모의 행동에 영향을 미치고, 넷째, 부모에 대한 아동의 애착의 질을 결정하는 일차적 요소가 된다. 따라서 스트레스 상황에서 부모의 정신적 표상들이 유아의 행동에 영향을 미치는 과정에서 가장 중요한 요인이 양육자의 민감한 반응성으로 간주되었다.

민감한 반응성의 역할은 Ainsworth의 연구에 의해 경험적으로 입증이 되었으며, 이후 아동과 양육자가 분리 후 재결합 시 어머니의 민감성에 초점을 맞춘 연구가 다수 이루어졌다. 이들 연구들은 부모의 높은 민감성이 애착유형과 관련이 있으며, 성인애착면담에서 안정형인 부모들이 불안정형의 부모들보다 유아에게 더욱 반응적이었다고 보고하였다. Crittenden(1992)은 아동이 두려움에 사로잡혀 있는 상황에서 어머니가 두려운 감정에 대해 반응해주고 이를 위로해주면 아동은 이후에 도움이 필요한 상황에서 도움을 줄 수 있는 대상이 존재한다는 타인표상이 형성되지만, 이러한 감정을 부정하거나 야단맞은 경험이 있는 아동은 이후에 도움이 필요한 상황에서 도움을 줄 수 있는 대상이 존재하지 않는다는 타인표상과 동시에 자신이 겁쟁이라는 자기표상이 형성된다고 하였다.

Winnicott(1965)는 자녀의 생각에 공감해주고 신속하게 반응해주는 부모의 능력은 자녀의 건강한 발달에 필수적인 요인이라고 하였다. 이와 같은 어머니의 반응능력은 어머니와 분리된 존재인 아기를 어머니로부터 점차적으로 분리시켜 독립해나갈 수 있게 해주며 이는 이후의 대인관계의 토대가 된다고 하였다. 그러나 이러한 과정에서 부모의 과잉보호나 지배적인 태도로 인해 아동의 내부 세계에 대한 침범이 일어나게 되면 독립된 존재로 성장하는 과정은 방해를 받게 되며, 결과적으로 정신병리를 경험하게 된다.

또한 Bowlby(1988b)도 성장과정에서 부모는 자녀에게 자신들이 처한 환경을 과장하여 긍정적인 것으로 보여주려는 의도를 가지고 있으며, 따라서 부부싸움과 같이 실제로 아동이 목격하거나 경험한 사건을 은폐하거나 축소하려는 경향을 가지고 있다고 하였다. 부모의 이러한 행동은 부모의 의중을 파악하고 이에 동조하게 하는 압력으로 작용하기 때문에 자녀로 하여금 더 이상 실제 경험을 의식하지 못하게 함으로써 인지적 혼란을 초래하게 되며, 결과적으로 정신병리가 유발된다고 하였다. 또한 아동이 느끼는 감정을 부당한 것으로 단정하거나 자녀에 대한 위협적인 언행이나 과민반응도 병리를 유발하는 요인으로 작용한다. 그러므로 부모가 자신의 생각을 자녀에게 주입하거나 강요함으로써 자녀를 침범하지 않고 자녀를 있는 그대로의 경험과 감정을 받아주는 것이 필요하다고 하였다. 이와는 달리 어떤 부모들은 지나치게 빠른 시기에 독립성을 강조함으로써 자녀에게 냉담하게 반응하는 경우도 있다. 또한 정신병리적 문제를 가지고 있거나 우울증, 약물중독의 문제로 인해 자녀를 방치하는 경우, 이는 정신병리를 유발하는 요인이 된다(Bowlby, 1980).

이러한 민감한 반응성이 애착형성에 미치는 영향에 대해 상당한 경험적 지지가 있지만, 이와 동시에 그 영향력의 크기는 상대적으로 작아서 부모의 민감성 수준이 유아의 애착안정성을 단지 7%만 설명하고 있는 것으로 나타났다는 연구결과도 제시되었다. 이와 유사하게 안정유형의 부모들이 안정애착유형의 자녀를 갖는 것과는 관련이 없다고 한다(Goldberg, 2000). 따라서 양육자의 민감성은 애착유형과 인과적 관계에 있지 않을 수도 있으며, 민감성이 전이과정을 중재하는 역할을 한다 하더라도 그 상관성이 너무 낮아서 그러한 관계를 입증할 수는 없다. 이러한 사실은 van IJzendoorn의 "전이의 격차(transmission gap)" 의 개념으로 설명할 수 있다. 즉, 민감성은 성인애착유형과 유아애착유형 간의 상관관계에 대해 일부를 설명해줄 수 있을 뿐이므로, 민감한 부모역할 모델에 대한 현재의 개념화는 보다 정교해져야 할 필요가 있다.

(3) 반영능력

William James

Ainsworth의 민감성의 개념을 기초로 이후 여러 학자들은 전이과정에 영향을 미치는 양육자의 반응을 반영능력으로 설명하였다. "반영적(reflective)" 이라는 용어는 William James(1890)가 처음으로 사용하였는데, 그는 개인의 정신상태가 사고의 주체가 되는 것을 묘사하기 위해 반영적이라는 용어를 사용하였다.

성인애착면담에서 반영능력이 낮은 부모들은 자신들의 애착관계에 대한 서술에서 자기나 타인에 대한 지적 표상화(mentalization)가 덜 이루어지며, 대인 간의 사건들에 대해 진부하고 일반적인 설명을 하는 것으로 나타났다. 반영적 자기평가에서 높게 평가된 부모들은 반영능력이 빈약한 부모들에 비해 자신의 자녀가 안정애착유형인 경우가 3~4배 정도 높게 나타났다. 이후 학자들은 전이과정에 영향을 미치는 양육자의 반영능력을 포용, 상위인지적 감찰기능과 같은 다양한 용어로 설명하였다.

① 포용

Klein학파인 Bion(1962a, b)은 애착의 형성과정에서 자녀의 다루기 힘든 감정들을 인정해줌으로써 유아에게 정서적으로나 신체적으로 반응해주는 어머니의 반영능력을 강조하였다. 유아의 고통의 원인과 정서상태에 대한 양육자의 인식과 어머니 자신이 성인으로서 유아의 정서상태에 대한 통찰이 결합될 때 이는 단순한 반영을 능가하게 되며, 이러한 어머니의 반응은 유아로 하여금 고통에 압도당하지 않고 이에 대처할 수 있게 해준다. 이를 Bion은 "포용(containment)" 이라는 용어로 표현하였다. 일반적으로 집착유형의 어머니는 감정의 반영에는 강하지만 감정에 대처하는 방법을 전달하는 데에는 보다 취약한 반면, 무시유형의 어머니는 감정을 정확히 반영해주는 데에는 실패하지만 아동에게 안정과 대처의 감정을 전달하는 것은 가능하다. 또한 민감성이 언제나 감정을 반영해주는 것을 의미하는 것은 아니며, 민감성은 시각적 방식으로 관계를 맺는 것을 보다 강조한다. 서구의 문화에서는 시각적이고 언어적인 방식이 보다 주도적이지만, 다른 문화권에서는 촉각적이거나 운동감각적이거나 청각적인 경로를 통한 관계형성이 보다 중요한 의미를 지닐 수 있다. 이러한 다양한 관계형성의 경로들은 양육자로 하여금 자녀에 대한 포용을 가능하게 해준다.

안정애착은 성공적인 포용의 결과인 반면, 불안정애착은 유아의 감정을 포용하는 능력이 없는 양육자에 대해 근접성을 유지하려는 방어적인 타협의 결과로 볼 수 있다. 어머니가 유아의 고통을 이해하지 못하고 반영해주지 못하면 유아는 방어적 행동들을 하게 된다. 이러한 방어적 행동들은 회피유형의 경우에는 양육자와의 관계를 제한하고, 저항유형의 경우에는 양육자가 다른 곳에 주의를 돌리지 못하도록 만든다. 회피유형과 저항유형의 그러한 행동특성은 유아로 하여금 고통스러운 상황으로부터 자신을 자유롭게 해준다는 점에서 적응적일 수 있다.

특히 경계성 환자들이 상징화(symbolization)능력이 부족하고 구체적 사고에 집착하는 이유는 외적 실재를 표상화할 수 있는 능력의 부재에 기인한다고 볼 수 있는데, Bion(1962a)은 이러한 광범위한 방어구조는 부모가 유아와의 정서적 의사소통을 통해 이들의 감정을 포용해주지 못한 것에서 비롯된다고 하였다. 유능한 양육자는 포용될 수 없는 자녀의 감정을 포용될 수 있는 형태로 변형시키는데, 이를 Bion은 알파기능(alpha function)이라고 하였다. 이를 통해 유아는 투사된 것들을 수용하고 직면하고 내재화함으로써, 원래 포용할 수 없었던 경험을 포용할 수 있는 경험으로 만들어내게 된다. 이러한 과정에서 양육자와의 신체적 근접성은 필수적이다. 영아가 심리적으로 양육자의 마음에 다가가려고 하는 사회생물학적 근원도 바로 이러한 점 때문이다.

② 상위인지적 감찰기능

Mary Main(1991)은 세대 간 전이과정을 뒷받침하는 중요한 단서 가운데 하나가 상위인지적 감찰기능(metacognitive monitoring)이라고 하였다. 애착에서의 차이는 부모의 상위인지적 감찰기능과 밀접한 관련이 있으며, 빈약한 애착관계를 형성한 성인에게서 나타나는 비일관적인 이야기 서술방식은 아동의 불안정 애착형성의 주요원인이 될 수 있다고 하였다. 상위인지적 감찰기능은 자신과 타인이 독립된 한 인간으로서 생각과 느낌을 가지고 있음을 알고, 이에 대해 살펴볼 수 있는 능력을 의미한다. Main은 부모가 상위인지능력이 부족하면, 즉 자기자신과 타인의 사고의 표상적 특성을 이해하는 능력이 부족한 경우 유아들은양육자의 비일관적인 행동에 의해 쉽게 상처받게 된다고 하였다. 유아들은 현재경험을 넘어서서 생각하지 못하게 되고 눈에 보이는 외양과 실제 간의 차이, 현재의 경험과 그 기초가 되는 정신상태 간의 차이를 이해하지 못하게 된다. 그러므로 정신분석적 관점의 논문들은 애착관계에서 양육자의 상위인지적 감찰기능은 아동이 어머니와 안정된 애착관계를 발달시킬 수 있는 가능성을 강력하게 예측해준다고 하였다.

상위인지적 능력에 대한 최초의 평가절차를 제시해주고 있는 Main과 Goldwyn (1998)의 매뉴얼은 일차적으로 반영적 자기인식(reflective self-awareness)에 기초하고 있으며, 면접과정에서 도출된 면담결과를 감찰하고, 상대방의 정신상태를 생각해주고 배려해주는 개인의 능력에 초점을 둔 것이다. 상위인지적 기능을

Fonagy와 그 동료들은 자기반영적 기능(self-reflective function)이라는 용어로 설명하였다. 자기반영적 기능은 자기 내부에서 일어나는 생각이나 느낌에 초점을 맞춘 용어이기 때문에 이를 대인 간의 상호작용을 강조하는 의미에서 최근에는 반영적 기능(reflective function)이라는 용어로 대체하였다. 이들은 개인의 반영적 기능을 평가하기 위해 성인애착면담을 분석하였는데, 그 결과 자신과 타인의 정신상태에 대한 반영적 능력에 따라 안정애착 혹은 불안정애착으로 분류되었다(Fonagy, 1991; Fonagy et al., 1991).

(4) 역기능적 상호작용

지지적인 부모 밑에서 성장한 사람들은 다른 사람과의 관계도 원만하게 유지하며 자신의 삶에 만족하는 경향이 있는 반면, 아동학대나 과잉보호, 약물중독, 우울증과 같은 정신질환을 앓고 있는 부모의 자녀들은 부적응적 행동을 보이게 된다. 영아와 부모 간의 역기능적 상호작용은 불안정애착을 초래하며 이는 정신병리를 유발할 수 있다. 특히 출생 초기의 학대경험은 불안정 애착의 중요한 원인이 된다(Crittenden, 1985, 1995).

이러한 역기능적 상호작용이 이루어지는 경우 어떠한 경로로 정신병리가 유발되는가에 대해 여러 학자들은 방어현상으로 설명하고 있다. 유아는 상실의 위협이나 신체적 고통을 느끼는 상황에서 양육자에게 접근하게 된다. 이러한 상황에서 안정/자율유형의 어머니는 지속적으로 정서적 고통을 반영해주고, 수용해줌으로써 아동으로 하여금 자신의 부정적인 감정을 인내하고 이러한 정서를 조절하기 위하여 조력자가 필요하다는 확신을 가지게 한다. 반면 불안정유형의 어머니에게 있어서 이러한 정서적 고통에 대한 신호는 어머니 자신의 불안감을 증대시키게 되고 따라서 영아의 정서를 적절하게 반영해주지 못하게 되며 습관적으로 방어기제를 사용하게 되고, 영아도 이러한 어머니의 행동을 내면화하게 된다(〈그림 8-5〉 참조).

어머니가 아동의 부정적인 감정상태에 대해 공감해주지 못하는 경우, 아동은 자신의 부정적 감정을 감소시키기 위해 다른 대안적 방법을 사용하게 된다. 아

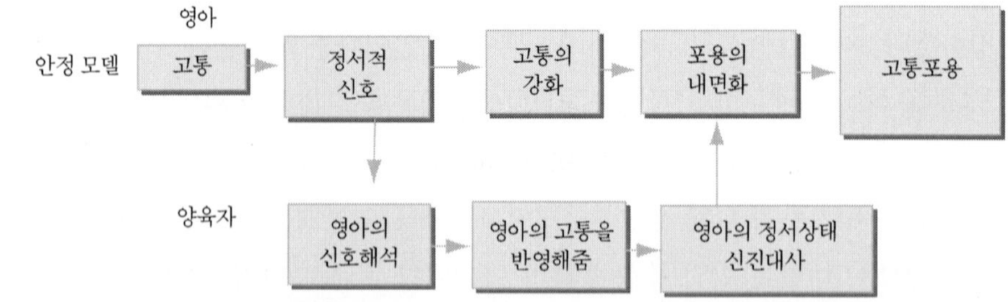

그림 a) 안정 내적 작동모델의 전이

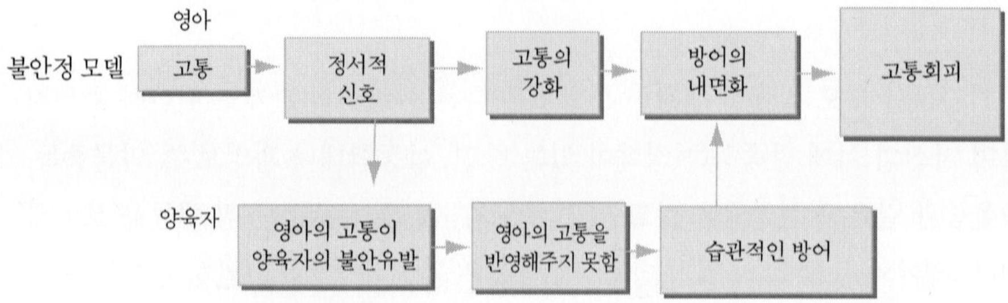

그림 b) 불안정 내적 작동모델의 전이

〈그림 8-5〉 내적 작동모델의 전이

출처: Fonagy, P., Steele, M., Steele, H., Leigh, T., Kennedy, R., Mattoon, G., & Target, M. (1995). Attachment, the reflective self, and borderline states: The predictive specificity of the Adult Attachment Interview and pathological emotional development. In S. Goldberg, R. Muir, & J. Kerr (Eds.), *Attachment theory: Social, developmental, and clinical perspectives*. New York: Analytic Press.

동은 미성숙하기 때문에 가장 쉬운 방법으로 자신의 감정을 회피하기 위해 어머니가 사용하는 방어적 행동을 내면화하게 된다. 즉, 아동은 자신의 감정적 신호들에 대한 어머니의 반응을 인식하고 그것을 내면화함으로써 방어구조의 세대 간 전이가 일어난다. 생후 2년 동안에 나타나는 방어적 행동들의 근원에 대한 Fraiberg(1982)의 관찰도 이러한 관점과 일치한다.

아동학대의 세대 간 전이에 대한 연구에서 Oliver(1993)는 주로 미국과 영국에서 이루어진 60개의 연구들을 검토한 결과 아동학대의 피해자였던 아동들 가운데 1/3 정도가 자신도 성장하여 학대의 가해자가 된다고 하였다. 또한 아동기 학대경험과 경계성 인격장애 간에는 관련성이 있으며(Herman, 1986; Herman, Perry, & van der Kolk, 1989), 성적 학대는 특히 높은 관련성이 있다(Stone, 1992; Paris & Zweig-Frank, 1992). 또한 경계성 인격장애는 부모 자신의 심각한 성격장애와도 관련이 있는 것으로 나타났다. George Moran과 Peter Fonagy는 심각한 성격장애와 아동기 학대경험 및 성적 학대와의 관련성에 관한 연구들을 바탕으로, 심각한 자기애적 상태와 경계성적 상태에 적용시킬 수 있는 애착이론을 제시하였다(Fonagy, 1989, 1991). 이들은 경계성 장애 환자는 아동기에 성적 학대의 피해자이면서도 자신에게 해를 끼치려고 했던 양육자들의 의도를 외면하고 회피해 온 사람들이라고 하였다. 이들은 무의식적이지만 방어적으로 자신은 물론 타인의 감정과 생각을 읽어내는 능력을 제한시켜버리게 된다. 이러한 현상은 참을 수 없는 심리적 고통을 피해갈 수 있는 이점이 있다는 면에서는 일시적으로는 적응적이라고 볼 수 있지만 경계성 환자가 보이는 이러한 방어과정은 지적 표상화를 불가능하게 만들어버린다는 점에서 궁극적으로는 부적응적이라고 볼 수 있다.

어린 시절 심한 학대를 경험한 사람들은 자신의 자녀에게 안정애착을 형성해 주고 싶지만 상당한 어려움을 경험하게 된다. 왜냐하면 안전감은 양육자가 곁에 있어주고 반응해줌으로써 형성되는 것은 아니며, 어떤 사람들은 초기의 거절당

Judith Lewis Herman

Bessel A. van der Kolk

Michael H. Stone

Joel Paris

하고 방치되었던 익숙한 경험에서 가장 안전감을 느끼기 때문에 이후의 대인관계 상황들을 계속해서 이와 같은 방식으로 만들어 버리게 된다. 그러므로 양육의 민감성을 결정하는 데 있어 중요한 요인은 부모들이 자신의 부정적인 정서적 경험에 대해 가지고 있는 방어적인 경향의 정도이다. 그러한 방어는 유아의 불안상태에 대한 이해를 회피하게 하거나 잘못 이해하게 할 수 있다. 과거의 부정적인 경험에 사로잡혀 몰입되어 있는 부모들은 자녀의 감정상태를 잘못 해석할 수 있으며, 이러한 잘못된 해석은 재결합 상황에서 자녀의 고통을 지속시킬 수 있다.

3) 정신병리의 치유

애착이론의 관점에서 심리치료는 주로 자신과 타인의 내적 작동모델을 탐색, 통합, 수정하고, 반영적 사고를 촉진시키는 것이라고 볼 수 있다. 그러므로 전이에 대한 이해는 애착이론적 관점의 심리치료에서 큰 비중을 차지한다. 치료자는 내담자가 편안하게 자기 자신에 대해 탐색할 수 있도록 안전기지를 제공하는 것이 기본이 되며, 이를 위해서는 공감능력과 민감한 반응성이 가장 중요한 요소이다. 치료자는 안전기지를 제공함으로써 아동이 과거에 경험한 것 가운데 부모의 압력으로 인해 억압되었던 기억을 탐색하고 의미기억과 일화기억의 회상과 통합을 도와줄 수 있다.

(1) 억압된 기억의 회상과 통합

Fraiberg와 그 동료들(1975)은 환자가 어린 시절에 경험한 고통스러운 장면을 감정과 함께 회상하면 치유효과가 있으며, 과거의 억압된 경험을 회상하기 위해서는 미해결된 과거의 감정과 현재의 감정이 연결되어 있어야 한다고 하였다. Bowlby(1980)는 Tulving(1972)의 일화기억과 의미기억에 대한 이론에 근거하여 이러한 문제를 설명하였다. 어떤 사건에 대한 행동이나 말은 일화기억에 저장되고, 일화기억의 정보들은 사건의 진행순서나 시간적, 공간적 관계에 따라 저장된다. 그러므로 Bowlby는 대부분의 경우 일화기억은 비교적 실제 있었던 사건과 유사한 형태로 회상된다고 하였다. 반면 자기 자신이나 부모와 관련된 일반적인 사실은 의미기억에 저장되는데, 이는 주로 양육자의 관점에서 본 사건에 대한 기억이 저장된 것이다. 이들 두 정보가 항상 일치하는 것은 아니며 정보의 불일치는 갈등을 초래하게 된다. 일화기억 속의 정보는 대부분 자신이 실제로 경험한 것인 반면, 의미기억의 정보는 대부분 타인으로부터 주입된 것이고 극히 일부만이 자신이 생각한 것이다. 병리를 경험하는 사람들은 의미기억과 일화기억 속의 정보가 상이하기 때문에 과거사에 대한 정보가 통합을 이루지 못하고 있다. 과거의 고통스러운 사건을 무의식에 억압해두려는 욕구로 인해 이러한 현상은 더욱더 심화된다. 그러므로 무의식에 억압된 미해결된 과거의 기억을 끄집어내어 회상하고 현재의 감정과 연결시키려는 노력이 필요하다.

(2) 반영능력의 향상

Bowlby의 애착이론은 인간이 병리적 존재로 태어나는 것이 아니라 양육자가 안전하고 예측가능한 환경을 제공하지 못할 때 정신병리가 발생할 수 있다는 가정 하에서 출발한다. 그러므로 부모의 양육태도를 변화시킴으로써 개인의 정신병리가 호전될 수 있다는 가능성을 전제로 하고 있다.

애착은 출생 초기에 부모와의 상호작용을 통해 형성되는 것으로 부모의 민감성이나 반응성이 중요한 요인이 된다. 일반적으로 안정애착을 형성한 유아의 어머니는 불안정애착을 형성한 유아의 어머니보다 유아의 정서적 상황이나 행동에 대해 보다 민감하고 신속하게 반응을 보인다고 한다(Ainsworth, 1982). 이러한 양육자의 반응은 아동으로 하여금 자신에 대해 긍정적인 가치를 부여하게 하는 반면 양육자가 아동의 정서상태에 대해 민감성과 반응성을 보이지 못하고 이를 무시하거나 애착의 대상이 너무나 빈번하게 바뀌는 경우에는 애착과 관련된 장애를 보일 수 있다. 애착문제로 인한 정신병리는 부모의 양육태도, 특히 민감성과 반응성의 문제와 관련이 있기 때문에 부모놀이치료를 통해 부모의 양육기술을 향상시킴으로써 부모자녀관계의 변화가 가능하다고 하였다. 반응성 애착장애 아동의 부모에 대한 놀이치료 결과, 유아와 어머니와의 관계가 상당히 호전되었으며, 아동의 문제도 상당히 호전된 것으로 나타났다(배연희, 1998).

또한 정신역동적 치료의 효과는 '반영적 자기기능(reflective self functioning)'의 향상과 관련이 있다. 이러한 기능의 향상은 내적 작동모델의 발달을 용이하게 해주며, 결과적으로 지금까지 방어와 억압의 대상이었던 비일관적인 지적 표상을 따로 분리시키지 않고 과거의 관계표상으로 통합시키는 것이 가능해진다. 치료과정에서 이들이 치료자와 맺는 관계는 이러한 과정을 반영하는 것으로, 심리치료자는 이들의 반영능력을 강화함으로써 이러한 문제를 완화시킬 수 있다. 경계성 인격장애 환자들에 대한 연구들은 이들의 상당수가 인생 후반기에 자신을 이해해주는 사람과 애착관계를 형성하게 될 때 경계성 인격장애가 상당 부분 호전되는 것으로 보고하였다(Fonagy, 1996).

(3) 인지치료적 관점

애착은 부모세대에서 자녀세대로의 세대 간 전이에 문제가 있는 경우가 많기 때문에 인지행동치료도 효과적이다. 자신이 부모와의 애착관계에서 문제를 가지고 있음을 인식하고 그러한 잘못된 양육태도로 인해 자신의 자녀에게 다시 거부적인 양육태도를 보이게 된다는 사실을 인식하는 것은 중요한 의미가 있다.

Bowlby(1980)는 Winnicott(1975)의 '참 자기(true self)'와 '거짓 자기(false self)'의 개념을 수용하였다. Winnicott의 '거짓 자기'는 방어적 성격을 설명하기 위해 사용된 용어로, 아동의 자연스러운 욕구를 부모가 무시하게 되면 '거짓 자기'가 발달하게 되며, 이들은 부모가 기대하는 대로 자신의 이미지를 만들어 간다고 하였다. 그리고 방어과정을 통해 '참 자기'는 '거짓 자기' 뒤에 숨는다고 하였다. 그러므로 '거짓 자기' 뒤에 숨겨진 '참 자기'를 성찰하는 것이 필요하다. 사람들은 불안에 대처하는 방법으로 방어를 사용하며, 회피애착이나 저항애착도 바로 이러한 방어기제가 발전된 것으로 볼 수 있다. 따라서 초기의 경험 가운데 불안을 유발한 요인이 무엇이었는가를 탐색함으로써 한 개인은 자신의 심리상태에 대해 보다 많은 성찰이 가능할 것이다. 심리치료에서는 명료화

(clarification)와 해석(interpretation)을 통해서도 자기와 타인의 정신세계에 초점을 맞추기도 하지만 치료자의 마음을 통해 '안전기지(secure base)'를 경험하게 함으로써 자기와 타인의 정신세계에 초점을 맞추게 하기도 한다(Bowlby, 1988a). 이러한 안전기지를 경험함으로써 환자는 자신의 정신세계를 경험하는 것이 보다 용이해진다.

사람들은 자신의 어린 시절 중요한 타인과의 상호작용 경험에 근거하여 이후 다른 사람으로부터의 반응을 기대한다고 한다. 그리고 이러한 기대가 어긋난다 하더라도 일단 형성된 상호작용 경험은 지속되는 경향이 있다고 한다. 따라서 Bowlby의 관점에서는 자신의 내적 작동모델을 탐색하고 잘못된 경우 이를 수정하는 것이 중요한 목표가 된다.

9 애착의 생물학적 토대와 사회문화적 맥락

애착은 인간이 특정인과 관계를 형성하는 강력한 애정적 유대이며 인간의 생존에 영향을 미치는 생물학적 생존기제이다. 애착이론은 앞서 제3장에서 살펴보았듯이 정신분석과 인지발달, 동물행동학 등을 비롯한 여러 이론들의 영향을 받았다.

동물행동학은 애착이론의 생물학적 토대를 제공해주었다. 동물행동학의 핵심은 인간을 비롯한 모든 종은 생존을 위해 내재된 메커니즘을 가지고 태어나고, 애착은 바로 종의 생존을 위해 인간에게 생물학적으로 프로그램화된 기제라는 것이다. 실제로 여러 연구결과 인간의 애착행동은 인종이나 문화를 초월하여 대부분의 인간에게 나타나는 생물학적 특성임이 밝혀졌다.

그러나 일부에서는 애착이론의 생물학적 관점이 서구 중심적인 이론으로, 다양한 문화적 특성들을 배려하지 못하였다고 주장한다. 지구상에는 약 1,200여 개 이상의 서로 다른 문화들이 존재하는데, 서구 중심적인 이론을 위주로 문화적 타당성을 주장하는 것은 적절치 않다는 지적이다. 비록 애착이 거의 모든 문화권에서 나타나는 생물학적 특성이지만, 애착의 구체적인 내용과 애착유형은 문화마다 다르다. 실제로 비교문화적 관점에서 여러 나라의 영아애착 유형을 살펴본 결과 회피애착은 서유럽과 미국에서 높게 나타난 반면, 저항애착과 혼란애착은 이스라엘과 일본에서 많이 나타났다. 특히 아프리카 영아의 경우 혼란애착이 훨씬 높은 비율로 나타났다. 이러한 차이가 문화적 특성에 따른 차이인지, 아니면 양육환경 특성에 따른 차이인지 학자들마다 주장하는 바가 조금씩 다르지만 양육환경 역시 사회문화적 맥락의 일부분임을 고려할 때, 사회문화적 맥락 역시 애착의 중요한 부분이다.

따라서 이 장에서는 애착이론의 이론적 토대인 동물행동학을 통한 애착의 생물학적 보편성과 아울러 사회문화적 관점에서 애착을 살펴보고자 한다. 그리고 다양한 비교문화연구들을 통해 애착의 생물학적 토대와 문화적 차이에 대한 기존의 관점들을 비교하고자 한다.

1. 애착의 생물학적 토대

애착의 생물학적 토대는 Bowlby의 초기 애착이론 형성과정에 주도적인 영향을 미친 동물행동학적 관점을 중심으로 살펴볼 수 있다.

1) 학문적 토대로서의 동물행동학

Etienne Geoffroy Saint Hilaire

동물행동학(Ethology)은 용어 그대로 종의 행동을 진화론적 관점에 근거하여 연구하는 생물학으로, 1854년 프랑스의 동물학자 생틸레르(Saint-Hilaire)가 처음 사용하였다. 비록 타 학문에 비해 동물행동학의 학문적 역사가 길지는 않지만, 동물행동학은 최근 급속도로 많은 연구들이 이루어지고 아울러 아동발달의 여러 영역들에 적용되었다. 또한 현대에 들어와 생물학의 한 분야인 사회생물학이 등장함으로써 많은 관심을 끌고 있다.

(1) 고전적 동물행동학

고전적 동물행동학은 1930년대부터 1960년대에 이르기까지 Tinbergen과 Lorenz 그리고 Frisch 등에 의해 과학적 학문으로 인정받은 학문분야이다. 이들은 모두 동물학자로, 이들의 초기 연구는 모두 사람이 아닌 동물을 대상으로 이루어졌다. Tinbergen은 가시고기의 일련의 생식행동연구를 통해 암컷과 수컷의 고정행동이 서로 연쇄적인 과정으로 진행됨을 관찰하였고, Lorenz는 새끼거위의 생득적 고정행동을, Frisch는 벌의 의사소통을 분석하였다.

특히 Lorenz는 거위가 생득적으로 지니고 있는 고정적 행동유형을 집중적으로 연구하던 중 생후 초기에 처음으로 본 사람이나 움직이는 물체를 마치 어미새인 것처럼 뒤를 따라다니는 현상을 발견하였다. 이러한 현상은 부화된 후 수일 사이에 형성되었지만, 일단 형성된 이러한 행동은 회복되지 않았고 이후 성인기에 이르러 교미상대를 정할 때에도 지속적으로 영향을 미쳤다. Lorenz는 이러한 현상이 변경될 수 없고 또한 돌이킬 수 없다는 의미에서 '각인(imprinting)' 이라 명하였다(사진 참조). 그리고 이를 통해 '결정적 시기(critical period)' 의 개념을 제시하였다. 그러나 특정 시기에 나타난 특정 사건은 발달에 매우 강력한 영향을 행사하지만, 모든 종의 발달과 인간발달에 돌이킬 수 없는 고정적인 영향력을 미치는 것은 아니다. 따라서 결정적 시기보다는 민감기(sensitive

사진 설명 새끼거위가 Lorenz를 '엄마' 로 알고 그 뒤를 졸졸 따라가고 있다. 여기서 새끼거위들은 Lorenz에게 각인되었는데, '각인' 은 태어나서 처음 접하는 물체에 애착을 형성하는 선천적 학습을 일컫는 말이다.

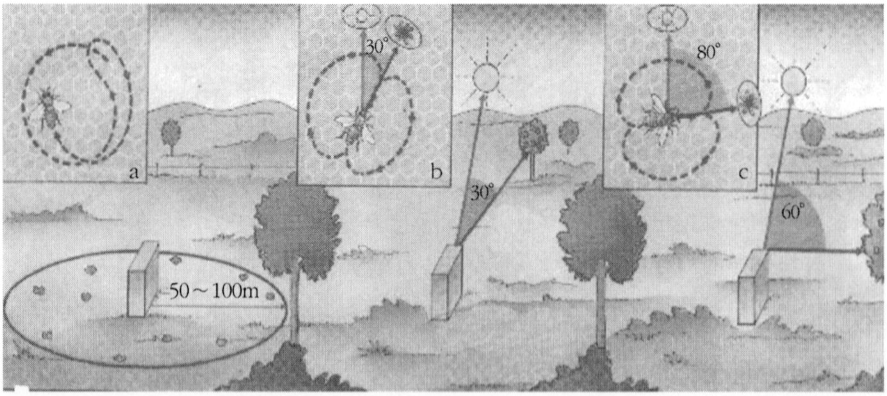

〈그림 9-1〉 벌의 춤을 통한 의사소통 분석

http://www.gym.moosburg.org/krvfg/karl.html

Karl Von Frisch

period)의 개념이 보편적으로 사용되고 있다.

Frisch(1967)는 먹이를 발견한 벌의 춤행동과 이를 해석하고 먹이가 있는 곳으로 날아가는 다른 벌들의 의사소통 연구를 통해 종의 생득적인 행동이 고정적이지 않고 환경에 의해 변화한다는 사실을 입증하였다(〈그림 9-1〉 참조). Frisch는 벌이 a, b, c와 같은 춤을 통해 꽃이 있는 위치를 매우 구체적으로 다른 벌에게 알려준다는 사실을 발견하였다. Frisch의 연구는 벌과 같은 곤충도 단순한 반사와 본능만으로 행동하지 않고 환경을 통해 변화됨을 발견한 획기적인 연구였다. 즉, 꿀을 발견한 후 벌이 추는 춤은 생득적인 것이지만, 춤을 통한 의사소통 방법은 후천적인 경험에 의한 것이다.

Tinbergen과 Lorenz 그리고 Frisch의 연구는 인간을 대상으로 하지 않았지만, 이를 인간의 행동에 적용시키는 데에 큰 영향을 미쳤다. 따라서 이들은 1973년 노벨 생리학상을 공동으로 수상하였다. 특히 Lorenz의 각인연구는 Bowlby의 애착연구에 중요한 이론적 토대를 제공하였다.

(2) 사회생물학

Edward Wilson

사회생물학(Sociobiology)은 하버드 대학교의 생물학자인 Edward Wilson이 명명한 새로운 개념의 연구분야로서, 인간을 포함한 동물의 사회적 행동을 진화론적인 관점에서 연구하는 학문이다. 인간의 행동을 진화론적 입장에서 해석하려는 시도는 Wilson 이전부터 있어 왔지만, '사회생물학' 이라는 학문은 1975년 출간된 Wilson의 『사회생물학: 새로운 통합(Sociobiology: The New Synthesis)』이라는 제목의 책에서 시작되었다.

비록 개체는 죽지만 개체 내에 있는 유전자는 다음 개체에 전달되어 계속 생존하기 때문에, 사회생물학에서는 개체의 생존이 아닌 유전자의 생존에 관심을 기울였다. Wilson에 의하면, 유전자(genes)의 유일한 목적은 세대에서 세대를 통한 자신의 생존이다. 종의 특정한 신체적 특징(예: 털색깔, 귀의 크기 등)은 동물의 유전을 통해 다음 세대에 전달된다. 어떤 특징이 생존이나 재생산에 가치가 있을 때, 이를 생산하는 유전자는 다음 세대에 전달되도록 작동하며, 개체는 유전자를 보존하고 확산시키는 매체에 불과하다. 이러한 Wilson의 주장은 다윈의 자연선택(natural selection)의 개념을 확장시킨 것이다. 사회생물학자들은 유전자들이 신체적 특징뿐만 아니라 사회적 행동들을 만들어 낸다고 믿고 있다. 따라서 생존에 더욱 적응적인 사회적 행동들은 신체적 특징과 마찬가지로 자연선택과정을 겪는다고 가정하였다.

사회생물학자들의 견해는 최근 발달이론에서 자주 인용되고 있다. 특히 자신의 생명의 위험을 무릅쓰고 아이를 위험에서 구하려는 어머니의 행동이 매우 이기적인 유전자의 영향이라는 그들의 주장은 많은 논란을 일으키며, 단시일 내에 사람들의 이목을 집중시켰다. 그동안 자녀에 대한 어머니의 자기희생적 행동은 인간의 가장 이타적인 행동 중의 하나로 여겨졌기 때문에, 이들의 주장은 학문적으로나 사회적으로 큰 논쟁을 야기하였다. 사회생물학에서는 자녀에 대한 어머니의 자기희생적 행동이 어머니의 유전자가 다음 세대에 전달되도록 프로그램화되어 있기 때문에 취한 이기적 행동에 불과하다고 주장한다. 즉, 아이는 어머니에게서 받은 유전자를 다음 세대에 전달하기 위한 가장 최적의 매개체(어머니 자신보다)이기에, 어머니는 자신의 생명을 희생하면서까지 아이를 구한다는 것이다. 따라서 어머니가 아이의 생명을 구하기 위해 자신의 생명까지도 희생한 이타적 행동은 어머니 자신이라는 개체의 생존을 위한 행동은 아니었지만, 자손을 통해 자신의 유전자를 생존하게 하는 행동이기 때문에 엄밀하게는 유전자의 세대전이를 위한 이기적인 유전자의 기능에 불과하다. 전통적인 동물행동학에 의하면 이런 어머니의 자기희생적 반응은 진화론적 개념과 관계가 없었다. 왜냐하면 자연선택은 개인의 생존기회를 증가시키는 행동에만 관심을 두기 때문이다.

또한 Wilson은 사회적 행동에 대한 유전자의 영향력(genetic effects)은 개인보다는 문화나 사회 수준에서 더 잘 이해된다고 주장하였다. 예를 들어, 근친상간 금기나 살인에 대한 법적 제한과 같이 우리 문화의 상당 부분을 차지하고 있는 개인의 사회적 행동은 종의 생존에 가장 최선이기 때문에 아직까지 우리 사회에서 존속된다는 것이다. 따라서 개인의 긍정적 행동들은 미래 세대들에게 더욱 분명하게 전달되고, 반면에 바람직하지 않은 행동은 전달되지 않는다.

이 새로운 이론은 찬사와 비판을 동시에 받았다. 결국 사회생물학은 엄청난 논쟁과 함께, 학문영역에서 진화론에 대한 새로운 관심을 야기하는 역할을 담당하였다. 아직까지는 유전자가 행동을 유발하는 과정을 완벽하게 설명하지는 못하지만 사회생물학이 아동발달에 대한 새로운 시각을 제공한 것은 분명하다. 이제 애착이론은 기존의 동물행동학을 토대로 하였던 애착이론에서 더 나아가 유전자의 생존을 주장한 사회생물학까지를 포함하는 것으로 나아가고 있다.

(3) 동물행동학의 기본개념

앞서 살펴본 동물행동학의 기본개념을 정리하면 다음과 같다.

① 종 특유의 프로그램화된 행동: 인간을 비롯한 모든 종은 생존을 위해 각기 종 특유의 내재된 메커니즘, 즉 생물학적으로 프로그램화된 행동을 지니고 태어난다.

동물행동학에서는 영아의 애착행동을 조류의 둥지 만들기나 암컷을 유혹하는 수컷의 생식행동, 자신의 세력권을 방어하는 방어행동 등과 같이 종 특유의 선천적으로 내재된 행동으로 간주한다. 그리고 이들 행동들은 모두 생존에 기여한다. 동물행동학에서 주장하고 있는 생물학적으로 내재된 메커니즘의 특징은 다음과 같다(Vasta et al., 1999).

첫째, 생물학적으로 내재된 행동들은 종의 모든 구성원들에게 보편적으로 나타난다. 둘째, 매우 특정한 자극에 반응하도록 생물학적으로 프로그램화되어 있다. 즉, 학습이나 경험과는 무관하게 나타난다. 셋째, 생물학적으로 내재된 이들 행동들은 일반적으로 고정적이다. 이 행동들이 나타날 때마다 매번 같은 방법으로 나타난다. 넷째, 생물학적으로 내재된 행동들은 최소한의 환경적 영향만을 받는다.

② 민감기: 종에 내재된 이들 행동들은 특정한 시기(민감기)에 가장 잘 발현된다.

동물행동학의 주요 개념인 민감기(또는 결정적 시기)는 앞서 설명한 각인에 대한 Lorenz의 연구를 통해 입증되었다. Lorenz는 '결정적 시기(critical period)'라는 용어를 사용하여 종에 내재된 종 특유의 행동이 가장 잘 발현되는 시기가 있음을 주장하였다. '결정적 시기' 또는 '민감기'[1]는 출생 직후 조류의 어린 개체에게 잠시 동안 나타나는 특정 기간을 의미한다. 그리고 이 시기에 움직이는 특정

1) 민감기(sensitive period): 조류에서 나타난 결정적 시기의 개념을 인간발달에 적용한 개념이다. 따라서 특정 행동이 보다 쉽게 학습되는 발달의 특정 기간을 의미한다. 민감기는 각인이나 모-영아 애착영역에서만 나타나는 개념은 아니다. 아동연구자들은 민감기를 언어습득(Newport, 1999)과 성역할발달(Money & Annecillo, 1987)과 같은 영역에도 적용하여 사용하며, 또한 최근에는 학습이 가장 활발하게 나타나는 시기를 의미하기도 한다.

형체에 노출된, 즉 각인된 새끼는 따라다니기와 같은 행동을 보이고, 이후에는 각인 대상에게 짝짓기를 위한 구애행동을 시도하는 등 지속적인 영향을 미쳤다. 이와 같이 결정적 시기 동안에 나타나는 종 특유의 본능적 행동은 매우 강력하여 정상적인 양육환경 하에서는 생물학적으로 적합한 대상(어미나 같은 종의 조류)에게 각인이 되지만, 실험실과 같은 조작된 인위적 환경에서는 Lorenz의 뒤를 따라다니는 새끼거위 모습처럼 파격적인 결과가 나올 수도 있었다.

한편, 이와 유사한 결과가 다른 동물실험에서도 나타났다. 양과 염소의 새끼가 출산 후 일정 기간 동안 떨어져 있다가 돌아왔을 때, 어미는 새끼를 보살피거나 무리에 받아들이지 않았다(Hersher et al., 1958). 즉, 출산 직후의 초기경험은 거위새끼와 같은 조류의 새끼뿐만 아니라, 어미 양과 염소와 같은 포유류 어미의 양육행동에도 영향을 미침을 알 수 있다. 이러한 연구결과들은 어머니와 영아 사이의 초기 접촉이 양육과 발달을 촉진시키는 데 있어 중요한 생물학적 기능을 수행함을 암시하고 있다.

이와 같이 Lorenz를 비롯한 동물행동학자들은 동물의 행동관찰에서 나타난 이들 연구결과들이 인간에게도 동일하게 나타난다고 생각하였다. 따라서 고전적 동물행동학자들은 인간발달에서 나타나는 자극유발행동과 이러한 자극유발행동이 가장 활발하게 이루어지는 시기인 민감기를 발견하기 위해 노력하였다.

③ 자극유발 행동패턴: 생물학적으로 내재된 행동들은 선천적으로 타고난 생물학적인 반응을 야기하는 '방아쇠', 즉 유발자극이 있어야 나타난다.

종 특유의 내재된 행동들은 일반적으로 생물학적 반응들을 야기하는 유발자극이 있어야 나타난다. 예를 들어, 갓 태어난 포유류 새끼의 '빨기' 와 같은 본능적인 행동을 야기하는 유발자극은 영아의 입 주변을 자극하는 어미의 젖꼭지이다. 새끼는 어미의 젖 냄새나 자신의 입 주변을 자극하는 접촉에 대한 반사적인 반응으로 빨기를 나타낸다.

동물행동학자들은 이를 자극유발행동패턴(modal action pattern: 특정 자극에 의해 유발되는 일련의 행동들)이라고 부르며, 이러한 선천적인 연속적 행동들에 관심을 가졌다. 새끼가 어미젖을 빨고, 거미가 집을 짓고, 새가 둥지를 만들고, 곰이 갓 태어난 새끼 곰을 돌보는 것과 같은 연쇄반응들은 특정 자극들에 의해 유발된다. 그리고 이러한 연쇄행동들은 모두 종의 생존을 위해 본능적으로 내재된 행동으로서, 특별히 가장 활성화되는 시기(민감기)가 있음을 발견하였다. 동물행동학에서는 다른 발달이론과 달리 동물들의 행동은 생물학적으로 프로그램화되어 있기 때문에 어떤 것은 발달의 특정 시기 내에서 가장 쉽게 학습된다고 주장한다.

④ 환경과의 상호작용: 생물학적으로 프로그램화된 행동이라 할지라도 표현방식은 환경과의 상호작용에 의해 나타난다.

일반적으로 동물행동학자들은 종의 행동을 본능적(innate)인 것과 학습된(learned) 것으로 구분하기 위해 노력해왔다. 이러한 행동의 이분법은 유전과 환경의 끊임없는 상호작용으로 형성되어 가는 행동의 상호작용적 특성을 무시한다는 비판을 받고 있지만, 종의 행동을 본능적인 것과 환경적인 것으로 단순하게 구분하여줌으로써 생물학적으로 내재된 종 특유의 행동을 일반인들이 이해하는 데 많은 도움을 주었다. 그러나 동물행동학 역시 발달은 언제나 유기체와 환경 간의 상호작용이 내포되어 있다고 주장한다.

2) 애착의 생물학적 특성

동물행동학에서는 동물뿐만 아니라 인간에게도 자극유발행동과 같은 내재된 본능적 행동이 존재한다고 생각한다. 그리고 이러한 선천적인 본능적 행동들은 아직 환경이나 교육의 영향이 가장 적은 영아기 동안에 가장 분명하게 나타난다고 본다. 애착 역시 학습과 무관한 본능적 행동으로 인간의 생득적 행동양식이다.

(1) 동물행동학과 인간발달: 인간 동물행동학(Human Ethology)

빨기와 같은 신생아의 반응은 모든 아이들에게서 공통적으로 고정화된 행동 유형으로 나타나며, 최소한 출산 후 첫 몇 주 동안은 학습이 필요 없고, 환경에 의해 거의 영향을 받지 않는다. 빨기와 같은 신생아의 선천적인 행동 외에 동물행동학자들이 인간발달에서 발견한 가장 대표적인 자극유발행동은 바로 신생아에 대한 모성반응이다. 어머니는 복잡한 모성행동반응을 별도로 학습하지 않았지만 신생아가 울 때 본능적으로 양육행동(또는 모성행동)을 나타낸다. 울음으로 표현된 신생아의 고통은 어머니의 양육행동을 유발하는 '방아쇠', 즉 '유발자극'이다. 신생아의 울음소리를 듣고 본능적으로 아이를 안아주며 극진한 보살핌을 제공하는 어머니의 양육행동은 오직 환경 내의 자극(아이의 울음)에 의해 생물학적으로 나온 반응이다.

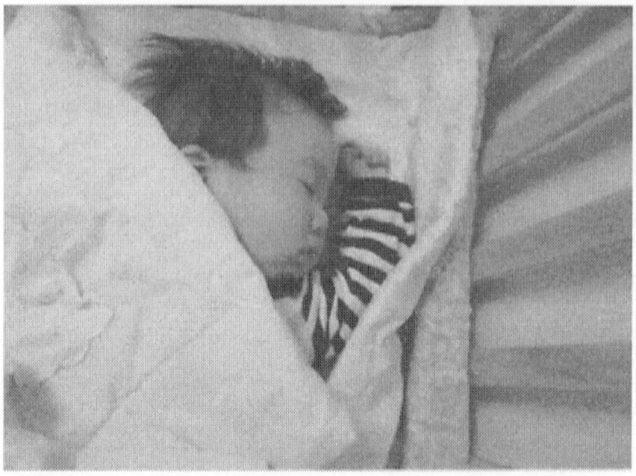

사진 설명 성인들은 영아의 둥근 얼굴선을 사랑스럽다고 느낀다(큐피 인형 효과).

이 외에도 영아의 사랑스럽고 귀여운 아기다운 얼굴특성은 성인, 특히 양육자의 긍정적인 관심을 유도하는 유발자극이다. 일명 "큐피 인형 효과(Kewpie doll effect)"로 불리는 인간의 유발자극에 대한 설명은 Lorenz(1943)에 의해 소개되었다. 그는 아기의 독특한 모습, 즉 넓은 이마와 토실토실한 볼, 부드럽고 둥근 얼굴은 사람들로 하여금 귀엽다고 지각하게 되어 타인의 호의적인 반응과 함께 어머니의 양육행동을 유발한다고 생각하였다(사진 참조).

Thomas R. Alley

Alley(1981)는 성인들에게 1세아를 비롯하여 2세, 3세, 4세아의 얼굴을 모두 보여주고, 성인들이 어떤 연령대의 얼굴을 더 사랑스럽다고 지각하는지를 살펴보았다. 그 결과 성인들은 특히 1세 영아의 얼굴 모습과 옆모양의 얼굴선을 사랑스럽다고 느끼는 것으로 나타났다. 또한 사랑스럽고 귀여운 외모 외에도 모든 영아들이 선천적으로 지닌 근원반사와 빨기, 잡기반사, 무선별적인 미소, 자발적인 옹알이 등은 양육자

Heidi Keller

Axel Schölmerich

로 하여금 영아가 자신들과 함께 있는 것을 좋아한다고 믿게 만든다(Keller & Schölmerich, 1987). 실제로 큐피 인형 효과를 살펴본 최근의 연구에 의하면 아기가 매력적이고 사랑스러울수록 어머니와 다른 성인들로부터 더 호의적인 양육행동을 유발하는 것으로 나타났다(Barden et al., 1989; Langlois et al., 1995).

그렇다면 불행히도 얼굴이 그리 매력적이지 않은 아기는 어떻게 되는가? 매력적이지 않은 외모로 인해 사람들의 보호와 관심을 유발하기 위한 유발자극이 부족한 아기는 다른 사람들로부터의 보호와 관심을 받을 수 없는가? 실제로 모든 아기들이 예쁜 얼굴을 지니고 태어나지는 않는다. 또한 갓 태어난 신생아의 모습은 사랑스럽다는 느낌보다는 오히려 아주 이상하다. 출산과정 동안의 산소결핍으로 피부는 푸르고, 좁은 자궁경관과 산도를 통과하면서 아기의 이마와 코는 납작해진다. 그리고 양수 안에서의 오랜 생활로 피부는 쭈글쭈글하고 태지라는 끈적거리는 물질로 뒤덮여 있다. 그럼에도 불구하고 대부분의 부모들은 자신의 아기가 이 세상에서 가장 아름답고 사랑스럽다고 생각한다. 심지어 쭈글쭈글한 얼굴을 더욱 찡그리고 버둥거리며 우는 내 아기의 모습이 이 세상에서 가장 귀엽다고까지 생각한다.

바로 이것이 아기와 부모 사이에 생물학적으로 내재된 결속이다. 그리고 이러한 결속을 Bowlby는 애착으로 개념화하였다. 임상의 시절, Bowlby는 기관에서 양육된 아동들의 정서적 문제를 목격하였다. 이 아이들은 다른 사람과 친밀한 관계를 형성하는 데 곤란을 겪었으며, Bowlby는 이 문제가 아이들이 자신의 어머니와 영아기에 강력한 정서적 결속, 즉 애착을 형성하지 못하였기 때문이라고 생각하였다. 이 분야에 대한 그의 관심은 어머니-영아의 유대가 어떻게 그리고 왜 이루어지는가를 동물행동학적 관점에서 설명하도록 유도하였다(Bretherton, 1995).

(2) 본능적 행동으로서의 애착

동물행동학자들은 동물의 행동을 관찰했을 때 태어나서 성장하기까지 크게 2가지 유형의 행동을 한다고 생각한다. 하나는 선천적으로 타고난 생득적 행동이고, 다른 하나는 자라면서 점차로 발전하여 완성되는 획득행동이다. 생득적 행동은 새의 둥지틀기와 철새의 이동과 같이 특정한 학습 없이도 나타나는 종 특유의 본능적 행동과 무조건적인 반사행동[2)]이다. Bowlby는 주양육자에 대한 영아의 젖빨기, 매달리기, 따라다니기, 울기, 미소짓기 등과 같은 5가지 애착행동이 학습의 영향을 거의 받지 않은 일종의 본능적 행동이며, 생득적 행동이라고 생각하였다.

여기에서 본능(instinct)이란 종에 내재되어 있는 일련의 생득적 행동의 메커니즘으로, 본능에 기초한 행동을 본능적 행동이라 지칭한다. 반사 역시 본능과 마찬가지로 생득적 행동이지만 반사는 주로 신체의 부분적 행동을 가리키고 본능적 행동은 전체적 행동을 의미한다. 또한 반사는 본능적 행동에 비해 단순한 반응양식이며 환경자극에 대해 한 가지 양식으로 고정적 반응을 나타낸다.

이와는 달리 본능적 행동은 반사에 비해 복합적인 반응양식으로, 비교적 고정된 행동양식이다. 본능의 개념에 대해서는 학자들 간에 약간의 이견이 있지만, 일반적으로 환경의 영향을 거의 받지 않고 종의 모든 구성원에게 나타나는 종 특유의 공통적인 행동이라 정의할 수 있다. 이러한 본능적 행동은 생존을 위해 조상으로부터 물려받은 적응 수단이다. 따라서 미리 예측할 수 있고 비교적 고정된 행동양식을 지니고 있는 선천적인 행동이다. Bowlby(1982)는 본능의 특성을 다음과 같이 정리하였다.

- 본능은 관찰 가능한 행동패턴이다.

2) 반사에는 생득적(生得的)으로 타고난 '무조건반사'와, 무조건반사를 바탕으로 하여 경험 학습을 통해 후천적으로 형성되는 '조건반사'의 두 가지가 있다. 일반적으로 반사라고 할 때는, 무조건반사를 뜻한다.

- 본능은 종의 거의 모든 구성원에게 유사하게 나타나는 예측 가능한 패턴이다.
- 본능은 특수한 조건에서 활성화되고 특수한 조건에 의해 중지된다.
- 본능은 일반적으로 예측 가능한 순서대로 진행된다.
- 본능은 개체보존(또는 종족보존)에 기여하는 기능을 지닌다.
- 본능은 학습을 거치지 않고 발달하는 경향이 있다.
- 본능에는 적응적 요소가 들어 있다.

본능에 대한 Bowlby의 설명을 토대로 할 때, 영아의 애착행동은 인간이라는 종 특유의 본능적 행동이다. 영아의 애착은 매달리기, 낯가림과 같은 관찰 가능한 행동패턴이며, 인종, 민족과 관계없이 모든 영아에게 유사하게 나타난다. 애착은 어머니가 보이지 않거나 멀리 떨어져 있을 때, 낯선 상황, 질병, 고통 등과 같이 특수한 조건에서 활성화되고 어머니가 다시 오는 것과 같은 특수한 조건에 의해 중단된다. 그리고 애착은 일반적으로 예측 가능한 순서대로 진행되며, 개체보존(또는 종족보존)에 기여하는 기능을 지니고 있다. 또한 영아의 애착은 학습과 무관하지만, 동시에 환경과 상호작용하는 적응적 요소를 지니고 있다.

(3) 생득적 행동으로서의 애착

모든 인간에게 나타나며 일정한 패턴을 지니고 있는 애착행동은 학습과 무관한 생득적 행동이다. 생득적 행동으로서의 애착의 특성을 살펴보면 다음과 같다.

① 애착은 종의 생존을 위해 생물학적으로 내재되어 있다.

동물행동학적 관점에서 애착은 무엇보다 종의 생존을 위해 생물학적으로 내재되어 있는 기제이다. 원래 애착은 특별히 다른 동물들에 비해 긴 양육 기간과 양육자의 절대적인 보호와 도움이 필요한 영아기를 진화론적 관점에서 설명한

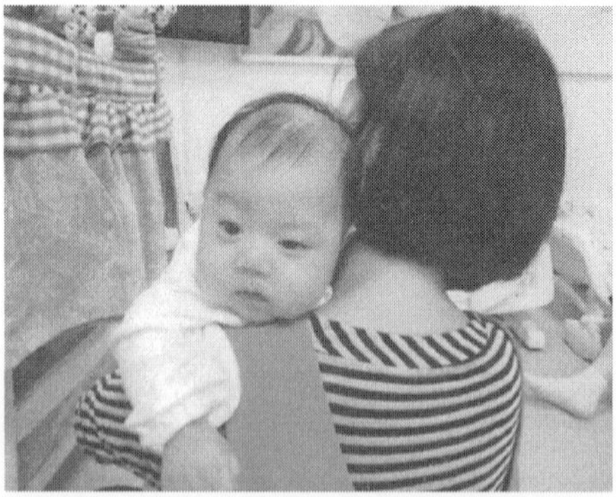

사진 설명 혼자힘으로 생존할 수 없는 영아가 살 수 있는 유일한 방법은 자신을 돌볼 누군가가 항상 자신의 옆에 있게 하는 것이다.

개념이다(Rothbaum et al., 2000).

어머니-영아의 유대는 인간과 같은 고등 동물에게는 특히 중요하다. 인간은 태어나자마자 바로 걷거나, 어미 뒤를 쫓아갈 수 없기 때문이다. 혼자의 힘으로는 생존할 수 없는 인간이 살아남을 수 있는 유일한 방법은 자신을 돌볼 누군가가 항상 자신의 옆에 있도록 하는 것이다(사진 참조). 어머니 근처에 있는 영아는 어머니와 떨어져 있는 영아보다 더 자주 수유할 수 있고, 보호받으며, 교육받는다. 따라서 인류의 진화역사는 영아와 성인 모두에게 영아의 생존, 즉 인류의 생존을 증가시킬 수 있는 방법으로 행동하는 일련의 속성들을 내재시켰다.

어머니와 영아가 서로 일정한 접촉을 유지하기 위해 사용하는 전략들은 선천적이며 다양한 방출자극(releasing stimuli)에 의해 통제된다. 물론 이것은 신생아에 대한 어머니의 양육행동이 주변 자극이나 경험과 완전히 무관하며 절대 변화하지 않는다는 것을 의미하는 것은 아니다. 분명 인간행동의 많은 측면들이 학습의 결과물이지만, 동물행동학자들은 선천적인 진화과정에 의해 통제되는 인간의 행동이 존재함을 주장한다. Bowlby에게 있어 영아가 어머니와 애착을 형성하는 것은 인간의 생존을 위해 내재되어 있는 종(種) 특유의 적응과정을 나타내는 것이다. 즉, 자신의 생존을 위해 일반적인 대상에게 의지하는 의존성과는 달리, 애착은 자신의 생존을 위해 생물학적으로 형성된 특정한 개인과의 지속적인 애정적 · 정서적 유대이며, 일반적인 대상이 아닌 한 개인과의 관계인 애착은 개인의 종족보존을 위해 신체적, 심리적 위험으로부터 보호받고자 하는 생물학적 기능을 지니고 있다(Bowlby, 1982).

한편 Bowlby(1982)는 영아와 마찬가지로 어머니 역시 영아의 신호에 호의적으로 반응하도록 하는 생물학적 성향을 지니고 있음을 강조하였다. 부모로서 영아의 위급한 울음소리를 무시하거나 미소에 무반응한 사람은 거의 없기 때문이다. 이처럼 영아와 어머니는 서로에게 호의적으로 반응하고 서로 밀착된 애착을 형성하도록 생물학적으로 동기화되어 있기 때문에, 영아와 부모의 애착은 궁극적으로 영아의 생존 가능성을 높여주는 역할을 수행한다.

② 애착에는 가장 활발히 발생하는 특정 상황과 시기가 존재한다.

애착을 가장 활성화시키는 특정 상황과 시기는 동물행동학의 '자극유발행동'과 '민감기'에서 출발한 개념이다. 동물행동학자들은 동물과 마찬가지로 인간에게도 특정 자극에 의해 유발되는 반응 패턴이 생물학적으로 프로그램화되어 있기 때문에, 어떤 속성은 발달의 특정 시기에 가장 쉽게 학습된다고 생각하였다. 이에 대한 극단적인 예가 바로 Lorenz의 각인 연구이다. 거위새끼가 부화 후부터 일정 시간까지 Lorenz를 응시하고 따라다님으로써 각인이 형성되었듯이, 영아의 애착행동과 같은 특정 행동은 분리와 같은 스트레스 상황(자극유발행동)에서 유발되며, 아울러 영아기라는 특정 기간(민감기) 동안 형성된다고 생각하였다.

실제로 Ainsworth는 어머니에 대한 자녀의 애착행동은 특별히 배고프거나 고통스러워할 때와 같은 스트레스 상황과 낯선 사람이나 큰 소리가 날 때와 같이 위협을 느끼는, 즉 영아가 자신의 생존이 위협받는다고 지각하는 상황에서 더욱 활성화 된다고 생각하여 가정이 아닌 실험실이라는 낯선 환경에서 영아 애착을 측정하였다. 한편 스트레스 상황과 영아의 생존이 위협받는 상황은 영아뿐만 아니라 양육자, 즉 어머니의 애착행동도 유발한다. 영아가 위험 상황에서 어머니에 대한 애착행동을 선천적으로 나타내듯이, 성인도 지치고, 아프고, 위험을 감지하여 나타내는 영아의 신호에 반응하고 보호하도록 내재되어 있기 때문이다(Goldberg, 2000).

이처럼 영아가 겪는 스트레스와 위협 상황이 영아와 양육자 모두에게 보호와 보살핌을 위한 유발자극으로서의 역할을 담당하지만, 영아와 양육자의 모든 관계가 전적으로 생존이 위협받는 유발자극에 의존하는 것은 아니다.

R. Christopher Barden

Judith H. Langlois

이 외에도 영아의 아기다운 귀여운 얼굴특성과 영아가 출생과 함께 선천적으로 갖고 태어나는 근원반사, 빨기반사, 잡기반사, 무선별적인 미소, 자발적인 옹알이 역시 양육자로 하여금 사랑스럽다는 긍정적인 감정과 관심을 유도함으로써 애착을 증진시키는 유발자극 역할을 한다(Barden et al., 1989; Keller & Schölmerich, 1987; Langlois et al., 1995). 이와 같이 영아는 성인과 접촉을 유지하고 보살핌을 유발하도록 하는 속성들을 선천적으로 가지고 있으며, 양육자 역시 영아의 신호에 호의적으로 반응하도록 하는 생물학적 성향을 지니고 있다. 비록 애착의 전생애적 관점에서 자녀의 발달적 변화와 경험을 통해 새로운 애착대상이 추가되고 애착대상에 대한 선호도도 부모에서 친구나 이성으로 변화되어 가지만 특별히 초기 영아기에 자녀와 주양육자 간에 형성된 애착관계가 전생애 동안 영향을 미치고 있음을 고려할 때, 자녀애착의 형성과정에 있어 민감한 시기는 분명 존재하는 것으로 여겨진다.

애착의 발달과정을 4단계로 제시한 Bowlby는 이 중 3단계가 영아기에 그리고 4단계는 유아기에 나타난다고 하였다. 또한 Ainsworth 역시 1세를 전후로 영아의 애착행동이 가장 절정을 이루고 있음을 발견하였다(Goldberg, 2000). 이와 달리 Schaffer와 Emerson(1964)은 애착의 발달과정 4단계가 모두 12개월 이전인 영아기에 시작되어 유아기까지 지속된다고 생각하였다.

이처럼 애착형성의 민감기에 대한 구체적인 시기와 기간에 있어서는 학자들마다 약간의 차이가 있다. 그러나 이러한 차이가 민감기의 존재 유무를 부정하는 것은 아니다. Bowlby(1988a) 역시 애착유대가 민감기 동안 보다 쉽게 발달하며, 이 시기 이후에는 아동이 이처럼 친밀한 정서적 관계를 맺는 것이 불가능할지도 모른다고 생각하였다. 이처럼 애착형성 과정에 있어 민감기는 분명 존재하는 것으로 여겨지며, 민감한 시기는 매우 중요한 연구 주제이다.

③ 애착은 전생애 동안의 과정이며 세대를 넘어 전달된다.

앞서 조류 새끼를 관찰한 Lorenz(1965)의 연구에서도 나타났듯이, 새끼거위들은 한 번 각인한 대상은 어디든지 따라다니고, 이들을 자신의 어미로 여겼으며, 일단 각인된 것은 다시 되돌릴 수 없었다. 따라서 Lorenz는 '결정적 시기'라는 용어를 사용하여 종에 내재된 종 특유의 행동이 가장 잘 발현되는 시기가 있음을 설명하였다. 이 시기에 움직이는 특정 형체에 노출된, 즉 각인된 새끼는 어렸을 때에는 따라다니기와 같은 행동을 나타내고, 성장한 이후에는 각인 대상에게 짝짓기를 위한 구애행동을 시도하는 등 지속적인 영향을 받았다(사진 참조). 이와 같이 결정적 시기 동안에 나타나는 조류의 종 특유의 본능적 행동은 매우 강력하여, 조류 개체의 전생애 동안 영향을 미쳤다.

사진 설명 새끼거위가 자란 후 각인 대상이었던 Lorenz에게 구애를 하고 있다.

한편 새끼 포유류, 특별히 새끼원숭이를 대상으로 연구한 Harlow와 Harlow (1977)의 연구에서는 결정적 시기(또는 민감기)에 정상적으로 어미와 애착을 형성하지 못한 새끼원숭이들이 이후 자신이 낳은 새끼들에게까지 정상적인 양육행동을 나타내지 못함을 발견하였다. 자신이 낳은 새끼가 옆에서 울어도 무관심하거나 새끼를 물어뜯고 심지어 버리는 행위와 같은 비정상적인 행동을 나타내었다. 즉, 생의 초기에 어미와 적절한 애착관계를 형성하지 못한 원숭이는 성인이 되어서까지도 지속적인 영향을 받아 자신의 새끼를 정상적으로 양육하지 못하였고, 새끼 역시 어미를 통한 정상적인 양육을 제공받지 못함으로써 정상적인 사회적 관계를 형성할 수 없었다. 이처럼 어미와 새끼의 애착은 전생애 동안뿐만 아니라 다음 세대에까지 전달된다.

애착관계는 인간의 경우에도 그대로 적용된다. 최근 아동기의 애착경험에 대한 기억과 자신과 타인, 대인관계에서의 특성에 관한 자료를 토대로 성인의 작동모델을 측정할 수 있는 방법들(Bartholomew & Horowitz, 1991; Main & Goldwyn, 1998)이 개발됨에 따라, 부모의 작동모델과 영아기 이후의 자녀애착유형과의 관계를 측정할 수 있게 되었다. 그 결과 Fonagy와 동료들(1991)은 자

Diane Benoit

녀가 태어나기 이전에 측정한 어머니의 내적 작동모델이 이후 영아가 안정/불안정애착을 형성할지에 대해 약 75%를 예측하였음을 발견하였고, 이러한 결과는 다른 나라들에서 실시된 여러 연구결과들에 의해서도 입증되었다(Benoit & Parker, 1994; Steele, Steele & Fonagy, 1996; van IJzendoorn et al., 1992). 또한 Ward와 Carlson(1995)은 양육자의 민감성보다 오히려 어머니의 작동모델이 영아의 애착유형에 더 좋은 예측변인임을 발견하였다.

이러한 연구결과는 어머니와 자녀관계의 시작이 어머니가 아이였을 때, 즉 어머니가 자신의 어머니를 인식할 수 있을 때부터 시작됨을 의미한다. 실제로 어머니가 어렸을 때 자신의 어머니와 형성한 애착관계는 이후 자녀의 영아기 애착뿐만 아니라, 자녀에 대한 자신의 애착에서도 주요 예측변인으로서의 역할을 하였다(Mercer & Ferketich, 1990a, b). 이와 같이 생애 초기에 형성된 영아와 주양육자 간의 애착은 전생애를 넘어 세대에 걸쳐 중요한 영향을 미치고 있다.

2. 사회문화적 관점에서의 애착

최근 포스트모더니즘의 영향으로 특정 문화가 아닌 모든 문화의 독자성과 특수성을 인정하는 문화 상대주의적 시각이 학문에 있어서도 관심의 대상이 되고 있다. 이러한 학문적 흐름은 실험실과 같은 폐쇄적인 장소에서 개인행동에 초점을 둔 미시적인 관점의 연구에서 벗어나 사회와 문화를 고려한 거시체계적 관점에서의 연구를 위한 촉진제 역할을 하였다. 비록 애착이론이 동물행동학을 중심으로 한 생물학적 토대 위에서 시작되었지만, 애착은 주양육자의 양육태도에 의해 많은 영향을 받는다. 그리고 부모-아동관계는 중간체계와 외체계 그리고 거시체계와 같은 다양한 환경과 가치관에 의해 절대적인 영향을 받고 있다. 따라서 양육과 애착관련 연구 모두 그 사회의 가치관과 역사적 맥락 속에서 이루어져야 할 것이다.

1) 문화와 문화 상대주의

Lawrence Harrison

Samuel P. Huntington

문화는 매우 광범위하게 사용되는 용어로, 그 정의는 매우 다양하다. 정의가 다양하다는 것은 아직까지 확정된 정의가 없음을 의미한다. 어원적으로 살펴볼 때, 문화(culture)는 '보살피다' '경작하다' '재배하다' 의 뜻을 지닌 라틴어 'cultura' 에서 유래하였다. 이처럼 문화의 개념에는 인간이 만들어낸 것이라는 의미를 지니고 있으며, 특별히 인간의 의도적인 행위의 산물인 동시에 삶의 표현을 나타낸다. Harrison과 Huntington(2000)은 문화에 대한 개념을 먼저 사회의 지적, 예술적인 결과물을 의미하는 '고등문화' 로서의 개념과 인류학에서 주로 사용하는 사회의 전반적인 '생활방식' 을 의미하는 개념으로 구분하여 정의하였다. 비교문화적 관점은 이 중 후자인 '생활방식' 의 개념에 속한다. 따라서 애착의 사회문화적 측면에서 문화에 대한 정의를 내린다면, 문화란 사회의 전반적인 생활양식으로, 특정 집단과 집단 내 개개인이 서로 공유하면서 영향을 미치는 신념과 가치의 틀(framework)로 정의할 수 있다.

최근 인류학이나 문화인류학과 같이 문화 자체를 학문적 탐구대상으로 한 학문들 외에 심리학과 철학, 역사학, 사회학 등 여러 학문분야에서도 문화에 대한 논의가 뜨겁다. 이는 그동안 특정 문화에 대한 문화적 우월주의적 입장에서 탈피하여 모든 문화의 독자성과 특수성을 인정하는 문화 상대주의적 시각이 학문에 있어서도 관심의 대상이 되고 있기 때문이다.

특히 그동안 서구 중심적 사고의 시각이 사상과 가치관에서의 우위가 아니라 기술과 조직화된 군사력의 우위 때문이었다는 자기 반성적 시각들이 일부 학자들을 중심으로 나타나면서 문화 상대주의는 더욱 가속화되었다. 실제로 세계의 위대한 종교들—기독교, 불교, 이슬람, 힌두교, 유교 등—은 모두 비서구 문명의 산물이다. 1980년대 말 공산주의 체제가 무너지고 탈냉전 시대에서 사람과 사람을 구분하는 가장 중요한 기준은 이념이나 정치, 경제가 아닌 문화로 보는

Andre Comte

Herbert Spencer

Edward Burnett Tylor

시각이 점차 확산되어 가고 있다(Huntington, 1996).

문화 상대주의에서 개개의 문화는 현실적으로 다를 수밖에 없으며, 이들 문화들에는 각자 고유한 가치가 존재하므로 가치의 우열을 논하기는 어렵다. 따라서 문화는 상대적일 수밖에 없고, 우리는 서로 다른 문화들에 대한 가치를 인정하고 상호존중하여야 한다는 것이다. 이러한 문화 상대주의는 민족주의에 대한 반동으로 Comte와 Tylor, Spencer 등과 같은 학자들에 의해 시작되었지만, 무엇보다 20세기에 들어 우리 사회 전반에 흐르고 있는 상대론적 가치관인 포스트모더니즘에 의해 더욱 가속화되었다. 이제는 문화 현상에 있어 그 문화의 가치와 우월성을 결정하는 보편적 잣대는 존재하지 않는다. 다만 그 문화의 시대적 · 역사적 맥락 내에서만 이해될 뿐이다.

이러한 문화 상대주의는 학문에 있어서도 큰 영향을 미쳤다. 특히 심리학의 경우 문화 상대주의는 기존의 심리학 연구과정과 결과를 반성하도록 하였다. 사실 대부분의 심리학 연구들은 실험실과 같은 협소하고 폐쇄적인 장소에서 이루어져 왔다. 그리고 소집단과 같은 미시적인 사회맥락에서의 개인행동에 초점을 둠으로써 인간행동에 영향을 미치는 사회제도나 문화적 가치관에는 상대적으로 관심을 기울이지 않았다. 이처럼 문화 상대주의는 실험실과 소집단에서 나타난 결과를 객관적이고 보편적인 사실로 이론화함으로써 인간행동에 있어 사회적인 맥락과 문화적 차이들을 무시했던 기존의 연구 패러다임에서 벗어나 사회와 문화를 고려한 거시체계적 관점에서의 연구를 유도하였다.

2) 양육과 사회문화적 맥락

자녀양육에 있어 문화적 차이는 자녀양육이 시작되기 이전인 임신과 출산과정에서도 나타난다. 문화가 부모의 양육태도와 행동에 미치는 영향력은 다양하고 또한 광범위하여, 문화적 환경이 아동발달이 일어나는 중요한 '발달적 적소(developmental niche)'[3]라는 개념이 점차 증가하고 있다.

(1) 양육행동과 문화

인간은 다른 사람과의 관계없이 혼자서는 살 수 없다. 인간의 행동은 사회 구성원이 공통적으로 지니고 있는 문화적 가치와 신념에 의해 형성됨과 동시에 인간은 행동을 통해 자신의 생각을 나타낸다. 특히 부모의 자녀양육 행동은 부모의 가치관과 사고과정, 정서에 의해 다양하게 나타난다. 오랫동안 연구자들은 부모의 생각과 감정, 부모의 양육행동, 자녀와의 관계에 대해 연구해왔다. 그 결과 부모의 사고와 정서가 부모의 양육행동에 영향을 미치고, 이는 다시 아동발달에 영향을 미침을 입증하였다.

Patricia Greenfield

그러나 부모의 사고와 신념 그리고 자녀양육행동은 문화마다 독특한 고유성을 지니고 있다. 특히 개인주의와 독립성을 토대로 한 서구문화와는 달리 집합주의와 상호의존성을 바탕으로 한 동양문화의 가치관은 다를 수밖에 없다(Greenfield & Cocking, 1994). 그럼에도 불구하고 기존의 많은 연구들은 부모의 생각과 감정이 어떻게 형성되는지, 즉 무엇이 부모의 생각과 감정을 형성하는지에 대해 단지 부부관계의 만족도와 질 그리고 아동의 기질과 같은 요인들만을 고려하였다. 애착연구에서 '애착의 세대 간 전이'의 개념이 확산됨에 따라 이제 우리는

3) 발달적 적소(developmental niche)란 아동과 문화가 서로 상호작용하는 체계임을 전제로 하는 개념이다. 아동의 발달은 먼저 아동이 사는 물리적, 사회적 환경의 제1하위체계와 아동양육 관습과 같은 제2하위체계 그리고 양육자의 심리와 같은 제3하위체계가 상호작용하여 이루어진다. 그리고 이들 체계들은 서로 조화와 변형을 통해 아동발달의 맥락을 구성한다.

부모와 그 이전 세대의 부모와의 관계의 질까지 우리의 관심을 확대하고 있지만, 아직까지 가족이나 부모-자녀관계라는 테두리 안에서 다루고 있다.

부모-자녀관계는 생태학적 환경(맥락)의 가장 핵심 부분이다. 동서양의 독특한 부모신념은 동양과 서양의 아동 양육행동의 차이를 설명하는 기본 틀이다. 비록 사회의 급속한 변화와 특히 동양의 급속한 산업화로 인해 많은 부분들이 서구화되어 가고 있지만, 그럼에도 각각의 문화는 가치관과 행동을 결정하는 주요 토대이다. 이에 대해 Bornstein과 Cheah(2006)는 〈그림 9-2〉에서와 같이 아동발달과 양육에서 나타나는 여러 생태학적 환경들을 통해 발달에서 문화의 영

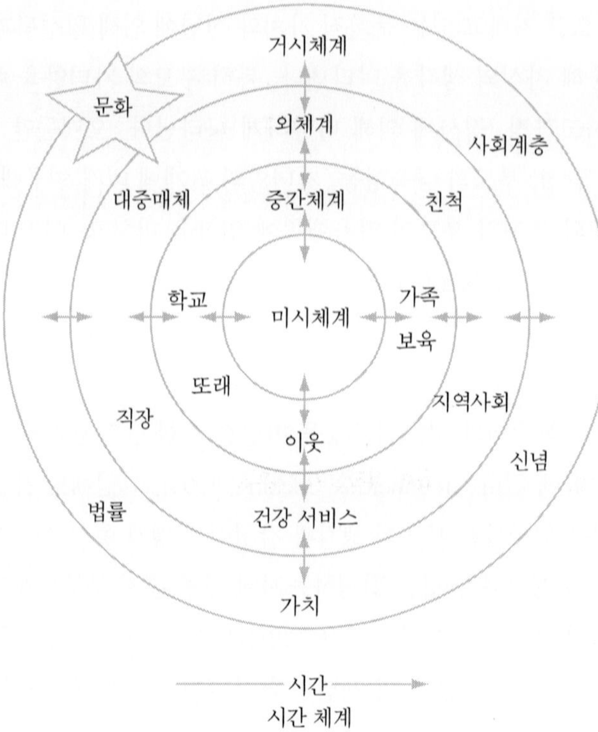

〈그림 9-2〉 발달에 대한 맥락적 · 생태학적 관점

출처: Bornstein, M. H., & Cheah, C. S. L. (2006). The place of "culture and parenting" in the ecological contextual perspective on developmental science. In K. H. Rubin & O. B. Chung (Eds.), *Parenting beliefs, behaviors, and parent-child relations; A cross-cultural perspective*. New York: Psychology Press.

향을 설명하고 있다. 먼저 부모-자녀관계는 가족, 또래, 학교, 이웃과 같은 여러 중간체계(mesosytem)에 포함된다. 가족은 직장, 대중매체와 같은 외체계(exosystem)에 의해 형성되고 동시에 외체계를 형성하기도 한다. 또한 가치관과 법, 사회계층, 문화 등의 거시체계(macrosystm)는 특정 부모-자녀 상호작용 형태를 격려하고 지지한다. 이처럼 문화는 부모들로 하여금 자녀들을 위한 단기적이고 장기적인 목표를 형성하도록 도울 뿐만 아니라, 이들 목표들을 이루기 위한 구체적 양육행동을 실시하도록 영향을 미친다.

문화가 부모의 양육태도와 행동에 미치는 영향력에 대해, 어떤 학자들은 부모가 자녀에게 나타내는 양육행동과 부모가 자녀에게 이상적으로 기대하는 발달적 목표는 모두 문화적으로 결정된 것이라고 주장한다(Rubin & Chung, 2006). 비록 문화적 결정론까지는 아니라도, 최근에는 문화적 환경이 아동발달이 일어나는 중요한 발달적 적소라는 주장이 보편화되어, 문화적 특성을 배제한 학문적 접근은 적절하지 않다는 시각이 점차 증가하고 있다. 이로 인해 문화적 차이에 따른 양육행동과 이러한 차이가 아동발달에 미친 영향을 살펴본 연구들이 최근 증가하고 있다. 이 중 가장 대표적인 연구로는 어린 자녀에 대한 어머니의 육아와 양육행동이다.

(2) 육아와 양육행동에서의 비교문화적 차이

육아에 있어 문화적 차이는 실제적인 자녀양육이 시작되기 이전부터 나타난다. 문화 간 어머니의 출산 전과 출산과정을 살펴본 유가효(1999)에 의하면, 한국 부모들은 미국이나 홍콩보다 출산 시 남아를 선호하였으며 출산과정에서도 남편 참여에 있어 문화 간 차이가 있었다. 즉, 미국의 남편들은 대부분 분만실(69%)과 병원 대기실(26.7%)에 있었던 반면에 한국의 남편들은 병원 대기실(42.6%)과 직장(35.3%)에 있었다. 그리고 분만실에 함께 있던 남편은 4.7%에 불과하였다. 출산 직후 아이의 이름 짓기에 있어서도 한국은 아이의 부모가 이름을 지어주는 경우(28.4%)보다 조부모가 이름을 지어주는 경우(38.1%)가 더 많았다. 반면에 미국과 홍콩은 각각 93.3%, 74.4%로 대부분 부모가 아이의 이름을 지어주었다. 이와 같이 문화적 신념체계는 자녀가 태어나기 이전부터 부모의 사고와 양육행동에 구체적인 영향을 미쳤다.

모든 부모는 자녀들이 사회적, 신체적으로 건강하게 자라기를 바란다. 그러나 '건강함(healthy)'의 의미도 문화마다 다르게 나타난다. 예를 들어, 일부 아시아 국가에서 '건강함'이란 사회적으로 적응적이며 차분하고 어른에게 순종하는 것을 의미하지만, 북아메리카와 유럽에서는 사회적으로 자율적이며 독립적인 것을 나타낸다. 이처럼 '건강함'이라는 의미조차 지극히 문화적이다. 따라서 아동이 문화적으로 수용 가능하고 지지하는 행동을 할 때 부모는 그 행동을 격려하고 지지하지만, 문화적으로 수용하기 어려운 행동은 하지 못하도록 유도하거나 저지한다. 이에 대한 대표적인 연구가 수줍음(shyness)과 행동억제(behavioral inhibition)이다.

Chuansheng Chen

서구의 부모들은 아동의 수줍음을 지양해야 할 부정적 행동특성으로 인식하는 반면에, 동양의 부모들은 그리 부정적으로 바라보지 않았다. 실제로 중국과 캐나다 영아(24개월)의 행동억제를 살펴본 Chen과 동료들의 연구(1998)에 의하면, 중국 아동의 행동억제(로봇을 만지지 않음)가 캐나다 아동보다 월등히 높게 나타났다(〈표 9-1〉 참조).

이러한 결과는 부모의 양육태도에 따른 차이이다. 실제로 중국 부모는 아이들의 행동억제를 꾸짖지 않았지만, 캐나다 부모는 아이들이 행동억제를 나타낼 때 이를 허용하지 않았다. 이는 아동의 행동억제는

표 9-1 어머니와 낯선 사람에게 접촉한 국가별 아동 비율

상 황	중국	캐나다	x^2
자유놀이 시간에 어머니와 접촉	41.06	21.91	10.56***
트럭/로봇 시간에 어머니와 접촉	60.96	37.26	13.63***
낯선 사람에게 접근하지 않음	21.09	5.90	12.21***
로봇을 만지지 않음	43.24	11.77	30.76***

***$p < .001$

출처: Chen, C., Greenberger, E., Lester, J., Dong, Q., & Guo, M. (1998). A cross-cultural study of family and peer correlates of adolescent misconduct. *Developmental Psychology, 34,* 770-781.

사진 설명 영아기 기질과 부모의 양육행동에 따른 영아의 행동억제에 관한 비교문화연구를 논의하기 위해 여러 나라 학자들이 한자리에 모였다. Kenneth Rubin, Ann Sanson, Xinyin Chen, Paul Hastings 그리고 한국 교수들의 모습이 보인다.

부모의 양육태도와 상관이 있으며, 부모의 양육태도에 문화적 차이가 있음을 보여준다. 즉, 부모와 성인들이 격려하거나 저지하는 행동유형(예: 공격성, 수줍음)조차 문화적인 맥락 안에서 이루어지며, 그 가족이 속한 문화의 가치관과 밀접한 관련이 있다.

한편 Rubin과 동료들(2006)은 몇몇 국가들 간의 비교연구에서 벗어나, 한국을 포함하여 8개국을 대상으로 한 다문화 종단연구(미국, 오스트리아, 브라질, 캐나다, 중국, 인도, 이탈리아, 한국)를 실시하였다. 연구결과 동서양 국가들 간의 차이뿐만 아니라 같은 유럽국가와 아시아 국가들 내에서도 유사점과 함께 차이점이 발견되었다. 이를 구체적으로 살펴보면 다음과 같다. 오스트리아, 캐나다와 미국에서는 아동에게 독립성을 강조하고 매우 성취지향적 양육태도를 나타내었다. 또한 자율, 사회적 자기주장 능력 그리고 모험적 행동을 강조하였다. 반면에 이탈리아는 오스트리아와 캐나다처럼 아동에게 독립성을 강조하고 성취지향적 양육태도를 나타내었지만, 대인관계에서 상호작용 시 정서적 표현을 격려하였다. 따라서 어린아이라 할지라도 토론에 참여하도록 격려하였고, 특히 사회적 자기주장을 강조하였다. 그러나 한국과 중국에서는 독립적이고 성취지향적인 모습보다 협력과 순종을 강조하였다.

이러한 차이는 자녀를 '독립적이고 확고한 개인' 으로 키우려는 서구의 신념과 '부모와 밀접한 물리적, 정서적 유대관계를 형성하는 개인' 으로 키우려는 동양의 신념을 반영한 것이라 할 수 있다(Greenfield & Suzuki, 1998). 한국과 중국, 미국 가족을 중심으로 영아기 육아에서의 문화 간 차이를 살펴본 유가효(1999)의 연구에서도 한국과 홍콩의 응답자들은 자녀와 물리적 거리를 유지할 필요가 있다는 인식보다는 자녀와 밀접하게 접촉하는 것이 좋다는 생각이 훨씬 더 높았다.

문화적 결정론이든 발달적 적소이든 문화적 신념체계가 부모의 사고와 구체적인 양육행동에 영향을 미치는 것은 분명하다. 부모들은 자신들의 생각을 행동으로 나타낸다. 이제 아동양육과 관련된 문화적 특성을 이해하는 것은 아동의 발달을 해석하는 주요 방법으로 인식되어 가고 있다.

3) 애착과 사회문화적 맥락

애착은 문화를 초월하여 거의 모든 지역에서 나타나는 생물학적 특성을 지니고 있는 것으로 밝혀졌지만, 비교문화적 관점에서 살펴본 결과 애착유형은 문화에 따라 다르게 나타났다. 이는 애착에 주된 영향을 미치는 어머니의 양육행동이 사회문화적 배경과 불가분의 관계가 있기 때문이다. 따라서 애착연구에 있어서는 생물학적 보편성 외에 문화적 독특성에 대한 고려가 함께 이루어져야 한다.

Fred Rothbaum

(1) 비교문화적 관점에서의 영아애착유형

애착이론은 진화론적 관점에서 출발한 개념으로, 종의 생존을 위한 생물학적이며 보편적인 종의 행동특성을 설명하였다. 그러나 일부 학자들은 애착이론이 서구 학자들에 의해 서구문화에서 이론화되었기 때문에 비서구권에 적용하기에는 문제가 있음을 주장하였다(Rothbaum et al., 2000). 특히 가족과 사회에서 국가와 문화와 같은 더 거대 영역으로 학문적 관심이 옮겨지면서, '낯선상황실험' 을 통해 분류된 애착유형이 다른 문화권에서도 보편적으로 나타나는지에 대한 논의가 활발하게 이루어졌다. 비교문화적 관점에서 애착이론을 살펴볼 때 연구자들은 애착의 3가지 유형(안정애착, 회피애착, 저항애착)이 모든 문화권에서 나타나는가를 연구함으로써 애착의 보편성과 생물학적 타당성을 검증하였다. 따라서 많은 애착이론가들은 문화권에 따라 각 나라의 영아애착 유형들을 살펴보고 비교 검증하였다. 아울러 가장 보편적인 영아기 애착척도로 사용되고 있는 '낯선상황실험' 이 다른 문화권에서도 타당한 척도인가에 대한 연구가 함께 이루어졌다.

실제로 Ainsworth가 최초로 연구한 볼티모어의 중류층 영아들의 애착을 살펴보면, 안정애착 66%, 회피애착 20%, 저항애착 12%였다. 이후 다양한 문화와 여러 나라들을 대상으로 한 거의 모든 비교문화연구에서도 3가지 애착유형이 모두 나타났으며 그중에서도 공통적으로 안정애착 비율이 가장 높게 나타남으로써 애착이 범문화적 행동특성임을 입증하였다. 그러나 안정애착과 불안정애착의 분포에 있어서는 유사한 비율을 나타냈지만, 불안정애착 유형(회피애착, 저항애착, 혼란애착)에서는 차이가 있었다. 이를 구체적으로 살펴보면, 독일 북부에서는 회피애착이 많았고(Grossmann et al., 1985), 이스라엘의 키부츠(Sagi et al., 1985)와 일본에서는 저항애착과 혼란애착이 높은 분포를 나타내었다(Miyake et al., 1985; Takahashi, 1986). 아프리카 영아의 애착유형을 살펴본 True(1994)의 연구에서도 혼란애착이 월등히 높게 나타났다. 혼란애착의 경우 서구에서는 15%에 불구하였지만, True의 연구에서는 23%로 나타났다.

이러한 결과에 대해 Grossmann 부부와 동료들(1985)은 독일의 경우 부모들이 영아의 독립성에 대한 기대가 높기 때문이라고 해석하였다. 즉, 아동의 독립심을 지나치게 강조하는 문화적 분위기가 부모의 양육태도에 영향을 미쳐 회피애착이 높다는 것이다. 이들은 독일의 아동들이 어려서부터 부모와의 분리를 자주 경험하고 독립적으로 행동하도록 양육받음으로써, '낯선상황실험' 의 어머니와의 재결합 에피소드에서 큰 반응을 보이지 않기 때문에 회피애착이 많다고 생각하였다. 또한 일본과 이스라엘 키부츠 연구자들은 일본과 키부츠의 아동이 서구아동에 비해 낯선 사람을 많이 접하지 않은 양육문화 때문에 저항애착(양가애

Marian. J. Bakermans-Kranenburg

착)이 많은 것이라고 해석하였다(Miyake et al., 1985; Sagi et al., 1985).

van IJzendoorn은 동료들과 함께 미국, 캐나다, 아프리카, 중국, 이스라엘(키부츠), 일본(도쿄와 삿포로), 인도네시아, 남아프리카 등 8개 국가(9개 도시) 영아들의 애착 유형을 다음의 〈그림 9-3〉과 같이 정리하였다(van IJzendoorn, Bakermans-Kranenburg, & Sagi-Schwartz, 2006, 재인용). 〈그림 9-3〉에 나타난 것과 같이 전 세계적으로 안정애착은 회피애착이나 양가애착과 같은 불안정애착보다 가장 높게 나타났다. 아울러 캐나다와 이스라엘 키부츠를 제외하고는 60%에 가깝거나 그 이상의 비율을 나타내었다. 또한 키부츠와 일본(삿포로), 인도네시아에서는 다른 나라들에 비해 불안정-양가애착(C)이 가장 높은 비율로 나타났다.

이스라엘의 키부츠 영유아들은 가정이 아닌 협동농장에서 집단적으로 보육

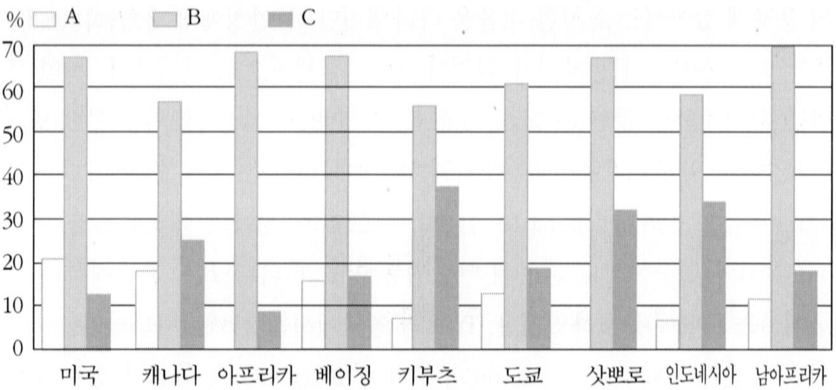

A: 불안정-회피애착(insecure-avoidant)
B: 안정애착(secure)
C: 불안정-양가애착(insecure-ambivalent)

〈그림 9-3〉 비교문화적 관점에서의 영아애착 유형

출처: van IJzendoorn, M. H., Bakermans-Kranenburg, M. J., & Sagi-Schwartz, A. (2006). Attachment across diverse sociocultural contexts: The limits of universality. In K. H. Rubin & O. B. Chung (Eds.), *Parenting beliefs, behaviors, and parent-child relations; A cross-cultural perspective*. New York: Psychology Press.

교사들에 의해 양육되어 왔다. 아동양육에서 가장 이상적으로 여겨져 왔던 어머니양육 대신 아주 어린 영아기부터 집단적으로 대리양육되었다는 점에서 키부츠 아동의 발달은 매우 흥미로운 주제였다. 키부츠에서는 6~8명의 영유아들을 2명의 보육교사가 돌보았다. 아동들은 태어난 지 6~12주 사이에 어머니가 직장으로 복직하면서 이곳에 입소하였다. 어머니들은 점차 직장에서의 근무시간을 늘려, 자녀가 한 살이 되었을 때에는 대부분 종일제 보육을 받았다. 심지어 집에서 키부츠를 다니는 아이들은 부모와 함께 잠을 자지만, 야간보육을 받는 아이들은 야간보육교사(watch woman)에 의해 보살핌을 받았다. 야간보육교사는 많은 기관을 관리해야 되기 때문에 여러 지역들을 다니며 다른 키부츠의 아이들을 돌보기도 하였다. 밤에 자주 교대되는 야간보육교사로 인해 아이들은 친숙하지 않은 성인과 함께 지내야 했고, 바로 이러한 키부츠의 양육환경으로 인해 키부츠의 영아들은 특히 불안정-양가애착이 많은 것으로 추측되고 있다.

키부츠 유아의 애착과 관련된 대표적인 연구는 Sagi와 동료들의 연구(1985)이다. 이들은 안정애착된 키부츠 영아들 중 키부츠에서 집단적으로 함께 잠자는 영아와 밤에 가정으로 돌아가서 잠을 자는 영아들을 비교한 결과, 후자의 영아들이 더 안정적이었음을 발견하였다. 최근에는 이러한 연구결과들과 부모들의 건의로 점차 많은 키부츠에서 가족과 영아가 함께 자는 것을 허용하고 있다.

이와 같이 애착분포에 있어 국가마다 나타나는 차이에 대해 연구자들은 문화간 차이보다는 양육환경 특성에 따른 차이로 인식하고 있다. 이에 대한 대표적인 연구는 van IJzendoorn과 Kroonenberg(1988)에 의해 이루어졌다. 이들은 개별화된 연구나 소수의 표본으로는 애착에 대한 문화적 차이를 설명할 수 없다는 판단 하에, '낯선상황실험'에 대한 1,000여 개의 미국 연구와 다른 문화권들의 연구를 토대로 애착유형을 분석하였다. 그 결과 Ainsworth의 볼티모어 연구에서 나타난 애착유형 분포와 유사한 결과가 나왔다. 이 결과는 애착유형 분포에 대한 국가 간 차이들을 문화적 차이로만 설명할 수 없음을 의미한다.

한편 문화를 초월한 애착유형의 보편성과 함께 '낯선상황실험' 절차에 대한 문제도 제기되었다. '낯선상황실험' 척도의 타당성에 대한 문제제기는 비교문화적 관점에서의 애착유형 연구결과들로 인해 나타났다. 앞서 살펴보았듯이 일본 영아들의 경우 저항애착이 많았는데, 이는 낯선 사람을 자주 접하지 않은 일본의 양육문화 외에도 일본 유아들의 '낯선상황실험' 자체에 대한 적응력이 부족하기 때문이라는 지적이다. 즉, 동양의 유아들은 서양의 유아들에 비해 어머니와 분리 상황의 경험이 적기 때문에, '낯선상황실험'의 분리 에피소드가 유아들에게 과도한 스트레스를 야기하였다는 것이다.

Ainsworth와 동료들(1978)이 제시하였듯이 '낯선상황실험' 절차에서는 아이가 나타내는 스트레스 정도에 따라 분리 시간을 단축시키는 것이 가능하다. 하지만 Takahashi(1986)는 아이들의 높은 스트레스에도 불구하고 분리 시간을 단축시키지 않았고, 결국 이로 인해 높은 비율의 저항애착 유형이 나타났다는 비판을 받고 있다.

이처럼 애착에 있어 문화적 차이와 측정의 문제는 서로 별개의 문제가 아닌, 상호 연관된 문제이다. 따라서 앞으로의 애착연구는 애착에 대한 문화적 차이인지 또는 애착측정방법의 문제인지와 같은 양자택일적인 관점이 아닌 이 둘의 통합적 관점에서 연구가 진행되어야 할 것이다. 또한 자녀에 대한 어머니애착 역시 서구적 개념만으로는 설명되지 않았다는 연구결과(황현주와 정옥분, 2006)처럼, 부모-자녀의 상호작용과 애착은 문화마다 독특한 속성을 지니고 있다. 따라서 서구 중심의 애착척도를 사용하여 연구를 실시하고, 결과를 해석할 때에는 좀더 각별한 주의가 필요하다. 아울러 앞으로 이루어질 다양한 애착척도개발과 애착연구에 있어 문화적 보편성과 독특성이 고려되어야 할 것이다.

(2) 사회문화적 맥락에 따른 애착

진화론적 관점에서 출발한 애착이론은 생물학적 토대 위에 형성된 범문화적이며 보편적인 정서적 결속으로서의 부모자녀 관계이다. Bowlby나 Ainsworth와 같은 초기 애착이론가에서부터 오늘날에 이르기까지, 대부분의 애착이론가들은 애착을 종의 생존을 위해 영아와 부모에게 내재된 생물학적이고 보편적인 행동특성으로 간주하고 있다.

하지만 앞서 살펴보았듯이, 이들 애착유형에서도 비교문화적 다양성이 나타났다. 예를 들어, 회피애착(A유형)은 서유럽과 미국에서 비교적 높게 나타났고, 혼란애착(C유형)은 이스라엘과 일본에 많았다. 그러나 애착유형에 있어 문화 간 차이와 함께 동일한 문화 내에서 어머니의 양육태도에 따른 차이와 사회경제적 차이, 어려움을 겪은 집단 간의 차이도 나타났다.

Posada와 동료들(1995)은 애착행동에서 문화적 일치성을 측정하기 위한 시도로, 7개 국가(중국, 콜롬비아, 독일, 이스라엘, 일본, 노르웨이, 미국)의 어머니에게 '애착 Q-Sort' 를 사용하여 아이들의 애착을 측정하고, 어머니가 생각하는 '이상적인 아동(ideal child)' 에 대해 살펴보았다. 그리고 104명의 전문가집단이 Q-Sort를 이용하여 '최적의 안정' 아동을 표시하도록 하였다. 그 결과 어머니가 생각한 '이상적인 아동' 에 대한 평가와 전문가 집단의 평가는 모든 나라에서 높은 상관이 있는 것으로 나타났다. 비록 문화적 차이는 다소 있었지만, 어머니와 전문가 집단의 평가가 모두 유사하였고, 나라에 따른 차이는 크게 나타나지 않았다.

한편 Harwood와 동료들(1996)은 자녀양육에 있어 서로 다른 문화의 어머니들이 문화와 관계없이 서로 같은 행동패턴을 나타냄을 발견하였다. 이들은 백인(앵글로색슨계)과 푸에르토리코 중류층 어머니들에게 '낯선상황실험' 에서 나타나는 아동들의 행동들을 나타낸 6장의 사진을 제시하고 어머니들이 바람직하게 생각하는 아동의 행동을 나타낸 사진을 선택하게 하였다. 그 결과 문화에 관계없이 모든 어머니들은 안정적인 유아 모습의 사진을 선호하였다.

그러나 백인어머니와 푸에르토리코 어머니들의 양육태도에 있어서는 분명한 차이가 나타났다. 백인어머니들은 개인의 발달과 성취를 강조하고, 또한 유능하고 활동적이며, 사회적 관계에도 관심을 가지는 아이를 가장 이상적으로 생각한 반면에, 푸에르토리코 어머니들은 다른 사람들에게 순종하는 데 필요한 '적절한 태도' 를 강조하였다. 푸에르토리코 어머니들이 이상적으로 생각하는 유아는 조용하고 부모 옆에 앉아 있으며, 협조적이고 순종하는 모습이었다. 또한 백인어머니들은 안정애착 집단에서도 보다 독립적인 성향을 나타내는 B_3과 B_4유형을 더 선호하는 반면에, 푸에르토리코 어머니들은 보다 의존적인 성향을 나타내는 B1유형을 좋아하였다. 그리고 두 집단 모두 사회계층에 따른 차이가 있는 것으로 나타났다. 저소득층의 맞벌이 백인어머니들은 중류층 어머니보다 개인적 성취에 대해 양가적인 감정을 가지고 있었으며, 저소득층의 푸에르토리코 어머니들은 중류층 어머니보다 유아의 순응적인 행동(태도)의 중요성을 강조하였다.

이와 같이 생물학적 속성을 지닌 애착이라 할지라도, 그 구체적인 표현은 한 사회의 가치체계와 관련된 문화적 차이로 인해 문화마다 조금씩 다르게 나타난다. 문화마다 애착에 부여하는 가치, 혹은 바람직한 애착에 대한 가치관이 다를 뿐만 아니라 어머니가 영아를 양육할 때 설정하는 목표나 의사소통 방식 그리고 상호 간의 반응양식에 있어서도 다양한 양상을 보이기 때문이다.

이는 최근에 실시된 Posada와 동료들(2002)의 연구결과와도 일치하였다. 이들은 계층과 유아의 발달로 인한 차이를 통제하기 위해 미국과 콜롬비아 중산층 영아(11~15.8개월)와 어머니 121쌍을 표집하였다. 그 결과 어머니의 양육행동에 있어 두 집단 간에 유의한 차이가 나타났다. 즉, 미국의 어머니들이 민감한 반응과 접근, 수용성, 영아에게 흥미로운 환경을 조성해주는 부분에 있어 콜롬비아 어머니들에 비해 높은 점수를 얻은 것으로 나타났다.

이처럼 어머니의 양육행동은 그 사회의 문화적 배경을 토대로 형성되며, 아울러 애착과 같은 일차적 관계와 아동의 발달에 직접적인 영향을 미친다(〈그림 9-4〉 참조). 오랫동안 연구자들은 부모들의 생각과 감정, 행동 그리고 자녀와의 관계에 대해 연구해왔다. 그리고 양육행동, 부모-아동 관계의 질이 아동의 발달에 영향을 미침을 입증하였다(Rubin & Chung, 2006).

역설적이지만 초기 애착이론은 서구가 아닌 아프리카 우간다의 영아와 어머니들을 대상으로 시작되었다(Ainsworth, 1967). 또한 진화론적 관점은 문화와 관계없이 전 세계적으로 생물학적 보편성을 토대로 한 학문적 접근이다. 그리고 많은 애착이론가들이 애착이론의 보편성과 문화적 타당성에 대해 오랫동안 연구하였으며, 애착의 발달에는 비교문화적 차이 이상의 보편적이며 생물학적인 요소들을 내포하고 있음을 발견하였다(van IJzendoorn & Sagi, 1999). 따라서 애착이론은 다른 어떤 이론들보다 비교문화적 타당성을 검증하였다고 할 수 있다.

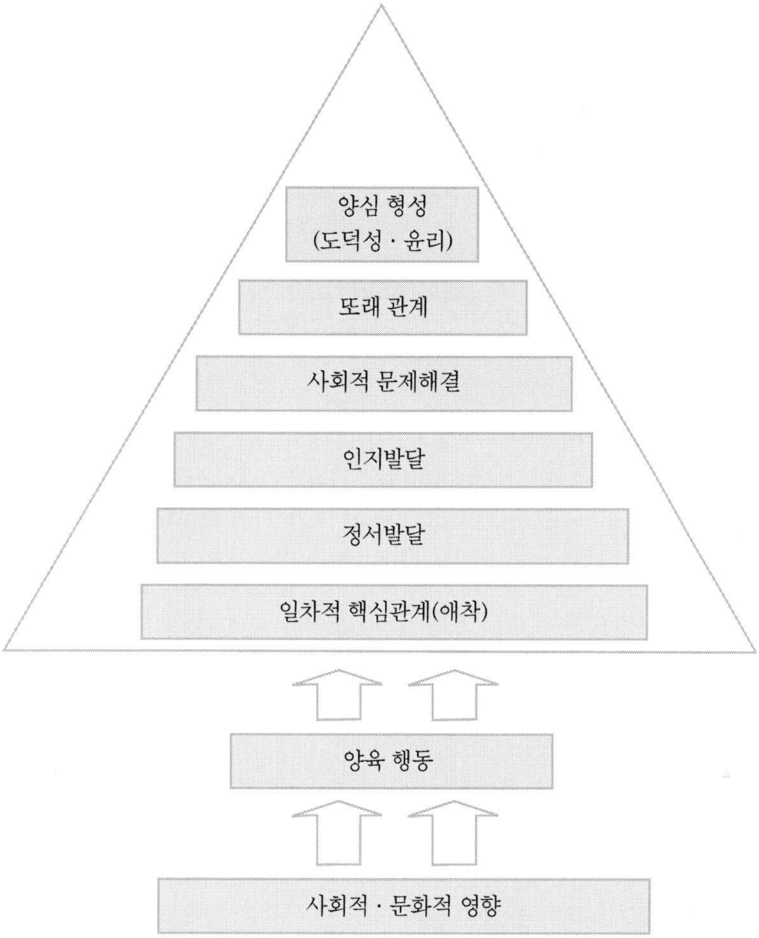

〈그림 9-4〉 애착과 양육행동에 대한 사회문화적 영향력

출처: www.attachmentacrosscultures.org/research/index.html

그러나 일부에서는 과거에서부터 오늘날에 이르기까지 약 1,200개 이상의 다른 문화들이 존재하고, 최소한 186개의 다른 문화적 지역들이 있는 현실 속에서 특정 이론의 비교문화적 타당성을 주장하는 것은 매우 어렵고 또 성급한 일이라고 주장한다.

이처럼 애착을 구성하는 구성요인에는 생물학적 보편성과 문화적 독특성이 함께 공존한다. 애착은 인간이라는 종에 내재된 생물학적인 속성이지만, 그 구체적인 표현은 한 사회의 가치체계와 관련된 문화적 차이로 인해 문화마다 조금씩 다르게 나타나고 있다. 이는 문화마다 애착에 부여하는 가치, 혹은 바람직한 애착에 대한 가치관이 다를 뿐만 아니라 어머니가 영아를 양육할 때 설정하는 목표나 의사소통 방식 그리고 상호 간의 반응양식에 있어서도 다양한 양상을 보이기 때문이다. 따라서 Rothbaum과 동료들(2000)의 지적처럼, 애착이론에 있어 특별히 서구문화와 상이한 비서구문화권에 대한 고려가 필요하다.

4) 한국 전통사회에서의 어머니애착[4)]

한 문화의 가치관은 어머니와 자녀 관계에 영향을 미친다. 따라서 오늘날의 어머니애착을 이해하기 위해서는 먼저 역사적으로 진행되어 온 부모자녀 관계에 대해 이해할 필요가 있으며, 역사적인 고찰은 먼저 전통문헌을 수집하고 분석하는 데서 시작된다(강창동, 2002).

(1) 한국 전통문헌 분석

여러 전통문헌들 중 우선적으로 자녀에 대한 부모(주양육자)의 정서적 유대관계에 대해 언급되어 있는 문헌으로는 효경(孝經)과 예기(禮記) 그리고 양아록(養兒錄)을 들 수 있다.

① 효경(孝經)

효경에는 부모는 자녀를 기를 때 온갖 사랑과 정성을 다해 기른다고 하였다. 부모가 자녀를 사랑하는 친애의 정을 이황은 '자(慈)'로 표현하였다. 부모가 자녀를 사랑하는 것이 '자'이고, 자녀가 부모를 잘 받드는 것이 '효'이다. 이황은 자의 도리가 천성으로부터 나온다고 생각하였다(권영한, 2000). 즉, 한국 전통사

4) 본 내용은 황현주와 정옥분(2006)의 「영아에 대한 어머니의 애착측정도구개발과 타당화연구」에서 발췌하였다.

회에서는 부모에 대한 자녀의 '효'는 반복적인 가르침을 통해 이루어지지만, 자녀에 대한 어머니의 애착은 무조건적이고 본능적인 속성으로, 자녀를 소중히 양육하며 사랑을 베푸는 생물학적으로 내재된 속성으로 인식하였다.

② 예기(禮記)

예기를 토대로 살펴본 어린 자녀에 대한 부모의 애착은 먼저 '관대함'으로 나타났다. 전통사회에서 어린아이는 무조건적이고 절대적인 보호의 대상이었다. 류점숙(1994)은 오늘날 영아기에 해당하는 유유아기(乳幼兒期: 출생~3세)의 자녀는 아직 약하고, 어리고, 깨이지 않은 존재로 인식하여 보호와 관대함이 특징이었음을 주장하였다.

> 아기가 태어나면, 남편은 사람을 시켜 날마다 두 번씩 안부를 묻는다… 사흘이 되면 비로소 아들을 안는다. 이때에 아들이면 활을 쏘는 의식을 행하고… 출생한 지 3일이 되면 길한 사(士)를 점쳐서 선택하여 아들을 안게 한다. 길자(吉者)로 선택된 자는 숙재(宿齋)[5]하고 조복(朝服)차림으로 침문 밖에서 아이를 받아 안는다. 그리하면 활 쏘는 사람이 뽕나무 활과 쑥대화살로 하늘과 땅과 사방을 여섯 번 쏜다.

아버지가 자녀를 3일 만에 안는 것은 아기와 산모의 건강을 위한 배려였다. 하지만 아버지는 아이를 직접 대면하지는 못하지만 하루에 두 번씩 안부를 물었으며, 아들을 처음 만날 때에는 점을 쳐서 길한 사람이 아이를 안고 또한 활쏘기를 한 것은 아이가 커서 원대한 사람이 되기를 기대하는 의미였다. 이와 같이 전통사회에서 아이는 "사랑스럽다" "예쁘다"는 애정의 대상 이전에 매우 소중하고 귀한 존재였다. 따라서 어린아이는 절대적 보호의 대상이었으며, 전통사회에서 아이와 부모의 관계는 종의 생존을 위한 동기적 행동체계인 애착의 측면에서 볼 때 애착관계라 할 수 있다.

5) 하룻밤을 재계(齋戒)한다는 뜻.

③ 양아록(養兒錄)

양아록은 묵재 이문건(1494~1567)이 자신의 손자를 양육하는 과정을 시적인 형식으로 기록한 문헌이다. 양아록을 토대로 분석한 한국 전통적인 자녀에 대한 주양육자의 애착은 다음과 같다.

첫째, 전통사회에서 자녀는 "사랑스럽다"는 정서보다는 먼저 "귀하다"는 정서가 더 크다. 우리 전통 사회에서 자녀를 이처럼 귀하게 인식하게 된 데에는 개인보다 가문을 중시하는 유교적 관습에서 비롯되었다.

둘째, 전통사회에서 자녀는 너무 귀하였기에, 오히려 자녀에 대한 애착은 절제된 애정표현으로 나타났다. 이는 지나친 과보호로 인해 자녀가 바르지 못하게 자라나갈 것에 대한 우려도 있지만 더 근본적인 이유는 우리 전통사회에 뿌리박혀 있는 샤머니즘적 배경에 기인한다. 즉, 자녀를 너무 사랑하면 조물주가 시기하여 아이를 병에 걸리게 하거나 죽게 함으로써 제대로 양육하지 못하게 한다고 생각하였기 때문이다. 따라서 전통사회에서는 아이가 귀할수록 아이의 아명을 천하게 지어 불렀으며, 아이가 아프면 의원과 함께 무당을 초빙하여 굿을 하였다. 이러한 샤머니즘적 요소 역시 아이의 생존을 위한 전통사회의 독특한 애착 모습이다.

셋째, 자녀에 대한 애착은 특별히 아이가 아플 때에 더 절실하게 표현되었는데, 이는 주양육자와 아이와의 결속의 또 다른 표현이었다.

> - 보드라운 살결에 피부가 연약한데, 얄밉게도 이벼룩이 경쟁하듯 달라붙네. 젖먹이가 고통스러운들 어찌 말할 수 있으리? 온몸에 침을 놓은 듯 붉은 점 보기 민망하네. 조그만 벌레 날카로운 입 가졌으니, 조물주 또한 시기심 많아서인가? 이벼룩을 차라리 내게 오게 하라. 애련타. 젖먹이 물어뜯지 마라(p. 31).

넷째, 전통사회에서 자녀에 대한 애착의 주요 구성개념 중의 또 다른 하나는 기쁨이었다. 이 기쁨은 주양육자가 자녀양육에서의 어려움과 희생을 넘어설 정도의 커다란 정서였다.

다섯째는 따뜻함(온정)이다. 이문건은 손자와 더불어 잠자고 항상 함께하며, 심지어 대소변까지도 기쁜 마음으로 직접 받아줄 정도로 그의 손자 사랑은 컸으며, 따뜻함 그 자체였다.

> – 병진년(1556년) 봄에 젖을 떼고, 내 잠자리에서 자라 불러들였네. 이불에 파고 들어 내 가슴을 만지며, 잠들 때면 내게 안기는구나. 잠에서 깨어나면 매번 할아버지를 부르고 내 가까이 오며 두려워할 줄 모르네. 6월이 되어 마마로 고통을 당할 때, 죽을 먹이는 일, 똥 누이는 일을 일일이 할애비더러 해달라 졸라대네. 기쁜 마음에 스스로 꺼리지 않고 돌봐주니 기뻐하고 좋아하는구나… 이것이 진정 서로 살아가는 이치니, 한 뿌리 한 가지에서 나왔기 때문이라(pp. 86-89).

이상에서 살펴본 것과 같이 아이의 생존을 위한 전통사회의 이러한 모습은 동물행동학적 관점에서 볼때 애착과 관련된 모습이라 할 수 있다.

(2) 한국의 어머니애착

이와 같이 전통문헌분석을 통해 나타난 영아에 대한 한국의 어머니애착은 서구의 애착과는 차이가 있는 것으로 여겨진다. 전통문헌 분석을 통해 도출된 한국적 가치관인 절대적 보호, 즉 자기희생적 온정과 기대감은 서구에서 개발된 애착척도에는 포함되어 있지 않았다. 「자기희생적 온정」은 어머니애착의 구성개념 중의 하나인 「보호」와는 다른 개념으로, 보호가 아이의 건강과 영양, 안전에 대한 어머니의 일반적인 관심이라면 온정은 어머니의 보다 따뜻한 보살핌이다. 또한 이 온정은 단지 어머니의 따뜻한 보살핌만을 의미하지 않았다. 내가 피곤하고 힘들어도 아이 생각을 하면 힘이 나고, 잠을 못 자 피곤해도 아이를 위해서라면 일어나며, 아이가 아픈 것을 볼 때 내가 대신 아파주고 싶은 어머니의 자기희생적이며, 절대적인 따뜻함이다.

한편 아이양육은 힘들지만 가장 보람 있는 일이며, 내 아이를 다른 사람에게 보여주고 싶은 '기대감' 요인 또한 서구에는 존재하지 않는 한국의 전통적인 애착 구성개념이다. 전통사회에서는 갓 태어난 어린 자녀에 대해서도 예를 갖추어 대하였으며, 특히 아들을 처음 만날 때에는 점을 쳐서 길한 사람이 아이를 안은 것은 아이가 커서 원대한 사람이 되기를 기대하는 의미로, 아이에 대한 존중과 기대감의 표현이었다.

따라서 우리 사회의 애착의 개념은 서구의 애착과는 다른 구성개념을 가지는 것으로 볼 수 있으며, 이는 애착이 생물학적 토대 위에 형성된 범문화적이며 보편적인 정서적 결속으로서의 부모자녀 관계이지만, 그 구체적인 표현은 한 사회의 가치체계와 관련된 문화적 차이로 인해 문화마다 조금씩 다르게 나타났다는 기존의 연구결과(Grossmann et al., 1985; Miyake et al., 1985; Posada et al., 1995; van IJzendoorn, & Kroonenberg, 1988)들을 지지하는 것으로 볼 수 있다. 애착은 문화의 지배를 받는다. 현대문명에서 벗어난 원시사회에서도 애착은 문화의 영향을 받고 있고, 조선시대와 같은 전통사회에서도 애착은 문화의 영향력 하에 놓여 있다. 결국 애착연구는 애착이론에서 출발할 뿐만 아니라 문화적 특수성을 고려하여 그 문화권의 부모와 아동의 가치체계를 파악하며 이루어져야 할 것이다.

10 애착연구의 평가와 과제

Bowlby와 Ainsworth의 연구를 토대로 발전한 애착이론은 초기의 부모자녀 간의 상호작용의 중요성과 영아기의 중요성에 대한 사회적인 관심을 고조시키는 데에 크게 기여하였다. 그리고 부모자녀관계에 대한 실증적 연구자료를 제공함으로써 애착연구를 어린 시절에 국한시키지 않고 전생애적 관점으로 발전시켜 나감과 동시에 정신병리와 결부시켰다는 점에서 아동과 부모의 심리적 복지를 향상시키는 데 크게 기여하였다.

이처럼 애착연구가 아동과 부모자녀관계에 대한 이해의 폭을 넓히고 관심을 고조시키는 데 크게 기여하였음에도 불구하고 이에 대한 비판적 시각도 제기되고 있다. 애착의 개념상의 문제, 애착의 안정성과 세대 간 전이의 문제, 내적 작동모델의 개념이나 연구방법상의 문제 등에서 많은 비판이 이루어지고 있다. 특히 Bowlby가 정신분석학자로서 출발을 하였음에도 불구하고 Bowlby의 애착이론에 대해 초기에 가장 신랄한 비판을 하였던 것도 정신분석학자들이었다.

그러나 초기에 그처럼 신랄한 비판을 하였던 정신분석학자들도 최근에 이르러 애착이론에 대해 재평가를 하고 있다는 사실은 애착이론에 대한 평가가 용이하지 않은 일임을 말해주는 것이다. 이와 아울러 많은 비판에도 불구하고 애착이론의 기본 개념은 시대적 상황이 상이한 현대사회에서도 여전히 그 유용성이 높이 평가되고 있음을 의미하는 것이다. 그러므로 앞으로의 과제는 문화적 다양성에도 불구하고 애착이론을 접목시킬 수 있도록 비교문화연구나 생태학적 관점의 연구 그리고 연구방법상의 보완을 통해 애착과 관련된 연구결과를 적절하게 보육시설이나 공공정책에 반영해 나가는 것이다.

이 장에서는 애착연구가 공헌한 점과 이에 대한 비판적 관점을 소개하고 앞으로의 애착연구의 과제에 대해 제시해보고자 한다.

1. 애착연구의 공헌

애착연구는 부모자녀관계에 대한 관심을 고조시키고 아동기에 대한 사회적 인식을 변화시키는 데 크게 기여하였다. 또한 풍부한 실증적 자료를 제공함으로써 모호하게 인식되어 온 기존의 부모자녀관계에 대한 이해의 폭을 넓혀주었을 뿐만 아니라 정신병리에 대한 치료적 관점을 제시해 주었다.

1) 부모자녀관계에 대한 관심의 고조

Michael Rutter

애착이론은 영아에게 생물학적 욕구를 충족시켜주기 때문에 어머니의 역할이 중요하다고 여겼던 당시의 시각을 전환시키는 데 크게 기여하였다. 출생 초기의 부모자녀관계에 대한 우리의 새로운 시각과 올바른 이해는 바로 Bowlby와 Ainsworth의 연구를 통해 이루어졌다고 해도 과언이 아니다.

Rutter(1997)는 Bowlby의 이론이 다음과 같은 방식으로 애착이라는 초기의 친밀한 관계에 대한 우리의 이해의 폭을 넓혀주었다고 하였다. 첫째, 애착을 다른 친밀한 관계와 분명하게 구분하였으며, 둘째, 애착을 어린 시절에만 국한시키지 않고 전생애에 걸쳐 적용되는 개념으로 확장시켰으며, 셋째, 애착관계를 적절한 생물학적 맥락에서 논의하였고, 넷째, 초기의 경험이 지속되거나 수정될 수 있는 정신적 기제인 내적 작동모델을 설정하였고, 다섯째, 초기의 불안정애착이 이후의 정신병리와 관련이 있음을 시사하였다.

이러한 방식으로 Bowlby의 애착이론은 막연하게 중요한 개념으로 생각해온 부모자녀관계의 중요성에 대한 체계적인 시각을 정립해주었고, 이후 Ainsworth 등 여러 학자들에 의해 보다 정교한 애착이론으로 발전할 수 있는 토대를 마련해주었다(사진 참조).

사진 설명 Bowlby와 Ainsworth의 애착연구전통을 계승한 학자들에게 수여되는 Bowlby-Ainsworth상

사진 설명 Goldberg, Muir와 Kerr의 저서『애착이론』

2) 아동기에 대한 사회적 인식의 변화

인류 역사에서 아동의 권리가 제대로 존중받기 시작한 기간은 그다지 길지 않다. 이를 반영하듯 아동양육에 관한 문헌도 극소수에 불과하다. 여러 학자들이 아동기의 실체를 파악하고자 시도하였는데, deMause는 중세기 동안 아동에 대한 잔인한 처우를 강조하였으며, Badinter도 17세기에서 18세기 초기까지는 유아와 어머니 간의 정서적인 유대감은 거의 찾아보기 어려웠음을 강조하였다. Imhof도 여러 시대의 의상과 가족관계에 대한 연구에서 다소의 왜곡과 편견이 존재하지만 18~19세기 초반까지 전반적으로 아동에 대한 무관심과 학대, 유기의 흔적을 쉽게 찾아볼 수 있다고 하였다(Goldberg, Muir, & Kerr, 2000, 재인용). 이러한 학대와 무관심은 문화적 규범으로 정착되어 세대 간 전이를 통해 자연스럽게 자리잡고 있었다. 비록 고대사회에서 아동에 대한 다소의 관심의 흔적을 찾아볼 수는 있으나 이는 과학적 연구에 근거한 것도 아니었고, 말 못하는 영아에게 적용된 것은 더욱더 아니었다고 볼 수 있다.

이러한 점에서 볼 때에 애착이론은 학문적 측면뿐만 아니라 아동의 권리에 대한 사회적 인식을 전환시켰다는 점에서 사회적 측면에서도 큰 의미를 갖는다고 볼 수 있다. 병원에 입원한 아이들을 부모로부터 분리시키지 않고 부모와 함께 있도록 관행이 바뀐 것도 Robertson(1953)의 연구결과에 기인한 것이며, 위험에 처한 아동에 대해 기관양육보다는 가정에서의 위탁양육을 강조한 것, 어머니에게 지급되는 아동수당 등과 같이 제2차 세계 대전 전후 아동양육에 있어서 나타난 많은 진보적인 변화들은 적어도 모성과 양육을 경시하는 당시의 가부장적 사회 분위기에 반기를 든 Bowlby의 노력에서 시작되었다고 볼 수 있다.

3) 실증적 연구자료의 제공

애착에 대한 Bowlby의 기본 개념은 런던의 아동상담소에서의 자신의 임상경험에 기초를 두고는 있으나 Bowlby 자신은 이를 실제 임상현장과 직접적으로 연관시키지는 못하였다. 그러나 Bowlby의 생각은 이후 여러 학자들에 의해 실증적인 연구가 이루어지도록 하는 기폭제 역할을 하였다.

애착연구는 뚜렷하게 구분되는 몇 개의 단계별로 발전해 왔는데, 첫 단계는 낯선 상황에서의 유아의 행동을 예측하는 요인과 애착유형의 결과를 규명하는 데 초점을 두었으며, 두 번째 단계는 유아기 이후의 애착을 측정하기 위한 방법의 개발과 혼란애착유형과 그 임상적 함축에 대한 규명이라는 두 가지 측면에 초점을 맞추었으며, 세 번째 단계는 애착표상(내적 작동모델)에 초점을 둔 단계이다. 이들 각 단계별 연구는 초기의 애착이론을 이론적 · 실증적 측면에서 보완하고 확장시키는 데 기여하였으며, 이러한 과정을 통해 애착이론은 임상적인 측면과 연관성을 가지기 시작하였다(Goldberg, 2000).

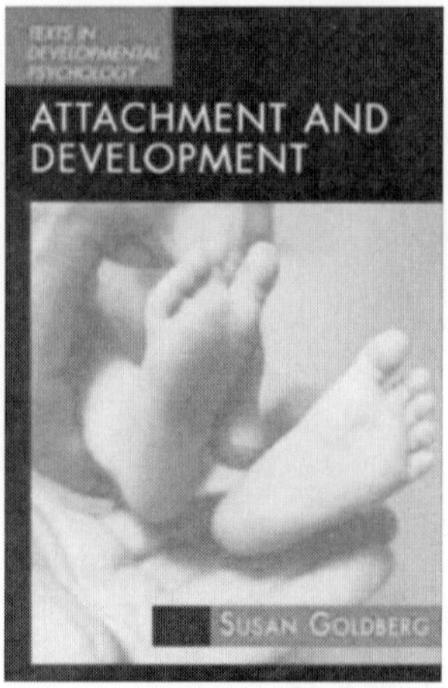

사진 설명 Susan Goldberg의 저서 『애착과 발달』

Susan Goldberg

애착연구를 확장시킨 대표적인 학자로는 Ainsworth를 들 수 있는데, Ainsworth는 Bowlby의 생각을 기초로 '낯선상황실험'이라는 독창적인 연구방법을 개발하였다. 이는 발달심리학 연구에서 독창적이면서도 매력적인 연구방법으로, 오늘날 유용한 영아 연구방법 중 하나로 인정받고 있다. 부모자녀관계라는 모호한 현상을 검증가능한 방식으로 관찰한 Ainsworth의 '낯선상황실험'은 이후 애착연구를 임상현장과 접목시키는 계기가 되었다. 또한 다양한 애착유형을 발견하고, 이들 비전형적인 애착유형으로 인해 야기되는 문제를 해결하기 위해 발달연구가들은 임상심리학자나 의학, 사회복지 등의 여러 분야의 전문가들과 협력을 하게 되었다.

또 다른 중요한 변화는 성인애착면접도구의 개발이다. Main과 Goldwyn(1994)은 성인애착면접을 통해 성인 환자들이 어린 시절 경험에 대해 서술한 내용을 중심으로 이들을 구분할 수 있는 체계적인 방법을 개발하였다. 성인애착면접을 통해 얻어진 애착유형은 유아애착유형과 상당히 상관이 있었을 뿐만 아니라 이는 내담자를 대상으로 치료의 필요성 여부를 판단하는 유용한 자료로 활용될 수 있었다. 유아애착유형과 성인애착유형 간의 관련성은 어린 시절의 애착유형이 어떻게 성인기까지 전이가 이루어지는지 그리고 어떻게 세대 간 전이가 이루어지는지에 대한 문제를 야기하였으며, 그 결과 내적 작동모델의 개념이 도입되고 이에 대한 연구가 활발하게 이루어지게 되었다. 나아가 어린 시절 애착경험을 토대로 정신병리를 치료하고자 하는 일종의 치료전략으로 발전하게 되었다.

4) 정신병리의 치료

영아애착에 대한 Ainsworth의 연구는 여러 연구들을 통해 이후의 관계에 영

Antonia Bifulco

향을 미치고 있음이 밝혀졌으며(Harris & Bifulco, 1991; Parkes et al., 1991), 나아가 전생애적 관점에서의 애착연구로 확장되어가고 있다.

특히 어린 시절의 애착경험이 정신병리와 관련이 있다는 주장이 제기되면서 이에 대한 치료도 어린 시절의 애착관계에 대한 통찰을 통해 치료하고자 하는 관점이 대두되었다. Main과 Solomon(1990)이 분류한 혼란애착유형의 아동이 보이는 모순되는 행동, 즉, 다가가는가 하면 중간에 멈추고 도망가는 것과 같은 행동은 정신병리적 행동과 상당히 유사하다고 볼 수 있다. 또한 Crittenden(1995)은 아동과 어머니 간에 Bowlby(1969)가 말하는 목표수정적 동반자관계(goal-corrected partnership)가 형성되지 않으면 연령이 증가하면서 정신병리적 행동이 점차 증가하며, 양가적 애착유형을 가지고 있는 아동들은 공격적인 행동이나 무기력감을 보인다고 하였다. 그 외에도 불안정애착은 경계성 성격장애(Fonagy, 2001), 광장공포증(de Ruiter & van IJzendoorn, 1992), 청년기의 자살행동(Adam, Sheldon-Keller, & West, 1996), 산후우울증(Cole-Detke & Kobak, 1996; Murray & Cooper, 1997) 등과 같은 정신병리와 관련이 있는 것으로 나타났다.

Lynne Murray

Peter J. Cooper

Corine de Ruiter

물론 애착유형뿐만 아니라 부모 자신의 정신병리적 행동이나 사회적 요인도 정신병리를 초래하는 요인으로 작용할 수 있다. 그러나 Bowlby 자신도 생의 후반부를 정신병리와 관련된 연구와 그 치료에 거의 대부분의 시간을 보낼 정도로 정신병리를 유발하는 요인으로서 애착에 대한 관심은 지대하였다. 최근 정신분석학적 관점에서 애착이론에 관심을 보이는 것도 이러한 시각과 일맥상통하는 것으로 볼 수 있다.

2. 애착연구의 비판

애착연구가 이처럼 인간발달에 지대한 공헌을 하였음에도 불구하고 이에 대한 논쟁의 여지도 있다. 애착연구에 대한 비판은 이론의 형성 초기에서부터 존재해 왔으며, 그 대표적인 측면을 살펴보면 다음과 같다.

1) 개념상의 문제

애착연구는 모성박탈이라는 개념의 모호함, 애착과 유대감이라는 용어의 혼용, 불안정애착유형에 대한 명확한 구분의 결여 등과 같은 개념상의 문제를 지니고 있다.

애착연구의 초기에 Ainsworth는 '모성박탈(maternal deprivation)'이라는 애착이론의 중요한 개념과 관련하여 몇 가지 문제점을 제시한 바 있다. 애착연구가 어머니로부터의 분리에 대한 관심에서부터 시작되었으므로, 모성박탈의 개념은 애착연구에서 상당히 중요한 의미를 갖는다. 그럼에도 불구하고 실제 애착연구에서 모성박탈이라는 개념이 명확하게 규명되지 않았으며, 영아가 어머니뿐만 아니라 다수의 양육자를 경험하는 것에 대해 명료하게 설명해주고 있지 못하다는 점이다. 그리고 모성박탈로 인해 구체적으로 어떤 문제가 초래되는지, 이러한 문제를 초래하는 상황요인, 아동요인, 부모요인에 따라 구체적으로 어떤 차이가 나타나는지 그리고 모성박탈로 인한 효과가 얼마나 지속적인지에 대한 구체적인 언급이 없다는 것이다.

이러한 문제들에 대한 해답은 이후의 연구를 통해 상당 부분 보완되었으나 최근 모성박탈의 개념은 또 다른 관점에서 비판의 대상이 되었다. 현재 우리 사회는 역사적 · 사회적 상황이 Bowlby의 시대와는 상당히 차이가 있으며, 따라서 모성박탈의 개념은 여성해방에 대한 일종의 구속으로 간주되고 있다. 애착관계에 대한 Bowlby의 주장은 많은 어머니들에게 정신적 압력으로 작용하고 있으며, 어린 영아와의 분리가 회복할 수 없는 정서적인 손상을 유발한다는 사실로 인해 많은 여성들은 불안해하고 죄책감을 경험하고 있다.

그러나 이는 분명 Bowlby의 애착개념에 대한 오해에서 비롯되는 것이라고 볼 수 있다. Bowlby(1969)가 말한 "한 사람에게만 보이는 독점적인 애착, 즉 단일속성설(monotropism)" 의 개념을 많은 사람들이 오직 어머니만이 양육해야한다는 의미로 잘못 받아들임으로 인해 나타나는 오해라고 볼 수 있다. 현대 가족이 직면하고 있는 문제점은 오히려 모성박탈이라기보다는 미약한 모성역할이나 역할부재 혹은 부성박탈의 문제라고 볼 수 있다. 또한 역설적으로 어머니와 아동의 역할전환, 자녀에 대한 유기위협, 부모의 자살이나 신체적 학대와 같이 Bowlby가 후기의 논문에서 성장하는 아동에게 가장 손상을 주는 요인으로 언급한 위험요소들은 일시적으로 자녀와 떨어져서 지내는 어머니들보다 어머니가 24시간 동안 지속적으로 자녀와 함께 있는 경우에 더 높은 비율로 나타난다는 연구결과도 제시되고 있다(Goldberg, Muir, & Kerr, 2000).

M. H. Klaus(佐)와 J. H. Kennell(右)

또 다른 중요한 개념상의 혼란은 애착(attachment)이라는 용어를 Klaus와 Kennell(1976)이 사용한 유대감(bonding)이라는 용어와 혼용하여 사용한다는 점이다. 유대감이라는 용어는 자녀에 대한 부모의 정서적 결속(tie)을 의미하는 것으로 이에 대한 관심은 주로 출생 직후의 밀착된 접촉이 유대감을 향상시키는 데 유리하다는 점에 초점을 맞추고 있다. 이에 반해 Bowlby가 사용한 애착의 의미는 오히려 부모에 대해 자녀가 근접을 추구하는 반응을 강조하는 것이었다. 그러나 많은 사람들이 이 두 용어 간에 구분을 명확히 하지 않고 유사한 개념으로 사용하고 있을 뿐만 아니라 최근에는 애착의 개념을 양방향적인 상호작용으로 이해하고자 하는 움직임으로까지 확대되고 있다. 이러한 움직임은 초기의 애착의 개념과는 상당히 괴리가 있는 것으로 이 같은 개념상의 모호함은 애착연구에 대한 중요한 논쟁점 가운데 하나이다(〈그림 10-1〉 참조).

그리고 불안정애착유형에 대한 명확한 구분이 제시되지 않고 있다는 사실도

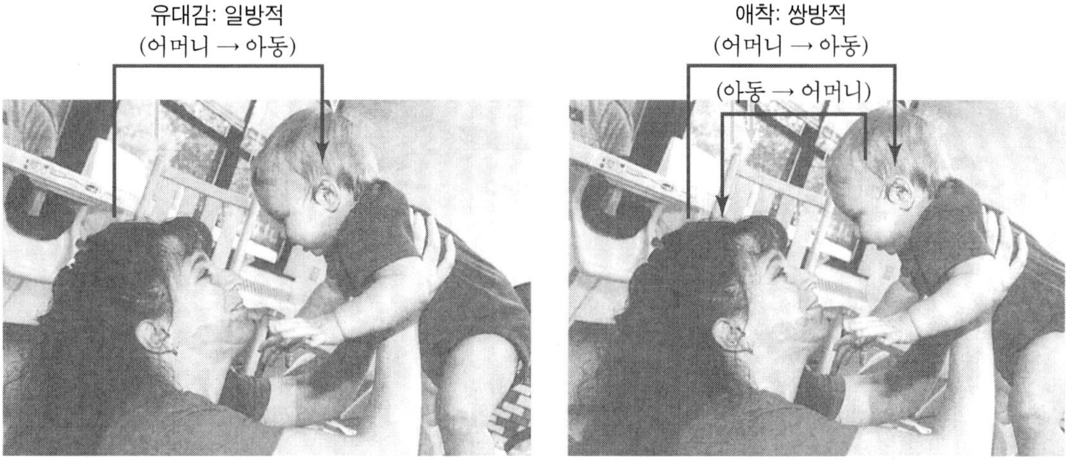

〈그림 10-1〉 애착과 유대감의 모형

출처: Matin, S., & Berke, J. (2007). *See how they grow: Infants and toddlers.* Clifton Park, NY: Thomson Delmar Learning.

Lisa J. Berlin

문제점으로 볼 수 있다. 회피애착유형과 저항애착유형은 그 개념화 과정에서 직관적인 사고에 상당 부분 의존하였으며, 현재에도 두 가지 유형 간에 뚜렷한 구분이 이루어지지 않고 있다. 따라서 많은 연구들에서 일반적으로 낮은 비율로 나타나는 저항유형을 회피유형과 합쳐서 불안정유형이라는 하나의 범주로 사용하거나 아예 저항유형을 포함시키지 않는 경우도 허다하다. Cassidy와 Berlin(1994)은 저항애착유형에 대한 자료가 상당히 제한되어 있으며, 동시에 회피유형과 뚜렷한 차이가 나타난다는 연구도 부족하다고 하였다. 이러한 이유로 많은 연구들에서 애착유형을 안정유형과 불안정유형으로 구분하여, 안정유형은 좋고, 불안정유형은 나쁜 것으로 단순히 대비시켜 비교함으로써 불안정유형의 두 가지 상이한 유형에 대한 정보를 놓치는 경우가 많다는 것이다. 초기의 애착연구에서 애착유형을 크게 안정유형과 불안정유형으로 구분한 것은 불가피한 과정이었다 하더라도 앞으로는 불안정유형의 상이한 형태에 대한 연구가 보다 깊이 있게 이루어져야 할 것이다.

2) 애착의 지속성과 안정성

Bowlby는 출생 초기의 몇 년간에 걸쳐 발달되는 애착관계가 이후에도 지속되며 변화의 가능성이 낮다고 하였다. 그러나 초기의 애착유형이 과연 일생 동안 지속적인가에 대해서는 많은 학자들이 비판적 시각을 보이고 있다. 많은 연구들에서 양육자와 안정애착을 형성한 아동이 이후에 보다 친밀한 관계를 형성한다고 하였지만, 영아기에 안정애착을 형성한 아동 중에서도 아동기와 청소년기에 불안정애착을 형성하는 경우도 더러 있다.

이러한 문제에 접근하는 데 있어서는 애착행동과 표상이 전반적으로 어떻게 발달적 변화를 보이는지 그리고 시간의 경과에 따라 개인적인 애착전략은 어떻게 변화하는지의 두 가지 측면을 고려해야 한다. 애착이론들은 애착전략이 상황에 따라 달라질 수 있으며 심각한 파괴적인 사건은 애착의 불안정성을 예측하기도 하지만(Lewis, 1997), 애착전략의 고유한 속성은 지속적이며 안정된 상황에서는 애착안정성을 보인다고 하였다(Waters et al., 1995). 이에 대한 해석은 상당히 주관적인 것이어서 애착이론에 호감을 가지고 있는 학자들은 이를 안정성의 증거로 해석하는 반면, 호감을 가지고 있지 않는 학자들은 불안정성의 증거로 해석하기도 한다. 그러나 성인애착면접에서 안정형으로 분류된 성인의 40~70%가 아동기에 불안정 유형으로 분류되었다는 사실(Pearson, Cohn, Cowan, & Cowan, 1994; Phelps, Belsky, & Crnic, 1998)은 지극히 안정적인 생활상황을 제외하고는 전생애에 걸쳐 애착유형에서 상당한 변화가 있을 것으로 추론할 수 있다.

애착의 지속성과 관련된 또 다른 중요한 쟁점은 애착의 세대 간 전이의 문제이다. 애착의 안정성이나 지속성이 한 개인 내에서 시간의 경과에 따라 애착유형이 얼마나 안정적인가의 문제라면 세대 간 전이는 부모 세대와 자녀 세대 간의 애착유형의 관련성을 의미하는 것이다. Main과 Goldwyn(1994)의 성인애착면접결과는 부모 세대의 애착유형이 자녀 세대에게 상당 부분 전이되고 있음을 지지해주고 있으나 van IJzendoorn(1995)이 제시한 전이의 격차 현상은 바로 부모자녀 간의 애착유형의 전이에 비판적인 시각을 보여주는 것이다.

3) 내적 작동모델의 본질

애착이론에서 내적 작동모델의 개념은 초기의 애착유형에 따른 이후의 발달을 설명하는 기제로서 설득력 있는 모형이기는 하지만 이에 대해서는 거의 알려진 것이 없는 상태이다. 내적 작동모델이 어떻게 애착과 관련된 정보를 보존하며 이러한 정보가 새로운 경험을 조절하기 위해 어떻게 기능하는지에 대해 알려진 바가 거의 없다. 일례로 유아기에는 어머니와 아버지 그리고 다른 중요한 양육자에 따라 애착관계에서 뚜렷한 차이를 보이지만, 이들 모두와의 어린 시절 경험을 포함하는 성인기의 성인애착면담 결과에서는 각각의 관계에 따라 차별화되지 않는 마음의 상태를 반영하는 것으로 볼 수 있는데, 각각의 애착관계가 어떻게 이처럼 통합이 이루어지는가에 대해서도 연구가 부족한 실정이다.

또한 우리가 내적 작동모델 자체를 직접적으로 관찰할 수 있는 것이 아니고 그 결과로부터 추론만이 가능하므로 내적 작동모델의 본질 자체에 대해 앞으로 보다 많은 연구가 필요하다. 최근 신경과학의 발달은 그러한 구조와 기능이 실제로 존재할 수 있는 가능성을 시사해주고 있다. 아마도 이는 앞서 Goldberg(2000)가 언급한 애착연구의 세 번째 단계를 확장시키고 발전시켜 나가는 애착연구의 중요한 획을 긋는 연구가 될 것이다.

4) 연구방법상의 문제

연구방법상에서도 애착이론은 많은 비판을 받고 있다. 가장 큰 논쟁점 가운데 하나는 동물행동학의 연구방법을 그대로 인간의 행동연구에 접목시켰다는 점이다. Bowlby는 애착이론의 형성과정에서 동물행동학적 관점에 상당히 많은 영향을 받았으며, 따라서 애착이론은 상당 부분 동물연구를 인간에게 일반화시킨 것이라고 볼 수 있다. 그러나 동물을 대상으로 한 연구를 인간에게 적용시키는 것은 문제가 있으며, 이러한 점에서 애착연구는 상당히 비판을 받았다.

또한 애착이론에서는 초기의 부모자녀관계가 이후의 심리적 발달에 영향을 미친다고 주장하고 있으나 이를 실증적으로 증명하기에는 어려움이 있다. 대부분의 연구에서 처음의 애착관계가 이후의 발달에 상당히 지속적인 영향을 미친다는 유아기 결정론적 관점을 지지하고 있으나 그 정도는 미약한 것으로 보고하고 있다. 따라서 초기의 애착관계가 이후의 발달을 결정한다기보다는 다른 요인들과 더불어 영향을 미치는 것으로 볼 수 있을 것이다. 이러한 사실에 대해 애착이론의 지지자들은 초기의 애착이론의 관점과 일치하는 것이라고 주장하는 반면, 애착이론의 비판자들은 이후의 발달에 애착이 미치는 영향은 Bowlby의 주장보다 덜 중요한 의미를 갖는다고 한다. Bowlby 자신도 유아기 결정론적 시각을 지지하면서도 동시에 항상 변화가능성이 있다는 상반되는 주장을 하기도 하였다.

이러한 차이는 대부분의 연구가 종단연구를 통해 초기의 애착관계를 이후 성인기의 발달과 관련이 있다고 주장하기보다는 정신병리가 있는 사람들을 대상으로 이들의 어린 시절의 애착관계를 회상하는 방식을 사용하고 있기 때문에 나타나는 결과이다. 그러므로 성인기의 정신병리가 과연 어린 시절의 애착문제로 인한 결과인지 정신병리인 사람들의 사고에 기인한 것인지를 구분하기가 어렵다. 즉, 애착문제로 인한 정신병리를 단순히 "A가 B를 유발하는 요인이 된다"라는 선형인과모형의 관점으로 볼 수는 없다. 선형인과모형은 개인차나 박탈의 경험에 있어서 개인의 역치, 보호요인, 성향 등과 같은 복잡한 사회적 요인들을 전혀 고려하지 않는다는 것이다. 예를 들어, 성인 환자의 치료과정에서 얻어진 자료 가운데 현재 시점에서의 과거회상자료(follow-back-data)와 종단연구자료(follow-up-data) 간에는 상당히 차이가 있는 것으로 나타났다. 종단연구자료에서는 어린 시절에 애착문제를 가지고 있던 아동의 11%만이 이후 성인기에 알코올중독자가 된 것으로 나타났으나, 과거회상자료에서는 75%의 알코올중독자가 어린 시절에 애착문제를 경험한 것으로 나타났다(Robins, 1966). 이처럼 두 자료 간에 차이가 나타난다는 사실은 성인애착면

Lee N. Robins

담 등과 같이 과거회상자료에 근거하여 어린 시절의 애착문제가 성인기의 정신병리를 유발한다는 단순한 선형인과모형은 두 사건의 본질을 왜곡시키고 과장하는 인과적 추론을 할 수 있음을 의미한다.

Main과 Goldwyn(1984)이 제시한 "의사결정 나무(decision tree)모형"과 같이 비록 어린 시절 고아원에서 자랐다 하더라도 학교에서의 성공경험이 아동에게 자신감을 주고 이후 성인기의 결혼이나 직업선택에도 영향을 미치므로, 성장과정에서의 경험에 따라 아동기의 애착경험이 이후 성인기의 발달에 미치는 영향은 달라진다(〈그림 10-2〉 참조). 의사결정 나무모형에서는 한 사람이 어린 시절에 경험했던 부정적인 거부로 인해 불안정애착을 형성할 수도 있지만, 초기의 경험과 이후의 발달 간에 단순한 선형성이 아닌 복잡한 선형성이 존재함을 강조하고 있다. 그러므로 과거회상자료에만 근거하여 결과를 예측하는 인과관계모형은 보완될 필요가 있다.

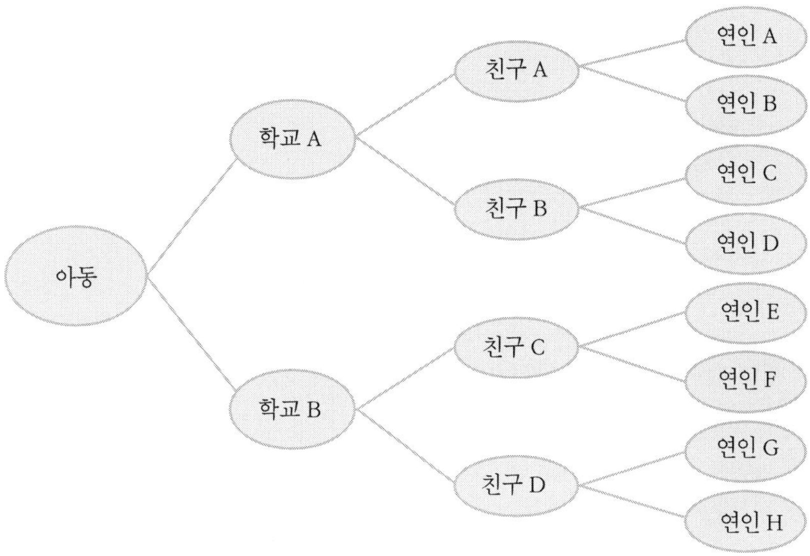

〈그림 10-2〉 의사결정 나무모형

5) 기질의 문제

애착이론은 부모자녀 간의 상호작용을 강조한 나머지 타고난 기질, 유전적 성향의 문제를 간과하고 있다. 즉, 애착관계를 강화시킬 수 있는 타고난 특성을 간과함으로써 자녀의 애착유형을 어머니 탓으로만 돌리고 있다는 점에서 비판을 받고 있다. 물론 애착이론에서 어머니라는 표현보다는 일차적 애착대상이라는 용어를 사용하고 있으며, 일차적 애착대상이 반드시 어머니일 필요는 없다고 하였다. 그러나 우리 사회에서 보편적으로 일차적 애착대상이 어머니이기 때문에 어린 영아의 발달문제에 대해 어머니에게 일차적인 책임을 부과하고 있다. 그리고 Bowlby가 강조한 출생 초기의 일관성 있는 양육의 필요성은 이러한 경험을 제공해주지 못하는 어머니에게 죄책감을 갖게 하고 있다.

Eric L. Charnov

David Estes

그러나 1970년대에 이르러서는 애착을 상호작용의 형태보다는 개인의 안정적인 특성으로 강조하였으며, 안정감을 성취하는 것과 같은 기능적인 측면을 강조하였다. 나아가 연구자들은 '낯선상황실험'이 영아와 양육자 간의 애착관계보다는 오히려 기질에서의 차이를 반영하는 것이라고 주장한다(Lamb, Thompson, Gardner, Charnov, & Estes, 1984). Chess와 Thomas(1982)의 연구도 바로 이러한 점을 지지해 주었다. 이러한 사실은 '낯선상황실험'이 애착이론의 발달에 중추적인 역할을 수행했음에 비추어 볼 때에 애착이론에 대한 상당한 도전이라고 볼 수 있다. 영아기 이후의 애착을 측정하기 위한 절대적인 기준이 없으며 이를 측정하는 방법이 다양하고 이들 다양한 척도의 타당도는 '낯선상황실험'에 근거하여 이루어질 수밖에 없으므로 이는 더욱더 문제가 된다. 이후 기질에 대한 연구는 부모자녀관계에서 부모요인을 강조하는 기존의 시각으로부터 아동요인을 고려하는 관점으로 전환시키는 계기가 되었다. 이러한 주장은 발달에서 부모자녀관계의 중요성을 과소평가하는 것이 아니라, 기질의 중요성을 강조하는 것이다.

3. 애착연구의 과제

최근 애착연구는 방법론적 발전과 아울러 다른 이론적 관점을 수용 · 보완함으로써 많은 진전이 이루어졌다. 그러나 애착과 관련된 정보가 항상 변함없이 적용되는 진리일 수는 없으며, 삶의 방식이 달라지면 이에 대한 해석이나 접근 방법도 달라져야 할 것이다. Bowlby의 애착이론의 발달과정에는 심각한 모성박탈에 노출되어 있는 사회적 배경의 영향이 컸다는 사실에서 알 수 있듯이, 사회적인 배경은 특정한 이론의 발달에 큰 영향을 미치는 것으로 볼 수 있다. 현재 우리가 살고 있는 시대는 Bowlby의 시대와는 상황이 많이 달라졌으므로 다양한 접근이 필요하다. 비교문화연구나 생태학적 관점의 연구, 연구방법상의 보완을 통해 애착과 관련된 연구결과를 적절하게 보육시설이나 공공정책 등 아동의 심리적 복지와 관련된 여러 영역에 반영해나가야 할 것이다.

1) 비교문화연구

지금까지의 애착연구는 주로 서구나 북미의 양육방식에 근거하여 이루어져 왔다. 애착에 대한 비교문화연구가 이루어지기는 하였지만 이에 대한 해석은 어디까지나 서구 문화의 관점에서 이루어져 왔다. 그러나 미국 내에서도 여러 다양한 문화권의 사람들이 생활하고 있으며 지구촌이라고 할 정도로 현대사회에서는 여러 다양한 문화가 공존하고 있기 때문에 이에 대한 접근도 달라져야 할 것이다.

'낯선상황실험' 에 대한 다양한 문화권에서의 연구는 '낯선상황실험' 에서 나타나는 애착유형이 보편적인 것인지 특정 문화에 국한된 것인지에 대한 논란을 불러일으켰다. 북독일(Grossmann et al., 1985)에서는 회피유형이 높은 비율로 나타나는 반면, 이스라엘(Sagi et al., 1985)이나 일본(Miyake et al., 1985)에서는 양가유형의 빈도가 높게 나타났다. 처음에 이러한 연구결과는 문화적인 특수성에 근거하여 해석되었다. 즉, 북독일에서 회피유형이 높은 비율로 나타난 것은 부모의 거부보다는 영아의 독립에 대한 부모의 압력이 강하기 때문이며, 일본이나 키부츠에서 양가유형이 높은 비율로 나타난 것은 낯선 사람에 대한 노출이 적었기 때문에 나타나는 것으로 해석하였다.

사진 설명 에페(Efe)족의 생활모습

van IJzendoorn과 Kroonenberg(1988)는 여러 나라에서의 애착연구를 근거로 하여 '낯선상황실험' 을 통한 애착유형의 분포를 검토하고 이러한 문화적 차이를 하나의 단일표본을 통해 유추하는 것은 문제가 있다고 지적하였다. 북독일에서 가정과 낯선 상황에서의 반응유형 간 상관관계는 Ainsworth의 볼티모어연구결과와 유사하다고 하였다. Sagi 등(1991)은 키부츠에서 양가유형이 많은 것은 낯선 사람에 대한 노출이 적었다기보다는 어린 아동에 대해 민감하게 반응해주지 못하는 밤 시간대의 양육관행에 기인한다고 하였다. 이를 통해 '낯선상황실험' 에 근거한 애착유형과 어머니의 민감성은 산업사회에서 보다 범문화적인 타당성을 갖는 것으로 볼 수 있다고 하였다.

Edward Tronick

이 외에도 다양한 문화권에 따라 어떻게 애착행동이 상이한지에 대한 연구가 다수 이루어졌다. 아프리카의 열대우림지역에 살고 있는 에페(Efe)족(사진 참조)의 부모와 영아 간 애착에 대한 연구는 애착의 문화적 보편성에 대한 유용한 정보를 제공해준다. 에페족의 영아는 밤 시간을 제외하고는 어머니 이외의 다른 여성들로부터 보다 많은 양육을 받게 된다. 이처럼 다른 여성 양육자들이 중요한 역할을 수행함에도 불구하고 6개월경의 영아는 다른 여성 양육자가 아닌 자신의 어머니와 보다 강한 애착관계를 형성한다는 것이다.

Gilda Morelli

Tronick 등(Tronick, Winn, & Morelli, 1985)은 이러한 현상이 상호간에 밀접하게 생활하면서 도움을 주고받는 에페족의 생활특성에 기인하는 것으로 보았다. 또 다른 연구에서 아동위탁에 대한 문제에 있어 미국인들과 중국인들은 큰 차이를 보이는 것으로 나타났다. 중국인들은 부모 자신이 어려움에 처한 상황에서 자녀를 친인척에게 일시적으로 위탁하고 이후 상황이 호전되면 다시 자녀를 데리고 오는 것이 아무 문제가 없다고 생각하지만 미국이나 유럽인들에게 있어서 자녀를 다른 사람에게 위탁하는 것은 자녀를 포기하는 것으로 간주한다(Mercer, 2006). 이는 미국인들이 생각하는 애착의 개념과 중국인들이 생각하는 애착의 개념에서 상당한 차이가 있음을 보여주는 것이다.

이러한 문화적인 차이는 부모자녀관계에 대한 기존의 생각을 수정 · 보완하여 문화적인 맥락을 고려하는 것이 필요함을 의미한다. 그러므로 문화적인 차이에 대한 깊은 탐색을 위해 보다 많은 연구가 이루어져야 할 것이다.

2) 생태학적 관점에서의 애착연구

2004년도 Bowlby-Ainsworth Awards 수상자인 H. Rudolph Schaffer

어머니와 자녀 간의 애착에 대해서 많은 연구가 이루어졌으나 그 외에도 여러 관계에 대한 애착연구가 이루어져야 한다. 영아는 어머니 이외에도 아버지, 조부모와 형제(Schaffer & Emerson, 1964)뿐만 아니라 어린이집 교사(Howes et al., 1988)들과도 애착관계를 형성할 수 있다. 그러므로 부성애착에 대해서도 보다 많은 연구가 필요하며 삼자모형에 근거한 형제간 애착연구, 조부모와 교사에 대한 연구도 필요하다. 특히 교육현장에서 교사와 안정된 관계를 형성하는 것은 1차 애착대상인 부모와의 애착관계를 보완함과 동시에 또래관계를 향상시키는 데 도움이 될 것이다.

사회적, 경제적 여건의 변화로 인해 가족형태도 변화하고 이는 궁극적으로 아동의 애착경험이나 애착에 대한 부모의 신념을 변화시키는 요인이 되었다. 그러므로 생태학적 관점에서 최근 증가하고 있는 맞벌이가족, 계부모가족 등 다양한 가족에 대한 애착연구도 필요하다. 여권론자들은 애착이론은 여성을 일차적인 양육자로 간주하는 전통적인 관점을 지지하는 것으로 해석하고 있으나 애착이론에서는 양육이 반드시 어머니나 여성에 의해 이루어져야 한다고 명시하지 않았다(Marris, 1982). 애착이론의 관점에서 건강한 발달의 핵심은 한 명 이상의 애착대상과 강한 애정적인 관계를 형성하는 것이다. 대부분의 애착연구자들이 어머니를 주로 연구대상으로 한 것은 일차적인 양육자가 주로 어머니이기 때문이다. 그러므로 맞벌이가족에서의 양육자 부재현상에 비추어 볼 때에 어머니가 아닌 또 다른 애착대상으로서 아버지, 형제, 조부모, 교사와의 관계에 대한 연구가 필요하다.

과거의 확대가족과는 달리 핵가족에서는 양육자가 성장과정을 통해 자연스럽게 습득할 수 있었던 자녀양육에 대한 지식을 거의 갖지 못하는 경우가 많다. 이러한 지식이나 경험의 부족은 역기능적인 부모자녀관계를 유발하는 요인으로 작용할 수 있으며, 최근 증가하고 있는 반응성 애착장애의 문제는 그 대표적인 예라고 볼 수 있다. 이혼이나 재혼, 계부모가족에서 어느 한쪽 부모와의 분리는 기존의 애착이론에서 말하는 모성박탈의 경험과는 다소 차이가 있다. 이들 가족에서는 아동이 비록 아버지나 어머니를 상실하였으나 또 다른 아버지나 어머니가 그 자리를 대신하고 있기 때문에 단순한 상실로 해석하기에는 무리가 있다. 그럼에도 불구하고 이러한 분리가 애착의 형성에 어떤 영향을 미치는지에 대해서는 보다 많은 연구가 필요하다.

또한 불임이나 입양문화도 애착관계에 대한 역사적 관점에 변화를 야기시키는 요인이 된다. 최근 보조생식술(Assisted Reproductive Technology)의 발전으로 대부분의 불임부부들은 결국에는 임신에 성공하게 된다. 그러나 그러한 과정에는 많은 생명을 파기하는 문제가 일어나며, 동시에 결혼을 하지 않고 아이를 가지려고 하는 비혼부나 비혼모의 경우에도 보조생식술을 이용하여 부모가 되

Dante Cicchetti

Sheree Toth

Matthew L. Speltz

기도 한다. 이러한 현상은 기존의 애착에 대한 관점과는 상이한 현상이라고 볼 수 있다. 아예 처음부터 어머니가 없거나 아버지가 없는 아이들이 탄생하게 되며, 이는 Bowlby가 언급한 상실의 경험과도 차이가 있다.

나아가 애착연구는 우울한 부모의 자녀(Radke-Yarrow et al., 1985), 아동학대(Cicchetti & Toth, 1995), 품행장애아동의 가족(Greenberg & Speltz, 1988) 등을 대상으로 이루어졌으며, 이들 가족에 대한 치료적 개입에 많은 영향을 미친 것으로 나타났다(Lieberman & Pawl, 1988). 그러므로 이들 가족에 대한 치료적 개입을 위한 연구가 보다 확대되어야 할 것이다.

3) 연구방법

애착연구방법에서 가장 시급하게 보완되어야 할 부분은 내적 작동모델에 대한 것이다. 애착관계 내에서 자신과 타인에 대한 내적 작동모델이 새로운 접근방법과 결합하여 연구되어야 한다는 점이다. 내적 작동모델에 대한 연구는 Ainsworth의 애착유형을 이에 상응하는 성인애착유형과 결부시켜 설명하려는 시도에서 비롯된 것이다. 성인애착관계에 대한 연구는 1970년대 초반 성인기의 사별연구(Bowlby & Parkes, 1970; Parkes, 1972) 및 이혼연구(Weiss, 1973, 1977)

와 더불어 이루어졌으며, 결혼관계에까지 그 범위가 확대되었다. 성인애착면담을 통해 George 등(George, Kaplan, & Main, 1984)은 어린 시절 애착관계와 이러한 관계가 자신의 발달에 어떠한 영향을 미쳤는지에 대해 질문하였는데, 그 결과 자율안정유형, 집착유형 그리고 무시유형이라는 뚜렷한 3가지 반응이 나타났다. 이러한 유형은 Ainsworth의 애착유형과 일치했을 뿐만 아니라 상호 간에 상관이 있는 것으로 나타났다. 이후 Main의 버클리 연구결과(Main, Kaplan, & Cassidy, 1985)와 Bretherton과 Waters(1985)의 『애착이론과 연구의 성장점(Growing Points of Attachment Theory and Research)』이 출간되면서 애착의 세대 간 전이를 포함하여 애착의 심리적, 내적, 표상적 측면을 실증적으로 탐색하려는 시도가 이루어졌다. Shaver와 Hazan(1988)은 아동애착유형에 근거하여, 연애관계에서 사람들이 보고하는 안정적, 회피적, 양가적 유형은 그들의 원가족에서의 애착유형과 일치한다고 하였다. Cicirelli(1989, 1991)는 애착이론을 중년기의 형제관계와 노부모와의 관계에 적용하였다.

그러나 이처럼 내적 작동모델의 개념을 근거로 많은 연구가 이루어졌지만 그 실체를 파악하는 데에는 보다 많은 연구가 필요하다. 또한 내적 작동모델을 구성하는 데 있어서 방어적 과정에 대해서도 표상모델의 관점에서 보다 연구가 필요하다. 앞으로 뇌신경과학에 대한 연구가 애착연구에 접목된다면 내적 작동모델에 대해 보다 명확한 설명이 가능할 것이다.

또한 이론적인 발전은 방법론적 발전과 병행하여 이루어져야 한다. Ainsworth의 '낯선상황실험' 연구와 Main의 성인애착연구가 Bowlby의 애착연구에 통합되지 않았더라면 오늘날과 같은 발전은 이루어지지 못했을 것이다. 애착이론을 발전시켜 나가는 과정에서 Bowlby는 검증보다는 직관적인 방법에 의존하였기 때문에 항상 변화에 개방적으로 대처할 수 있었다. 아직까지 애착문제의 원인이 명확하게 밝혀지지 않았으므로 가능성 있는 애착문제를 설명할 수 있는 이론을 제시하고 이를 다른 이론과 비교함으로써 지속적으로 그 설명력을 검증해나가야 할 것이다. 이를 통해 애착이론은 보다 포괄적인 성격이론이나 관계발달이론의 기초를 제공하게 될 것이다.

그리고 애착의 측정도구는 아직까지 영아와 성인을 대상으로 한 척도가 가장 보편적으로 사용되고 있으며, 이들 간의 관련성에 비추어 여러 학자들은 애착의 안정성과 지속성을 지지하고 있다. 이에 비해 유아와 아동을 대상으로 한 애착 척도는 상대적으로 타당도가 낮게 평가되고 있다. 그러므로 애착의 지속성과 안정성을 주장하기 위해서는 각 발달단계에 적절한 애착척도의 개발과 타당화 연구가 필요할 것이다.

4) 보육시설과 애착문제

Michael J. Rovine

여성취업률이 지속적으로 증가하고, 가족형태는 점차 핵가족화, 소가족화가 이루어지면서 직면하게 되는 가장 시급한 문제는 자녀양육자 부재현상이다. 따라서 많은 아동들이 보육시설을 이용하고 있으며, 특히 아주 어린 연령에서부터 이용하는 비율이 점차 증가하고 있다. 그러나 어린아이가 부모와 떨어져 많은 시간을 보내는 것이 부모자녀관계에 부정적인 영향을 미칠 수 있다는 주장이나, 보육이 생후 1년 이내에 시작되거나 기간이 지나치게 길면 불안정애착의 위험이 높다는 연구결과는 염두에 두어야할 것이다(Belsky & Braungart, 1991; Belsky & Rovine, 1988). 애착에 대한 비교문화연구나 이스라엘이나 스웨덴에서의 보모에 의한 양육은 이를 뒷받침해주고 있으며, 이러한 사실은 최근의 보육관행에 시사하는 바가 크다.

인류 역사에서 자녀양육을 부모가 아닌 다른 사람에게 의존했던 것은 흔히 있는 일이었다. 그러나 우리가 보육의 문제에 관심을 갖는 것은 이는 전통적인 대리양육의 관행과는 상이하기 때문이다. 전통사회에서는 대리양육자가 자녀양육을 담당한다 하더라도 하루에도 수차례에 걸쳐 어머니와 접촉이 이루어졌으며, 모유수유도 장기간에 걸쳐 이루어졌다. 이는 어머니와 자녀 간에 충분한 상호작용이 이루어지고 있었음을 의미하는 것이다. 또한 대리양육을 담당하는 사람이 아동과 친숙한 사람이었으며 한 명의 영아를 한 명의 대리양육자가 양육을 담당하였으므로 이들은 아동의 욕구에 민감하게 잘 반응하였다고 볼 수 있다.

그러나 현대의 보육시설은 이와는 상이하다. 보육시설의 유형에 따라 다르기는 하지만 대부분의 경우 어머니와의 접촉이 불가능할 뿐만 아니라 대부분이 인공수유를 하고 있고 아동에 비해 보육교사의 비율이 낮아 아동의 욕구에 제대로 반응하지 못하는 실정이다. 아동에 비해 교사의 비율이 높은 소수의 보육시설에서는 이러한 문제는 다소 감소하지만 일반 보육시설의 아동은 몇 차례에 걸쳐 빈번하고 갑작스러운 양육자의 교체라는 문제를 경험하게 된다. 애착관계를 위해 이상적인 상황은 아동의 욕구에 민감하게 반응하는 소수의 일관성 있는 양육자가 존재하는 것이다. 이를 통해 아기는 신뢰감을 배우며 안정애착을 형성하게 되고 긍정적 내적 작동모델을 갖게 된다. 동시에 성인은 1～2명의 영아를 돌봄으로써 이들의 진정한 욕구가 무엇인지를 파악해서 민감하고 효율적으로 대처하는 것이 가능하다. 그러나 대부분의 보육시설에서는 이러한 상호작용이 거의 이루어지지 못하고 있는 실정이다.

이에 대한 문제를 인식한 1980～1990년대의 연구는 보육경험이 불안정애착을 초래하며 부정적 정서발달과 관련이 있음을 지적하였다. 이러한 문제는 해석상의 어려움이 있다. 왜냐하면 불안정애착유형의 자녀를 가진 부모들은 아동을 보다 장기간 보육시설에 맡기는 경향이 있으며 다른 사람이 돌보아도 자신만큼 돌볼 수 있다고 생각하기 때문에 이것을 보육경험의 효과로만 이해하기는 어렵다. 그러나 이러한 연구들이 누적되면서 보육에서 아동의 사회정서적 욕구를 충족시키기 위한 사회적 관심을 고조시켰으며, 보육의 질적인 측면이 강조되기 시작하였다.

최근의 사회적 경향은 보육시설 이용을 제한하기보다는 증가하는 여성취업률에 비례하여 보육시설을 확충하는 데 역점을 두고 있다. 그러므로 애착관계를 위한 보육시설의 질적인 변화는 더욱더 심각한 문제로 대두되고 있다. 이러한 필요성을 인식하면서 최근 '보다 나은 양육 캠페인(Better Baby Care Campaign)'을 통해 애착형성과 관련하여 아동양육의 기준을 설정하고자 하는 움직임이 나타나고 있다. 또한 미국유아교육협의회(National Association for the Education of

Young Children: NAEYC) 등과 같은 단체들에서도 애착지향적 환경을 만들기 위해 노력하고 있다. 이들은 어린이집이 유치원과 유사하게 교육에 치중하는 것에 반대하면서 모든 보육시설에서 '발달에 적절한 경험(Developmentally Appropriate Practice: DAP)' 에 근거하여 아동의 발달에 적절한 보육경험을 지원하도록 장려하고 있으며, 특히 영아를 대상으로 애착관계를 가장 중요시하고 있다. DAP 신념은 보육의 기술적인 측면보다 관계적인 측면을 강조하는 것으로 관계향상을 위해 교사와 아동의 비율, 집단의 크기, 직원의 교대문제 등을 강조하고 있다. 그 외에도 수유방법으로 한 번에 한 명의 아기를 안고 병 수유를 하거나 얼굴을 마주보고 숟가락으로 떠먹이는 것을 권장하고 있다. 이러한 것은 단순히 영양공급보다 사회적 상호작용을 강조하는 것으로 볼 수 있다. 또한 아동의 분리불안을 다루기 위해 1970~1980년대에는 금기시되었던 담요나 고무젖꼭지 등과 같은 대체물을 사용하는 것을 권장하고 있다. 어린이집에 도착하거나, 낮잠에서 깨어나거나, 부모가 아동을 어린이집으로부터 데려가는 것과 같이 활동의 전환이 이루어지는 시기에 많은 시간을 할애하도록 권장하고 있다(Mercer, 2006).

Jean Mercer

5) 공공정책

우리가 애착에 대해 알고 있는 많은 것을 아동과 가족을 돕기 위한 정책적, 법률적 지원을 위해 적용해야 할 것이며, 특히 필요한 곳은 보육, 위탁양육, 입양, 이혼과 친권자 결정문제이다. 정책입안을 위해 사용될 수 있는 몇 가지 중요한 지침을 살펴보면 다음과 같다(Mercer, 2006).

- 신생아들은 생물학적 어머니로부터의 분리에 거의 영향을 받지 않으므로 상실로 인한 고통이나 아동에게 미치는 영향에 대해 고려하지 않아도 된다고 생각한다. 그러나 애착은 생후 2년간에 걸친 일관성 있고, 민감하고 반

응적인 양육의 결과이므로 위탁양육이나 보육에서 이러한 점을 고려해야 한다.

- 특정인에게 애착이 형성되기 시작하는 6～8개월 이후의 갑작스럽고 장기적인 분리는 아동에게 수면, 섭식, 놀이와 학습의 문제를 유발할 수 있다. 분리로 인한 이러한 경험은 민감하고 반응적인 새로운 양육자에 의해 회복이 가능하지만 이러한 변화는 가급적 적게 주도록 해야 하며, 새로운 양육자는 민감하게 아동의 욕구에 반응해야 한다. 이는 이혼과정에서 친권자를 결정하는 문제에도 그대로 적용될 수 있다.
- 관계에 대한 성인의 태도는 아동의 애착형성에 큰 영향을 미치므로, 양육자는 이러한 기준에서 선택되어야 한다. 그들 자신의 자녀를 잘 길렀다고 해서 반드시 훌륭한 위탁부모나 입양부모가 될 수 있는 것은 아니다.

애착행동의 적용에서 나타나는 문화적 차이는 애착관계에 대해 다양한 문화권에서 부여하는 가치를 반영하는 것이다. Marris(1991)는 안정되고 예측가능한 사회적 질서를 창출하고자 하는 욕구와 타인을 희생하고서라도 자신의 기회를 극대화하고자 하는 욕구 간에 기본적인 긴장이 존재하며, 좋은 사회는 가능한 한 파괴적인 사건을 최소화하고 아동의 애착경험을 보호해주고 가족의 대처능력을 지원해주는 사회라고 하였다. 그러한 의미에서 애착은 공공정책과 관련이 있다. 최근 우리나라의 저출산 현상도 이러한 문제와 관련이 있다. 이러한 정책적 측면을 중시하여 Bowlby(1951)는 일찍이 만약 사회가 어린이를 가치롭게 여긴다면 그들의 부모를 소중하게 생각해야 한다고 하였다.

아직까지 그 구체적인 내용은 규명되지 않았지만 내적 작동모델의 개념은 애착이 출생 직후의 몇 년에 걸친 문제가 아니라 전생애에 걸쳐 개인의 행동에 영향을 미치는 요인임을 시사하고 있다. 그러므로 한 개인의 정상적 성장을 위해 예방적 차원에서 애착의 중요성에 대한 사회적 인식을 고취시킬 필요가 있으며, 이에 대한 부모교육의 필요성이 강조되고 있다. 또한 애착이론에서는 부모 이외의 다른 양육자와 애착을 형성하는 것이 가능한 것으로 전제하고 있으므로 어머니와의 분리 시 이러한 역할을 대체하는 인물에 대한 교육이 필요하다. 특히 1차적 애착인물과의 상호작용에 문제가 있을 경우 2차적 애착인물과 안정애착을 형성할 수 있도록 하는 개입이 필요하다.

사진 설명 케빈 러드 호주 총리가 과거 정부의 원주민 학대에 대해 공식 사과한 13일 오전 수도 캔버라 국회의사당 밖에서 원주민을 포함한 호주 여성 4명이 감격의 눈물을 흘리며 대형 TV 스크린으로 사과 장면을 보고 있다.
출처: 동아일보 2008. 2. 14.

Bowlby로부터 애착연구가 시작된 지 반세기가 지났지만 최근 보도된 호주의 원주민에 대한 사례는 이에 대한 문제에서 정치적으로 얼마나 무관심했는가를 잘 보여주는 것이다. 원주민을 동화시키기 위해 원주민의 아이들을 부모로부터 분리시켜 호주인의 가정에 보낸 관행은 부모와의 분리에 대한 무지를 잘 보여주는 것이다(사진 참조). 어린 시절 애착관계가 이후의 관계에 미치는 영향을 고려해볼 때 부모자녀관계에 대한 작은 정책적 배려가 이후 건강한 사회를 만드는 초석이 된다는 사실에 대한 사회전반적인 인식이 필요한 시점이다.

참고문헌

강창동(2002). 한국의 교육문화사. 서울: 문음사.

권영한 역(2000). 효경. 서울: 전원문화사.

김동직 · 한성열(1997). 한국대학생의 애착유형 분포와 대인관계 특성. 한국심리학회지: 사회 및 성격, 11(2), 91-109.

김봉선(1994). 산욕기 초기산모의 영아돌보기 지식 및 모아애착행위에 관한 연구. 전북대학교 대학원 박사학위 청구논문.

김세진(1999). 성인애착유형에 따른 분노경험 양상의 차이. 서울대학교 대학원 석사학위 청구논문.

김영명(1997). 어머니 및 보육교사에 대한 유아의 애착안정성에 따른 정서적 행동문제. 서울대학교 대학원 석사학위 청구논문.

김영명 · 이순형(1999). 애착 대상과 보육시작 시기에 따른 유아의 애착 안정성. 한국영유아보육학, 17, 429-451.

김종순(1989). 영아의 애착, 자아인식 및 사물영속성 보존 능력과 가정환경의 상호관련성에 관한 연구. 중앙대학교 대학원 박사학위 청구논문.

나유미(1996). 한국 영아의 어머니에 대한 애착 행동 특성. 연세대학교 대학원 박사학위 청구논문.

노성향(2001). 방과 후 아동지도 서비스의 질적 수준에 관한 연구. 고려대학교 대학원 박사학위 청구논문.

류점숙(1994). 조선시대 인간발달 단계 및 교육내용. 아동학회지, 10(2), 1-18.

문혁준(2000). 아동의 기질적 특성과 부모의 훈육방법. 대한가정학회지, 38(6), 29-41.

미국정신의학협회(1994). 정신장애의 진단 및 통계 편람(4판). 이근후 외 공역. 서울: 하나의

학사.

박경자(1997). 영아의 애착안정성에 영향을 미치는 변인: 어머니의 민감성과 영아의 기질, 아동학회지, 20, 1-15.

박성연(1989). 어머니의 양육행동척도개발에 관한 일 연구. 대한가정학회지, 27(4), 151-165.

박은숙(1982). 어머니의 양육차원이 한국 유아의 낯가림, 분리불안 및 대물애착 발달에 미치는 영향에 관한 연구. 이화여자대학교 대학원 석사학위 청구논문.

박응임(1994). 영아-어머니 간의 애착유형과 그 관련 변인. 이화여자대학교 대학원 박사학위 청구논문.

박혜주(2004). 낯선 상황에서 영아들의 애착과 정서조절. 이화여자대학교 대학원 석사학위 청구논문.

방경숙(2000). 영아기 어머니 역할교육 프로그램이 모아 상호작용과 영아발달에 미치는 효과. 서울대학교 대학원 박사학위 청구논문.

배연희(1998). 반응성 애착장애 아동의 놀이치료 사례연구. 놀이치료연구, 2(2), 73-86.

서원경(2006). 야간보육교사의 애착에 대한 인식 및 상호작용 변화에 따른 영아와의 애착증진 과정. 미래유아교육학회지, 13, 213-247.

손혜숙(1998). 어머니와 교사의 복합애착 유형에 따른 유아의 자아개념 및 사회성에 관한 연구. 중앙대학교 대학원 박사학위 청구논문.

신민섭 · 김수경 · 김용희 · 김주현 · 김향숙 · 김진영 · 류명은 · 박혜근 · 서승연 · 이순희 · 이혜란 · 전선영 · 한수정(2003). 그림을 통한 아동의 진단과 이해-HTP와 KFD를 중심으로(증보판). 서울: 학지사.

신의진 · 이경숙 · 정석진 · 홍현주(2003). 한국 애착장애 아동의 발달 및 임상적 특성. 한국심리학회지: 발달, 16(4), 155-174.

신지연 · 최석란(2005). 2세 영아의 어머니와 보육교사에 대한 복합 애착과 사회, 정서적 행동. 아동학회지, 26, 137-154.

심은미(2001). 애착유형에 따른 어머니-아동 상호작용 특성 연구. 한신대학교 대학원 석사학위 청구논문.

양연숙(2000). 영아의 타인양육경험에 따른 어머니에 대한 애착과 정서조절. 경희대학교 대학원 박사학위 청구논문.

오재연(2005). 애착유형에 따라 나타나는 3세 유아의 유치원생활 적응행동연구. 건국대학교 대학원 박사학위 청구논문.

유가효(1999). 첫부모됨과 영아기 육아에서의 문화간, 세대간 연속성과 비연속성: 한국,

중국, 미국 가족을 중심으로. 1999년도 한국아동학회 20주년 기념 추계학술대회.
유영미(2004). 어머니의 양육체계와 유아의 애착체계 간의 관계. 연세대학교 대학원 박사학위 청구논문.
유효순(1985). 애착유형과 탐색행동 간의 관계. 성균관대학교 대학원 박사학위 청구논문.
______(2003). 유아의 애착안정성과 정서지능의 관계. 인간발달연구, 10(2), 19-31.
유희정(1996). 보육시설의 질에 관한 연구. 이화여자대학교 대학원 박사학위 청구논문.
이문건(1997). 양아록: 16세기 한 사대부의 체험적 일기. 이상주(역주). 서울: 태학사.
이미정(1998). 3세 여아의 행동억제와 관련변인: 영아기 정서성, 부모의 내향성, 부모의 양육행동과의 관계. 이화여자대학교 대학원 박사학위 청구논문.
이상옥 역(2003). 예기(중). 서울: 명문당.
이순행(1995). 반응성 애착장애아동의 애착특성에 관한 일 연구. 이화여자대학교 대학원 석사학위 청구논문.
이시은 · 이재창(2005). 대학생의 애착유형, 부모 또래 애착 그리고 정서적 특성과의 관계. 한국심리학회지: 상담 및 심리치료, 17(4), 947-963.
이영 · 박경자 · 나유미(1997). 애착 Q-sort 국내 준거 개발 연구. 한국아동학회지, 18(2), 131-148.
이영환(1992). '낯선 상황' 에서 영아의 아버지에 대한 애착유형. 경희대학교 대학원 박사학위 청구논문.
이주혜(1981). 유아의 낯가림 및 격리불안과 어머니의 양육태도와의 관계. 성균관대학교 대학원 석사학위 청구논문.
이진숙(2003). 유아의 나레이티브를 통한 애착 표상 연구-애착관련 이야기 분석을 중심으로. 한국영유아보육학, 31, 225-247.
이현미(1997). 어머니의 부모에 대한 애착과 아동의 애착안정성. 가톨릭대학교 대학원 석사학위 청구논문.
임양미(1994). 어머니 양육방식의 관련요인. 연세대학교 대학원 석사학위 청구논문.
장미자 · 조복희(1999). 애착의 세대간 전이-어머니의 내적 실행모델과 영아의 애착유형. 아동학회지, 20(1), 147-164.
장휘숙(1997). 청소년기의 애착과 자아존중감 및 자기효능감과의 관계. 인간발달연구, 4(1), 88-106.
______(1998). 아동연구방법. 서울: 창지사.
전영식(2007). 어머니의 애착유형과 장애아동의 애착안정성. 단국대학교 특수교육대학원 석사학위 청구논문.

전효정(2003). 어머니-유아의 세대간 전이의 메커니즘: 어머니의 내적 실행모델과 자녀양육행동이 유아의 애착유형에 미치는 영향. 열린유아교육연구, 8(3), 159-174.

정옥분(2006). 사회정서발달. 서울: 학지사.

정옥분 · Rubin, K. H., 박성연 · 윤종희 · 도현심(2003). 영아기 기질 및 부모의 양육행동에 따른 2~4세 아동의 행동억제에 따른 단기종단연구: 8개국 비교문화연구를 위한 기초연구. 가정관리학회지, 21(3), 29-38.

중앙보육정보센터(2008). 2007 보육통계.

최영희(1987). 5~8개월아의 기질 조사 연구. 아동학회지, 8(2), 1-15.

______(1990). 아동의 기질이 모자 상호작용과 아동의 문제 행동에 미치는 영향에 관한 연구. 숙명여자대학교 대학원 박사학위 청구논문.

최해운 · 이경숙 · 김태련(1998). 영아의 애착유형과 성인의 애착표상 유형에 관한 연구. 한국심리학회지, 11, 131-142.

최현영(2005). 대학생이 지각한 부모와의 애착과 역기능적 진로사고의 관계. 건국대학교 대학원 석사학위 청구논문.

최현영 · 서영석(2005). 대학생이 지각한 부모애착과 역기능적 진로사고의 관계. 한국심리학회지: 상담 및 심리치료, 17(3), 671-684.

통계청(2008). 2007년 이혼 통계 결과.

하은실(2007). 치료놀이활동 프로그램을 통한 불안정애착 유아의 애착표상 및 사회적 능력 향상 연구. 부산대학교 교육대학원 석사학위 청구논문.

허윤진(2003). 어머니와의 분리경험과 타인양육특성이 모-자 간 애착에 미치는 영향. 서울여자대학교 특수치료 전문대학원 석사학위 청구논문.

현미숙(2004). 아동 부모교육 상담을 위한 부모역할지능척도의 개발과 타당화. 숙명여자대학교 대학원 박사학위 청구논문.

홍계옥 · 정옥분(1995). 유아의 기질 및 어머니의 양육행동과 모자 애착행동 간의 관계. 아동학회지, 16(1), 99-112.

황현주 · 정옥분(2006). 영아에 대한 어머니의 애착측정도구 개발과 타당화 연구. 인간발달학회지, 13(3), 57-78.

Adam K., Sheldon-Keller A., & West, M. (1996). Attachment organization and history of suicidal behavior in clinical adolescents. *Journal of Consulting & Clinical Psychology, 64*, 264-272.

Ainsworth, M. D. S. (1963). The development of infant-mother interaction among the Ganda. In B. M. Foss (Ed.), *Determinants of infant behavior* (pp. 67–104). New York: Wiley.

__________(1967). *Infancy in Uganda: Infant care and the growth of attachment.* Baltimore: The Johns Hopkins Press.

__________(1969). Object relations, dependency and attachment: A theoretical review of the infant-mother relationship. *Child Development, 40,* 969–1025.

__________(1973). The development of infant-mother attachment. In B. M. Caldwell & H. N. Ricciuti (Eds.), *Review of child development research* (Vol. 3, pp. 21–94). *Child development and social policy.* CA: University of Chicago Press.

__________(1974). *Citation for the G. Stanley Hall Award to John Bowlby.* Unpublished manuscript.

__________(1979). Attachment as related to mother-infant interaction. *Advances in the Study of Behaviour, 9,* 2–52.

__________(1982). Attachment: Retrospect and prospect. In C. M. Parkes & J. Stevenson-Hinde (Eds.), *The place of attachment in human behavior.* London: Tavistock.

__________(1991). Attachments and other affectional bonds across the life cycle. In C. M. Parkes, J. Stevenson-Hinde, & P. Marris (Eds.), *Attachment across the life cycle* (pp. 33–51). London: Routledge.

Ainsworth, M. D. S., & Bell, S. M. (1969). Some contemporary patterns of mother-infant interaction in the feeding situation. In J. A. Ambrose (Ed.), *Stimulation in early infancy.* New York: Academic Press.

Ainsworth, M. D. S., & Marvin, R. (1995). On the shaping of attachment theory and research: An interview with Mary D. S. Ainsworth (Fall, 1994). In E. Waters, B. Vaughn, G. Posada, & K. Kondo-Ikemura (Eds.), Caregiving, cultural, and cognitive perspectives on secure base behavior and working models: New growing points of attachment theory and research. *Monographs of the Society for Research in Child Development, 60* (2–3, Serial No. 244).

Ainsworth, M. D. S., & Wittig, B. A. (1969). Attachment and exploratory behavior of one-year-olds in a Strange Situation. In B. M. Foss (Ed.), *Determinants of infant behavior*(Vol. IV). London: Methuen.

Ainsworth, M. D. S., Blehar, M. C., Waters, E., & Wall, S. (1978). *Patterns of attachment: A psychological study of the Strange Situation*. Hillsdale, NJ: Erlbaum.

Akhtar, S. (1992). *Broken structures: Severe personality disorders and their treatment.* Northvale, NJ: Jason Aronson.

Allen, J. P., & Land, D. (1999). Attachment in adolescence. In J. Cassidy & P. R. Shaver (Eds.), *Handbook of attachment: Theory, research, and clinical applications.* New York: Guilford.

Alley, T. R. (1981). Head shape and the perception of cuteness. *Developmental Psychology, 17,* 650–654.

Allport, G. W. (1937). The functional anatomy of motives. *American Journal of Psychology, 50,* 141–156.

__________(1961). *Pattern and growth of personality.* New York: Holt.

Ammaniti, M., van IJzendoorn, M. H., Speranza, A. M., & Tambeli, R. (2000). Internal working models of attachment during late childhood and early adolescence: An exploration of stability and change. *Attachment and Human Development, 2,* 328–346.

Anderson, B. (1992). Effects of day-care on cognitive and socioemotional competence of thirteen-year-old Swedish schoolchildren. *Child Development, 60,* 20–36.

Anglin, J. M. (1993). Vocabulary development: A morphological analysis. *Monographs of the Society for Research in Child Development, 58* (10, Serial No. 238).

Armsden, G. C., & Greenberg, M. T. (1987). The inventory of parent and peer attachment: Individual differences and their relationship to psychological well-being in adolescences. *Journal of Youth and Adolescence, 16* (5), 427–454.

Arsenian, J. M. (1943). Young children in an insecure situation. *Journal of Abnormal and Social Psychology, 38,* 225–229.

Baker, B. L., & Heller, T. L. (1996). Preschool-children with externalizing behaviors-experience of fathers and mothers. *Journal of Abnormal Child*

Psychology, 24(4), 513-532.

Bakermans-Kranenburg, M., & van IJzendoorn, M. (1993). A psychometric study of the Adult Attachment Interview: Reliability and discriminant validity. *Developmental Psychology, 29*(5), 870-879.

Baldwin, M. W. (1992). Relational schemas and the processing of social information. *Psychological Bulletin, 112*, 461-484.

Baldwin, M. W., Fehr, B., Keedian, E., Seidel, M., & Thomson, D. W. (1993). An exploration of the relational schemata underlying attachment styles: Self-report and lexical decision approaches. *Personality and Social Psychology Bulletin, 71*, 94-109.

Barden, R. C., Ford, M. E., Jensen, A. G., Rogers-Salyer, M., & Salyer, K. E. (1989). Effects of craniofacial deformity in infancy on the quality of mother-infant interactions. *Child Development, 60*, 819-824.

Barnas, M. E., & Cummings, E. M. (1994). Caregiver stability and toddlers' attachment-related behaviors towards caregivers in day care. *Infant Behavior and Development, 17*, 141-147.

Bartholomew, K. (1994). Assessment of individual differences in adult attachment. *Psychological Inquiry, 5*(1), 23-27.

Bartholomew, K., & Horowitz, L. M. (1991). Attachment styles among young adults: A test of a four-category model. *Journal of Personality and Social Psychology, 61*, 226-244.

Bartlett, F. C. (1932). *Remembering: A study in experimental and social psychology*. Cambridge, UK: Cambridge University Press.

Bates, J. E. (1980). The concept of difficult temperament. *Merrill-Palmer Quarterly, 26*, 299-319.

__________(1987). Temperament in infancy. In J. D. Osofsky (Ed.), *Handbook of infant development* (pp. 1101-1149). New York: Wiley.

__________(2004). Temperament as an emotion construct: Theoretical and practical issues. In M. Lewis & J. M. Haviland (Eds.), *Handbook of emotions* (2nd ed., pp. 382-396). New York: Guilford.

Bates, J. E., & Bayles, K. (1984). Objective and subjective components in mothers' perceptions of their children from 6 months to 3 years. *Merrill-Palmer*

Quarterly, 30, 111–130.

Bates, J. E., Bayles, K., Bennett, D. S., Ridge, B., & Brown, M. M. (1991). Origins of externalizing behavior problems at eight years of age. In D. J. Pepler & K. H. Rubin (Eds.), *The development and treatment of childhood aggression* (pp. 93–120). Hillsdale, NJ: Lawrence Erlbaum.

Bates, J. E., Masline, C. A., & Frankel, K. A. (1985). Attachment security, mother–child interaction, and temperament as predictors of behavior problem ratings at age three years. In I. Bretherton & E. Waters (Eds.), Growing points of attachment theory and research. *Monographs of the Society for Research in Child Development, 50* (pp. 167–193). Chicago: University of Chicago Press.

Bates, J. E., Olson, S. L., Pettit, G. S., & Bayles, K. (1982). Dimensions of individuality in the mother–infant relationship at six months of age. *Child Development, 53,* 446–461.

Becker, T. E., & Billings, R. S. (1997). Validity of scores on three attachment style scales: Exploratory and confirmatory evidence. *Educational and Psychological Measurement, 75,* 477–493.

Bell, R., & Ainsworth, M. D. S. (1972). Infant crying and maternal responsiveness. *Child Development, 43,* 1171–1190.

Bell, S. (1970). The development of the concept of object as related to infant–mother attachment. *Child Development, 41*(2), 291–311.

Belsky, J. (1984). The determinants of parenting: A process model. *Child Development, 55,* 83–96.

_________ (1996). Parent, infant and social–contextual antecedents of father–son attachment security. *Developmental Psychology, 32,* 905–913.

Belsky, J., & Braungart, J. (1991). Are insecure–avoidant infants with extensive day–care experience less stressed by and more independent in the Strange Situation? *Child Development, 62,* 567–571.

Belsky, J., & Cassidy, J. (1994). Attachment: Theory and evidence. In M. Rutter & D. Hay (Eds.), *Development through life: A handbook for clinicians* (pp. 373–402). Oxford: Blackwell.

Belsky, J., & Isabella, R. A. (1988). Maternal, infant and social–contextual determinants of attachment security. In J. Belsky & T. Nezworski (Eds.),

Clinical implications of attachment. Hillsdale, NJ: Lawrence Erlbaum.

Belsky, J., & Rovine, M. J. (1988). Nonmaternal care in the first year of life and the security of infant-parent attachment. *Child Development, 59*(1), 157-167.

Belsky, J., Fish, M., & Isabella, R. (1991). Continuity and discontinuity in infant negative and positive emotionality: Family antecedents and attachment consequences. *Developmental Psychology, 27*, 421-431.

Belsky, J., Rosenberger, K., & Crnic, K. (2000). The Origins of attachment security. In S. Goldberg, R. Muir, & J. Kerr (Eds.), *Attachment theory: Social, developmental, and clinical perspectives* (pp. 153-183). Hillsdale, NJ: The Analytic Press.

Benoit, D., & Parker, K. C. H. (1994). Stability and transmission of attachment across three generations. *Child Development, 65*, 1444-1456.

Berlin, L. J., & Cassidy, J. (1999). Relations among relationships: Contributions from attachment theory and research. In J. Cassidy & P. Shaver (Eds.), *Handbook of attachment theory and research* (pp. 688-712). New York: Guilford.

Bialoskurski, M., Cox, C. L., & Hayes, J. A. (1999). The nature of attainment in a neonatal intensive care unit. *Journal of Pediatric Neonatal Nursing, 13* (1), 66-76.

Bion, W. (1962a). A theory of thinking. *International Journal of Psychoanalysis, 43*, 306-310.

________(1962b). *Learning from experience.* New York: Basic Books.

________(1963). *Elements of psychoanalysis.* New York: Basic Books.

Blatz, W. (1940). *Hostages to peace: Parents and the children of democracy.* New York: Morrow.

Blehar, M. C. (1974). Anxious attachment and defensive reaction associated with daycare. *Child Development, 45*, 683-692.

Bloom, K. C. (1995). The development of attachment behaviors in pregnant adolescents. *Nursing Research, 44*, 284-289.

Bokhorst, C. L., Bakermans-kranenburg, M. J., Pascofearon, R. M., van IJzendoorn, M. H., Fonagy, P., & Schuengel, C. (2003). The importance of shared environment in mother-Infant attachment security: A behavioral genetic study. *Child Development, 74*(6), 1769-1782.

Bornstein, M. H. (1989). Sensitive periods in development: Structural characteristics and causal interpretations. *Psychological Bulletin, 105*, 179-197.

Bornstein, M. H., & Cheah, C. S. L. (2006). The place of "culture and parenting" in the ecological contextual perspective on developmental science. In K. H. Rubin & O. B. Chung (Eds.), *Parenting beliefs, behaviors, and parent-child relations: A cross-cultural perspective* (pp. 3-33). New York: Psychology Press.

Bowlby, J. (1949). The study and reduction of group tensions in the family. *Human Relations, 2,* 123-128.

______(1951). Maternal care and mental health. Geneva: *World Health Organization Monograph Series* (No. 2).

__________(1956). The effects of mother-child separation: A follow-up study. *British Journal of Medical Psychology, 29,* 211-247.

__________(1958). The nature of the child's tie to his mother. *International Journal of Psychoanalysis, 39,* 35.

__________(1959). Separation anxiety. *International Journal of Psycho-Analysts, 12,* 1-25.

_________(1960a). Grief and mourning in infancy and early childhood. *Psychoanalytic Study of the Child, 15,* 9-52.

_________(1960b). Separation anxiety. *International Journal of Psychoanalysis, 41,* 89-113.

_____________(1969). *Attachment and loss* (Vol. 1): *Attachment.* New York: Basic Books.

_____________(1973). *Attachment and loss* (Vol. 2): *Separation.* New York: Basic Books.

_________(1979). *The making and breaking of affectional bonds.* London: Tavistock.

_________(1980). *Attachment and loss* (Vol. 3): *Loss, sadness, and depression.* New York: Basic Books.

________(1982). *Attachment and loss* (Vol. 1): *Attachment* (2nd ed.). New York: Basic Book (Original edition, 1969).

_________(1988a). *A Secure base: Clinical applications of attachment theory.* London: Routledge.

__________(1988b). Developmental psychology comes of age. *The American Journal of Psychiatry, 145*, 1-10.

__________(1989). *A secure base.* New York: Basic Books.

Bowlby, J., & Parkes, C. M. (1970). Separation and loss within the family. In E. J. Anthony & C. Koupernik (Eds.), *The child in his family: Interactional yearbook of child psychiatry and allied professions* (pp. 197-216). New York: Wiley.

Brennan, K. A., & Shaver, P. (1995). Dimensions of adult attachment, affect regulation, and romantic relationship functioning. *Personality and Social Psychology Bulletin, 21,* 267-284.

Brennan, K. A., Clark, C. L., & Shaver, P. R. (1998). Self-report measurement of adult attachment. In A. Simpson & A. Roholes (Eds.), *Attachment theory and close relationships.* New York: Guilford.

Brennan, K. A., Shaver, P., & Hazan, C. (1989). *Multi-item measure of adult attachment style.* Paper presented at the annual meeting of the Eastern Psychological *Association,* Boston, MA.

Brennan, K. A., Shaver, P., & Tobey, A. (1991). Attachment styles, gender, and parental problem drinking. *Journal of Social and Personal Relationships, 8,* 451-466.

Brenner, E. M., & Salovey, P. (1997). Emotion regulation during childhood: Developmental, interpersonal, and individual considerations. In P. Salovey & D. J. Sluyter (Eds.), *Emotional development and emotional intelligence.* New York: Basic Books.

Bretherton, I. (1985). Attachment theory: Retrospect and prospect. In I. Bretherton & E. Waters (Eds.), Growing points of attachment theory and research. *Monographs of the Society for Research in Child Development, 50,* 3-35.

___________(1987). New perspectives on attachment relations: Security, communication, and internal working models. In J. Osofsky (Ed.), *Handbook of infant development.* New York: Wiley.

___________(1990). Open communication and internal working models: Their role in attachment relationships. In R. Thompson (Ed.), *Socio-emotional development* (Nebraska Symposium 1987). Lincoln, NE: University of

Nebraska Press.

____________(1991). The roots and growing points of attachment theory. In C. M. Parkes, J. Stevenson-Hinde, & P. Marris (Eds.), *Attachment across the life cycle*. London: Routledge.

____________(1995). The origins of attachment theory: John Bowlby and Mary Ainsworth. In S. Goldberg, R. Muir, & J. Kerr (Eds.), *Attachment theory: Social developmental, and clinical perspectives*. Hillsdale, NJ: The Analytic Press.

Bretherton, I., & Ainsworth, M. D. S. (1974). One-year-olds in the Strange Situation. In M. Lewis & L. Rosenbaum (Eds.), *The origins of fear* (pp. 134-164). New York: Wiley.

Bretherton, I., & Munholland, K. A. (1999). Internal working models in attachment relationships: A construct revisited. In J. Cassidy & P. R. Shaver (Eds.), *Handbook of attachment: Theory, research, and clinical applications* (pp. 89-111). New York: Guilford.

Bretherton, I., & Waters, E. (1985). Growing points in attachment theory and research. *Monographs of the Society for Research in Child Development, 50* (1-2, Serial No. 209).

Bretherton, I., Prentiss, C., & Ridgeway, D. (1990). Family relationships as represented in a story-completion task at thirty-seven and fifty-four months of age. *New Direction for Child Development, 48,* 85-105.

Broberg, A. G., Wessels, M., Lamb, M., & Hwang, C. (1997). Effects of day care on the development of cognitive abilities in 8-year olds: A longitudinal study. *Developmental Psychology, 33,* 62-69.

Bromwich, R. M. (1990). The interaction approach to early intervention. *Infant Mental Health Journal, 2* (1), 66-79.

Brooks, J., & Lewis, M. (1976). Infants response to strangers: Midget, adult, and child. *Child Development, 47,* 323-332.

Buck, J. (1948). *The House-Tree-Person technique*. Los Angles: Western Psychological Service.

Burns, R. C., & Kaufman, S. H. (1970). *Kinetic Family Drawing(K-F-D): An introduction to understanding children through kinetic drawing*. New York: Brunner.

Buss, A. H., & Plomin, R. (1975). *A temperament theory of personality development.* New York: Wiley.

______________________(1984). *Temperament: Early developing personality traits.* Hillsdale, NJ: Erlbaum.

Calkins, S. D., & Fox, N. A. (1992). The relations among infant temperament, security of attachment and behavioral inhibition at twenty-four months. *Child Development, 63,* 1456-1472.

Campbell, S. B. G., & Taylor, P. M. (1979). Bonding and attachment: Theoretical issues. *Seminars in Perinatology, 3,* 3-13.

Carter-Jessop, L. (1981). Promoting maternal attachment through prenatal intervention. *American Journal of Maternal Child Nursing, 6,* 107-112.

Carver, C. S. (1997). Adult attachment and personality: Converging evidence and a new measure. *Personality and Social Psychology Bulletin, 23,* 865-884.

Caspi, A., & Silva, P. A. (1995). Temperamental qualities at age three predict personality traits in young adulthood: Longitudinal evidence from a birth cohort. *Child Development, 66,* 486-498.

Caspi, A., Begg, D., Dickson, N., Langley, J., Moffitt, T. E., McGee, R., & Silva, P. A. (1995). Identification of personality types at risk for poor health and injury in late adolescence. *Criminal Behavior and Mental Health, 5,* 330-350.

Cassidy, J. (1994). Emotion regulation: Influences of attachment relationships. In N. Fox (Ed.), *Emotion regulation: Biological and behavioral considerations* (pp. 228-249). *Monographs of the Society for Research in Child Development, 59* (2-3, Serial No. 240).

_________(1999). The nature of the child's ties. In J. Cassidy & P. R. Shaver (Eds.), *The Handbook of attachment: Theory, research, and clinical applications* (pp. 3-20). New York: Guilford.

Cassidy, J., & Berlin, L. J. (1994). The insecure/ambivalent pattern of attachment: Theory and research. *Child Development, 65,* 971-991.

Cassidy, J., & Marvin, R. S. (1987). *Attachment organization in preschool children: Coding guidelines.* Unpublished manuscripts, MacArthur Working Group on Attachment, Seattle, WA.

Catlin, G., & Epstein, S. (1992). Unforgettable experiences: The relation of life-events to basic beliefs about self and world. *Social Cognition, 10*, 189-209.

Chen, C., Greenberger, E., Lester, J., Dong, Q., & Guo, M. (1998). A cross-cultural study of family and peer correlates of adolescent misconduct. *Developmental Psychology, 34*, 770-781.

Chess, S., & Thomas, A. (1982). Infant bonding: Mystique and reality. *American Journal of Orthopsychiatry, 52*, 213-222.

__________(1999). *Goodness of fit*. New York: Bruner/Mazel.

Chisholm, K. (1998). A three year follow-up of attachment and indiscriminate friendliness in children adopted from Rumanian orphanages. *Child Development, 69*, 1092-1106.

Cicchetti, D., & Toth, S. L. (1995). A developmental psychopathology perspective on child abuse and neglect. *Journal of the American Academy of Child and Adolescent Psychiatry, 34*, 541-565.

Cicirelli, V. G. (1989). Feelings of attachment to siblings and well-being in later life. *Psychology and Aging, 4*, 211-216.

__________(1991). Sibling relations in adulthood. *Marriage and Family Living, 16*, 291-310.

Clarke-Stewart, K. A. (1978). And daddy makes three: The father' s impact on the mother and young child. *Child Development, 49*, 466-478.

__________(1989). Infant day care: Maligned or malignant? *American Psychologist, 44*, 266-273.

__________(1993). *Daycare*. MA: Harvard University Press.

__________(1994). *Day care-Good or bad for children*. 우리 보육의 질, 어디로 가야 하는가-미국과 영국의 경험을 토대로. 1994년 삼성어린이개발센터 국제학술대회.

Clarke-Stewart, K. A., & Hevey, C. H. (1981). Longitudinal relations in repeated observations of mother-child interaction from 1 to 2 years. *Developmental Psychology, 17*, 127-145.

Clarke-Stewart, K. A., Gruber, C. P., & Fitzgerald, L. M. (1994). *Children at home and in day care*. Mahwah, NJ: Lawrence Erlbaum.

Cobb, C. L. H. (1996). Adolescent-parent attachment and family problem-solving. *Family Process, 35*, 57-82.

Cohen, L., & Campos, J. (1974). Father, mother and stranger as elicitors of attachment behaviours in infancy. *Developmental Psychology, 10,* 146–154.

Cohn, D. (1992). Mother–child attachment of six–year–olds and social competence at school. *Child Development, 61,* 152–162.

Cole–Detke, H., & Kobak, R. (1996). Attachment processes in eating disorder and depression. *Journal of Consulting and Clinical Psychology, 64,* 282–290.

Colin, V. L. (1996). *Human attachment.* Philadelphia: Temple University Press.

Collins, N. L. (1996). Working models of attachment: Implications for explanation, emotion and behaviour. *Journal of Personality and Social Psychology, 71,* 810–832.

Collins, N. L., & Read, S. J. (1990). Adult attachment, working models, and relationship quality in dating couples. *Journal of Personality and Social Psychology, 58*(4), 644–663.

Cox, M. J., Owen, M. T., Henderson, V. K., & Margand, N. A. (1992). Prediction of infant–father and infant–mother attachment. *Developmental Psychology, 28,* 474–483.

Cox, M. J., Owen, M. T., Lewis, J. M., & Henderson, V. K. (1989). Marriage, adult adjustment, and early parenting, *Child Development, 60,* 1015–1024.

Craik, K. (1943). *The nature of explanation.* Cambridge: Cambridge University Press.

Cranley, M. S. (1981). Development of a tool for the measurement of maternal attachment during pregnancy. *Nursing Research, 30,* 281–284.

____________(1992). Response to "A critical review of prenatal attachment research." *Scholarly Inquiry for Nursing Practice: An International Journal, 6,* 23–26.

Crnic, K. A., Greenberg, M. T., Ragozin, A. S., Robinson, N. M., & Basham, R. B. (1983). Effects of stress and social support on mothers and premature and full-term infants. *Child Development, 54,* 209-217.

Crittenden, P. M. (1985). Maltreated infants: Vulnerability and resilience. *Journal of Child Psychology and Psychiatry, 26,* 85–96.

____________(1992). Quality of attachment in the preschool years. *Development and Psychopathology, 4,* 209–241.

____________(1995). Attachment and psychopathology. In S. Goldberg, R. Muir, & J. Kerr (Eds). *John Bowlby' s attachment theory: Historical, clinical and social significance* (pp. 367-406). New York: Analytic Press.

Crockenberg, S. B. (1981). Infant irritability, mother responsiveness, and social support influences on the security of infant-mother attachment. *Child Development, 52*, 857-865.

__________(1986). Are temperamental differences in babies associated with predictable differences in care giving? In J. V. Lerner & R. M. Lerner (Eds.), Temperament and social interaction during infancy and childhood. *New Directions for Child Development, 31.* San Francisco: Jossey Bass.

Crowell, J. A. (1990). *Current relationship interview.* Unpublished manuscript, State University of New York at Stony Brooks.

Crowell, J. A., & Feldman, S. S. (1988). Mother' s internal models of relationships and children' s behavior and developmental status: A study of mother-child interaction. *Child Development, 59*, 1273-1285.

__________(1991). Mother' s working models of attachment relationships and mother and child behavior during separation and reunion. *Developmental Psychology, 27*, 597-605.

Crowell, J. A., & Treboux, D. (1991). *Attachment processes in late adolescence: The first year of college.* Presented at the annual meeting of the Academy of Child and Adolescent Psychiatry, San Francisco, October.

Crowell, J. A., Treboux, D., Owens, G., & Pan, H. (1995). *Is it true the longer you' re together the more you think alike?* Examining two hypotheses of attachment theory. Paper presented at the Biennial Meeting of the Society for Research in Child Development, March 1995, Indianapolis, Indiana.

Cummings, E. M. (1980). Caregiver stability and day care. *Developmental Psychology, 16*, 31-37.

David, H. P. (1992). Born unwanted: Long-term developmental effects of denied abortion. *Journal of Social Issues, 48*, 163-181.

__________(1994). Reproductive rights and reproductive behavior: Clish or convergence of private values and public polices. *American Psychologist, 49*, 343-349.

DeFries, J. C., Plomin, R., & Fulker, D. W. (Eds.) (1994). *Nature and nurture during middle childhood.* Cambridge, MA: Blackwell.

Dempster, F. N. (1981). Memory span: Sources of individual and developmental differences. *Psychological Bulletin, 89*, 63-100.

Davis, K., Kirkpatrick, L., Levy, M., & O' Hearn, R. (1994). Stalking the elusive love style: Attachment styles, love styles, and relationship development. In R. Erber & R. Gilmour (Eds.), *Theoretical frameworks for personal relationships*. Hillsdale, NJ: Lawrence Erlbaum.

de Ruiter, C., & van IJzendoorn, M. H. (1992). Agoraphobia and anxious-ambivalent attachment: An integrative review. *Journal of Anxiety Disorder, 6*, 365-381.

De Wolff, M. S., & van IJzendoorn, M. H. (1997). Sensitivity and attachment: A meta-analysis on parental antecedents af infant attachment. *Child Development, 68*(4), 571-591.

Derryberry, D., & Rothbart, M. K. (1997). Reactive and effortful processes in the organization of temperament. *Development and Psychopathology, 9*, 633-652.

DeVries, M. W., & Sameroff, A. J. (1984). Culture and temperament: Influences on infant temperament in three East African societies. *American Journal of Orthopsychiatry, 54*, 83-96.

Diener, M., Goldstein, L. H., & Mangelsdorf, S. (1995). The role of prenatal expectations in parental reports of infant temperament. *Merrill-Palmer Quarterly, 41*, 172-190.

DiPietro, T. J., Hodgson, D. M., Costigan, K. A., Hilton, S. C., & Johnson, T. R. B. (1996). Fetal neurobehavioral development. *Child Development, 67*, 2553-2567.

Dixon, N. F. (1971). *Subliminal perception: The nature of a controversy*. New York: McGraw-Hill.

Dunn, J. (1993). *Young children' s close relationships*. Newbury, CA: Sage.

Eaton, W., & Saudino, K. (1992). Prenatal activity level as a temperament dimension? Individual differences and developmental functions in fetal movement. *Infant Behavior and Development, 15*, 57-70.

Emde, R. N., Plomin, R., Robinson, J., Corley, R., DeFries, J., Fulker, D. W., Reznick, J. S., Campos, J., Kagan, J., & Zahn-Waxler, C. (1992). Temperament, emotion, and cognition at fourteen months: The MacArthur Longitudinal

Twin Study. *Child Development, 63*, 1437–1466.

Erdely, H. M. (1974). A new look at the new look: Perceptual defense and vigilance. *Psychological Review, 81*, 1–25.

Erickson, M. F., Sroufe, L. A., & Egeland, B. (1985). The relationship between quality of attachment and behavior problems in preschool in a high risk sample. In I. Bretherton & E. Waters (Eds.), *Child Development Monographs, 50*(1–2), 147–166.

Erikson, E. (1950). *Childhood and society.* New York: Norton.

_________(1959). *Identity and the life cycle.* New York: International Universities Press.

Fairbairn, W. R. D. (1944). Endopsychic structure considered in terms of object-relationships. In W. R. D. Fairbairn (Eds.). *Psychoanalytic studies of the personality* (pp. 82-136). London: Routledge & Kegan Paul.

_________________(1952). *An object-relations theory of the personality.* New York: Basic Books.

Feeney, J. A., & Noller, P. (1990). Attachment styles as a predictor of adult romantic relationships. *Journal of Personality and Social Psychology, 58*(2), 281–291.

Feldman, R. S. (2001). *Child development* (2nd ed.). Upper Saddle River, NJ: Prentice–Hall.

Finkel, D., Wille, D., & Matheny, A. P., Jr. (1997). *Preliminary results from a twin study of infant–caregiver attachment.* Unpublished Manuscript.

Finnegan, R. A., Hodges, E. V. E., & Perry, D. G. (1996). Preoccupied and avoidant coping during middle childhood. *Child Development, 67,* 1318–1328.

Fisher, L., Ames, E. W., Chisholm, K., & Savoie, L. (1997). Problems reported by parents of Romanian orphans adopted to British Columbia. *International Journal of Behavioral Development, 20,* 67–82.

Fonagy, P. (1989). On tolerating mental states: Theory of mind in borderline personality. *Bulletin of Anna Freud Centre, 12,* 91–115.

__________(1991). Thinking about thinking. *International Journal of Psycho-Analysis, 72,* 639–656.

__________(1996). Attachment, the development of the self, and its pathology in personality disorders. *Psychomedia,* 26–32.

_________(2001). *Attachment theory and psychoanalysis.* New York: Other Press.

Fonagy, P., Steele, G., & Steele, M. (1991). Maternal representations of attachment during pregnancy predict infant-mother attachment patterns at one year. *Child Development, 62,* 891-905.

_________(1992). A prospective longitudinal study of adult attachment patterns on infant attachment and child development. Presented at the XXV International Congress of Psychology, Brussels, Belgium.

Fonagy, P., Steele, M., Steele, H., Leigh, T., Kennedy, R., Mattoon, G., & Target, M. (1995). Attachment, the reflective self, and borderline states: The predictive specificity of the Adult Attachment Interview and pathological emotional development. In S. Goldberg, R. Muir, & J. Kerr (Eds.), *Attachment theory: Social developmental and clinical perspectives* (pp. 233-278). New York: Analytic Press.

Foss, B. M. (Ed.) (1961). *Determinants of infant behavior* (Vol. I). New York: Wiley.

_________(1963). *Determinants of infant behavior* (Vol. II). New York: Wiley.

_________(1965). *Determinants of infant behavior* (Vol. III). New York: Wiley.

_________(1969). *Determinants of Infant Behavior* (Vol. IV). New York: Wiley.

Fox, N. A., Kimmerly, N. L., & Schafer, W. D. (1991). Attachment to mother, attachment to father: A meta-analysis. *Child Development, 62,* 210-225.

Fraiberg, S. (1982). Pathological defenses in infancy. *Psychoanalytic Quarterly, 51,* 612-635.

Fraiberg, S., Adelson, E., & Shapiro, V. (1975). Ghosts in the nursery: A psychoanalytic approach to the problems of impaired infant-mother relationships. *Journal of the American Academy of Child Psychiatry, 14,* 387-422.

Fraley, R. C. (2004). *A brief overview of adult attachment theory and research.* (http://www.psych.uiuc.edu/~rcfraley/attachment.htm)

Fraley, R. C., & Spieker, S. J. (2003). What are the differences between dimensional and categorical models of individual differences in attachment? Reply to Cassidy (2003), Cummings (2003), Sroufe (2003), and Waters and Beauchaine (2003). *Developmental Psychology, 39,* 423-429.

Fraley, R. C., & Waller, N. G. (1998). Adult attachment patterns: A test of the typological model. In J. A. Simpson & W. S. Rholes (Eds.), *Attachment theory and close relationships* (pp. 77–114). New York: Guilford.

Fraley, R. C., Waller, N. G., & Brennan, K. A. (2000). An item response theory analysis of self-report measures of adult attachment. *Journal of Personality and Social Psychology, 78,* 350–365.

Franz, C. E., & White, K. M. (1985). Individuation and attachment in personality development: Extending Erikson's theory. *Journal of Personality, 53,* 224–256.

Freedman, D. G. (1974). *Human infancy: An evolutionary perspective.* Hillsdale, NJ: Erlbaum.

Freud, A., & Burlingham, D. T. (1943). *War and children.* New York: Medical War Books.

Freud, A., & Dann, S. (1951). An experiment in group upbringing. In R. S. Eisler & A. Freud (Eds.), *The psychoanalytic study of the child* (Vol. VI, pp. 127–168). New York: International Universities Press.

Freud, S. (1900). The interpretation of dreams. *Standard Edition 4, 5,* 1–626. London: Hogarth.

________(1905). Three essays on the theory of sexuality. *Standard Edition 7,* 125–243. London: Hogarth.

________(1920/1955). Beyond the pleasure principle. *Standard Edition 18,* 24–64. London: Hogarth.

________(1923/1960). The ego and the id. *Standard Edition 19,* 3–59. London: Hogarth.

________(1926). Inhibitions, symptoms, and anxiety. *Standard Edition 20,* 87–172. London: Hogarth.

________(1933). New introductory lectures on psycho-analysis. *Standard Edition 22,* 211–253. New York: Hogarth.

________(1938). Splitting of the ego in the process of defense. *Standard Edition 23,* 275–278. London: Hogarth.

Freud, S., & Breuer, J. (1895). Studies on hysteria. *Standard Edition 2,* 1883–1995. London: Hogarth.

Frisch, K. V. (1967). *The dance language and orientation of bees.* Cambridge, MA:

Harvard University Press.

Fuller, J. R. (1990). Early patterns of maternal attachment. *Health Care for Women International, 11*, 433-446.

Fury, G., Carlson, E. A., & Sroufe, L. A. (1997). Children' s representations of attachment relationships in family drawings. *Child Development, 68,* 1154-1164.

Garrison, W. T., & Earls, F. J. (1987). *Temperament and child psychopathology.* Newbury Park: Sage.

Gauvain, M., & Fagot, B. I. (1995). Child temperament as a mediator of mother-toddler problem solving. *Social Development, 4,* 257-276.

George, C., & Solomon, J. (1999). Attachment and caregiving: The caregiving behavioral system. In J. Cassidy & P. R. Shaver (Eds.), *Handbook of attachment: Theory, research, and clinical applications.* New York: Guilford.

George, C., Kaplan, N., & Main, M. (1984). *Attachment interview for adults.* Unpublished manuscript, University of California, Berkeley.

__________________________________(1985). *Adult Attachment Interview Protocol* (2nd ed.). Unpublished manuscript, University of California at Berkely.

Giovacchini, P. (1987). *A narrative textbook of psychoanalysis.* London: Aronson.

Golby, B., Bretherton, I., Winn, L., & Page, T. (1995). *Coding manual for the Attachment Story Completion Task.* Unpublished manuscript, University of Wisconsin-Madison.

Goldberg, S. (1983). Parent-infant bonding: Another look. *Child Development, 54,* 1355-1382.

___________(2000). *Attachment and development.* London: Arnold.

Goldberg, S., MacKay-Soroka, S., & Rochester, M. (1994). Affect, attachment, and maternal responsiveness. *Infant Behavior and Development, 17,* 335-340.

Goldberg, S., Muir, R., & Kerr, J. (Eds.) (2000). *Attachment theory.* Hillsdale, NJ: The Analytic Press.

Goldfarb, W. (1943). The effects of early institutional care on adolescent personality. *Journal of Experimental Education, 12,* 106-129.

Goldsmith, H. H. (1989). Behavior-genetic approaches to temperament. In G. A. Kohnstamm, J. E. Bates, & M. K. Rothbart (Eds.), *Temperament in childhood* (pp. 111-132). New York: Wiley.

______________(1993). Temperament: Variability in developing emotion systems. In M. Lewis & J. M. Haviland (Eds.), *Handbook of emotions* (pp. 353-364). New York: Guilford.

Goldsmith, H. H., & Campos, J. J. (1982). Toward a theory of infant temperament. In R. N. Emde & R. J. Harmon (Eds.), *The development of attachment and affiliative systems* (pp. 161-193). New York: Plenum.

____________________________(1986). Fundamental issues in the study of early temperament: The Denver twin temperament study. In M. E. Lamb, A. L. Brown, & B. Rogoff (Eds.), *Advances in developmental psychology* (pp. 231-283). Hillsdale, NJ: Lawrence Erlbaum.

Goldsmith, H. H., & Harman, C. (1994). Temperament and attachment: Individuals and relationships. *Current Directions in Psychological Science, 3,* 53-57.

Goldsmith, H. H., Buss, K., & Lemery, K. S. (1997). Toddler and childhood temperament: Expanded content, stronger genetic evidence, new evidence for the importance of environment. *Developmental Psychology, 33,* 891-905.

Goldsmith, H. H., Buss, K., Plomin, R., Rothbart, M. K., Thomas, A., Chess, S., Hinde, R. A., & McCall, R. B. (1987). Roundtable: What is temperament? Four approaches. *Child Development, 58,* 505-529.

Goodenough, F. (1926). *Measurement of intelligence by drawings.* New York: Harcourt, Brace, & World.

Goossens, F. A., & van IJzendoorn, M. H. (1990). Quality of infants' attachment to professional caregivers: Relations to infant-parent attachment and day-care characteristics. *Child Development, 61,* 832-837.

Granot, D., & Mayseless, O. (2001). Attachment security and adjustment to school in middle childhood. *International Journal of Behavioral Development, 25,* 530-541.

Greenberg, M. T. (1999). Attachment and psychopathology in childhood. In J. Cassidy & P. R. Shaver (Eds.), *Handbook of attachment: Theory, research, and clinical applications* (pp. 469-496). New York: Guilford.

Greenberg, M. T., & Speltz, M. L. (1988). Attachment and the ontogeny of conduct problems. In J. Belsky & T. Nezworski (Eds.), *Clinical implications of attachment* (pp. 177–218). Hillsdale, NJ: Lawrence Erlbaum.

Greenberg, M. T., Speltz, M. L., DeKlyen, M., & Endriga, M. (1991). Attachment security in preschoolers with and without externalizing behavior problems: A replication. *Development and Psychopathology, 3*, 413-430.

Greenfield, P. M., & Cocking, R. R. (1994). *Cross-cultural roots of minority child development*. Hillsdale, NJ: Erlbaum.

Greenfield, P. M., & Suzuki, L. (1998). Culture and human development: Implications for parenting, education, pediatrics, and mental health. In I. Sigel & K. Renninger (Eds.), *Handbook of child psychology* (5th ed., Vol. 4): *Child psychology in practice* (pp. 1059–1109). New York: Wiley.

Griffin, D. W., & Bartholomew, K. (1994). Model of the self and other: Fundamental of the self and dimensions underlying measures of adult attachment. *Journal of Personality and Social Psychology, 67*(3), 430–445.

Grossmann, K. E. (2000). The evoluion and history of attachment research and theory. In S. Goldberg, R. Muir, & J. Kerr (Eds.), *Attachment theory: Social developmental, and clinical perspectives* (pp. 85–121). Hillsdale, NJ: The Analytic Press.

Grossmann, K. E., & Grossmann, K. (1984). *The development of conversational styles in the first year of life and its relationship to sensitivity an attachment quality between mother and child*. Paper presented at the congress of the German Society for Psychology, Vienna, September 1984.

Grossmann, K., Grossmann, K. E., Fremmer-Bombik, E., Kindler, H., Scheuerer-Englisch, H., & Zimmermann, P. (2002). The uniqueness of the child–father attachment relationship: Fathers' sensitive and challenging play as the pivotal variable in a 16–year longitudinal study. *Social Development, 11*, 307–331.

Grossmann, K. E., Grossmann, K., Spangler, G., Suess, G., & Unzer, L. (1985). Maternal sensitivity in Northern Germany. In I. Bretherton & E. Waters (Eds.), *Growing Points in Attachment, Monographs of the Society of Research in Child Development, 50*, 233–256.

Grotstein, J. (1990). Introduction. In M. Little (Ed.), *Psychotic anxieties and containment*. Northvale, NJ: Aronson.

Gunderson, J. G. (1984). *Borderline personality disorder*. Washington, DC: American Psychiatric Press.

Gunderson, J. G., & Zanarini, M. (1987). Current overview of the borderline diagnosis. *Journal of Clinical Psychology, 48*, 5-11.

Hamilton, C. E. (2000). Continuity and discontinuity of attachment from infancy through adolescence. *Child Development, 71*, 690-694.

Harlow, H. (1961). The heterosexual affectional system in monkeys. *American Psychologist, 16*.

__________(1971). *Learning to love*. New York: Ballantine Books.

Harlow, H. F., & Harlow, M. K. (1977). *The young monkeys*. In R. E. Schell (Ed.), *Readings in developmental psychology today* (2nd ed., pp. 448-449). DelMar, CA: CRM Books.

Harlow, H. F., & Zimmerman, R. R. (1959). Affectional responses in the infant monkey. *Science, 130*, 421-432.

Harris, T., & Bifulco, A. (1991). Loss of parent in childhood, attachment style, and depression in adulthood. In C. M. Parkes, J. Stevenson-Hinde, & P. Marris (Eds.), *Attachment across the life cycle* (pp. 234-267). London: Routledge.

Harrison, L. E., & Huntington, S. P. (2000). *Culture matters*. New York: Basic Books.

Harwood, R. L., Schoelmerich, A., Ventura-Cook, E., Schulze, P. A., & Wilson, S. P. (1996). Culture and class influences on Anglo and Puerto Rican mothers' beliefs regarding long-term socialization goals and child behavior. *Child Development, 67*, 2446-2461.

Hazan, C., & Shaver, P. (1987). Romantic love conceptualized as an attachment process. *Journal of Personality and Social Psychology, 52*(3), 511-524.

______________________(1990). Love and work: An attachment-theoretical perspective. *Journal of Personality and Social Psychology, 59*, 270-280.

______________________(1994). Attachment as an organizational framework for research on close relationships. *Psychological Inquiry, 5*, 1-22.

Hazan, C., & Zeifman, D. (1994). Sex and the psychological tether. In K. Bartholomew & D. Perlman (Eds.), *Attachment process in adulthood*. Bristol, PA: Kingsley.

________________________(1999). Pair bonds as attachments: Evaluating the evidence. In J. Cassidy & P. R. Shaver (Eds.), *Handbook of attachment: Theory, research, and clinical applications.* New York: Guilford.

Heider, F. (1958). *The psychology of interpersonal relations.* New York: John Wiley & Sons.

Heinicke, C. (1956). Some effects of separating two-year-old children from their parents: A comparative study. *Human Relations, 9,* 105-176.

Herman, J. L. (1986). Histories of violence in an outpatient population. *American Journal of Orthopsychiatry, 56,* 137-141.

Herman, J. L., Perry, J. C., & van der Kolk, B. A. (1989). Childhood trauma in borderline personality disorder. *American Journal of Psychiatry, 146,* 490-495.

Hersher, L., Moore, A. U., & Richmond, U. B. (1958). Effect of post partum separation of mother and kid on maternal care in the domestic goat. *Science, 28,* 1342-1343.

Hinde, R. A. (1974). *The biological bases of human social behaviour.* New York: McGraw Hill.

_____________(1979). *Towards understanding relationships.* New York: Academic Press.

____________(1982). *Ethology: Its nature and relationships with other sciences.* England: Oxford University Press.

____________(1986). Some implications of evolutionary theory and comparative data for the study of human prosocial and aggressive behavior. In D. Olweus, J. Block, & M. Radke-Yarrow (Eds.), *Development of antisocial and prosocial behavior* (pp. 13-32). Orlando, FL: Academic Press.

Hinde, R. A., & McGinnis, L. (1977). Some factors influencing the effects of temporary mother-infant separation some experiments with rhesus monkeys. *Psychological Medicine, 7,* 197-222.

Hinde, R. A., & Stevenson-Hinde, J. (1988). *Relationships within families.* Oxford: Clarendon.

________________________________(1990). Attachment: Biological, cultural and individual desiderate. *Human Development, 33,* 62-72.

Hinde, R. A., & White, L. E. (1974). The dynamics of a relationship: Rhesus monkey ventro-ventral contact. *Journal of Comparative Psychology, 86*, 8-23.

Hock, E., & DeMeis, D. (1990). Depression in mothers of infants: The role of maternal employment. *Developmental Psychology, 26*, 285-291.

Hock, E., & Schirtzinger, M. B. (1992). Maternal separation anxiety: Its developmental course and relationship to maternal mental health, *Child Development, 63*, 93-102.

Hofer, M. A. (1995). Hidden regulators: Implications for a new understanding of attachment, separation and loss. In S. Goldberg, R. Muir, & J. Kerr (Eds.), *Attachment theory: Social, developmental, and clinical perspectives* (pp. 17-38). Hillsdale, NJ: The Analytic Press.

Holloway, S. D., & Reichhart-Erickson, M. (1988). The relationship of day care quality to children' s free-play behavior and social problem-solving skills. *Early Childhood Research Quarterly, 3*, 39-53.

Holmes, J. (1992). *Between art and science: Essays in psychotherapy and psychiatry*. London: Routledge.

________(1995). *John Bowlby and attachment theory*. London: Routledge.

________(2000). Attachment theory and psychoanalysis: A rapprochement. *British Journal of Psychotherapy, 17*, 157-172.

________(2001). *The Search for the secure base: Attachment theory and psychotherapy*. London: Brunner-Routledge.

Hooker, K., Nesselroade, D. W., Nesselroade, J. R., & Lerner, R. M. (1987). The structure of intra-individual temperament in the context of mother-child dyads: P-technique factor analysis of short-term change. *Developmental Psychology, 23*, 332-346.

Howes, C. (1990). Can the age of entry into child care and quality of child care predict adjustment in kindergarten? *Developmental Psychology, 26*, 292-303.

Howes, C., & Hamilton, C. E. (1992). Children' s relationships with caregivers: Mothers and child care teachers. *Child Development, 63*(4), 859-866.

__________________________(1993). The changing experience of child care: Changes in teachers and teacher-child relationships and children's social competence with peers. *Early Childhood Research Quartely, 8*, 15-32.

Howes, C., & Ritchie, S. (1999). Attachment organizations in children with difficult life circumstances. *Development and Psychopathology, 11,* 251-268.

Howes, C., Hamilton, C. E., & Althusen, V. (1999). Using the attachment Q-sort to describe non-familial attachments. In B. Vaughn & E. Waters (Eds.), *Attachment.* Hillsdale, NJ: Erlbaum.

Howes, C., Rodning, C., Galluzzo, D. C., & Myers, L (1988). Attachment and child care: Relationships with mother and caregiver. *Early Childhood Research Quarterly, 3,* 403-416.

Howes, P., & Markman, H. J. (1989). Marital quality and child functioning: A longitudinal investigation. *Child Development, 60,* 1044-1051.

Huntington, S. H. (1996). *The clash of civilizations and the remaking of world order.* New York: Simon and Schuster.

Isabella, R. A. (1993). Origins of attachment: Maternal interactive behavior across the first year. *Child Development, 64,* 605-621.

__________(1994). Origins of maternal role satisfaction and its influence upon maternal interactive behavior and infant-mother attachment. *Infant Behavior and Development, 17,* 381-387.

Isabella, R. A., & Belsky, J. (1991). Interactional synchrony and the origins of infant-mother attachment: A replication study. *Child Development, 62,* 373-384.

Jacobson, E. (1954). The self and object world: Vicissitudes of their infantile cathexes and their influence on ideational and affective development. *Psychoanalytic Study of Child, 9,* 75-127.

__________(1964). *The self and the object world.* New York: International Universities Press.

James, W. (1890). *The principles of psychology.* New York: Holt.

Johnson, M. H., Dziurawiec, S., Ellis, H., & Morton, J. (1991). Newborns' preferential tracking of face-like stimuli and its subsequent decline. *Cognition, 40,* 1-19.

Kagan, J. (1971). *Change and continuity in infancy.* New York: Wiley.

__________(1984). *The nature of the child.* New York: Basic Books.

_______(1989). Temperamental contributions to social behavior. *American Psychologist, 44*, 668-674.

_______(1992). Yesterday's premises, tomorrow's promises. *Developmental Psychology, 28*, 990-997.

_______(1994). *Galen's prophecy: Temperament in human nature*. New York: Basic Books.

_______(1998). Biology and the child. In W. Damon & N. Eisenberg (Eds.), *Handbook of child psychology* (Vol. 3). *Social, emotional and personality development* (5th ed., pp. 177-235). New York: Wiley.

Kagan, J., Reznick, J., S., & Gibbons, J. (1989). Inhibited and uninhibited types of children. *Child Development, 60*, 838-845.

Kagan, J., Reznick, J. S., & Snidman, N. (1988). Biological basis of childhood shyness. *Science, 240*, 167-171.

Kagan, J., Reznick, J. S., Snidman, N., Gibbons, J., & Johnson, M. O. (1988). Childhood derivatives of inhibition and lack of inhibition to the unfamiliar. *Child Development, 59*, 1580-1589.

Karen, R. (1994). *Becoming attached*. New York: Warner Books.

Keller, H., & Scholmerich, A. (1987). Infant vocalizations and parental reactions during the first four months of life. *Developmental Psychology, 23*, 62-67.

Kenny, M. E. (1987). The extent and function of parental attachment among first-year college students. *Journal of Youth and Adolescence, 16* (1), 17-29.

Kernberg, O. (1975). *Borderline conditions and pathological narcissism*. New York: Jason Aronson.

_______(1976a). *Object relations theory and clinical psychoanalysis*. New York: Jason Aronson.

_______(1976b). *Normal and pathological development in object relations theory and clinical psychoanalysis*. New York: Jason Aronson.

_______(1977). The structural diagnosis of personality. In P. Hartocollis (Ed.), *Borderline personality disorders*. New York: International Universities Press.

Kerns, K. A., Aspelmeier, J. E., Gentzler, A. L., & Grabill, C. (2001). Parent-child attachment and monitoring in middle childhood. *Journal of Family Psychology, 15*, 69-81.

Kerns, K. A., Schlegelmilch, A. S., Morgan, T. A., & Abraham, M. M. (2004). Assessing attachment. In K. A. Kerns & R. Richardson (Eds.), *Attachment in middle childhood.* New York: Guilford.

Kerns, K. A., Tomich, P. L., & Kim, P. (2003). *Normative trends in perceptions of availability and utilization of attachment figures in middle childhood.* Unpublished manuscript.

Kerns, K. A., Tomich, P. L., Aspelmeier, J. E., & Contreras, J. M. (2000). Attachment based assessments of parent-child relationships in middle childhood. *Developmental Psychology, 36,* 614-626.

Kerr, M., Lambert, W. W., & Bem, D. J. (1996). Life course sequence of childhood shyness in Sweden: Comparison with the United States. *Developmental Psychology, 32,* 1100-1105.

Kerr, M., Lambert, W. W., Stattin, H., Klackenberg-Larsson, I. (1994). Stability of inhibition in a Swedish longitudinal sample. *Child Development, 65,* 138-146.

Kirkpatrick, L. A., & Davis, K. E. (1994). Attachment style, gender, and relationship stability: A longitudinal analysis. *Journal of Personality and Social Psychology, 66,* 502-512.

Klaus, M. H., & Kennell, J. H. (1976). *Maternal infant bonding: The impact of early separation or loss on family development.* St. Louis, MI: C. V. Mosby.

Klein, M. (1932). *The psychoanalysis of children.* London: Hogarth.

________(1935). A contribution to the psychogenesis of manic-depressive states. *International Journal of Psychoanalysis, 16* (1), 262-289.

________(1946). Notes on some schizoid mechanisms. *International Journal of Psychoanalysis, 27,* 99-110.

________(1957). *Envy and gratitude: A study of unconscious forces.* New York: Basic Books.

Kobak, R. R. (1989). *The attachment interview Q-set.* Unpublished manuscript, University of Delaware.

Kobak, R. R., & Duemmler, S. (1994). Attachment and conversation: Toward a discourse analysis of adolescent and adult security. In K. Bartholomew & D. Perlman (Eds.), *Attachment processes in adulthood.* London: Kingsley.

Kobak, R. R., & Hazan, C. (1991). Attachment in marriage: Expects of security and accuracy of working models. *Journal of Personality and Social Psychology, 60* (6), 861-869.

Kobak, R. R., & Sceery, A. (1988). Attachment in late adolescence: Working models, affect regulation, and representations of self and others. *Child Development, 59,* 135-146.

Kobak, R. R., Cole, H. E., Ferenz-Gillies, R., & Fleming, W. S. (1987). Attachment in the late adolescence: Working models, affect regulation, and representation of self and others. *Child Development, 59,* 135-146.

Kobak, R. R., Cole, H. E., Ferenz-Gillies, R., Fleming, W. S., & Gamble, W. (1993). Attachment and emotion regulation during mother-teen problem solving: A control theory analysis. *Child Development, 64,* 231-245.

Kobak, R. R., Esposito, A. J., & Serwik, A. (2003). *Measuring the attachment hierarchy: Implications for child psychopathology and stress reactivity.* Paper presented at the biennial meeting of the Society for Research in Child Development, Tampa, FL.

Kochanska, G. (1997). Multiple pathways to conscience for children with different temperaments: From toddlerhood to age 5. *Developmental Psychology, 33,* 228-240.

Kochanska, G., Murray, K., & Coy, K. C. (1997). Inhibitory control as a contributor to conscience in childhood: From toddler to early school age. *Child Development, 68,* 263-277.

Kohut, H. (1971). *The analysis of the self.* New York: International Universities Press.

_________(1977). *The restoration of the self.* New York: International Universities Press.

_________(1984). *How does analysis cure?* Chicago: University of Chicago Press.

Korn, S. J. (1984). Continuities and discontinuities in difficult/easy temperament: Infancy to young adulthood. *Merrill-Palmer Quarterly, 30,* 189-199.

Korner, A. F. (1979). Maternal rhythms and waterbeds: A form of intervention with premature infants. In E. B. Thoman (Ed.), *Origins of the infant's social responsiveness* (pp. 95-124). Hillsdale, NJ: Lawrence Erlbaum.

Korner, A. F., & Thoman, E. B. (1972). The relative efficacy of contact and vestibular proprioceptive stimulation in soothing neonates. *Child Development, 43,* 443-453.

Kotelchuck, M. (1972). The nature of the child's tie to his father. Unpublished doctoral dissertation, Harvard University.

______________(1976). The infant's relationship to the father: Experimental evidence. In M. E. Lamb (Ed.), *The role of father in child development*(pp. 329-344). New York: John Wiley.

Lamb, M. E. (1975). Fathers: Forgotten contributors to child development. *Human Development, 18,* 245-266.

___________(1977). Father-infant and mother-infant interaction in the first year of life. *Child Development, 48,* 167-181.

___________(1981). The role of the father in child development. *Human Development, 18,* 245-266.

___________(1985). *Infant-mother attachment.* Hillsdale, NJ: Erlbaum.

___________(1997). *The role of the father in child development.* New York: Wiley.

Lamb, M. E., & Oppenheim, D. (1989). Fatherhood and father-child relations: Five years research. In S. H. Cath, A. Gurwitt, & L. Gunsberg (Eds.), *Fathers and their families.* Hillsdale, NJ: Erlbaum.

Lamb, M. E., & Sternberg, K. T. (1990). Do you really know how day-care affects children. *Journal of Applied Developmental Psychology, 11,* 351-379.

Lamb, M. E., Frodi, A. M., Hwang, C. P., Frodi, M., & Steinberg, J. (1982). Mother and father-infant interaction involving play and holding in traditional and non-traditional Swedish families. *Developmental Psychology, 18,* 215-221.

Lamb, M. E., Thompson, R. A., Gardner, W. P., Charnov, E. L, & Estes, D. (1984). Security of infantile attachment as assessed in the "strange situation": Its study and biological interpretation. *The Behavioral and Brain Sciences, 7,* 127-171.

Langlois, J. H., Ritter, J. M., Casey, R. J., & Sawin, D. B. (1995). Infant attractiveness predicts maternal behaviors and attitudes. *Developmental Psychology, 31,* 464-472.

Lee, C. L., & Bates, J. E. (1985). Mother-child interaction and age two years and perceived difficult temperament. *Child Development, 56,* 1314-1325.

Lengua, L. J., West, S. G., & Sandler, I. N. (1998). Temperament as a predictor of symptomatology in children: Addressing contamination of measures. *Child Development, 69,* 164-181.

Levy, M. B., & Davis, K. E. (1988). Lovestyles and assessment of attachment styles compared: Their relations to each other and to various relationships characteristics. *Journal of Social and Personal Relationships, 2,* 755-773.

Lewin, K. (1933). Environmental forces in child behavior and development. In C. C. Murchison (Ed.), *Handbook of child psychology* (2nd ed., pp. 590-625), Worcester, MA: Clark University Press.

Lewis, M. (1997). *Altering fate: Why the past does not predict the future.* New York: Guilford.

Lichtenberg, J. D. (1989). *Psychoanalysis and motivation.* Hillsdale, NJ: The Analytic Press.

Lieberman, A. F. (1977). Preschoolers' competence with a peer: Relations with attachment and peer experience. *Child Development, 48,* 1277-1287.

Lieberman, A. F., & Pawl, J. H. (1988). Clinical applications of attachment theory. In J. Belsky & T. Nezworski (Eds.), *Clinical implications of attachment* (pp. 327-351). Hillsdale, NJ: Erlbaum.

Londerville, S., & Main, M. (1981). Security of attachment, compliance and maternal training methods in the second year of life. *Developmental Psychology, 17,* 289-299.

Lorenz, K. (1943). The innate forms of possible experiences. *Zeitschrift fur Tierpsychologie, 5,* 233-409.

__________(1952). *King Solomon's ring: New light on animal ways.* New York: Crowell.

__________(1965). *Evolution and modification of behavior.* Chicago: University of Chicago Press.

Lyons-Ruth, K., Connell, D. B., Grunebaum, H., & Botein, S. (1990). Infants at social risk: Maternal depression and family support services as mediators of infant development and security of attachment. *Child Development, 61,* 85-98.

Lyons-Ruth, K., Repacholi, B., McLeod, S., & Silva, E. (1991). Disorganized attachment behavior in infancy: Short-term stability, maternal and infant correlates, and risk-related subtypes. *Development and Psychopathology, 3,* 377-396.

Maccoby, E. E., Snow., M. E., & Jacklin, C. N. (1984). Children's dispositions and mother-child interaction at 12 and 18 months: A short-term longitudinal study. *Developmental Psychology, 20,* 459-472.

Machover, K. (1949). *Personality projection in the drawing of the human figure.* Springfield, IL: Charles C Thomas.

Main, M. (1990). Cross-cultural studies of attachment organization: Recent studies, changing methodologies, and the concept of conditional strategies. *Human Development, 33,* 48-61.

________(1991). Metacognitive knowledge, metacognitive monitoring, and singular (coherent) versus multiple (incoherent) models of attachment. In C. M. Parkes, J. Stevenson-Hinde, & P. Marris (Eds.), *Attachment across the life cycle* (pp. 127-159). London: Routledge.

________(1999). Attachment theory: Eighteen points with suggestions for future studies. In J. Cassidy & P. R. Shaver (Eds.), *Handbook of attachment* (pp. 845-888). New York: Guilford.

Main, M., & Cassidy, J. (1988). Categories of response to reunion with the parent at age 6: Predictable from infant attachment classification and stable over a 1-month period. *Developmental Psychology, 24,* 415-426.

Main, M., & Goldwyn, R. (1984). Predicting rejection of her infant from mother's representation of her own experiences: A preliminary report. *International Journal of Child Abuse and Neglect, 8,* 203-217.

________________(1991). *Adult attachment classification system* (Version 5). Unpublished manuscript, University of California, Berkeley.

________________(1992). Interview-based adult attachment classifications: Related to infant-mother and infant-father attachment. *Developmental Psychology, 28,* 474-483.

________________(1994). *Interview-based adult attachment classifications: Related to infant-mother and infant-father attachment.* Unpublished manuscript, University of California at Berkely.

____________________(1998). *Adult attachment scoring and classification systems.* New York: Cambridge University Press.

Main, M., & Hesse, E. (1990). Parents' unresolved traumatic experiences are related to infant disorganized attachment status: Is frightened and/or frightening parental behavior the linking mechanism? In M. T. Greenberg, D. Cicchetti, & E. M. Cummings (Eds.), *Attachment in the preschool years: Theory, research, and intervention* (pp. 161-182). Chicago: The University of Chicago Press.

Main, M., & Solomon, J. (1986). Discovery of a new, insecure-disorganized/disoriented attachment pattern. In T. B. Brazelton & M. Yogman (Eds.), *Affective development in infancy*. Norwood: Ablex.

____________________(1990). Procedures for identifying infants as disorganized/disoriented during the Ainsworth Strange Situation. In M. T. Greenberg, D. Cicchetti, & E. M. Cummings (Eds.), *Attachment in the preschool years: Theory, research, and intervention* (pp. 161-182). Chicago: The University of Chicago Press.

Main, M., & Weston, D. (1981). The quality of the toddler' s relationship to mother and father: Related to conflict behaviour and the readiness to establish new relationships. *Child Development, 52,* 932-940.

Main, M., Kaplan, N., & Cassidy, J. (1985). Security in infancy, childhood, and adulthood: A move to the level of representation. In I. Bretherton & E. Waters (Eds.), Growing points of attachment theory and research. *Monographs of the Society for Research in Child Development, 50,* 66-104.

Mangelsdorf, S., Gunnar, M., Kestenbaum, R., Lang, S., & Andreas, D. (1990). Infant proneness-to-distress temperament, maternal personality, and mother-infant attachment: Associations and goodness of fit. *Child Development, 61,* 820-831.

Marris, P. (1982). Attachment and society. In C. M. Parkes & J. Stevenson-Hinde (Eds.), *The place of attachment in human behavior* (pp. 185-201). London: Tavistock.

________(1991). The social construction of uncertainty. In C. M. Parkes, J. Stephenson-Hinde, & P. Marris (Eds.), *Attachment across the life cycle* (pp. 77-90). London: Routledge.

Marrone, M. (1998). *Attachment and interaction.* London: Jessica Kingsley.

Marvin, R. S., & Britner, P. A. (1999). Normative development: The ontogeny of attachment. In J. Cassidy & P. R. Shaver (Eds.), *Handbook of attachment: Theory, research, and clinical applications* (pp. 44-67). New York: Guilford.

Masters, J., & Wellman, H. (1974). Human infant attachment: A procedural critique. *Psychological Bulletin, 81,* 218-237.

Matas, L., Arend, R. A., & Sroufe, L. A. (1978). Continuity and adaptation in the second year: The relationship between quality of attachment and later competence. *Child Development, 49,* 547-556.

Matejcek, Z., Dytrych, Z., & Schuller, V. (1980). Follow-up study of children born from unwanted pregnancies. *International Journal of Behavioral Development, 3,* 243-251.

Matin, S., & Berke, J. (2007). *See how they grow: Infants and toddlers.* Clifton Park, NY: Thomson Delmar Learning.

McBride, S. (1990). Maternal moderators of child care: The role of maternal separation anxiety. In K. McCartney (Ed.), *Child care and maternal employment: A social ecology approach.* San Francisco, CA: Jossey-Bass.

McCartney, K. (1984). Effect of quality of day care environment on children's language development. *Developmental Psychology, 20,* 244-260.

McCartney, K., Scarr, S., Phillips, D., Grajik, S., & Schwartz, C. J. (1982). Environmental differences among day care centers and their effects on children's development. In E. F. Zigler & E. W. Gordon (Eds.), *Day care scientific and social policy issues.* Boston: Aubum House.

Mead, G. H. (1910). Social consciousness and the consciousness of meaning. *Psychological Bulletin, 7,* 397-405.

__________(1913). The social self. *Journal of Philosophy, 10,* 374-380.

__________(1934). *Mind, self, and society.* Chicago: University of Chicago Press.

Mebert, C. J. (1989). Stability and change in parents' perception of infant temperament: Early pregnancy to 13 months postpartum. *Infant Behavior and Development, 12,* 237-244.

__________(1991). Dimensions of subjectivity in infant temperament. *Child Development, 62,* 352-361.

Mercer, J. (2006). *Understanding attachment.* Westport, CT: Praeger.

Mercer, R. T., & Ferketich, S. L. (1990a). Predictors of family functioning eight month following birth. *Nursing Research, 39*(2), 76-82.

__________________________(1990b). Predictors of parental attachment during early parenthood. *Journal of Advanced Nursing, 15,* 268-280.

__________________________(1994). Maternal-infant attachment of experienced and inexperienced mothers during infancy. *Nursing Research, 43* (6), 344-351.

Mikulincer, M., Shaver, P. R., & Pereg, D. (2003). Attachment theory and affect regulation: The dynamics, development, and cognitive consequences of attachment-related strategies. *Motivation and Emotion, 27,* 77-102.

Mischel, W. (1968). *Personality and prediction.* New York: Wiley.

Miyake, K., Chen, S. J., & Campos, J. J. (1985). Infant temperament and mother's mode of interaction and attachment in Japan: An interim report. In I. Bretherton & E. Waters (Eds.), Growing points of attachment theory and research. *Monographs of the Society for Research in Child Development, 50,* 276-297.

Modell, A. H. (1963). Primitive object relations and the predisposition to schizophrenia. *International Journal of Psycho-Analysis, 44,* 282-292.

_____________(1975). A narcissistic defense against the illusion of self-sufficiency. *International Journal of Psychoanalysis, 56,* 275-282.

_____________(1984). *Psychoanalysis in a new context.* New York: International Universities Press.

Money, J., & Annecillo, C. (1987). Crucial period effect in psychoendocrinology: Two syndromes, abuse dwarfism and female (CVAH) hermaphroditism. In A H. Bornstein (Ed.), *Sensitive periods in development: Interdisciplinary perspectives* (pp. 145-158). Hillsdale, NJ: Erlbaum.

Morgan, G. A., & Ricciuti, H. N. (1969). Infants responses to strangers during the first year. In B. M. Foss (Ed.), *Determinants of infants behavior.* London: Methuen.

Mullen, P. E., Romans-Clarkson, S. E., Walton, V. A., & Herbison, G. P. (1988). Impact of sexual and physical abuse on women's mental health. *Lancet, I,*

841–845.

Müller, M. E. (1993). The development of the prenatal attachment inventory. *Western Journal of Nursing Research, 15*, 199–215.

____________(1994). A questionnaire to measure mother-to-infant attachment. *Journal of Nursing Measurement, 2*(2), 129–141.

Murray, L., & Cooper, P. J. (1997). Effects of postnatal depression on infant development. *Archives of Disease in Childhood, 77*, 99–101.

Nelson, K. (1986). *Event knowledge: Structure and function in development.* Hillsdale, NJ: Lawrence Erlbaum.

New, C., & David, M. (1985). *For the children' s sake.* London: Penguin.

Newport, E. L. (1999). Reduced input in the acquisition of signed languages: Contributions to study of creolization. In M. DeGraff (Ed.), *Language creation and language change: Creolization, diachrony, and development.* Cambridge, MA: MIT Press.

NICHD Early Child Care Research Network (1997). The effects of infant child care on mother-infant attachment security: Result of the NICHD study of early child care. *Child Development, 68*, 860–879.

Novak, M. A. (1979). Social recovery of monkeys isolated for the first year of life: Long-term assessment. *Developmental psychology, 15*, 50–61.

Oliver, J. E. (1993). Intergenerational transmission of child abuse: Rates, research, and clinical implications. *American Journal of Psychiatry, 150*, 1315–1324.

Oppenheim, D., Sagi, A., & Lamb, M. (1988). Infant-adult attachments on the Kibbutz and their relation to socioemotional development 4 years later. *Developmental Psychology, 24*, 197–233.

Overall, N. C., Fletcher, G. J. O., & Friesen, M. (2003). Mapping the intimate relationship mind: Comparisons between three models of attachment representations. *Personality and Social Psychology Bulletin, 29*, 1479–1493.

Owens, G., & Crowell, J. A. (1992). *Scoring manual for the Current Relationship Interview.* Unpublished document, SUNY-Stony Brooks.

Palmer, R. L., Coleman, L., Chaloner, D., Oppenheimer, R., & Smith, J. (1993). Childhood sexual experiences with adults: A comparison of reports by women psychiatric patients and general-practice attenders. *British Journal of*

Psychiatry, 163, 499-504.

Paris, J., & Zweig-Frank, H. A. (1992). Critical review of the role of childhood sexual abuse in the etiology of borderline personality disorder. *Canadian Journal of Psychiatry, 37*(2), 125-128.

Parkes, C. M. (1972). *Bereavement.* London: Tavistock.

Parkes, C. M., Stevenson-Hinde, J., & Marris, P. (Eds.) (1991). *Attachment across the life-cycle.* London: Routledge.

Paterson, J. E., Field, J., & Pryor, J. (1994). Adolescent attachment to parents and friends in relation to aspects of self-esteem. *Journal of Youth and Adolescence, 24*(3), 365-376.

Patrick, M., Hobson, R. P., Castle, P., Howard, R., & Maughan, B. (1994). Personality disorder and the mental representation of early social experience. *Development and Psychopathology, 94*, 375-388.

Pearson, J. L., Cohn, D. A., Cowan, P. A., & Cowan, C. P. (1994). Earned- and continuous-security in adult attachment: Relation to depressive symptomatology and parenting style. *Development and Psychopathology, 6*, 359-373.

Pederson, D. R., & Moran, G. (1995). A categorical description of infant-mother relationships in the home and its relation to Q-sort measures of infant-mother interaction. In E. Waters, B. E. Vaughn, G. Posada, & K. Kondo-Ikemura (Eds.), Caregiving, cultural, and cognitive perspectives on secure-base behavior and working models: New growing points of attachment theory and research, *Monographs of Society for Research in Child Development, 60*, 111-132.

____________________(1996). Expressions of the attachment relationship outside of the Strange Situation. *Child Development, 67*, 915-127.

Phares, V., & Compas, B. E. (1992). The role of fathers in child and adolescent psychopathology: Make room for daddy. *Psychological Bulletin, 3*, 387-412.

Phelps, J. L., Belsky, J., & Crnic, K. (1998). Earned security, daily stress and parenting: A comparison of five alternative models. *Developmental Psychopathology, 10*, 21-38.

Piaget, J. (1951). *Play, dreams, and imitation in childhood.* London: Routledge and Kegan Paul.

______(1954). *The construction of reality in the child* (M. Cook, Trans.). New York: Basic Books.

Pianta, R. C., Nimetz, S. L., & Bennett, E. (1997). Mother-child relationships, teacher-child relationships, and school outcomes in preschool and kindergarten. *Early Childhood Research Quarterly, 12,* 263-280.

Pietromonaco, P. R., & Barrett, L. F. (2000). The internal working models concept: What do we really know about the self in relation to others? *Review of General Psychology, 4,* 155-175.

Pistole, M. C., & Clark, E. M. (1995). Love relationships: Attachment style and the investment model. *Journal of Mental Health Counselling, 17,* 199-210.

Plomin, R., & DeFries, J. C. (1985). *Origins of individual differences in infancy: The Colorado Adoption Project.* New York: Academic Press.

Plomin, R., Emde, R. N., Braungart, J. M., Campos, J., Corley, R., Fulker, D. W., Kagan, J., Reznick, J. S., Robinson, J., Zahn-Waxler, C., & DeFries, J. C. (1993). Genetic change and continuity from fourteen to twenty months: The MacArthur Longitudinal Twin Study. *Child Development, 64,* 1353-1376.

Posada, G., Jacobs, A., & Richmond, M. K. (2002). Maternal caregiving and infant security in two cultures. *Developmental Psychology, 38*(1), 67-78.

Posada, G., Waters, E., Crowell, J. A, & Lay, K. (1995). Is it easier to use a secure mother as a secure base? Attachment Q-sort correlates of the Adult Attachment Interview. In E. Waters, B. E. Vaughn, G. Posada, & K. Kondo-Ikemura (Eds.), Caregiving, cultural and cognitive perspectives on secure-base behavior and working models. *Monographs of the Society for Research in Child Development, 60*(2-3, Serial No. 244).

Power, T. C., & Parke, R. D. (1983). Patterns of early socialization: Mother and father-infant interaction in the home. *International Journal of Behavioral Development, 9,* 331-341.

Putallaz, M. (1987). Maternal behavior and children's sociometric status. *Child Development, 58,* 324-340.

Radke-Yarow, M., Cummings, E. M., Kuczynski, L., & Chapman, M. (1985). Patterns of attachment in two-and three-year-olds in normal families and families with parental depression. *Child Development, 56,* 884-893.

Raikes, H. (1993). Relationship duration in infant care: Time with a high ability teacher and infant-teacher attachment. *Early Childhood Research Quarterly,* 309-325.

Reite, M. (1990). Touch, attachment and health: Is there a relationship. In K. E. Branard & T. B. Brazelton (Eds.), *Touch: The foundation of experience* (pp. 195-225). Madison, CT: International Universities Press.

Resnick, G. (1993). *Measuring attachment in early adolescence: A manual for the administration, coding, and interpretation of the Separation Anxiety Test for 11- to 14-year-olds.* Unpublished manuscript.

Reznick, J. S., Gibbson, J. L., Johnson, M. O., & McDonough, P. M. (1989). Behavioral inhibitions in a normative sample. In J. S. Reznick (Ed.), *Perspectives on behavioral inhibition* (pp. 25-49). Chicago: University of Chicago Press.

Reznick, J. S., Kagan, J., Snidman, N., Gersten, M., Baak, K., & Rosenberg, A. (1986). Inhibited and uninhibited behavior: A follow-up study. *Child Development, 57,* 660-680.

Ribble, M. (1943). *The rights of infants.* New York: Columbia University Press.

Richters, J., & Waters, E. (1990). Attachment and socialization. The positive side of social influence. In S. Feinman & M. Lewis (Eds.), *Social influences and behavior* (pp. 185-213). New York: Plenum.

Riese, M. L. (1987). Temperamental stability between the neonatal period and 24 months. *Developmental Psychology, 23,* 216-222.

Roberts, W., & Strayer, J. (1987). Parents' responses to the emotional distress of their children: Relations with children's competence. *Developmental Psychology, 23,* 415-422.

Robertson, J. (1953). A two-year-old goes to hospital: A scientific film record (Film). Concord Film Council, Nacton. 51.

Robins, L. N. (1966). *Deviant children grown up.* Baltimore, MD: Williams & Wilkins.

Rode, S., Chang, P., Fisch, R., & Sroufe, L. A. (1981). Attachment patterns of infants separated at birth. *Developmental Psychology, 31,* 626-636.

Robinson, J. L., Kagan, J., Reznick, J. S., & Corley, R. (1992). The heritability of inhibited and uninhibited behavior: A twin study. *Developmental Psychology, 28*, 1030-1037.

Roopnarine, J. L., Talukder, E., Jain, D., Joshi, P., & Srivastave, P. (1990). Characteristics of holding, patterns of play and social behaviors between parents and infants in New Delhi, India. *Developmental Psychology, 26*, 667-673.

Rosen, K. S., & Rothbaum, F. (1993). Quality of parental caregiving and security of attachment. *Developmental Psychology, 29*, 358-367.

Rosenfeld, H. (1964). On the psychopathology of narcissism: A clinical approach. *International Journal of Psychoanalysis, 45*, 332-337.

Rothbart, M. K. (1981). Measures of temperament in infancy. *Child Development, 52*, 569-578.

_____________(1989). Temperament in childhood: A framework. In G. Kohnstamm, J. Bates, & M. Rothbart (Eds.), *Temperament in childhood* (pp. 59-73). New York: Wiley.

Rothbart, M. K., & Bates, J. E. (1998). Temperament. In W. Damon & N. Eisenberg (Eds.), *Handbook of child psychology* (Vol. 3): *Social, emotional and personality development* (5th ed., pp. 105-176). New York: Wiley.

Rothbart, M. K., & Derryberry, D. (1981). Development of individual differences in temperament. In M. E. Lamb & A. L. Brown (Eds.), *Advances in developmental psychology*. Mahwah, NJ: Erlbaum.

Rothbart, M. K., Ahadi, S. A., & Hershey, K. L. (1994). Temperament and social behavior in childhood. *Merrill-Palmer Quarterly, 40*, 21-39.

Rothbart, M. K., Posner, M. I., & Hershey, K. L. (1995). Temperament, attention, and developmental psychopathology. In D. Cicchetti & D. J. Cohen (Eds.), *Manual of Developmental Psychopathology* (Vol. 1, pp. 315-340). New York: Wiley.

Rothbaum, F., Weisz, J., Pott, M., Miyake, K., & Morelli, G. (2000). Attachment and culture: Security in the United States and Japan. *American Psychologist, 55* (10), 1093-1104.

Rubin, K. H., & Asendorpf, J. B. (1993). Social withdrawal, inhibition, and shyness in childhood: Conceptual and definitional issues. In K. H. Rubin & J. B.

Asendorpf (Eds.), *Social withdrawal, inhibition, and shyness in childhood* (pp. 3-17). Hillsdale, NJ: Erlbaum.

Rubin, K. H., & Chung, O. B. (Eds.) (2006). *Parenting beliefs, behaviors, and parent-child relations: A cross-cultural perspective.* New York: Psychology Press.

Rutter, M. (1979). Protective factors in children' s responses to stress and disadvantage. In M. W. Kent & J. E. Rolf (Eds.), *Primary prevention of psychopathology* (Vol. 3). Hanover: University Press of New England.

__________ (1997). Clinical implications of attachment concepts: Retrospect and prospect. In L. Atkinson & K. Zucker (Eds.), *Attachment and psychopathology* (pp. 17-46). New York: Guilford.

Sagi, A., Aviezer, O., Mayseless, O., Donnell, F., & Joels, T. (1991, April). *Infant-mother attachment in traditional and nontraditional kibbutzim.* Paper presented at the biennial meetings of the Society for Research in Child Development, Seattle.

Sagi, A., Lamb, M. E., Lewkowicz, K., Shoham, R., Dvir, R., & Estes, D. (1985). Security of infant-mother, -father, and -metapelet attachments among kibbutz-reared Israeli children. *Monographs of the Society for Research in Child Development, 50,* 257-275 (1-2, Serial No. 209). Chicago: University of Chicago Press.

Sagi, A., van IJzendoorn, M. H., Scharf, M., Koren-Karie, N., Joels, T., & Mayseless, O. (1994). Stability and discriminant validity of the Adult Attachment Interview: A psychometric study in young Israeli adults. *Developmental Psychology, 30*(5), 771-777.

Sagi, A., van IJzendoorn, M. H., Aviezer, O., Donnell, F., Koren-Karie, N., Joels, T., & Harel, Y. (1995). Attachments in a multiple-caregiver and multiple-infant environment: The case of the Israeli Kibbutzim. *Monographs of the Society for Research in Child Development, 60,* 71-94.

Sanson, A., Prior, M., & Kyrios, M. (1990) Contamination of measures in temperament research. *Merrill-Palmer Quarterly, 36,* 179-192.

Sanson, A., Prior, M., & Smart, D. (1996). Reading disabilities with and without behaviour problems at 7-8 years: Prediction from longitudinal data from infancy to 6 years. *Journal of Child Psychology and Psychiatry and Allied Disciplines, 37,* 529-541.

Scarr, S. (1998). American child today. *American Psychologist, 53,* 95–108.

Schaffer, H. R. (1971). *The growth of sociability.* London: Penguin Books.

__________(1977). *Mothering.* Cambridge, MA: Harvard University Press.

Schaffer, H. R., & Emerson, P. E. (1964). The development of social attachments in Infancy. *Monographs of the Society for Research in Child Development, 29* (3), 1–77.

Schank, R. C. (1982). *Dynamic memory: A theory of reminding and learning in computers and people.* New York: Cambridge University Press.

Schank, R. C., & Abelson, R. P. (1977). *Scripts, plans, goals, and understanding: An inquiry into human knowledge structures.* Hillsdale, NJ: Lawrence Erlbaum.

Scharfe, E., & Bartholomew, K. (1994). Reliability and stability of adult attachment patterns. *Personal Relationships, 1,* 23–43.

Schmidt, L. A., & Fox, N. A. (1994). Patterns of cortical electrophysiology and autonomic activity in adults' shyness and sociability. *Biological Psychology, 38,* 183–198.

Scott, J. P. (1962). Critical periods in behavior development. *Science, 138,* 949–957.

________(1968). *Early experience and the organization of behavior.* Belmont, CA: Brooks/Cole.

Searles, H. F. (1986). *My work with borderline patients.* New York: Aronson.

Sears, R. R. (1972). Attachment, dependency and frustration. In J. L. Gewirtz (Ed.), *Attachment and dependency* (pp. 1–27). New York: Wiley.

Sears, R. R., Rau, L., & Alpert, R. (1965). *Identification and child rearing.* Stanford, CA: Stanford University Press.

Seifer, R., & Schiller, M. (1995). The role of parenting sensitivity, infant temperament, and dyadic interaction in attachment theory and assessment. In E. Waters, B. E. Vaughn, G. Posada, & K. Kondo-Ikemura (Eds.), Caregiving, cultural, and cognitive perspectives on secure-base behavior and working models: New growing points of attachment theory and research. *Monographs of the Society for Research in Child Development, 60,* 146–174.

Seifer, R., Schiller, M., Sameroff, A. J., Resnick, S., & Riordan, K. (1996). Attachment, maternal sensitivity, and temperament during the first year of life. *Developmental Psychology, 32*(1), 12–25.

Shaffer, D. R. (1999). *Developmental psychology: Childhood* and *adolescence* (5th ed.). Pacific Grove, CA: Brooks/Cole.

____________(2000). *Social and personality development* (4th ed.). Belmont, CA: Wadsworth.

____________(2005). *Developmental psychology: Childhood and adolescence* (6th ed.). Belmont, CA: Wadsworth.

Shaver, P. R., & Brennan, K. A. (1992). Attachment styles and the 'Big Five' personality traits: Their connections with each other and with romantic relationships outcomes. *Personality and Social Psychology Bulletin, 18*, 536–545.

Shaver, P. R., & Hazan, C. (1988). A biased overview of the study of love. *Journal of Social and Personality Relationships, 5*, 473–501.

Shouldice, A., & Stevenson-Hinde, J. (1992). Coping with security distress: The Separation Anxiety Test and attachment classification at 4–5 years. *Journal of Child Psychology and Psychiatry, 33*, 331–348.

Simpson, J. A. (1990). Influence of attachment styles on romantic relationships. *Journal of Personality and Social Psychology, 59*, 971–980.

____________(1999). Attachment theory in modern evolutionary perspective. In J. Cassidy & P. R. Shaver (Eds.), *Handbook of attachment: Theory, research, and clinical applications* (pp. 115–140). New York: Guilford.

Singer, L. M., Brodzinsky, D. M., Ramsay, D., Steir, M., & Waters, E. (1985). Mother-infant attachment in adoptive families. *Child Development, 56*, 1543–1551.

Solomon, J., & George, C. (Eds.) (1999). *Attachment disorganization.* New York: Guilford.

Sonnenschein, S. (1988). The development of referential communication: Speaking to different listeners. *Child Development, 59*, 694–702.

Spangler, G., & Grossmann, K. E. (1993). Biobehavioral organization in securely and insecurely attached infants. *Child Development, 64*, 1439–1450.

Spitz, R. (1945). Hospitalism: An inquiry Into the genesis of psychiatric condition in early childhood. *The psychoanalytic study of the child* (Vol. 1, pp. 53–74).

New York: International University Press.

_______(1947). Grief: A peril in infancy (film). University Park, PA: Penn State Audiovisual Services.

_______(1950). Anxiety in infancy: A study of its manifestations in the first year of life. *Introduction Journal of Psycho-Analysis, 31*, 138-143.

_______(1959). *A genetic field theory of ego formation.* New York: International Universities Press.

Sroufe, L. A. (1983). Infant caregiver attachments and patterns of adaptations in preschool. In M. Perlmutter (Ed.), *Minnesota symposium on child psychology* (Vol. 16, pp. 41-81). Hillsdale, NJ: Erlbaum.

_____________(1985). Attachment classification from the perspective of infant-caregiver relationships and infant temperament. *Child Development, 56,* 1-14.

Sroufe, L. A., & Fleeson, J. (1986). Attachment and the construction of relationships. In W. Hartup & Z. Rubbin (Eds.), *Relationships and development* (pp. 35-54), Hillsdale, NJ: Erlbaum.

Sroufe, L. A., & Waters, E. (1977). Attachment as an organizational construct. *Child Development, 48,* 1184-1199.

Sroufe, L. A., Egeland, B., Carlson, E., & Collins, W. A. (2005). Placing early attachment experiences in developmental context: The Minnesota longitudinal study. In K. E. Grossmann, K. Grossmann, & E. Waters (Eds.), *Attachment from infancy to adulthood: The major longitudinal studies.* New York: Guilford.

Sroufe, L. A., Waters, E., & Matals, L. (1974). Contextual determinants of infant affectional response. In M. Lewis & L. A. Rosenblum (Eds.), *The origins of fear.* New York: Wiley.

Steele, H., Steele, M., & Fonagy, P. (1996). Associations among attachment classifications of mothers, fathers, and their infants. *Child Development, 67,* 541-555.

Stern, D. M. (1985). *The interpersonal world of the infant.* New York: Basic Books.

Stifter, C. A., & Fox, N. A. (1990). Infant reactivity: Physiological correlates of newborn and 50-month temperament. *Developmental Psychology, 26*(4), 582-588.

Stifter, C. A., Coulehan, C. M., & Fish, M. (1993). Linking employment to attachment: The mediating effects of maternal separation anxiety and interactive behavior. *Child Development, 64,* 1451-1560.

Stone, M. (1992). Incest, Freud's seduction theory, and borderline personality. *Journal of the American Academy of Psychoanalysis, 20*(2), 167-181.

Suomi, S. (1999). Attachment in rhesus monkeys. In J. Cassidy & P. Shaver (Eds.), *Handbook of attachment theory and research* (pp. 181-197). New York: Guilford.

Suomi, S. J., & Harlow, H. F. (1972). Social rehabilitation of isolate reared monkeys. *Developmental Psychology, 6,* 487-496.

Susman-Stillman, A., Kalkoske, M., Egeland, B., & Waldman, I. (1996). Infant temperament and maternal sensitivity as predictors of attachment security. *Infant Behavior and Development, 19*(1), 33-47.

Takahashi, K. (1986). Examining the strange-situation procedure with Japanese mothers and 12-month-old infants. *Developmental Psychology, 22,* 265-270.

Teti, D. M., & Gelfand, D. M. (1991). Behavioral competence among mothers of infants in the first year: The mediational role of maternal self-efficacy. *Child Development, 62,* 918-929.

Teti, D. M., & McGourty, S. (1996). Using mothers versus trained observers in assessing children' s secure base behavior: Theoretical and methodological considerations. *Child Development, 67,* 597-605.

Teti, D. M., Gelfand, D. M., Messinger, D. S., & Isabella, R. (1995). Maternal depression and the quality of early attachment: An examination of infants, preschoolers, and their mothers. *Developmental Psychology, 31,* 364-376.

Thomas, A., & Chess, S. (1977). *Temperament and development.* New York: Brunner/Mazel.

__________________(1984). Genesis and evolution of behavioral disorders: From infancy to early adult life. *American Journal of Psychiatry, 141*(1), 1-9.

__________________(1986). The New York longitudinal study: From infancy to early adult life. In R. Plomin & J. Dunn (Eds.), *The study of temperament: Changes, continuities, and challenges.* Hillsdale, NJ: Erlbaum.

Thomas, A., Chess, S., & Birch, H. (1968). *Temperament and behavior disorders in children*. New York: New York University Press.

Thomas, A., Chess, S., & Korn, S. J. (1982). The reality of difficult temperament. *Merril-Palmer Quarterly, 28*(1), 1-20.

Thompson, R. A., Connell, J. P., & Bridges, L. (1988). Temperament, emotion, and social interactive behavior in the Strange Situation: A component process analysis of attachment system functioning. *Child Development, 59*(4), 1102-1110.

Thompson, W. R., & Melzack, R. (1956). Early environment. *Scientific American, 114,* 38-42.

Thurber, C. A. (1995). The experience and expression of homesickness in preadolescent and adolescent boys. *Child Development, 66,* 1162-1178.

Trevarthen, C. (2001). The neurobiology of early communication: Intersubjective regulations in human brain development. In A. F. Kalverboer & A. Gramsbergen (Eds.), *Handbook on brain and behavior in human development*. Dordrecht, The Neverlands: Klewer Academic.

Tronick, E. Z., Morelli, G. A., & Winn, S. (1987). Multiple caretaking of Efe (Pygmy) Infants. *American Anthropologist, 89*(1), 96-106.

Tronick, E. Z., Winn, S., & Morelli, G. A. (1985). Multiple caretaking in the context of human evolution. Why don't the Efe know the Western prescription of child-care? In M. Reite &. T. Field (Eds.), *Psychobiology of attachment* (pp. 293-321). San Diego, CA: Academic Press.

True, M. M. (1994). *Mother-infant attachment and communication among the Dogon of Mali.* Unpublished doctoral dissertation, University of California at Berkeley.

Tulving, E. (1972). Episodic and semantic memory. In E. Tulving & W. Donaldson (Eds.), *Organization of memory.* New York: Academic Press.

__________(1985). How many memory systems are there? *American Psychologist, 40,* 395-398.

Vandell, D. L., Henderson, V. K., & Wilson, K. S. (1988). A longitudinal study of children with day care experiences of varying quality. *Child Development, 59,* 1286-1292.

Van Dam, M., & van IJzendoorn, M. H. (1988). Measuring attachment security:

Concurrent and predictive validity of the Parental Attachment Q-set. *Journal of Genetic Psychology, 149,* 447-457.

van den Boom, D. C. (1990). Preventive intervention and the quality of mother-infant interaction and infant exploration in irritable infants. In W. Koops (Ed.), *Developmental psychology behind the dikes* (pp. 249-270). Amsterdam: Eburon.

____________________(1994). The influence of temperament and mothering on attachment and exploration: An experimental manipulation of sensitive responsiveness among lower-class mothers with irritable infants. *Child Development, 65,* 1457-1477.

____________________(1995). Do first-year intervention effects endure? Following up during toddlerhood of a sample of Dutch irritable infants. *Child Development, 66,* 1798-1816.

van IJzendoorn, M. H. (1992). Intergenerational transmission of parenting: A review of studies in nonclinical populations. *Developmental Review, 12,* 76-99.

____________________(September, 1994). *The Adult Attachment Interview: Review and meta-analysis of psychometric, developmental, and clinical studies.* Invited key-note address to the Attachment and Psychopathology.

____________________(1995). Adult attachment representations, parental responsiveness, and infant attachment: A meta-analysis on the predictive validity of the Adult Attachment Interview. *Psychological Bulletin, 117,* 387-403.

van IJzendoorn, M. H., & De Wolff, M. S. (1997). In search of the absent father-Meta-Analyses of infant-father attachment: A rejoinder to our discussants. *Child Development, 68,* 604-609.

van IJzendoorn, M. H., & Kroonenberg, P. M. (1988). Cross-cultural patterns of attachment: A meta-analysis of the Strange Situation. *Child Development, 59,* 147-156.

van IJzendoorn, M. H., & Sagi, A. (1999). Cross-cultural patterns of attachment: Universal and contextual dimensions. In J. Cassidy & P. R. Shaver (Eds.), *Handbook of attachment* (pp. 713-134). New York: Guilford.

van IJzendoorn, M. H., Bakermans-Kranenburg, M. J., & Sagi-Schwartz, A. (2006). Attachment across diverse sociocultural contexts: The limits of universality. In

K. H. Rubin & O. B. Chung (Eds.), *Parenting beliefs, behaviors, and parent-child relations: A cross-cultural perspective* (pp. 107-142). New York: Psychology Press.

van IJzendoorn, M. H., Goldberg, S., Kroonenberg, P. M., & Frenkel, O. J. (1992). The relative effects of maternal and child problems on the quality of attachment: A meta-analysis of attachment in clinical samples. *Child Development, 63,* 840-858.

van IJzendoorn, M. H., Vereijken, C. M. J. L., Bakermans-Kranenburg, M. J., & Riksen-Walraven, J. M. A. (2004). Is the Attachment Q-sort a valid measure of attachment security in young children? *Child Development, 75,* 1188-1213.

Vasta, R., Haith, M., & Miller, S. A. (1999). *Child psychology: The modern science* (2nd ed.). New York: John Willy & Sons.

Vaughn, B. E., & Bost, K. (1999). Attachment and temperament: Redundant, independent, or interacting influences on interpersonal adaptation and personality development? In J. Cassidy & P. Shaver (Eds.), *Handbook of attachment theory and research* (pp. 198-225). New York: Guilford.

Vaughn, B. E., Bradley, C., Joffe, L., Seifer, R., & Barglow, P. (1987). Maternal personality variables measured prenatally are predictive of ratings of temperamental difficulty on the Carey Infant Temperament Questionnaire. *Developmental Psychology, 23,* 152-161.

Vaughn, B. E., Egeland, B., Sroufe, L. A., & Waters, E. (1979). Individual differences in infant-mother attachment: Stability and change in families under stress. *Child Development, 49,* 483-494.

Vaughn, B. E., & Waters, E. (1990). Attachment behavior at home and in the laboratory: Q-sort observations and strange situation classifications of one-year-olds. *Child Development, 61*, 1965-1973.

Wachs, T. D. (1992). *The nature of nurture.* Newbury Park, CA: Newbury Park.

Waddington, C. H. (1957). *The strategy of the genes.* London: George Allen & Unwin.

Ward, M. J., & Carlson, E. A. (1995). Associations among adult attachment representations, maternal sensitivity and infant-mother attachment in a sample of adolescent mothers. *Child Development, 66,* 69-79.

Ward, M. J., Vaughn, B. E., & Robb, M. D. (1988). Socio-emotional adaptation and infant-mother attachment in siblings: Role of the mother in cross-sibling consistency. *Child Development, 59*, 643-651.

Waters, E. (1978). The reliability and stability of individual differences in infant-mother attachment. *Child Development, 49*, 483-494.

__________(1987). *Attachment Q-set* (version 3.0). State University of New York at Stony Brook, NY 11794.

Waters, E., & Deane, K. E. (1985). Defining and assessing individual differences in attachment relationships: Q-methodology and the organization of behavior in infancy and early childhood. In I. Bretherton & E. Waters (Eds.), Growing points of attachment theory and research. *Monographs of the Society for Research in Child Development, 50,* 41-65. CA: University of Chicago Press.

Waters, E., Kondo-Ikemura, K., Posada, G., & Richters, J. (1991). Learning to love: Mechanisms and milestones. In M. Gunner & L. A. Sroufe (Eds.), *Self processes and development.* Minnesota Symposium on Child Psychology. Hillsdale, NJ: Erlbaum.

Waters, E., Merrick, S. K., Albersheim, L., & Treboux, D. (1995). *Attachment: security from infancy to early adulthood: A 20-Year longitudinal study.* Paper presented at the biennial meeting of the Society for Research in Child Development, Indianapolis, IN.

Waters, E., Merrick, S. K., Treboux, D., Crowell, J., & Albersheim, L. (2000). Attachment security in infancy and early adulthood: A twenty-year longitudinal study, *Child Development, 71,* 684-689.

Waters, E., Wippman, J., & Sroufe, L. A. (1979). Attachment, positive affect, and competence in the peer group: Two studies in construct validation. *Child Development, 50,* 821-829.

Weinfield, N. S., Sroufe, L. A., & Egeland, B. (2000). Attachment from infancy to early adulthood in a high-risk sample: Continuity, discontinuity, and their correlates. *Child Development, 71,* 695-702.

Weinfield, N. S., Sroufe, L. A., Egeland, B., & Carlson, E. (1999). The nature of individual differences in infant-caregiver attachment. In J. Cassidy & P. Shaver (Eds.), *Handbook of attachment: Theory, research, and clinical application* (pp. 68–88). New York: Guilford.

Weiss, R. S. (1973). *Loneliness: The experience of emotional and social isolation.* Cambridge, MA: MIT Press.

__________(1977). *Marital separation.* New York: Basic House.

Werner, H. (1948). *Comparative psychology of mental development.* New York: International Universities Press.

White, K. A., & Feldstein, S. (1994). *Maternal contributions to individual differences in mother-toddler attachment.* Poster presented at the Attachment and Psychopathology Conference, Toronto, Canada.

Wilson, E. O. (1980). *Sociobiology.* Cambridge, MA: Harvard University Press.

Winnicott, D. W. (1958a). The capacity to be alone. In D. W. Winnicott (Ed.), *The maturational processes and the facilitating environment* (pp. 29–36). New York: International Universities Press.

__________(1958b). *Collected papers: Through paediatrics to psycho-analysis.* London: Tavistock.

__________(1960). The theory of the parent-infant relationship. *International Journal of Psycho-Analysis, 41,* 585–595.

__________(1963a). Morals and education. In D. W. Winnicott (Ed.), *The maturational processes and the facilitating environment* (pp. 93–105). New York: International Universities Press.

__________(1963b). Psychotherapy of character disorders. In D. W. Winnicott (Ed.), *The maturational processes and the facilitating environment* (pp. 203–16). London: Hogarth.

__________(Ed.) (1965). *The maturational processes and the facilitating environment.* London: Hogarth.

__________(1975). Reparation in respect of mother's organized defence against depression. In D. W. Winnicott (Ed.), *Through paediatrics to psycho-analysis* (pp. 91–96). New York: Basic Books.

Wolf, E. (1988). *Treating the self.* New York: Guilford.

Worobey, J., & Blajda, V. M. (1989). Temperament ratings at 2 weeks, 2 months, and 1 year: Differential stability of activity and emotionality. *Developmental Psychology, 25,* 257-263.

Yogman, M. W. (1983). Development of the father-infant relationship. In H. E. Fitzgerald, B. M. Lester, & M. W. Yogman (Eds.), *Theory and research in behavioral pediatrics* (Vol. 1, pp. 221-280). New York: Plenum.

www.attachmentacrosscultures.org/research/index.html

www.changeprocess.org/members.html

www.gym.moosburg.org/krvfg/karl.html

www.richardatkins.co.uk/atws/page/42.html

www.psych.uiuc.edu/~rcfraley/attachment.htm

찾아보기

인 명

내 용

▨ 저자 소개 ▨

정옥분

서울대학교 사범대학 가정학과 졸업
서울대학교 대학원 석사과정 졸업(아동학 석사)
미국 University of Maryland 박사과정 졸업(인간발달 전공 Ph.D.)
한국아동학회 회장, 한국인간발달학회 회장
ISSBD 국제학술대회 조직위원회 위원장
고려대학교 사회정서발달연구소 소장
고려대학교 사범대학 교수 역임
현재 고려대학교 사범대학 명예교수
　　고려대학교 안암병원, 구로병원, 안산병원 어린이집 고문

저서

아동발달의 이해, 아동발달의 이론, 영유아발달의 이해, 발달심리학, 전생애 인간발달의 이론(개정판), 청년심리학, 청년발달의 이해, 성인 · 노인심리학, 성인발달과 노화, 사회정서발달, 아동학 연구방법론, 유아교육 연구방법, 아동연구와 통계방법 외 다수

정순화

서울대학교 가정대학 가정관리학과 졸업
서울대학교 대학원 석사과정 졸업(아동학 석사)
고려대학교 대학원 박사과정 졸업(아동학 박사)
동덕여자대학교 보육교사교육원 전임교수 역임
현재 고려대학교 가정교육과 전문교수

저서

부모교육, 예비부모교육, 정서발달과 정서지능, 결혼과 가족의 이해, 보육학개론, 보육과정

황현주

총신대학교 유아교육과 졸업
이화여자대학교 대학원 석사과정 졸업(유아교육 전공)
고려대학교 대학원 박사과정 졸업(아동학 박사)
현재 고려대학교 의료원 안산병원 어린이집 시설장
　　혜천대학 아동보육과 교수

저서

보육학개론, 21세기 영유아 교육과정, 보육과정

애착과 발달

2009년 2월 24일 1판 1쇄 발행
2023년 10월 20일 1판 6쇄 발행

지은이 • 정옥분 · 정순화 · 황현주
펴낸이 • 김 진 환
펴낸곳 • (주) 학지사
04031 서울특별시 마포구 양화로 15길 20 마인드월드빌딩 5층
대표전화 • 02) 330-5114 팩스 • 02) 324-2345
등록번호 • 제313-2006-000265호
홈페이지 • http://www.hakjisa.co.kr
인스타그램 • https://www.instagram.com/hakjisabook

ISBN 978-89-93510-02-7 93180

정가 **20,000**원

파본은 구입처에서 교환하여 드립니다.